Juntos

Richard Sennett

Juntos

Tradução de
CLÓVIS MARQUES

7ª edição

EDITORA RECORD
RIO DE JANEIRO • SÃO PAULO
2024

CIP-BRASIL. CATALOGAÇÃO NA FONTE
SINDICATO NACIONAL DOS EDITORES DE LIVROS, RJ

S481j   Sennett, Richard, 1943-
7ª ed.   Juntos / Richard Sennett; [tradução de Clóvis Marques]. – 7ª ed. – Rio de Janeiro: Record, 2024.

Tradução de: Together
ISBN 978-85-01-09808-5

1. Cooperativismo. 2. Cooperação. 3. Ajustamento social. 4. Cooperação – Aspectos psicológicos. 5. Cooperação – Aspectos sociais. 6. Cooperação – Aspectos morais e éticos. I. Título.

12-2824
CDD: 302.14
CDU: 316.472.4

Título original em inglês:
TOGETHER

Copyright © Richard Sennett, 2012

Texto revisado segundo o Acordo Ortográfico da Língua Portuguesa de 1990.

Todos os direitos reservados. Proibida a reprodução, armazenamento ou transmissão de partes deste livro através de quaisquer meios, sem prévia autorização por escrito. Proibida a venda desta edição em Portugal e resto da Europa.

Direitos exclusivos de publicação em língua portuguesa para o Brasil adquiridos pela
EDITORA RECORD LTDA.
Rua Argentina, 171 – 20921–380 – Rio de Janeiro, RJ – Tel.: (21) 2585-2000, que se reserva a propriedade literária desta tradução

Impresso no Brasil

ISBN 978-85-01-09808-5

Seja um leitor preferencial Record.
Cadastre-se em www.record.com.br e receba informações sobre nossos lançamentos e nossas promoções.

Atendimento direto ao leitor:
sac@record.com.br

*Para
Stuart Proffitt
e
Elisabeth Ruge*

Sumário

Prefácio 9

Introdução
O estado de espírito cooperativo 13

PARTE UM
Moldando a cooperação

1. "A questão social"
   Os reformistas exploram um enigma em Paris 49
2. Equilíbrio frágil
   Competição e cooperação na natureza e na cultura 85
3. A "grande inquietação"
   Como a Reforma transformou a cooperação 121

PARTE DOIS
Enfraquecendo a cooperação

4. Desigualdade
   Imposta e assimilada na infância 163
5. O triângulo social
   Como as relações sociais azedam no trabalho 181
6. O eu que não coopera
   Psicologia da retirada 219

JUNTOS

PARTE TRÊS
Fortalecendo a cooperação

7. A oficina
   Fazer e consertar   241
8. Diplomacia cotidiana
   Conversas de reforma postas em prática   267
9. A comunidade
   A prática do compromisso   297

Coda
   O gato de Montaigne   329

Notas   337
Índice   357

Prefácio

Alguns anos atrás, decidi escrever três livros sobre as habilidades de que precisamos na vida cotidiana. Passei a vida destilando teorias, mas me cansei dessa atividade autossuficiente que é a teorização. E tenho a sensação, em um momento em que o mundo parece vergar ao peso das coisas físicas, de que não sabemos usar bem as máquinas e os objetos materiais. Queria, portanto, pensar melhor sobre as coisas comuns; não seria uma empreitada inovadora — pois muitos filósofos já exploraram as habilidades da experiência cotidiana —, mas um tema novo para mim na velhice.

Comecei com um estudo da artesania, o empenho de fazer bem as coisas materiais. *O artífice* tentava mostrar de que maneira a cabeça e as mãos estão ligadas, assim como as técnicas que nos permitem nos aperfeiçoar, estejamos envolvidos em uma atividade manual ou mental. Fazer algo bem-feito só por fazê-lo, dizia eu, é uma capacidade ao alcance da maioria dos seres humanos, mas na sociedade moderna essa habilidade não é honrada como deveria ser. É necessário liberar o artífice em cada um de nós.

Na redação desse estudo, tive minha atenção chamada repetidas vezes para um particular valor social na realização de tarefas práticas: a cooperação. A cooperação azeita a máquina de concretização das coisas, e a partilha é capaz de compensar aquilo que acaso nos falte individualmente. A cooperação está embutida em nossos genes, mas não pode ficar presa a comportamentos rotineiros; precisa desenvolver-se e ser aprofundada. O que se aplica particularmente quando lidamos com pessoas diferentes de nós; com elas, a cooperação torna-se um grande esforço.

Em *Juntos*, focalizo a atenção na receptividade aos outros, como acontece na capacidade de escuta em uma conversa, e nas aplicações práticas da receptividade no trabalho ou na comunidade. Certamente existe um aspecto ético na capacidade de ouvir e trabalhar em sintonia com outros; mas pensar na cooperação apenas como um fator ético positivo limita nossa compreensão. Assim como o bom cientista-artífice pode direcionar suas energias para a confecção da melhor bomba atômica possível, assim também é possível cooperar eficazmente em um assalto. Além disso, embora possamos cooperar porque nossos recursos não são suficientes, em muitas relações sociais não sabemos com exatidão o que precisamos dos outros — ou o que eles poderiam querer de nós.

Assim é que procurei explorar a cooperação como uma habilidade. Ela requer a capacidade de entender e mostrar-se receptivo ao outro para agir em conjunto, mas o processo é espinhoso, cheio de dificuldades e ambiguidades, e não raro leva a consequências destrutivas.

A última etapa do meu projeto está diante de mim: um livro sobre a construção de cidades. Elas não são muito bem-feitas atualmente; o urbanismo é uma habilidade ameaçada. Fisicamente, muito do atual urbanismo é homogêneo e rígido na sua forma; em termos sociais, as modernas formas construídas não raro traduzem muito debilmente a experiência pessoal e compartilhada. Infelizmente, são queixas bem conhecidas. Tentarei valer-me do trabalho desenvolvido em volumes anteriores para tratar delas; minha esperança é que o entendimento das habilidades materiais e da cooperação social gere novas ideias sobre a maneira como as cidades podem ser mais bem-feitas.

Batizei esses três livros de "projeto homo faber", recorrendo à velha ideia do Homem como seu próprio artífice — um artífice de vida através de práticas concretas. Meu objetivo é relacionar as maneiras como as pessoas modelam o empenho pessoal, as relações sociais e o ambiente físico. Foco minha atenção na destreza e na competência porque, a meu ver, a sociedade moderna está desabilitando as pessoas na condução da vida cotidiana. Dispomos de muito mais máquinas do que nossos antepassados, mas de menos ideias sobre a melhor maneira de usá-las; temos mais canais entre as pessoas, graças às

PREFÁCIO 11

modernas formas de comunicação, mas menor compreensão sobre como nos comunicar bem. A destreza prática é uma ferramenta, e não uma salvação, mas à sua falta as questões de Significado e Valor não passam de abstrações.

O "projeto homo faber" não tem um centro ético voltado exclusivamente para o quanto podemos nos tornar mestres de nós mesmos. Na vida social, como na pessoal, todos enfrentamos limites ao desejo e à vontade, ou a experiência de as necessidades de outras pessoas não serem compatíveis com as nossas. Tal experiência deveria apontar-nos o caminho da modéstia, promovendo uma vida ética na qual reconheçamos e honremos aquilo que está fora do nosso alcance. Mas o fato é que ninguém sobreviveria como um ser passivo, sem vontade; precisamos pelo menos tentar construir a maneira como vivemos. Como filósofo, interesso-me por esses estudos nessa zona tensa e ambígua da experiência em que a habilidade e a competência se encontram com a diferença insuperável.

Embora os três volumes devam formar um todo, cada um deles tem vida própria. Destinam-se ao leitor inteligente que muito justificadamente se pergunta: será que importa de fato? Qual o interesse disso? Tentei eliminar quaisquer disputas acadêmicas — um esporte sangrento sem grande valor para o leitor comum — das páginas desses livros ou confinei questões de erudição às notas.

As páginas de agradecimentos estão se transformando em catálogos telefônicos. Da minha lista faz parte em primeiro lugar minha esposa, Saskia Sassen. Ela me estimulou a não ser literário demais; e eu testei com ela estudos de caso específicos, para ver quando começava a se entediar. Quero agradecer a meu editor na Grã-Bretanha, Stuart Proffitt, e, na Alemanha, a Elisabeth Ruge, ambos empenhados em me tornar mais literário. São editores que de fato editam, uma habilidade que está se perdendo. Devo muito em termos práticos a meus assistentes Hillary Angelo e Dom Bagnato, ambos maníacos quando se trata de fazer as coisas funcionarem bem. O mesmo quanto a Elizabeth Stratford, que copidescou este livro. Tenho uma dívida intelectual com dois amigos de longa data, Craig Calhoun e Bruno Latour, o primeiro um apaixonado revisor de erros mentais, o segundo, um tranquilo indutor nesse terreno. Finalmente, quero agradecer a um novo amigo, o arcebispo Rowan Williams, cujos escritos abrangem teologia, filosofia e arte. Não compartilho sua religião, mas sua compreensão da finalidade dos livros me inspirou.

Introdução
O estado de espírito cooperativo

No pátio de recreio de uma escola em Londres, um coleguinha do meu neto certa vez colocou para tocar uma canção de Lily Allen no sistema de alto-falantes: "Fuck you, fuck you very much, cos we hate what you do and we hate your whole crew!" [Vão se foder, se foder muito, pois detestamos o que fazem e detestamos todos vocês!], enquanto uma menina de 6 anos balançava os quadris com a música. A direção da escola ficou perplexa com o abuso; tratava-se de um caso de "uso sem autorização". Confesso que a criança rebelde em mim ficou admirada com o fato de o garoto ter se apropriado do sistema de comunicação. Mas eu também fiquei perplexo. Aquelas crianças não tinham a menor ideia do que a cantora ironizava com as próprias palavras; para elas, "fuck you, fuck you" parecia simplesmente uma declaração do tipo nós-contra-vocês.[1] É um sentimento perigoso na região do centro de Londres em que fica a escola: a mistura de diferentes religiões, raças e classes sociais nessa parte da cidade transforma qualquer nós-contra-eles em receita certa de conflito, e de fato essa área londrina tem passado por regulares explosões de violência.

Na América, sempre que estou me sentindo algo masoquista, sintonizo programas de direita no rádio, que entoam "fuck you, fuck you" para nazifeministas, liberais, humanistas seculares e homossexuais casados, além, naturalmente, de socialistas. Hoje os Estados Unidos se transformaram em uma sociedade intensamente tribal, e as pessoas se mostram avessas a se entender com qualquer um que divirja, mas os europeus certamente não podem dar lições a respeito: o tribalismo, na forma de nacionalismo, destruiu a Europa na primeira metade do século XX; meio século depois, a Holanda, outrora tão inclusiva, já tem sua própria versão daquele tipo de radiofonia americana, na qual a simples menção da palavra "muçulmano" desencadeia uma wagneriana onda de queixas.

O tribalismo une solidariedade com aqueles que se parecem e agressão aos que são diferentes. É um impulso natural, já que os animais são em sua maioria tribais; caçam em bandos e delimitam territórios a serem defendidos; a tribo é necessária para sua sobrevivência. Nas sociedades humanas, contudo, o tribalismo pode revelar-se contraproducente. Sociedades complexas como as nossas dependem da circulação dos trabalhadores através das fronteiras; contêm diferentes etnias, raças e religiões; geram estilos divergentes de vida sexual e familiar. Tentar delimitar toda essa complexidade em um único molde cultural seria repressivo, politicamente, mentindo a nosso respeito. O "self" é uma mistura de sentimentos, afinidades e comportamentos que raramente se encaixam de maneira perfeita; qualquer tentativa de unidade tribal reduz essa complexidade pessoal.

Aristóteles terá sido o primeiro filósofo ocidental a se preocupar com a unidade repressora. Ele encarava a cidade como um *synoikismos*, uma convergência de pessoas de diversas tribos familiares — cada *oikos* apresentando sua própria história, suas lealdades, propriedades e deuses familiares. A bem do comércio e do apoio recíproco nas guerras, "uma cidade é composta de diferentes tipos de homens; pessoas semelhantes não podem dar existência a uma cidade";[2] a cidade, assim, obriga as pessoas a pensar naqueles que têm diferentes lealdades e a lidar com eles. Naturalmente, a agressão mútua não pode manter coesa uma cidade, mas Aristóteles tornou mais sutil esse preceito. O tribalismo, dizia, significa pensar que se sabe como as outras pessoas são sem conhecê-las; à falta de uma experiência direta dos outros, caímos em fantasias medrosas. Atualizada, é esta a ideia do estereótipo.

A experiência direta poderia enfraquecer os estereótipos? Era o que supunha o sociólogo Samuel Stouffer, que observou na Segunda Guerra Mundial que

INTRODUÇÃO

os soldados brancos que combatiam ao lado de negros se revelavam menos preconceituosos do ponto de vista racial do que os soldados brancos que não tinham passado pela mesma experiência.[3] O cientista político Robert Putnam virou Stouffer e Aristóteles de ponta-cabeça. Putnam constatou que a experiência direta da diversidade na verdade leva as pessoas a se retirarem dessas vizinhanças; em sentido inverso, as pessoas que vivem em comunidades locais homogêneas se mostram mais socialmente inclinadas para os outros fora do seu universo e curiosas a seu respeito.[4] O vasto estudo no qual baseia essas conclusões focaliza mais atitudes do que comportamentos propriamente ditos. Na vida cotidiana, podemos simplesmente ter de deixar de lado atitudes assim; somos constantemente forçados a lidar com pessoas que tememos, das quais não gostamos ou que simplesmente não entendemos. A tese de Putnam é que, defrontando-se com esses desafios, as pessoas inicialmente tendem a se retirar ou, na sua formulação, a "hibernar".

Preocupado com a situação do mundo no tranquilo recesso do meu escritório acadêmico e também, devo reconhecer, preocupado com os efeitos do "fuck you, fuck you" no meu neto, tenho me perguntado o que se poderia fazer a respeito do tribalismo. Sendo tão grandes os problemas do convívio com a diferença, não poderia haver uma solução única ou completa. Um dos efeitos mais interessantes da idade avançada, contudo, é que ficamos insatisfeitos com observações do tipo "mas que pena..."; a resignação não parece contar muito.

A cooperação pode ser definida, sucintamente, como uma troca em que as partes se beneficiam. Esse comportamento é imediatamente identificável nos chimpanzés cuidando uns dos outros, em crianças construindo um castelo de areia ou em homens e mulheres juntando sacos de areia para impedir uma inundação. Imediatamente identificável porque o apoio recíproco está nos genes de todos os animais sociais; eles cooperam para conseguir o que não podem alcançar sozinhos.

As trocas cooperativas manifestam-se de muitas formas. A cooperação pode ser associada à competição, como no caso de crianças cooperando no estabelecimento de regras básicas para um jogo em que haverão de competir umas com as outras; na vida adulta, essa mesma combinação de cooperação e competição se manifesta nos mercados econômicos, na política eleitoral e nas negociações diplomáticas. A cooperação torna-se um valor em si mesmo em rituais tanto sagrados quanto seculares: observar a Eucaristia ou o Pessach juntos traz à vida a dimensão teológica; os rituais de civilidade, ainda os mínimos, como "obrigado" e "por favor", põem em prática conceitos abstratos de respeito mútuo. A cooperação pode ser tanto informal quanto formal; as pessoas que batem papo em uma esquina ou bebem em um bar estão fofocando e jogando conversa fora sem pensarem de maneira autorreferencial: "Estou cooperando." Esse ato vem envolto na experiência do prazer recíproco.

Como evidencia o tribalismo humano, a troca cooperativa pode gerar resultados destrutivos para os outros; os banqueiros praticam esse tipo de cooperação através da troca de informações privilegiadas e dos acertos entre amigos. Trata-se de roubo legal, mas os bandos criminosos funcionam segundo o mesmo princípio social. Tanto os banqueiros quanto os assaltantes de bancos entram em conluio, o anjo sombrio da cooperação. Ficou conhecida a evocação do conluio na setecentista *Fábula das abelhas* de Bernard Mandeville, na qual o esperto dr. Mandeville considerava que o bem comum pode derivar do vício compartilhado, mas apenas se as pessoas não "sofrem" de convicções religiosas, políticas ou de qualquer natureza.[5]

Neste livro, sem chegar a esse tipo de cinismo, pretendo focalizar um pouco do que poderia ser feito a respeito da cooperação destrutiva do tipo nós-contra-vocês ou da cooperação degradada em conluio. A boa alternativa é um tipo exigente e difícil de cooperação; ela tenta reunir pessoas de interesses diferentes ou conflitantes, que não se sentem bem em relação umas às outras, que são desiguais ou simplesmente não se entendem. O desafio consiste em reagir aos outros nos termos deles. É o desafio de toda gestão de conflito.

O filósofo e político Michael Ignatieff considera que essa receptividade é uma disposição ética, um estado de espírito que trazemos em nós como indivíduos; meu ponto de vista é que ela surge da atividade prática.[6] Um dos resultados da boa gestão do conflito, seja em uma guerra ou em uma luta política, é que essa cooperação sustenta os grupos sociais nos infortúnios e

INTRODUÇÃO

reviravoltas do tempo. Além disso, a prática desse tipo de cooperação ajuda os indivíduos e grupos a apreender as consequências dos próprios atos. Em um espírito de generosidade, não vamos aqui alijar o banqueiro da condição humana: para encontrar um referencial ético para o seu comportamento, ele teria de levar em conta os efeitos de seus atos em pessoas muito diferentes dele próprio, em pequenas empresas, titulares de hipotecas em atraso e clientes em dificuldades em geral. O que significa, de maneira mais genérica, que o que ganhamos com tipos mais exigentes de cooperação é a compreensão de nós mesmos.

O mais importante na cooperação intensa é o fato de exigir habilidade. Aristóteles definia a habilidade como *techné*, a técnica de fazer com que algo aconteça, fazendo-o bem; o filósofo islâmico Ibn Khaldūn considerava a habilidade terreno específico dos artífices. É possível que você, como eu, não goste da expressão "habilidades sociais", que parece indicar pessoas boas de conversa em um coquetel ou capazes de lhe vender coisas de que você não precisa. Mas existem habilidades sociais mais sérias. Elas podem percorrer toda a gama de ações implicadas em ouvir com atenção, agir com tato, encontrar pontos de convergência e de gestão da discordância ou evitar a frustração em uma discussão difícil. Todas essas atividades têm um nome técnico: chamam-se "habilidades dialógicas". Antes de explicar a expressão, cabe aqui perguntar por que esse tipo de cooperação capacitada parece mais confinada ao reino ideal do que deveria acontecer do que ao reino prático do comportamento cotidiano.

DESABILITAÇÃO

As críticas do tribalismo muitas vezes têm um subtexto de atribuição de culpa, como se o tribalista não se mostrasse à altura dos padrões cosmopolitas daquele que critica. Além disso, é fácil imaginar que a difícil tarefa de cooperar com aqueles que diferem sempre foi algo raro. Mas a sociedade moderna debilitou a cooperação à sua maneira. A mais direta delas diz respeito à desigualdade.

Avaliada por uma ferramenta estatística de amplo uso, o coeficiente de Gini, a desigualdade aumentou dramaticamente na última geração, seja nas sociedades em desenvolvimento ou nas desenvolvidas. Na China, o desenvolvimento potencializou o coeficiente de Gini, pois as fortunas urbanas aumentam muito mais que as do campo. Na América, as fortunas em declínio agravaram a desigualdade interna; a perda de empregos de alta capacitação na manufatura diminuiu a riqueza na massa, ao passo que a riqueza dos 1% mais ricos e, nessa pequena faixa, a riqueza de 0,1% dispararam astronomicamente. As desigualdades econômicas se traduzem na experiência cotidiana em termos de distância social; a elite torna-se remota para a massa, restando pouco terreno comum entre as expectativas e lutas de um motorista de caminhão e as de um banqueiro. Distâncias dessa natureza muito justificadamente deixam indignadas as pessoas comuns; o pensamento e o comportamento do tipo nós-contra-eles são, nesse caso, uma consequência racional.

As mudanças modernas na esfera do trabalho debilitaram de outra maneira ainda o desejo e a capacidade de cooperar com os que diferem. Em princípio, toda organização moderna é favorável à cooperação; na prática, esta é inibida pela estrutura das organizações modernas — o que é reconhecido nas discussões gerenciais sobre o "efeito de silo", o isolamento de indivíduos e departamentos em diferentes unidades, pessoas e grupos que pouco compartilham e na verdade retêm informações valiosas para outros. As mudanças ocorridas no tempo que as pessoas passam trabalhando juntas aumentam esse isolamento.

O trabalho moderno tem cada vez mais um caráter de curto prazo, à medida que os empregos de curto prazo ou temporários substituem carreiras longas em uma mesma instituição. Já se estimou que um jovem que tenha entrado para a força de trabalho em 2000 mudará de empregador de 12 a 15 vezes ao longo da carreira.[7] Nas organizações, as relações sociais também são de curto prazo, e a prática gerencial recomenda que as equipes de trabalhadores não sejam mantidas por mais de nove a doze meses, para que os empregados não se vinculem pessoalmente uns aos outros. As relações sociais superficiais são um produto dessa tendência para o curto prazo; quando as pessoas não permanecem por longo tempo em uma instituição, debilitam-se

INTRODUÇÃO

seu conhecimento da organização e seu comprometimento com ela. As relações superficiais e os vínculos institucionais breves reforçam o efeito de silo: as pessoas ficam na reserva, não se envolvem com problemas que não lhes dizem respeito diretamente, sobretudo no trato com aqueles que fazem algo diferente na instituição.

Além de motivos materiais e institucionais, as forças culturais militam hoje em dia contra a prática da cooperação exigente. A sociedade moderna está gerando um novo tipo de caráter. É o tipo de pessoa empenhada em reduzir ansiedades provocadas pelas diferenças, sejam de natureza política, racial, religiosa, étnica ou erótica. O objetivo da pessoa é evitar qualquer sobressalto, sentir-se o menos estimulada possível por diferenças profundas. A retirada de que fala Putnam é uma maneira de reduzir essas provocações. Mas também a homogeneização do gosto. A homogeneização cultural é evidente na arquitetura moderna, no vestuário, na comida de rápido consumo, na música popular, nos hotéis... A relação é globalizada e interminável.[8] "Todo mundo é basicamente igual" expressa essa visão de mundo que busca a neutralidade. O desejo de neutralizar toda diferença, de domesticá-la, decorre (é pelo menos o que tentarei demonstrar) de uma angústia em relação à diferença, conectando-se com a economia da cultura global de consumo. Um dos resultados é o enfraquecimento do impulso de cooperar com aqueles que se mantêm teimosamente Outros.

No caso desses motivos materiais, institucionais e culturais, os tempos modernos não estão bem-equipados para atender aos desafios apresentados pelo tipo mais exigente de cooperação. Vou contextualizar essa carência de uma forma que talvez pareça inicialmente estranha: a sociedade moderna está "desabilitando" as pessoas da prática da cooperação. O termo "desabilitar" decorre da substituição de homens por máquinas na produção industrial, à medida que máquinas complexas foram tomando o lugar do trabalho manual especializado. No século XIX, essa substituição ocorreu, por exemplo, na siderurgia, deixando aos trabalhadores o desempenho apenas das tarefas mais simples e grosseiras; hoje, temos a lógica da robótica, cujo objetivo é substituir a mão de obra humana dispendiosa tanto no fornecimento de serviços quanto na fabricação de objetos. A desabilitação vem ocorrendo em igual medida no terreno social: as pessoas perdem a capacidade de lidar com as diferenças insuperáveis, à medida que a desigualdade material as isola, que o trabalho de curto prazo torna mais superficiais os contatos sociais e gera ansiedade a respeito do Outro. Estamos perdendo as habilidades de cooperação necessárias para o funcionamento de uma sociedade complexa.

Minha tese não se baseia na nostalgia de um passado mágico em que as coisas pareciam inevitavelmente melhores. A capacidade de cooperar de maneiras complexas está enraizada, isto sim, nas etapas mais iniciais do desenvolvimento humano; essas capacidades não desaparecem na vida adulta. E esses recursos de desenvolvimento correm o risco de ser desperdiçados pela sociedade moderna.

A COOPERAÇÃO NA PRIMEIRA INFÂNCIA

A psicóloga infantil Alison Gopnik observa que o bebê humano vive em um estado de devir extremamente fluido; mudanças incrivelmente rápidas de percepção e sensação ocorrem nos primeiros anos do desenvolvimento humano, moldando nossa capacidade de cooperar.[9] Todos nós guardamos lá dentro a experiência infantil do relacionamento e conexão com os adultos que tomaram conta de nós; ainda bebês, tivemos que aprender como interagir com eles para sobreviver. Essas experiências de cooperação na primeira infância se assemelham a um ensaio, no qual os bebês vão testando diferentes possibilidades de entendimento com pais e semelhantes. A influência genética serve de orientação, mas os bebês humanos (como todos os pequenos primatas) também investigam, experimentam o próprio comportamento e tratam de aperfeiçoá-lo.

A cooperação torna-se uma atividade consciente no quarto e no quinto meses de vida, quando os bebês começam a interagir com as mães na amamentação; o bebê começa a reagir à comunicação verbal sobre as maneiras como deve se comportar, ainda que não entenda as palavras, por exemplo,

INTRODUÇÃO

reagindo a certos tons de voz e se acomodando em uma posição que ajude. Pela incitação verbal, a expectativa entra para o repertório comportamental do bebê. No segundo ano de vida, os bebês começam a reagir por afinidade, prevendo os movimentos uns dos outros. Sabemos hoje que esse comportamento induzido — os estímulos da expectativa e da reação — ajuda o cérebro a ativar vias neurais até então adormecidas, de tal maneira que a colaboração faculta o desenvolvimento mental dos bebês humanos.[10]

Os sinais dos animais sociais não primatas são estáticos, no sentido de que facultam leitura imediata; quando as abelhas "dançam" umas para as outras, estão enviando sinais precisos, por exemplo, de que o pólen pode ser encontrado a 400 metros a noroeste; as outras abelhas sabem instantaneamente como ler esses sinais. Na experiência do bebê humano, a sinalização torna-se cada vez menos comparável à das abelhas. O bebê humano experimenta gestos das mãos, expressões faciais, toques ou pegadas que parecem intrigantes aos adultos, não sendo instantaneamente entendidas ou interpretadas.

O psicólogo Jerome Bruner enfatizou a importância dessas mensagens enigmáticas como sinais de desenvolvimento cognitivo. Cada vez mais o bebê se esforça por transmitir significado em seus próprios termos, como no choro. Aos 2 meses de idade, o bebê que chora está simplesmente dando sinal de sofrimento; com o tempo, o choro assume formas mais variadas, pois o bebê está tentando dizer algo mais complexo, algo que os pais têm mais dificuldade de interpretar. Essa defasagem se estabelece no segundo ano de vida, mudando o significado de "mútuo"; o bebê e o adulto continuam a se vincular nas trocas, mas já não estão tão certos do que estão trocando, pois o processo de sinalização tornou-se mais complexo. Segundo Bruner, a defasagem entre transmissão e recepção constitui um "novo capítulo" no processo de vinculação entre o bebê e os pais.[11] Mas o novo capítulo não é um desastre. Tanto os bebês quanto os pais aprendem a se adaptar, e na verdade são estimulados nesse processo a prestar mais atenção uns nos outros; a comunicação não se rompeu, apenas se tornou mais complexa.

Para os pais, de qualquer maneira, é fácil imaginar que os bebês deixaram o Jardim do Éden ao entrar naquilo que Benjamin Spock designou pela expressão hoje consagrada de "os terríveis dois".[12] A explicação habitual para os acessos de raiva nessa etapa é que o bebê fica contrariado ao ser fisicamente separado da mãe. Os psicólogos infantis D. W. Winnicott e John Bowlby foram os primeiros a traçar um quadro mais completo. Em seus estudos, Winnicott partiu da habitual observação parental de que um bebê, interagindo com a mãe na amamentação, é capaz de se dar conta de que o mamilo da mãe não é parte do seu próprio corpo; Winnicott mostrou que, quanto maior liberdade o bebê tiver de tocar, lamber e sugar o mamilo, mais consciência terá de que é uma coisa externa e separada, de que pertence apenas à mãe. Bowlby fez a mesma observação a respeito da liberdade tátil das crianças depois do segundo ano de vida; quanto maior for sua liberdade de interação com os brinquedos, mais consciência elas terão de que as coisas físicas têm existência própria.[13] Essa consciência física da separação também se manifesta na interação com outras crianças, na liberdade de socar, chutar e lamber. É a descoberta de que as outras crianças não reagem como a criança esperava, de que os outros são seres separados.

Assim é que a vida do bebê representa uma primeira experiência de enraizamento na complexidade e na diferença. Em consequência, as crianças dificilmente "hibernam" umas em relação às outras, para usar a imagem de Robert Putnam. Na verdade, por mais separadas e em confronto que estejam, tornam-se cada vez mais interativas. A esse respeito, queremos aqui trazer os pais ao contexto. Por um lado, os pais que conversam constantemente com os filhos permitem a crianças de 2 anos de idade ser mais sociáveis com as outras crianças, menos reativas e raivosas com os cuidadores, do que os pais cujos filhos tendem a ser mais socialmente isolados; a diferença facultada pelo estímulo parental pode ser constatada em maior ou menor ativação dos circuitos neurais no cérebro do bebê.[14] Mas, ainda que a estimulação parental seja inibida, o impulso físico do bebê para as trocas não pode ser extinto. No segundo ano de vida, todos os bebês começam a observar e imitar o que os outros fazem; o aprendizado a respeito dos objetos físicos também se acelera, especialmente o tamanho e o peso das coisas, assim como os riscos físicos que oferecem. A capacidade social de cooperar em um projeto comum, como

INTRODUÇÃO

fazer um boneco de neve, se estabelece firmemente nos bebês por volta do terceiro ano de vida: é o que fazem as criancinhas, mesmo sem o estímulo do comportamento parental.

Uma das vantagens de encarar as primeiras experiências de cooperação como um ensaio é que esse conceito explica de que maneira os bebês lidam com a frustração. A incapacidade de comunicar gera a frustração evidenciada no choramingar, e os bebês aprendem a experimentar diferentes formas de choramingar — com surpreendentes resultados. Bowlby constatou que os bebês tendem a choramingar mais à medida que seu repertório vocal se expande, pois passam a dar mais atenção à própria vocalização e a sentir mais curiosidade a respeito; não estão mais mandando uma simples informação de sofrimento.

Igualmente importante é a questão da estrutura e da disciplina. Em um ensaio, a repetição proporciona uma estrutura disciplinar; repassamos repetidas vezes as mesmas coisas, procurando aperfeiçoá-las. A simples repetição mecânica certamente é um elemento das brincadeiras infantis, assim como ouvir a mesma história contada muitas vezes da mesma forma constitui um prazer. Mas a repetição mecânica é apenas um elemento. Por volta dos 4 anos de idade, as crianças tornam-se capazes de praticar no sentido que atribuímos a essa ação, seja no caso de um esporte ou de um instrumento musical; através da repetição, tentam melhorar naquilo que estão fazendo.

Decorrem daí consequências sociais. Na creche, segundo constatou Bowlby, a repetição começa a vincular os bebês uns aos outros quando eles experimentam juntos e repetidamente; na execução conjunta de um gesto, a frustração de cantar no mesmo compasso, por exemplo, torna-se o que ele chamou de "afeto de transição", ou seja, sem um impedimento absoluto de tentar acertar a coordenação da próxima vez. Várias outras pesquisas constataram que um ensaio, no sentido de repetir uma rotina para aperfeiçoá-la, é mais difícil quando efetuado sozinho. Colocada de maneira mais formal, a repetição, com o tempo, torna a cooperação ao mesmo tempo sustentável e perfectível.

As origens da cooperação no desenvolvimento humano dão um passo a mais por volta dos 4 anos de idade. Naturalmente, qualquer classificação por idade é arbitrária; o desenvolvimento é elástico, variando de uma criança para outra. Por volta dessa idade, contudo, como demonstrou o psicólogo Erik Erikson, as crianças tornam-se capazes de estudar o próprio comportamento de maneira reflexiva, autoconsciente, desvinculando o ato do "self".[15] Em termos práticos, ele está querendo dizer que as crianças se tornaram mais capazes de autocrítica sem a necessidade de sinalizações ou correções da parte de pais ou semelhantes; quando uma criança é capaz disso, é que se tornou, no contexto exposto por Erikson, "individuada". Por volta dos 5 anos de idade, as crianças tornam-se ávidas revisionistas, corrigindo formas de comportamento que lhes serviram até então, mas que já se revelam insuficientes.

O pensamento reflexivo e autocrítico não implica um afastamento das outras crianças; elas podem ser reflexivas juntas. Uma das provas desse processo arroladas por Erikson são as brincadeiras. Aos 5 ou 6 anos, as crianças começam a negociar as regras dos jogos e brincadeiras, em vez de simplesmente as aceitarem tal como apresentadas, como acontece aos 2 ou 3 anos; quanto mais negociações houver, mais fortemente as crianças se vincularão umas às outras nas brincadeiras e jogos.

Um século atrás, em seu estudo sobre jogos e brincadeiras, *Homo Ludens*, o historiador Johann Huizinga registrou a diferença entre a observação das regras de um jogo e a discussão sobre como elas deveriam ser. Para Huizinga, eram apenas alternativas passíveis de serem escolhidas pelas crianças a qualquer momento; a psicologia moderna, por sua vez, as encara como uma sequência no processo de desenvolvimento humano. Como observa um estudo recente, a pura e simples obediência vem em primeiro lugar no processo de desenvolvimento, e só mais tarde o poder de negociação.[16] Segue-se daí uma importante consequência: o desenvolvimento nos capacita a escolher o tipo de cooperação que desejamos, quais serão os termos da troca, como haveremos de cooperar. Em consequência, a liberdade passa a fazer parte da experiência da cooperação.

A tese de Erikson a respeito dessa passagem é que a cooperação antecede a individuação: ela é o fundamento do desenvolvimento humano, na medida em que aprendemos como estar juntos antes de aprender como nos manter à parte.[17] Pode parecer que Erikson está afirmando o óbvio: não poderíamos

INTRODUÇÃO

nos desenvolver como indivíduos no isolamento. Mas isso significa que os próprios desentendimentos, separações, objetos transicionais e autocríticas que se manifestam ao longo do desenvolvimento representam testes sobre a maneira como se relacionar com outras pessoas, e não sobre como hibernar; se o vínculo social é primordial, seus termos mudam até o momento em que as crianças entram para a escolarização formal.

Esta é uma das maneiras como a cooperação começa a se desenvolver. Tenho certeza de que todo pai ou mãe seria capaz de contar uma história específica sobre a maneira como seus filhos cresceram. A minha enfatiza que a vinculação aos outros envolve habilidade; à medida que as crianças cooperam melhor, as habilidades sociais e cognitivas se entrelaçam. As duas habilidades a que tenho dado ênfase são a experimentação e a comunicação. A experimentação significa fazer coisas novas e, mais ainda, estruturar essas mudanças ao longo do tempo. Os jovens aprendem a fazê-lo mediante o processo repetitivo e expansivo da prática. A comunicação inicial é ambígua, como no momento em que o bebê envia sinais ambíguos; na época em que as crianças já são capazes de negociar as regras de um jogo, podem também negociar as ambiguidades e resolvê-las. A tese genérica de Erik Erikson certamente faz sentido para mim: a autoconsciência manifesta-se no contexto da experimentação e da comunicação com os outros. Também concordo com Alison Gopnik quando enfatiza que o desenvolvimento inicial consiste em um ensaio de possibilidades.

Você poderia observar, quaisquer que sejam seus pontos de vista sobre as crianças, que não é fácil aprender a cooperar nesses termos. De certa maneira, essa dificuldade é positiva; a cooperação torna-se uma experiência adquirida, mais que uma simples partilha impensada. Como em qualquer esfera da vida, damos mais valor àquilo que lutamos por conquistar. Como poderia então esse processo de ensaio lançar as bases de uma complexa cooperação mais tarde na vida?

DIALÓGICA

"As pessoas que não observam não podem conversar."[18] Esta pílula de sabedoria de um advogado inglês remete à essência da "dialógica". Esta expressão técnica designa a atenção e a receptividade aos outros. A tirada do advogado chama a atenção em especial para o papel do ouvinte em uma discussão. Geralmente, quando falamos das capacidades de comunicação, nós nos concentramos na melhor maneira de expor algo com clareza, apresentando o que pensamos e sentimos. De fato são necessárias habilidades para fazê-lo, mas elas são de caráter declarativo. Ouvir bem exige outro conjunto de habilidades, a capacidade de atentar de perto para o que os outros dizem e interpretar antes de responder, conferindo sentido aos gestos e silêncios, tanto quanto às declarações. Embora talvez precisemos nos conter para observar bem, a conversa que daí resultará será enriquecida, mais cooperativa, mais dialógica.

Ensaios

Um vício muito comum consiste em acreditar que nossa experiência tem grande valor simbólico, e por algumas páginas agora vou me entregar a esse vício. Um dos modelos dessa habilidade de ouvir se manifesta em ensaios profissionais de adultos, do tipo que é necessário nas artes cênicas. É um modelo que conheço bem. Na juventude, trabalhei profissionalmente como músico, como violoncelista e regente. Os ensaios são a base da atividade musical; ensaiando música, a capacidade de ouvir adquire importância vital, e, ao ouvir bem, o músico se torna uma pessoa mais cooperativa.

Nas artes cênicas, a pura e simples necessidade dos outros muitas vezes revela-se um choque. Jovens músicos de sucesso muitas vezes se veem em maus lençóis quando começam a tocar música de câmara; não se prepararam para estar atentos aos outros. (Eu era assim, aos 10 anos.) Embora possam ter-se assenhoreado perfeitamente de sua parte, nos ensaios precisam aprender essa arte, tão contrária ao ego, de ouvir, voltando-se para fora. Acredita-se às vezes que o resultado caminha na direção do extremo oposto, com uma

INTRODUÇÃO

verdadeira fusão do músico, que submerge o próprio ego em um conjunto maior. Mas a pura e simples homogeneidade não é o que se busca na música feita em conjunto — pois seria um resultado muito monótono. A força e o temperamento da música, pelo contrário, manifestam-se através de pequenos dramas de deferência e afirmação; na música de câmara, em especial, precisamos ouvir os indivíduos falando com vozes diferentes que às vezes entram em conflito, como no caso das arcadas ou do timbre das cordas. Entretecer essas diferenças é como manter uma conversação rica.

Na música clássica, trabalhamos com uma partitura impressa, e pode parecer que ela governa a conversa. Mas aquelas manchas de tinta na partitura impressa não bastam para nos dizer como a música de fato vai soar. Como escreveu o violoncelista Robert Winter a propósito de ensaios de um quarteto de Beethoven, a diferença entre a página e o ato está no caráter específico dos instrumentos tocados, nos temperamentos divergentes dos músicos e, naturalmente, nas dificuldades textuais.[19] A indicação expressiva mais enlouquecedora na música é *espressivo*, com expressividade; para traduzir essa indicação em sons, precisamos intuir a intenção do compositor; é possível que certos instrumentistas enviem sinais sobre como tocar *espressivo* que não podem ser interpretados por outros instrumentistas — uma espécie de volta aos gritos do berço.

À parte as instruções intrigantes, a conversa durante os ensaios procura imaginar os sons ouvidos pelo compositor ao lançar as notas na pauta. No Octeto, de Schubert, por exemplo, o compositor reduz a fragmentos melodias inicialmente compartilhadas pelos oito instrumentistas. É perfeitamente sutil: ocorrendo uma pausa, cada instrumentista deve transmitir algo parecido com "Aqui eu vou saltar do trem", sem fazer grande caso da própria despedida. É a vontade de Schubert tal como a imagino, mas só posso justificá-lo interagindo com os outros instrumentistas, vindo o meu som a se unir com o deles para em seguida divergir. Em virtude da defasagem entre a partitura e o som, meu professor de regência, o grande Pierre Monteux, costumava ordenar aos alunos: "Ouçam, não leiam!" Isto só pode acontecer nos ensaios.

No fazer musical, existe uma distinção básica entre prática e ensaio: a prática é uma experiência solitária, e o ensaio, uma experiência coletiva. Comum a ambos é o procedimento de percorrer inicialmente toda a partitura para em seguida focalizar trechos particularmente difíceis. As duas formas de trabalho na música diferem, primeiro, porque o ensaio integra os hábitos musicais à consciência comum. Praticando sozinho, o músico percorre reiteradas vezes a sua parte para que as passagens se tornem procedimentos perfeitamente absorvidos; isto é sobretudo necessário para o músico que se prepara para uma apresentação pública — são poucos os músicos capazes, como o violinista Fritz Kreisler ou Pierre Monteux, de memorizar uma partitura depois de apenas um par de leituras. Para nós outros, o risco está em perder de vista de que maneira essas passagens absorvidas soam para os outros. No ensaio, um músico pode permitir a outro ter consciência disso.

As crianças que discutem as regras de um jogo precisam chegar a um consenso para brincar juntas. Já os músicos não, ou não tanto. Certa vez, eu ensaiava o Octeto de Schubert com o clarinetista Alan Rusbridger e a certa altura ele comentou: "Professor..." — ele é jornalista profissional, portanto essa forma de se dirigir a mim não era exatamente um cumprimento — "o seu agudo está estridente." Praticando sozinho, eu esquecera como o agudo poderia soar para ele, e ele me levara a ouvi-lo. Mas eu não abrandei o som; fiquei me perguntando se ele devia soar estridente, decidi que sim e o tornei ainda mais estridente. Nossa interação gerou em mim uma valoração mais consciente da nota que o desagradou. Tal como em uma boa discussão: sua riqueza se entretece de discordâncias que, no entanto, não impedem as pessoas de continuar falando.

O ensaio não irá adiante se um dos músicos se sair com uma explicação do "Significado do Octeto de Schubert" ou se todos eles começarem a discutir sua importância cultural; o ensaio seria então transformado em um seminário. Mas na verdade são poucos os ensaios que se transformam em seminários filosóficos. Os músicos com boa experiência de ensaios trabalham de maneira prática, investigando problemas concretos. É verdade que muitos deles são obstinados em suas convicções (certamente é o meu caso), mas essas

INTRODUÇÃO

opiniões só haverão de influenciar os outros se contribuírem para modelar um momento específico da sonoridade coletiva. Esse empirismo será talvez o aspecto de maior ressonância no que diz respeito à cooperação artística em um ensaio: a cooperação é construída a partir do zero. Os instrumentistas precisam encontrar e desenvolver questões específicas e relevantes.

Diferenças em matéria de tempo também opõem a prática ao ensaio. Os músicos profissionais que praticam sozinhos podem trabalhar oito ou mais horas sem parar; aprenderam a estruturar o processo de "repetição investigativa" e são capazes de focar a atenção por longos períodos. O violinista Isaac Stern era um grande adepto dessas sessões longas, tendo certa vez comentado comigo: "Não dormi a noite inteira, finalmente consegui acertar os compassos iniciais do Concerto de Brahms." Os ensaios de grupos de músicos profissionais raramente se estendem por mais de três horas, até certo ponto em virtude de normas sindicais a respeito de horas extras e outras restrições econômicas. Na melhor das hipóteses, os músicos conseguirão cinco ou mais ensaios de determinada peça antes de apresentá-la ao público, embora na maioria das vezes esse número se limite mais provavelmente a dois ou três. Muito trabalho coletivo precisa ser condensado em um curto período de tempo. Os instrumentistas precisam mostrar-se econômicos na exploração dos detalhes importantes e expressivos.

A conversa durante ensaios musicais profissionais tem caráter eminentemente social, pois quase sempre se trata de uma troca entre estranhos. O músico profissional é um migrante. Se for uma estrela, estará constantemente em turnê, trabalhando com orquestras ou grupos desconhecidos. Mesmo no caso de músicos estabelecidos em um conjunto orquestral, por exemplo, os compromissos extras de trabalho se dão em apresentações eventuais, oportunidades que muitas vezes se apresentam em igrejas ou casamentos, assim como em outras salas de concerto. O desafio da comunicação com estranhos acentua a busca de detalhes específicos, já que são poucas as horas a serem passadas no trabalho conjunto.

Uma possível solução para este problema está no estabelecimento de rituais móveis. Cada músico terá desenvolvido hábitos expressivos que logo trata de aplicar a trechos decisivos; quando eu excursionava com o Octeto de Schubert, tinha assinalados na partitura trechos-chave nos quais sabia que retardaria o andamento, passagens em que saltaria do trem melódico. Nos ensaios, o ritual consiste em compartilhar essas indicações; se os outros fizeram o mesmo tipo de anotação, pode-se imediatamente calibrar o retardamento; caso contrário, haverá uma negociação sobre a conveniência ou não de adotá-lo. O ritual da passagem assinalada tem uma espécie de força simbólica, pois mostra aos outros músicos que tipo de instrumentista você é, como tende a atacar as frases ou modelar a dinâmica; os colegas haverão de intuir como você pode se comportar em outras passagens não assinaladas, que assim podem dispensar ensaio.

O ritual faz com que a cooperação expressiva funcione — o que é muito importante. Como veremos, o ritual permite a cooperação expressiva na religião, no trabalho, na política e na vida comunitária. Não resta dúvida de que aquelas noites dedicadas aos mistérios do Octeto de Schubert não se enquadrariam no que hoje se costuma qualificar como "atividade produtiva"; trata-se de um modo de vida alternativo. Tampouco estabeleci aqui uma comparação mais direta entre o processo de ensaios dos músicos e o processo de ensaio dos nossos primos, os atletas profissionais, outra forma altamente especializada de cooperação. Mas a experiência que tive como jovem profissional se escora em bases humanas essenciais. Os pontos de contato com a primeira infância estão nas comunicações envolvendo ambiguidade; em práticas que se vão estruturando e focando com o tempo; em conversas a respeito de diferenças; em práticas sujeitas a uma autocrítica reflexiva.[20] Os músicos em um ensaio são eriksonianos adultos; precisam interagir, trocar, em benefício mútuo. Precisam cooperar para fazer arte.

Conversas dialéticas e dialógicas

Existe uma analogia entre o ensaio musical e a conversa verbal, mas ela contém um enigma. Boa parte da efetiva comunicação entre músicos consiste em movimentos de sobrancelha, resmungos, olhares de relance e outros gestos

INTRODUÇÃO

não verbais. Mais uma vez, quando os músicos querem explicar algo, tendem antes a mostrar do que dizer, ou seja, tocam determinado trecho para os outros, deixando que interpretem o que estão querendo dizer. Eu teria dificuldade de traduzir em palavras exatamente o que quero dizer com "talvez mais *espressivo*". Em uma conversa, contudo, precisamos encontrar as palavras.

Ainda assim, o ensaio musical se assemelha a essas discussões, nas quais a capacidade de ouvir se torna tão importante quanto fazer afirmações claras. O filósofo Bernard Williams refere-se com desdém ao "fetiche da afirmação", o impulso de enfatizar um argumento como se seu conteúdo tivesse toda a importância do mundo.[21] A capacidade de escuta não está muito presente nesse tipo de contenda verbal; espera-se que o interlocutor admire e, portanto, concorde, ou então que revide com igual assertividade — o conhecido diálogo de surdos na maioria dos debates políticos.

E, embora um orador possa se expressar com dificuldade, o bom ouvinte não pode se contentar com essa insuficiência. O bom ouvinte precisa estar atento às intenções, às sugestões, para que a conversa siga em frente.

A escuta atenta gera conversas de dois tipos, a dialética e a dialógica. Na dialética, como aprendemos na escola, o jogo verbal de opostos deve levar gradualmente a uma síntese; a dialética começa na observação de Aristóteles, na *Política*, de que, "embora possamos usar as mesmas palavras, não podemos dizer que estamos falando das mesmas coisas"; o objetivo é acabar chegando a um entendimento comum.[22] A proficiência na prática da dialética está na detecção do que poderia contribuir para esse terreno comum.

A respeito dessa capacidade, Theodore Zeldin escreve, em um pequeno e sábio livro sobre a conversa, que o bom ouvinte detecta o terreno comum mais facilmente no que a outra pessoa presume do que no que ela diz.[23] O ouvinte elabora esse pressuposto, expressando-o em palavras. Capturamos a intenção, o contexto, tratamos de explicitá-lo e falamos a respeito. Outro tipo de habilidade se manifesta nos diálogos platônicos, nos quais Sócrates se revela um excelente ouvinte ao repetir "em outras palavras" o que os debatedores declaram — mas a repetição não é exatamente o que eles haviam dito ou, na verdade, pretendido dizer. O eco na verdade é um deslocamento. Por isso é que nos diálogos de Platão a dialética não se assemelha a uma discussão, a um duelo verbal. A antítese de uma tese não é "seu cretino, você está errado!". O que acontece é que os mal-entendidos e confrontos de interesses entram em jogo, a dúvida é posta na mesa; todos precisam então esforçar-se mais por ouvir o outro.

Algo semelhante ocorre em um ensaio musical, quando o músico observa: "Não entendo o que você está fazendo, será que é isto?" A repetição nos leva a repensar o som, e assim podemos adaptá-lo, mas não exatamente copiar o que ouvimos. Nas conversas do dia a dia, é este o sentido da expressão "a bola está no outro campo"; o lugar onde a bola vai parar pode surpreender todo mundo.

"Dialógica" é uma palavra cunhada pelo crítico literário russo Mikhail Bakhtin para se referir a uma discussão que não resulta na identificação de um terreno comum. Embora não se chegue a um acordo, nesse processo de troca as pessoas podem se conscientizar mais de seus próprios pontos de vista e ampliar a compreensão recíproca. "Professor, o seu agudo está estridente" deu início a uma troca dialógica no ensaio do Octeto de Schubert. Bakhtin aplicou o conceito de trocas densas, mas divergentes, a escritores como Rabelais e Cervantes, cujos diálogos são exatamente o oposto da concordância convergente na dialética. Os personagens de Rabelais disparam em direções aparentemente irrelevantes, que são retomadas por outros personagens; a discussão então se adensa, estimulando-se os personagens reciprocamente.[24] Às vezes algo semelhante é transmitido por grandes performances de música de câmara. Os músicos não parecem uniformemente alinhados, a interpretação tem mais textura, mais complexidade, mas ainda assim eles estão estimulando uns aos outros — o que se aplica tanto à música de câmara quanto ao jazz.

Naturalmente, a diferença entre conversa dialética e dialógica não é uma questão de ou/ou. Como acontece na versão Zeldin da conversa dialética, o movimento avante na conversa dialógica vem da atenção voltada para aquilo que a outra pessoa está dando a entender, sem chegar a dizer; como no astuto "em outras palavras" de Sócrates, em uma conversa dialógica os mal-entendidos podem eventualmente contribuir para o entendimento mútuo. O cerne da capacidade de escuta, contudo, está na escolha de detalhes concretos,

INTRODUÇÃO

específicos, para levar a conversa adiante. Os maus ouvintes recuam para as generalizações em suas reações; não estão atentos àquelas pequenas frases, gestos faciais ou silêncios que abrem uma discussão. Na conversa verbal, como nos ensaios musicais, as trocas se constroem em toda a linha.

Antropólogos e sociólogos inexperientes podem enfrentar um desafio peculiar no encaminhamento de debates. Mostram-se às vezes demasiado ansiosos por reagir, voltando-se em todas as direções sugeridas pelo tema; em vez de argumentarem, querem mostrar receptividade, interesse. Temos aqui uma questão decisiva. Uma conversa dialógica pode ser comprometida definitivamente por excesso de identificação com a outra pessoa.

Simpatia e empatia

Acreditamos quase sempre que a consciência dos outros é uma questão de simpatia, o que significa identificação com eles. Na clássica formulação do presidente americano Bill Clinton: "Estou sentindo a sua dor." Na *Teoria dos sentimentos morais*, Adam Smith a descreve como o "empenho [de uma pessoa] [...] de se colocar na situação da outra, compenetrando-se dos menores motivos de sofrimento daquele que sofre [...] em suas mais ínfimas manifestações".[25] Smith dá particular ênfase à exortação bíblica de fazer aos outros o que gostaríamos que fizessem a nós. A pessoa precisa ver-se no outro, não só como ser humano, mas nessas "mais ínfimas manifestações", que não raro se diferenciam muito de sua própria experiência concreta. Do ponto de vista de Smith, a imaginação pode superar essas barreiras, propiciando um salto mágico da diferença para a semelhança, de tal maneira que a experiência estranha ou alheia pareça ser nossa. Podemos então nos identificar com os outros e simpatizar com suas dificuldades.

Essa simpatia instantânea e generalizada do tipo clintoniano motiva muitos pesquisadores inexperientes em ciências sociais, com péssimas consequências. Não ocorre o árduo trabalho de imaginação dos detalhes específicos da experiência do outro ser humano recomendado por Adam Smith. E "Estou sentindo a sua dor" tampouco ajuda os músicos a tocar melhor em conjunto.

De mais utilidade tanto para o pesquisador quanto para o músico é outra forma de envolvimento: a empatia.

Em um ensaio musical, um instrumentista de cordas pode dar-se conta de que os outros músicos ouvem uma frase musical de maneira completamente diferente, com isso fraseando de outra forma com seus arcos; ele registra a diferença. A reação de simpatia consistiria em se identificar com eles e imitá-los. A reação empática é mais reservada: "Você dá uma arcada ascendente, e eu, uma descendente..."; a diferença pode ficar no ar, mas foi dado um sinal de reconhecimento do que o outro está fazendo. Em uma entrevista, a empatia do ouvinte pode se expressar pelo contato visual no silêncio, passando a mensagem "Estou atento a você", e não "Sei perfeitamente como você se sente".* A curiosidade é mais um elemento da empatia do que da simpatia.

Tanto a simpatia quanto a empatia transmitem reconhecimento, e ambas forjam um vínculo, mas aquela é um abraço; esta, um encontro. A simpatia supera as divergências através de atos imaginativos de identificação; a empatia mostra-se atenta à outra pessoa em seus próprios termos. A simpatia costuma ser considerada um sentimento mais forte que a empatia, pois "Estou sentindo a sua dor" dá ênfase ao que eu sinto, ativando o ego. A empatia é uma prática mais exigente, pelo menos na escuta; o ouvinte precisa sair de si mesmo.

Essas duas formas de reconhecimento são necessárias em momentos diferentes e de formas diferentes para a prática da cooperação. Se um grupo de mineiros estiver soterrado, "Estou sentindo a sua dor" serve para mobilizar nosso desejo de ajudá-los a sair; não importa se nunca tivermos descido a uma mina; somos capazes de ignorar essa diferença. Mas há situações em que ajudamos outras pessoas precisamente quando não nos imaginamos como elas; por exemplo, deixando alguém enlutado extravasar, sem a pretensão de nos intrometer no que essa pessoa está passando. A empatia tem uma aplicação política específica; praticando-a, um legislador ou líder sindical poderia — certamente é uma possibilidade longínqua — aprender algo com

---

*Por isso é que, no treinamento de jovens etnógrafos, não trabalho apenas com questionários, mas também com a expressão corporal e o olhar.

INTRODUÇÃO

seus eleitores ou representados, em vez de simplesmente falar em seu nome. Mais realisticamente, a escuta empática pode ajudar o assistente social, o padre ou o professor a agir como mediador em comunidades de diversidade racial ou étnica.

Como questão filosófica, a simpatia pode ser entendida como uma recompensa emocional para o jogo dialético de tese-antítese-síntese: "Finalmente estamos nos entendendo", o que dá uma boa sensação. A empatia está mais ligada à troca dialógica; embora a troca seja sustida pela curiosidade, não experimentamos a mesma satisfação de um fechamento, de estar rematando as coisas. Mas a empatia tem sua própria recompensa emocional.

Rodeios e vias indiretas

"Fuck you, fuck you" é mais que uma explosão de pura agressividade; é algo paralisante. Ante uma explosão assim, a reação mais provável é "Vai se foder você também". Agora os antagonistas estão paralisados. Quando me mudei para a Grã-Bretanha, fiquei achando que o momento de interrogatório do primeiro-ministro no Parlamento era um exemplo disso, um combate verbal no qual o chefe do governo e o líder da oposição não cedem um milímetro, parecendo à beira das vias de fato. Naturalmente, eles não chegam a isso; hoje em dia, esse combate aparentemente mortal, como a luta livre profissional nos Estados Unidos, é feito para a televisão. Mas na vida real a agressão verbal muitas vezes, em sua rigidez, ultrapassa os limites.

O aprofundamento dessa experiência juvenil com os britânicos me deu acesso a uma maneira de evitar esse risco. Jovem estudante de música, recém-saído da panela de pressão competitiva da Juilliard School em Nova York, fiquei impressionado ao ensaiar pela primeira vez com jovens músicos de Londres; as discussões eram vazadas em termos como "possivelmente", "talvez" ou "eu teria imaginado". E igualmente em outras conversas, fossem em um pub ou no salão de recepção de um grande benfeitor do mundo musical, os britânicos se revelavam verdadeiros mestres no uso do subjuntivo.

Pura cortesia? É de fato isso, mas não apenas uma questão de polidez. Os ensaios revelavam-se mais produtivos porque esse estado de espírito subjuntivo abria espaço para a experimentação, representando um convite à adesão dos outros. Certamente é verdade que o retraimento, como a vergonha, pode ser uma forma invertida de narcisismo, mostrando-se a pessoa intensamente consciente de si mesma — intensamente demais. Também é verdade que os britânicos gostam de se considerar menos competitivos que os americanos; na minha experiência, eles eram tão ambiciosos quanto, só que não o demonstravam tanto. Isto contribuía para um bom nível de cooperação nos ensaios, facilitando a conversa no pub.

Quando me tornei um pesquisador do terreno social, o estado de espírito subjuntivo passou a predominar no meu modo de pensar as relações humanas. Os diplomatas precisam dominar o subjuntivo nas negociações para tentar evitar uma guerra; o mesmo acontece no trato de negócios e na sociabilidade do dia a dia, "talvez" e "eu teria imaginado" representando antídotos às posições paralisadas. O estado de espírito subjuntivo neutraliza o medo do fetiche da afirmação de que fala Bernardo Williams ao abrir espaço, pelo contrário, a um espaço mútuo indeterminado em que estranhos convivem, sejam imigrantes e nativos compartilhando a mesma cidade ou gays e heterossexuais vivendo na mesma rua. A máquina social é azeitada quando as pessoas não se comportam com excesso de ênfase.

O estado de espírito subjuntivo frutifica mais no terreno dialógico, esse universo da conversa que gera um espaço social aberto, no qual a discussão pode tomar direções imprevistas. A conversa dialógica, como vimos, prospera através da empatia, o sentimento de curiosidade sobre os outros e o que são realmente. É um sentimento mais tranquilo que as identificações não raro instantâneas da simpatia, mas as recompensas da empatia não são necessariamente frias. Pela prática dos rodeios e vias indiretas, conversando no subjuntivo, podemos vivenciar certo tipo de prazer sociável: estar com os outros, dando-lhes atenção e aprendendo sobre eles, sem nos obrigar a ser como eles.

Para mim, é certamente este o prazer a ser extraído do trabalho de campo etnográfico: botamos o pé no mundo, conhecendo pessoas diferentes de nós.

INTRODUÇÃO

Os prazeres de uma conversa descompromissada, da troca casual de ideias, como um passeio por uma rua desconhecida, encorajam o etnógrafo em cada um de nós. Existe aí certa dose de voyeurismo, mas talvez o voyeurismo já tenha fama muito ruim; a vida seria insuportavelmente restrita se só tivéssemos notícia de pessoas intimamente conhecidas de nós. Como no caso de um olhar cuidadoso, uma conversa casual também requer habilidade para se tornar um encontro significativo; eximir-se de assertividade é uma disciplina que abre espaço para olhar para a vida de outra pessoa, e também para que ela possa olhar para a sua.

A conversa é como um ensaio, que depende da capacidade de escuta. Ouvir bem é uma atividade interpretativa que funciona melhor quando focalizamos a especificidade do que está sendo ouvido e buscamos entender com base nesses elementos específicos o que a outra pessoa dá por descontado, sem chegar a dizer explicitamente. Os procedimentos dialéticos e dialógicos facultam duas maneiras de praticar uma conversa, uns pelo jogo de contrários que leva a um acordo, outros pelo ricochetear de pontos de vista e experiências de forma aberta. Na boa escuta, podemos sentir simpatia ou empatia; são ambas impulsos cooperativos. A simpatia é mais entusiasmante, a empatia, mais pausada, e também mais exigente, pois requer que focalizemos a atenção fora de nós mesmos. Na dialógica, embora não se encaixem perfeitamente como peças em um quebra-cabeça, as pessoas podem extrair conhecimento e prazer das trocas. "Talvez" facilita a cooperação na conversa. Essas habilidades da conversação podem parecer muito distantes da caixinha de areia onde os bebês brincam. Mas existe uma ligação. Nas primeiras etapas da vida, os seres humanos aprendem a ensaiar a cooperação, explorando suas formas diferentes e oscilantes. Com o tempo, as conversas entre adultos podem separar essas possibilidades em duas direções.

A sociedade moderna revela-se muito melhor na organização do primeiro tipo de troca do que na do segundo, mais capaz da comunicação através da argumentação dialética do que pela discussão dialógica. Esse contraste ressalta notavelmente na fronteira tecnológica para a cooperação.

COOPERAÇÃO ONLINE

Como costuma acontecer com pessoas da minha idade, eu não transito com naturalidade na comunicação online. Escrevendo cartas, dedico tempo e cuidado ao texto; portanto, são poucas as que escrevo; a avalanche de e-mails que recebo diariamente é desalentadora pela pura e simples quantidade. Em sentido inverso, uma conversa online parece dolorosamente lenta, em comparação com a conversa com alguém pelo telefone ou pessoalmente. Mas o fato é que as novas tecnologias de comunicação transformaram de maneira irreversível a paisagem das comunicações.

Seu efeito político mais poderoso manifesta-se quando essas tecnologias estimulam e incitam as pessoas a agir off-line, em vez de as limitarem à experiência diante da tela. Ironicamente, os *tweets* e mensagens de texto podem ter esse efeito, como nas sublevações de 2011 na Tunísia e no Egito. As mensagens informavam onde aconteceria uma manifestação importante ou quem participaria; as pessoas se encaminhavam para a praça da cidade, para o prédio governamental ou para o quartel militar para decidir o que fazer em seguida. A mensagem compactada é por demais fragmentária ou breve para efetuar uma análise política. As imagens do Facebook têm o mesmo efeito compactado: mostram a ação em andamento e lançam a convocação urgente: "Estejam lá!" Quando a comunicação funciona assim, a comunicação compactada é liberada fisicamente, reunindo as pessoas; a cooperação online se traduz em cooperação em carne e osso.

E a comunicação online? Essas trocas teriam o mesmo poder de incitação? Para descobri-lo, aceitei participar de um grupo de testes de trabalho com o Google Wave, programa concebido especificamente para a cooperação online séria. Recém-saído da caixa, o Google Wave parecia ótimo. O objetivo era fazer com que as ideias e contribuições aparecessem na tela de forma clara e sucinta; o programa procurava mostrar-se aberto, para que os participantes pudessem contribuir livremente ou alterar o próprio projeto ao longo da experiência. Uma antiga ideia renascentista da oficina experimental parecia encontrar no Google Wave uma nova acolhida no ciberespaço. Mas a tentativa

INTRODUÇÃO

não deu certo; o Google Wave funcionava há apenas um ano, entre 2009 e 2010, quando a empresa o considerou um fracasso, encerrando a experiência.

O grupo Google Wave ao qual aderi buscava reunir informações e criar políticas na questão da migração para Londres. Os dados que nosso grupo tinha de interpretar consistiam em estatísticas, transcrições de entrevistas, fotografias e filmes de comunidades imigradas, mapas da procedência das pessoas e da localização onde se haviam estabelecido em Londres. Os participantes estavam espalhados por Londres, pela Grã-Bretanha e pelo continente nós europeu; nós mandávamos posts, líamos e entrávamos nos chats em intervalos de poucos dias.

Nosso projeto tentava descobrir em especial por que motivo, entre as famílias muçulmanas, a segunda geração de imigrantes para a Grã-Bretanha tende a se mostrar mais insatisfeita com o país do que a primeira geração, a dos pioneiros. Mas também enfrentávamos um desafio técnico. Os estatísticos e os etnógrafos apresentam tipos diferentes de indícios dessa insatisfação: os estatísticos mapeiam caminhos de mobilidade bloqueados na educação e no trabalho; os etnógrafos constatam que os jovens idealizam culturalmente os lugares e modos de vida deixados pelos pais, quaisquer que sejam suas atuais circunstâncias. Para complicar ainda mais as coisas, o patrocinador governamental, preocupado com a "alienação" da juventude muçulmana, queria saber que políticas precisava adotar. Poderia a cooperação online destrinchar tudo aquilo?

O objetivo do projeto era muito diferente dos objetivos das redes sociais online, embora ambos usassem a mesma tecnologia. Nós não queríamos fazer "amigos" nem precisávamos nos preocupar com violações de privacidade no Facebook. Muitos sites das redes sociais, na verdade, não são muito interativos socialmente. No ciberespaço, lamenta a escritora Sarah Bakewell, "o século XXI está cheio de pessoas cheias de si" online; "um passeio de meia hora pelo oceano online de blogs, tweets [...] revela milhares de indivíduos fascinados com a própria personalidade e clamando por atenção".[26] Sua observação é procedente mas incompleta. A mesma tecnologia possibilita conversas mais consequentes, como na sala de bate-papo online para pacientes de câncer de mama estudado por Shani Orgad. Nesse site, as mulheres trocam informações e experiências vitais para complementar sua comunicação com os médicos; Orgad constatou que a sala de bate-papo muitas vezes se revela de maior auxílio no trato da doença do que as trocas pessoais no hospital.[27]

De interesse mais imediato para nós eram os hábitos mentais que maculam a blogosfera política, girando em torno de uma agressiva imposição de opiniões, em vez de uma real troca no debate — um gigantesco arquipélago, receia Cass Sustein, das formas de expressão nós-contra-eles.[28] Precisávamos romper esses hábitos online que exemplificam o fetiche da afirmação; só uma conversa dialógica e exploratória poderia aumentar nossa percepção das complexas questões com que nos defrontávamos.

Quando o projeto teve início, eu imaginara que a tecnologia do Google Wave permitiria esse tipo de conversação, mas o programa militava contra isso. Seus engenheiros tinham uma ideia muito precisa daquilo que requer a cooperação; seu modelo de conversa era o dialético, conduzido de forma visual. O Google Wave utiliza textos coloridos, links de hipertexto e janelas laterais para moldar uma narrativa convergente que aparece na caixa maior da tela. Essa caixa apresenta um relato da maneira como o jogo de diferentes opiniões pode conduzir a um consenso, da concepção à consumação de um projeto. O programa preserva o que ocorreu antes em uma discussão, tornando o passado imediatamente acessível com um clique do mouse; mas a organização visual em dado momento marginaliza ou suprime os aparentes becos sem saída e irrelevâncias.

As instruções que recebemos para a utilização do Google Wave afirmavam que se tratava de uma maneira eficiente de cooperar, já que os dados irrelevantes eram deixados de lado, mas o programa se revelou demasiado simples. Sua estrutura dialética e linear não dava conta das complexidades que se desenvolvem através da cooperação. Uma das características de toda autêntica experimentação é descobrir algo que não se esperava. Descobertas dessa natureza obrigam as pessoas, como costumamos dizer, a "pensar fora da caixa", essa nova maneira de estabelecer associações e comparações que o historiador da ciência Thomas Kuhn chama de "mudança de paradigma".

INTRODUÇÃO

A estrutura proporcionada pelo Google Wave para a conversa cooperativa inibia visualmente os pensamentos fora da caixa; descartava exatamente aquelas aparentes irrelevâncias que viriam a se revelar carregadas de sentido.

Em nosso grupo, à medida que as trocas se voltavam cada vez mais para a questão religiosa, perguntas como "E as jovens que se mudam do Norte para Londres?" tinham menos repercussão, parecendo irrelevantes, com isto sendo relegadas lateralmente na tela. Alguém disse à pesquisadora que havia mencionado a questão das jovens migrantes: "Ficamos sem notícias suas por um tempo." E ela respondeu: "Não, o trabalho foi em frente." Seu tempo havia passado, mas, como viríamos a constatar, a questão do gênero era uma variante decisiva para descobrir quem na segunda geração acaba se alienando, e quem não se aliena. Sua resposta era dialógica, introduzindo um elemento aparentemente irrelevante, e foi suprimida, sendo relegada à lateral da tela.

As laterais de tela têm profunda consequência social em um grupo online: se as reações dialógicas são eliminadas passo a passo, aqueles que contribuem com ideias mais casuais podem sentir-se marginalizados à medida que o projeto se define mais nitidamente. Como não se acumulavam aparentemente camadas complexas de significado que lidassem com nossas questões sociais ou técnicas, o entusiasmo do grupo começou a diminuir à medida que acompanhávamos a narrativa dialética contemplada pelo programa.

Quero deixar claro que o Google Wave não é uma ditadura. Pode ser recalibrado, por exemplo, com uma tela principal menor do que as barras laterais. Em vez do "moderador" recomendado pelo Google Wave — que pode se transformar em um guarda de trânsito mental peneirando ideias supostamente irrelevantes —, oferecemos a cada participante uma linha nitidamente colorida, pontilhada ou tracejada para desenhar flechas entre as janelas, propondo novas conexões. Mas a tela parecia cada vez mais confusa, tornando-se de mais difícil uso. Assim, em vez de trabalhar online, passamos cada vez mais a tomar aviões — esses terríveis instrumentos de tortura da sociedade moderna — e a nos encontrar pessoalmente para praticar formas mais eficazes de pensamento lateral, integrando todo mundo plenamente na conversa.

"Não entendo por que as pessoas não haveriam de querer", disse Lars Rasmussen, um dos criadores (e também o programador por trás do Google Maps, ao lado do irmão). O programa se revelava um fracasso para outros usuários, e no verão de 2010 o Google cancelou o serviço que havia iniciado um ano antes. "É um produto muito inteligente. Não dá para entender como é que não funcionou", declarou o principal executivo do Google, Eric Schmidt.[29] Talvez não seja um mistério tão grande assim. Nós queríamos um tipo de cooperação mais dialógico.

Um dos principais motivos do fracasso pode ter sido que o programa confundia partilha de informações com comunicação. A partilha de informações é um exercício de definição e precisão, ao passo que a comunicação tem tanto a ver com o que não é dito quanto com o que é dito; a comunicação explora o reino da sugestão e da conotação. Na pressa que prevalece nas trocas de e-mails, as reações tendem a se reduzir ao mínimo indispensável; nas trocas online como as do Google Wave, onde predomina o visual, é difícil transmitir ironia ou dúvida; a partilha de informações remove a expressão.

A linha divisória entre informação e comunicação afeta a prática institucional da cooperação. Os estudos sobre corporações, hospitais e escolas que recorrem ao e-mail ou tecnologias similares mostram que abrir mão do contexto não raro significa também abrir mão do sentido; o entendimento entre as pessoas encolhe. Os comandos transmitidos online em linguagem denotativa geram diretrizes abstratas; as pessoas que estão abaixo na cadeia de comando precisam constantemente ler nas entrelinhas das mensagens dos superiores — que raramente escrevem com particular talento. A interação a respeito de problemas concretos torna-se mais lenta, exigindo trocas cada vez mais prolongadas de e-mails para lidar com casos específicos. Essas reduções do sentido preocupam Jaron Lanier, o técnico responsável pelos primeiros programas para simular a realidade em três dimensões na tela: "Quando meus amigos e eu construímos as primeiras máquinas de realidade virtual, a grande questão era tornar esse mundo mais criativo, expressivo, empático e interessante [...] e não fugir a ele."[30]

INTRODUÇÃO

O problema com esse programa não é exclusividade do Google; muitos outros programas (alguns ainda em uso e acessíveis gratuitamente no Linux) imaginam a cooperação em termos dialéticos, e não dialógicos; o resultado, mais uma vez, é experimentação forçada e cooperação inibida. Poderíamos dizer que os programadores não permitiram que os usuários ensaiassem através das máquinas, testando entre si as possibilidades de interação. O "ensaio", como tenho tentado demonstrar, é uma categoria da experiência, enraizada no desenvolvimento do bebê e da criança, que expande a capacidade de comunicação. Temos aqui um paradoxo do Google Wave: ele demonstrou que, no ato da cooperação, os usuários são capazes de lidar com maior complexidade do que a permitida pelos programadores; a imaginação destes foi insuficiente para a conversa que as pessoas precisavam entabular.

O problema, quero aqui enfatizar, está no software, e não no hardware, um software concebido por engenheiros com uma compreensão inadequada das trocas sociais. O fracasso do Google Wave chama a atenção da inadequação do mesmo hardware para finalidades, como a revolta política, que não estavam no horizonte dos engenheiros quando os programas foram concebidos. A advertência de Lanier é que, no uso comum, a tecnologia tende mais a dobrar a vontade humana do que a se dobrar a ela; dito de outra maneira, precisamos lutar com um programa social dessa natureza ou deformá-lo para praticar uma troca social complexa.

A incapacidade de permitir a complexidade é um tema recorrente no trabalho dos filósofos Amartya Sen e Martha Nussbaum. Sua "teoria das aptidões" sustenta que nossas capacidades emocionais e cognitivas se realizam insatisfatoriamente na sociedade moderna; os seres humanos são capazes de mais do que as escolas, os locais de trabalho, as organizações civis e os regimes políticos permitem.[31] Os pontos de vista de Sen e Nussbaum têm sido uma fonte de inspiração para mim, fornecendo o tema central deste livro: nossa capacidade de cooperar é muito maior e mais complexa do que querem crer as instituições. Nesta Introdução, venho tentando demonstrar como pode ser rica a experiência da interatividade com os outros. Que se segue disso?

ESTE LIVRO

Este livro divide-se em três partes, explorando de que maneira a cooperação pode ser moldada, debilitada ou fortalecida. Cada parte explora globalmente a cooperação, recorrendo a pesquisas em antropologia, história, sociologia e política. O livro avança por uma série de estudos de casos concretos. Eu os contextualizei em uma discussão dialógica, e não em uma argumentação dialética combativa; procuro antes mobilizar o seu engajamento crítico do que convencê-lo de determinada posição. Quero praticar aqui mesmo a cooperação.

A Parte 1 começa com a modelagem da cooperação na política. O foco aqui é a solidariedade, pois o espírito do nós-contra-eles está fortemente enraizado na moderna paisagem política. Existiria um tipo de política de cooperação capaz de contestá-lo? O capítulo 2 aborda a relação entre competição e cooperação. As duas estão relacionadas de maneiras complexas, que tentarei investigar antropologicamente. O capítulo 3 apresenta um contexto específico da maneira como a cooperação tem sido moldada historicamente. As maneiras de cooperar tornaram-se uma questão no alvorecer da era moderna, quando a ciência começou a se separar da religião e a própria religião se dividiu na Europa.

A segunda parte do livro, sobre as maneiras como a cooperação pode ser debilitada, é de natureza sociológica, voltando-se para o presente. Aqui, adoto o ponto de vista crítico de Sen e Nussbaum. Para isto, o capítulo 4 investiga de que maneira as desigualdades vivenciadas pelas crianças afetam sua experiência cooperativa. O capítulo 5 explora a erosão da cooperação na interação adulta; concentro-me particularmente, aqui, no acanhamento das relações de cooperação, autoridade e confiança no trabalho. O capítulo 6 contempla um novo tipo de caráter que surge na sociedade moderna, um eu a-cooperativo, despreparado para lidar com a complexidade e a diferença. Toda crítica social corre o risco da caricatura; pensando nisto, tentei fazer um relato o mais nuançado possível desses desajustes sociais.

A Parte 3 examina as maneiras como a cooperação pode ser fortalecida, centrando a atenção nas habilidades capazes disso. No Prefácio, empreguei de

INTRODUÇÃO

passagem a expressão "cooperação como habilidade". Agora vou aprofundá-la, tentando mostrar no capítulo 7 o que se pode aprender a respeito da vida social através da arte de fazer e consertar objetos físicos. O capítulo 8 trata de uma aplicação do que chamarei de "diplomacia cotidiana", a arte de interagir com pessoas das quais discordamos, das quais talvez não gostemos ou que não entendemos; as técnicas nesse sentido têm a ver com as práticas de performance. A Parte 3 conclui no capítulo 9 com uma exploração do compromisso. A receptividade aos outros, a cooperação evidentemente exige certo grau de compromisso, mas o compromisso assume muitas formas: qual delas escolher?

Assim é que tentei examinar globalmente a cooperação de muitos ângulos diferentes. O mundo em que vivo como sociólogo está infestado de crânios do desempenho, pessoas que fazem carreira dizendo aos outros como se comportar. No fim do livro, não vou bancar o dono da verdade em matéria de desempenhos. Pelo contrário, procurei filiar esta caminhada ao mais dialógico dos escritores, o ensaísta Michel de Montaigne.

PARTE UM

Moldando a cooperação

1

"A questão social"

Os reformistas exploram um enigma em Paris

O visitante da Exposição Universal de Paris em 1900 tinha de procurar muito para encontrar a mostra mais explosiva de todas. Ao ar livre, a Exposição se espraiava pelo vasto parque de diversões do *Champ de Mars* ao pé da Torre Eiffel, pintada de amarelo gritante; por baixo dela, os estandes exibiam os últimos lançamentos em matéria de descargas de privada, metralhadoras e teares industriais. Bem à vista de todos, o mundo oficial celebrava "O Triunfo da Indústria e do Império", enquanto em uma rua lateral se tratava em salas abarrotadas das questões humanas levantadas por esse triunfo. Os organizadores do evento deram a esse espaço secundário o nome de *musée social*, um museu social, um Louvre do trabalho, destinado a mostrar de que maneira o capitalismo faz o que tem de fazer. Os expositores apresentavam de maneiras diferentes suas respectivas salas, dando ao espaço como um todo o nome de *La Question sociale* — "A questão social".[1]

Nenhum curador de museu moderno jamais apresentaria uma mostra dessa maneira. Um curador moderno paga uma fortuna por uma tela com sangue humano ressecado, sendo este objeto "transgressor" apresentado como algo que faz uma "proposta" social. As propostas feitas nas salas da exposição parisiense assumiam sobretudo a forma de documentos e mapas afixados à parede. Em uma delas viam-se os mapas da pobreza em Londres traçados por Charles Booth, "as relações de classe da cidade estabelecidas, rua a rua, em camadas brilhantes de riqueza e escuras massas de pobreza".[2]

Os alemães exibiam documentos da histórica coalizão de sindicatos trabalhistas e partidos políticos representada na *Allgemeiner Deutscher Arbeiterverein* (Associação Geral dos Trabalhadores Alemães — congregando trabalhadores qualificados e semiqualificados) fundada por Ferdinand Lassalle; os franceses mostravam vários panfletos de políticas sociais; entre diferentes relatórios governamentais constavam depoimentos de associações de voluntariado em comunidades locais, especialmente documentos do nascente movimento dos trabalhadores católicos.

A mostra americana era a menor. Boa parte dela tratava de questões raciais, de certa forma uma novidade para os europeus, que geralmente se concentravam nas questões de classe. Em um dos cantos o visitante se deparava com um impressionante estudo estatístico de W. E. B. Dubois sobre a condição dos afro-americanos no estado da Geórgia desde o fim da escravidão. Em outro recanto, a mostra americana oferecia manifestações palpáveis de artesanato levadas pelos institutos Hampton e Tuskegee, instituições de treinamento dos antigos escravos afro-americanos em artesanato — formando artesãos cujo trabalho coletivo já não se dava sob o chicote de um senhor.[3]

Apesar da linguagem sucinta, as mostras dessas salas pretendiam provocar e o conseguiam, pelo menos em termos de quantidade de visitantes. Logo depois da inauguração, os turistas em visita à Exposição Universal passeavam meio desorientados entre descargas de privada e furadeiras industriais; mas à medida que o afluxo diminuía no *Champ de Mars*, as salas alternativas se enchiam de gente discutindo e polemizando.

Os expositores das salas da "Questão social" e seus articulados visitantes tinham um inimigo comum: o imperioso capitalismo da época, com suas desigualdades e formas de opressão. Estavam convencidos de que o capitalismo selvagem não podia garantir qualidade de vida para as massas. Mas as mostras à margem do *Champ de Mars* não tratavam desse inimigo em si mesmo; eram um fórum mais maduro do que a exposição transgressora do curador moderno, destinada a extrair uivos de choque, horror e indignação. Os parisienses muito acertadamente tinham dado ao projeto o nome de "A questão social". Como se deveria mudar a sociedade? O kitsch socialista —

"A QUESTÃO SOCIAL"

trabalhadores otimistas cantando enquanto trabalham pela revolução — não estava entre as respostas; nem propostas de reforma degradadas a simples marcas de comunicação como "justiça" e "a grande sociedade" (nomes recentemente adotados respectivamente pela esquerda e a direita britânicas para divulgar suas plataformas políticas).

Mas os expositores de fato convergiram para um tema comum. "Solidariedade" era o grande comentário nessas salas; as pessoas debatiam o que ela significava. Solidariedade designava em geral a ligação entre os vínculos sociais do cotidiano e a organização política. A cooperação conferia sentido a essa ligação: os sindicatos trabalhistas unidos da Alemanha, a organização católica de voluntariado francesa e a oficina americana representavam três maneiras de praticar a cooperação face a face para gerar solidariedade. Os mais radicais entre os expositores parisienses tomavam esses exemplos de atividade cooperativa como um convite para pensar o social no socialismo.

Vamos nos deter por um momento na palavra "social", pois nessa época passava por uma considerável transformação no pensamento social.

No fim do século XIX, as cidades europeias estavam cheias de migrantes, e todo o continente exportava emigrantes para a América. A industrialização criava uma geografia de isolamento onde quer que se implantasse, de tal maneira que vastas quantidades de trabalhadores muito pouco sabiam, no interior da fábrica ou em casa, a respeito de pessoas diferentes. As cidades industriais tornavam-se mais densas; as classes isoladas viam-se cada vez mais compactadas. Que poderia suscitar uma compreensão mútua entre essas pessoas que não se conheciam apesar de estarem confinadas juntas?

A resposta a essa pergunta preocupava Georg Simmel (1858-1918), que não visitou o *musée social* mas acompanhava com avidez os debates sobre a questão social. Seu trabalho era um empreendimento radical associando história, sociologia e filosofia; sua vida exemplificava uma luta muito particular com a questão da conexão social. As origens judaicas o mantiveram à margem da vida acadêmica alemã até a idade madura; o casamento com uma luterana o afastou das raízes judaicas. Ele tinha bons motivos para se considerar um marginal, embora, como burguês alemão, sua marginalidade não representasse ameaça grave. Ainda assim, não se sentia inconformado com essa situação algo alienada. Considerava que era a condição do homem moderno e achava que continha uma certa promessa.

A moderna vida social ia além do puro e simples prazer que se tem na companhia dos outros, chamado de *Geselligkeit* pelos alemães. Em palestra pronunciada em Frankfurt em 1910, Simmel sustentava que esse prazer é universal, ocorrendo em todo o desenvolvimento humano, à medida que os esportes físicos e a disciplina impostos às crianças gradualmente são modulados em palavras amistosas compartilhadas em um bar ou café.[4] Contemplando a entrada de imigrantes étnicos, em sua maioria judeus muito pobres da Europa oriental, para o convívio dos alemães, Simmel se perguntava que efeito a intrusão de estrangeiros poderia ter nesse alegre prazer da sociabilidade. Se o convívio com corpos estrangeiros pode comprometer o *Geselligkeit*, imaginava, sua presença também pode contribuir para aumentar a consciência social; a chegada de um estrangeiro pode levar os outros a repensar valores que davam por descontados.[5]

O choque do estrangeiro mais forte parecia a Simmel se dar em cidades grandes e em expansão como Berlim. Novos estímulos estão constantemente ocorrendo nas ruas de uma cidade, especialmente em lugares como a Potsdamer Platz da sua época, na qual as ruas despejavam seus diferentes conteúdos humanos em um centro concentrado. Celebrante da diferença, Simmel achava que seu contemporâneo Ferdinand Tönnies — para o qual "o social" era sinônimo de comunidades íntimas em pequena escala (*Gemeinschaft*) — usava antolhos; a vida com os outros é maior, mais rica.[6]

Mas a consciência do outro ocorre dentro da cabeça do ser urbano. O homem ou mulher da cidade, dizia Simmel, enverga em público uma máscara de frieza racional para se proteger das ondas de estímulos externos; percebendo a presença de outros, o ser urbano raramente demonstra o que está sentindo. Vivendo em densa proximidade com estranhos, vendo-os mas sem falar com eles, coberto por uma máscara, o homem moderno tem empreendido na cidade

"A QUESTÃO SOCIAL"

uma jornada que o conduz dos prazeres universais e sociáveis do *Geselligkeit* a uma condição subjetiva que Simmel chamava de "socialidade".

Embora a palavra não seja comumente empregada em inglês, há muito é usada em francês: *socialité*. Em francês, *socialité* abarca o sentimento de segurança ao lidar com situações difíceis ou hostis, como por exemplo quando diplomatas se sentam a uma mesa de negociação; eles envergam uma máscara de imperturbabilidade, abertos ao que os outros dizem mas frios e calmos, sem demonstrar qualquer receptividade imediata. Nesse sentido, a *socialité* é prima da empatia, tal como descrita na Introdução deste livro. Também requer habilidade; os franceses associam um comportamento competente em situações difíceis a *savoir faire*, expressão que não remete apenas a saber fazer uma boa escolha de vinhos em um restaurante. Para Simmel, a virtude da socialidade é que pode vigorar em camadas profundas, não se limitando apenas a intenções casuais. Ele o explica mediante uma comparação da socialidade com *Verbindung*, palavra alemã para designar ações de unir, tornar inteiro novamente, curar. A socialidade pode ter um alcance trágico no reconhecimento das feridas de mútua experiência que não curam. O que Simmel tinha em mente me foi lembrado por um motorista de táxi vietnamita que se dirigia a um grupo de americanos de volta a Hanói vinte anos depois do fim da malfadada guerra americana: "Nós não os esquecemos." Ele não disse mais nada, oferecendo simplesmente o reconhecimento de um vínculo doloroso, em vez de palavras empenhadas em curar. Meus companheiros mostraram-se admiráveis, nada dizendo em resposta.

Apesar de tudo isso, a socialidade não é um ativo movimento em direção aos outros; é consciência mútua, em vez de ação conjunta. Nisso, a socialidade contrasta com a solidariedade. Em Paris, os radicais que debatiam a "Questão social" tomavam uma direção oposta ao pensamento de Simmel: queriam fechar as rachaduras e separações da sociedade por uma ação conjunta, queriam *Verbindung*. Um grito de guerra foi dado no caso Dreyfus, na França, que teve início em 1894 com a injusta condenação por traição de um oficial militar judeu, e na eleição do antissemita Karl Lüger como prefeito de Viena em 1895. Nas duas cidades, muitos trabalhadores comuns voltaram-se contra bairros judeus pobres e também contra judeus posicionados mais acima na escala social. Certos radicais enfrentaram essa erupção de violência pregando a tolerância, uma virtude perfeitamente simmeliana; a socialidade requer que aceitemos o estrangeiro como presença valiosa em nosso convívio. Outros diziam que a tolerância não era suficiente; as classes trabalhadoras precisavam de uma experiência mais mobilizadora e vinculante, como entrar em greve por salários mais altos, para curar a ferida étnica.

Mas o significado mais vigoroso que os expositores e visitantes do *musée social* conferiam ao "social" não bastava para uni-los. Seus debates sobre a solidariedade levantaram duas questões importantes. A esquerda se dividia entre os que queriam estabelecer a solidariedade de cima para baixo e os que queriam gerá-la de baixo para cima; o sindicato alemão centralizado representava a primeira abordagem, e a oficina local americana, a segunda. Essa divisão levou a uma questão envolvendo a cooperação. Os militantes da solução de cima para baixo encaravam a cooperação como uma ferramenta, um meio para alcançar suas metas políticas; para a consecução de objetivos políticos, é necessário impor disciplina nas trocas frente a frente. Os militantes locais atuando de baixo para cima preocupavam-se com os jogos de poder no interior de suas pequenas organizações: quem governa o grupo, quem é aceito ou excluído? Os militantes locais queriam tanta participação livre quanto possível na paróquia ou na rua, ainda que isto significasse o sacrifício de certa dose de disciplina.

Havia, portanto, nessas discussões, duas versões da solidariedade, uma dando ênfase à unidade, a outra, à inclusão. Esses contrastes não eram exclusividade da esquerda, e tampouco pertencem apenas ao passado. Movimentos políticos de todas as tendências precisam decidir se dão ênfase à unidade ou a uma inclusão mais diversificada, devem enfrentar a ação política intragrupal, têm de definir que tipo de solidariedade querem. Ao longo do século XX, as duas versões da solidariedade viriam a diferençar o que poderia ser chamado de esquerda política da esquerda social.

CAMINHO BIFURCADO

Em Paris, os militantes da esquerda política sustentavam que é necessário fazer frente ao poderio com poderio; os grandes partidos políticos e sindicatos são a única maneira de transformar a besta capitalista.

A organização militar servia como um dos modelos dessa política radical. A própria palavra "militante" é usada desde o século XII como sinônimo de soldado de todos os tipos; na Contrarreforma, a Igreja Católica começou a se apresentar como organização militante na guerra contra os protestantes; no início do século XX, a palavra entrou para o uso coloquial, tanto na Inglaterra quanto na França, aplicada especificamente à política radical. *Institutos*, de Saint-Just, e *Que fazer?*, de Lênin, são panfletos igualmente sanguinários, mas no fim do século XVIII Saint-Just equipara o revolucionário quase sempre ao policial, ao passo que no início do século XX a linguagem de Lênin transita imperceptivelmente entre a política organizada e a guerra. Como acontece em um exército, escreve Lênin, a disciplina radical deve vir do alto; a solidariedade exige a renúncia ao eu na tropa. Verbalmente, a militância de tipo leninista transformava o "fetiche da afirmação" (discutido na Introdução) em uma virtude.

Dado o domínio do marxismo-leninismo na história mais tardia do socialismo de Estado, caberia considerá-lo idêntico à política de cima para baixo da esquerda, mas não era o caso há um século; na verdade, a política de cima para baixo opunha muitos radicais ao marxismo. Eles achavam, com razão, que o marxismo entraria em guerra contra outros partidos de esquerda, em vez de procurar cooperar com eles. A publicação por Karl Marx, em 1875, da *Crítica do programa de Gotha* resumia essa recusa de cooperar; o panfleto atacava o nascente Partido Social-Democrata alemão — a mais forte organização de esquerda na Europa — por não ser suficientemente revolucionário; conseguiu, assim, transformar muitos amigos em inimigos, permanecendo até hoje como um texto fundamental do fratricídio na esquerda.

Para os social-democratas alemães, como para os radicais franceses que reconstruíam seu destino político após a invasão alemã da França em 1870, a solidariedade exigia a absorção de facções e grupos dissidentes da esquerda em um todo unificado. As barganhas coletivas em escala nacional, buscando fortalecimento numérico, foram uma invenção do fim do século XIX. O objetivo era estabelecer laços comuns entre pessoas com tipos muito diferentes de trabalho industrial e artesanal; entretanto, muitos trabalhadores se aferraram ao velho ideal das guildas, de uma profissão como algo especial, cada uma delas tendo seus próprios interesses políticos. A superação dessa tendência requeria certa medida de acomodação e compromisso entre os grupos; ainda assim, a ação em nível nacional ou europeu buscava estabelecer os principais temas da luta, relegando variantes relativamente menos importantes de prática e crença à esfera de profissões específicas e comunidades locais. A força determinava a hierarquia organizacional. Como observou Hannah Arendt a respeito dos partidos políticos de esquerda alemães baseados em filiação sindical, a igualdade de pontos de vista dentro da organização era antes encarada como uma ameaça do que como um vínculo.[7]

É importante não caricaturar o governo firme de cima para baixo. Ferdinand Lassalle e seus seguidores dispunham-se a entrar em feroz debate, mas queriam manter privadas as disputas estratégicas, ideológicas e de território, para poder apresentar uma fachada de união em público. Qualquer esgrima em público de pontos de vista e ideias colaterais ficava parecendo fraqueza política para os dirigentes nacionais, pois a eficácia no combate aos patrões capitalistas exigia unidade de cima para baixo. Por isso temiam e reprimiam homens como Gustav Kessler (1832-1904), que preconizava a primazia dos sindicatos e partidos políticos locais, cada um percorrendo seu próprio caminho, às vezes erradio.

As condições de luta conferiam urgência a suas posições, como sabiam perfeitamente Samuel Gompers na América e o socialista fabiano Edward Coulson na Grã-Bretanha, ambos próceres da organização trabalhista na época da Exposição Universal. Esses líderes trabalhistas estavam na posição dos soldados numericamente inferiores, com seu direito de protestar carecendo da proteção do governo, seus grevistas não raro violentamente ameaçados pelos patrões e pelas forças de segurança contratadas, seus sindicatos eventualmente

"A QUESTÃO SOCIAL" 57

traídos por informantes de suas próprias fileiras. Internamente, as greves selvagens na Europa e na América se revelaram igualmente desestabilizadoras para o movimento, pois as rebeliões espontâneas careciam de disciplina e assim se esvaíam. Nesse clima de ameaça e desordem, a solidariedade exigia ao mesmo tempo rigidez e hierarquia fixa; se a liderança mudasse a todo momento, o conhecimento e experiência adquiridos haveriam de desaparecer; novos agentes teriam de aprender de novo as manhas do inimigo. É este um dos motivos pelos quais as eleições sindicais nas primeiras décadas do século XX na América, na Grã-Bretanha e na França tendiam a reconduzir os mesmos personagens veteranos.

Nas salas dedicadas à "Questão social", muitas pessoas também podiam lembrar-se de um episódio que falava em favor da clareza de objetivos e da ação disciplinada. Tratava-se da efêmera Comuna de Paris de 1871, que vigorou por alguns meses após a queda do império de Napoleão III, quando a cidade estava cercada pelo exército alemão. Durante o assédio, os parisienses, sob uma liderança fraca e mudando a toda hora, discutiam e votavam sobre cada aspecto da vida cotidiana. Relatos da vida entre os assediados dão conta de atos cotidianos de ajuda e apoio mútuos, como no caso dos cidadãos que pacificamente partilhavam os animais do zoológico de Paris para se alimentarem; os atos improvisados de cooperação não bastavam como estratégia de sobrevivência, contudo, e o exército alemão, aclamado pela burguesia provincial, logo pôs fim a ela. A Comuna nunca mais deixaria de rondar a imaginação da esquerda europeia: seus atos individuais de generosidade, o apoio recíproco espontâneo, mas também sua inevitável queda.

O outro lado da divisória parecia viver em um mundo diferente; os reformistas preocupavam-se com questões sociais como falta de educação, gestão da vida em família, habitação ou o isolamento dos recém-chegados às cidades. Os líderes comunitários e trabalhistas da esquerda social consideravam que o trato dessas condições significava mudanças de baixo para cima. Nesse sentido, filiavam-se a um antigo movimento novecentista chamado "associacionismo", que estava na origem dos modernos movimentos de organização de massas. Esse movimento dava ênfase ao puro e simples ato de cooperação com os outros como um fim em si mesmo, e não como uma ferramenta estratégica. O associacionismo não abraçava em suas origens nenhuma ideologia política. Organizações locais da igreja americana atuavam sob sua bandeira, assim como as lojas maçônicas britânicas do século XIX; na França, o associacionismo justificava a revivescência das *confréries*, velhas guildas revitalizadas como organismos caritativos; na França do século XIX, as cooperativas de consumidores foram criadas como auxiliares das *confréries*; na Grã-Bretanha, sociedades de construção forneciam créditos habitacionais aos trabalhadores. A associação como um fim em si mesma foi invocada pelo anarquista Peter Kropotkin, que considerava que os sindicatos deveriam funcionar como comunidades, em vez de se tornarem a base de partidos políticos, uma visão do sindicalismo que vigorou em quadrantes tão distantes quanto Barcelona, Moscou e o Noroeste americano.

A linha divisória entre a esquerda política e a social às vezes é traçada como um contraste entre a Europa e a América, tendo os radicais europeus um foco de cima para baixo a partir do Estado, e os americanos, de baixo para cima a partir da sociedade civil. Como deixam claro os exemplos citados acima, esse contraste rígido não funciona. Além disso, depois da Guerra Civil, como a analista social Theda Skocpol demonstrou, a América desenvolveu os rudimentos de um Estado previdenciário, e pela altura de 1900 boa parte da atividade política da esquerda americana se destinava a fortalecê-lo.[8] Em vez da nacionalidade, a diferença entre a esquerda política e a social está no contraste entre as solidariedades nacionais e locais.

A estrela da mostra de Paris em matéria de solidariedade construída de baixo para cima era a casa comunitária. Na forma, a casa comunitária era uma associação de voluntariado situada em comunidade urbana pobre, na qual trabalhadores de baixa qualificação podiam receber educação, conselhos sobre questões da vida cotidiana ou simplesmente encontrar um lugar limpo e aquecido para passar alguns momentos. Os serviços eram fornecidos basicamente por mulheres de classe média, geralmente trabalhando de graça; doadores de classe média compravam ou financiavam os prédios, embora em certas casas comunitárias os pobres contribuíssem com o que podiam,

"A QUESTÃO SOCIAL"

limpando, fazendo consertos e cozinhando para a comunidade. As casas comunitárias eram pequenas e contavam em geral com um ou dois voluntários em tempo integral, ajudados por uma dezena mais ou menos de visitantes de tempo parcial para atender a uma comunidade de 600-800 pessoas que se dirigiam às casas comunitárias à noite (os serviços de creche eram mínimos, e as crianças mais crescidas geralmente tinham de sair para trabalhar durante o dia). O movimento das casas comunitárias ganhou impulso nas últimas décadas do século XIX, disseminando-se pela Europa, do East End londrino a Moscou, onde casas de trabalhadores foram fundadas por Alexander Zelenko; atravessando o Atlântico, elas chegaram a abrigos em Nova York e à comunidade de Hull House fundada por Jane Addams em Chicago.

A pequena mostra dos Institutos Hampton e Tuskegee também se enquadrava no lado social da divisória. Essas instituições locais tinham o objetivo de elevar o moral e a capacitação dos antigos escravos através do trabalho cooperativo. Os Institutos eram pequenos, como as casas comunitárias, e contavam com o apoio financeiro de doadores brancos ricos. Diferiam das casas comunitárias na medida em que os afro-americanos haviam desenvolvido, trabalhando como escravos nas plantações, sofisticadas capacitações na agricultura, na carpintaria, na construção civil e na gestão doméstica. Os antigos escravos mais velhos passavam a transmitir essas habilidades a uma geração mais jovem; eram poucos os professores brancos.

As raízes europeias das oficinas americanas remontam em parte a Robert Owen. Nascido em 1771 em uma família galesa razoavelmente próspera, Owen já se revelara na adolescência um capaz gestor de novos empreendimentos industriais que surgiam na Grã-Bretanha. Mas também era um gestor infeliz. Os locais de trabalho que conhecia e detestava por experiência própria eram fábricas têxteis britânicas que produziam roupas com algodão das colônias e minas industrializadas. Eram cenários de uma cega e desalmada divisão do trabalho. Para substituí-las, ele imaginava comunidades cooperativas que criassem um "novo mundo moral" que levaria no fim das contas a uma sociedade socialista. Um idealista? Certamente, embora uma das oficinas comunitárias que fundou, New Harmony, em Indiana, de fato tenha sobrevivido, modificada, por longo tempo.

De maior relevância para a esquerda social eram as diferenças de Owen em relação a Marx. Em 1844, Owen formulou uma série de preceitos, os Princípios de Rochdale, que têm servido de guia para esquerdistas de tendência menos combativa que os seguidores de Marx. Em número de seis, esses princípios são: oficinas abertas a qualquer um (igualdade no emprego); cada cabeça, um voto (democracia no local de trabalho); distribuição do excedente comercial (partilha dos lucros); transações em dinheiro vivo (ele detestava o "débito abstrato" e teria rejeitado o moderno cartão de crédito); neutralidade política e religiosa (e portanto tolerância das diferenças no trabalho); e promoção da educação (treinamento profissional vinculado ao emprego). No "Programa de Gotha", Marx atacava duramente o princípio número 5: não existe neutralidade política, e a religião, esse "ópio das massas", deve ser desmistificada. Apesar disso, a versão do socialismo preconizada por Owen, construída a partir das bases de uma oficina, tornou-se um texto fundamental da democracia social; quando pensamos nos direitos trabalhistas hoje em dia, geralmente retornamos a um ou mais desses princípios.

Pela altura de 1900, portanto, a esquerda política e a social mais ou menos se tinham dividido nesses termos, já solidamente estabelecidos. Em princípio, as duas deveriam ter combinado, pois combatiam as mesmas injustiças. Na prática, não foi o que aconteceu. A diferença entre de-cima-para-baixo e de-baixo-para-cima pode ser uma questão de temperamento, pelo menos da maneira como essa divisão chegou a nós na época moderna, uma diferença de temperamento de maior alcance que as lutas internas da própria esquerda. Os reformistas liberais e conservadores também vivenciam essa divisão em suas visões de mundo: qualquer instituição acadêmica ou de pesquisa cheia de especialistas ditando regras em forma de enumeração de tópicos pode se considerar herdeira do espírito da velha esquerda política; qualquer organização de base que abra espaço para vozes diferentes, às vezes conflitantes e

"A QUESTÃO SOCIAL"

às vezes incoerentes, é uma herdeira do espírito da velha esquerda social. O primeiro caminho dá ênfase à necessidade de chegar a conclusões comuns, o que é um objetivo dialético; o outro dá preferência ao processo dialógico, no qual a troca e a reciprocidade podem não levar a resultado algum. Em um dos caminhos, a cooperação é uma ferramenta, um meio; no outro, mais se assemelha a um fim em si mesmo.

Mas a linha divisória fala tanto da prática quanto de questões de temperamento. Homens como Lassalle, Gompers e Coulson falavam em nome de um realismo prático. Compartilhavam a lembrança da Comuna; alguns, como Samuel Gompers, consideravam que as casas comunitárias não contribuíam muito para melhorar a situação material dos pobres; as oficinas de Owen se afiguravam a muitos desses realistas como um sonho que seduzia e afastava de problemas mais imediatos e urgentes. Mas da mesma forma os realistas rejeitavam a militância fratricida do gênero marxista. A esquerda política queria se fortalecer pelo estabelecimento de coalizões, mas constatava que a prática da cooperação poderia comprometê-las — e também esta lição ficou como legado seu.

COALIZÕES

Em Paris, uma destilação desse problema podia ser constatada na mostra alemã. Ela tinha grandes proporções porque, por volta de 1900, a Alemanha já constituíra um Estado previdenciário plenamente desenvolvido. Na década de 1870, o chanceler alemão Otto von Bismarck já se compenetrara, em um clima de generalizada agitação, de que a questão social precisava ser resolvida para que o capitalismo sobrevivesse. Na década de 1880, seu governo desenvolveu planos de seguro para os doentes e os idosos; na de 1890, ele aperfeiçoou as escolas alemãs que atendiam aos pobres. A intenção de Bismarck não era caritativa; seu objetivo era esmagar a esquerda politicamente, vampirizando seu programa social. E o bem-estar que seu governo proporcionava era real.

JUNTOS

Embora as universidades alemãs fossem motivo de inveja para o mundo acadêmico,* para as classes trabalhadoras a *Realschule* era uma instituição mais importante; essas escolas secundárias com seis anos de curso forneciam treinamento completo em um ofício, na redação de uma carta comercial, no trato da contabilidade; um aluno que passasse pela *Realschule* estava plenamente preparado para trabalhar como aprendiz em uma oficina ou em um escritório; na era imperial alemã, o governo também começou a facilitar a transição da educação para o emprego. Na Exposição de Paris, os frutos desse sistema eram expostos nas paredes: fotografias mostravam salas de aula de limpeza imaculada ou crianças segurando com orgulho máquinas que haviam feito em suas oficinas; eram mostradas cópias de cartas concisas enviadas a possíveis empregadores.

Agremiações políticas alemãs como o Partido Social-Democrata de Lassalle muito cedo começaram a pressionar por essas conquistas, que foram alcançadas graças a negociações de bastidores com o chanceler conservador. Mas os reformistas não podiam facilmente se jactar. Quanto mais a esquerda cooperasse na reforma, mais corria o risco de perder sua identidade própria, pois essas negociações por trás do pano envolviam complexidades burocráticas jamais explicadas ao público. A esquerda política era crescentemente sugada para as engrenagens opacas do Estado; tornava-se cada vez mais difícil distinguir a reforma da cooptação.

Não era um problema exclusivamente alemão, como não é hoje. Na Grã-Bretanha de 2011, o Partido Liberal Democrata perde sua identidade em coalizão com os conservadores. Como na relação entre os partidos, também em seu interior o compromisso dilui a identidade: nos Estados Unidos, os parlamentares de direita do Tea Party temem uma diluição de seu perfil à medida que são absorvidos na engrenagem do Partido Republicano. Os críticos podem denunciar uma traição em cada acomodação de bastidores, a unidade apresentada pode ser descartada como mera fachada. Embora o cinismo de gabinete

---

*A universidade alemã voltada para a pesquisa inspirou, na América, a criação da Universidade de Chicago e da Universidade Johns Hopkins.

"A QUESTÃO SOCIAL"

talvez não passe mesmo disso — um exercício de gabinete —, a cooperação no topo do poder gera um problema estrutural para todas as coalizões: a perda de vínculo do topo com a base.

Isto pode ser pura e simplesmente uma árida questão de burocracia. No fim do século XIX, a ambição de poder da esquerda deu uma virada quando os partidos políticos começaram a vincular seu destino ao dos sindicatos, combinação que hoje temos como fato consumado. A fusão de partidos políticos e sindicatos conferiu sem dúvida grandes dimensões aos grupos socialistas europeus, mas o crescimento gerou uma floresta de escritórios e diretorias no interior das organizações; em consequência, as relações de contato pessoal com as bases do movimento passaram a contar cada vez menos. Qualquer que seja a política adotada, este preço é pago pela maioria dos movimentos políticos quando se tornam grandes.

A defasagem é agravada quando são muitos os grupos em ação nos bastidores. Sendo mais numerosos os interesses a serem resolvidos nas negociações de bastidores, os acordos que daí resultam tornam-se mais intrincados e complexos, e fica mais difícil para as pessoas representadas por cada um dos partidos em confronto se verem de fato representadas. Na Europa hoje em dia, o contraste entre coalizões ambientais na Alemanha e na Itália é um bom exemplo. O governo de coalizão da Alemanha, envolvendo apenas dois partidos, tem chegado a acordos bem delineados que refletem os interesses de pelo menos boa parte da base Verde; as coalizões da política italiana são tão bizantinas que muito poucos integrantes dos diversos partidos ambientalistas envolvidos consideram que seus interesses foram atendidos.

Os observadores mais atentos das coalizões de-cima-para-baixo assinalam um delicado processo social que ocorre nas negociações de bastidores e pode contribuir para transformar em uma impostura a sua imagem pública. Trata-se efetivamente de uma questão de imagem, sobretudo de manter a aparência, ou a própria dignidade. Para começo de conversa, as coalizões surgem apenas porque cada partido não tem força suficiente para conseguir o que quer sozinho; respeitar as "aparências" significa reconhecer a importância de um parceiro, especialmente um parceiro menor ou mais fraco; tentar forçá-lo à submissão muitas vezes revela-se contraproducente. Coalizões de todos os tipos muitas vezes se sustentam ou desmoronam em decorrência de questões de etiqueta aparentemente sem importância. O parceiro menor foi consultado antes de falar à imprensa? Que palavras exatamente foram usadas para se dirigir aos colegas mais fracos na mesa de negociação? Pior ainda, qual era a distribuição dos assentos na reunião? O desrespeito aos códigos de aparências e etiqueta pode derrubar uma aliança, mesmo sendo do interesse dos participantes permanecer unidos.

Manter as aparências é um ritual da cooperação. O antropólogo Frank Henderson Stewart considera que as sociedades organizam esses rituais para que os fortes e os fracos possam compartilhar um código de honra.[9] Na política, contudo, tais códigos de honra podem revelar-se fracos. O Partido Trabalhista britânico não foi capaz de pôr em prática os rituais necessários para manter as aparências nas negociações pós-eleitorais de 2010 com os liberal-democratas: com maior número de votos, os trabalhistas trataram o partido menor sem muito respeito, passando sermão sobre o que poderia ou não esperar como partido menor da coalizão e assim empurrando-o para os braços dos conservadores, que o trataram com respeito.[10] Comprometidos em público, os liberal-democratas foram honrados nos bastidores.

O problema dos rituais para manter as aparências na política, portanto, está no fato de não serem transparentes para quem não está participando. Inclusividade lá dentro, invisibilidade lá fora — ou, pior ainda, os sorrisos e tapinhas nas costas vistos quando os participantes saem de suas reuniões parecem sinal de traição para quem não estava presente.

A alienação entre os manda-chuvas e a base tem uma outra dimensão, na coalizão forjada entre a política e os meios de comunicação.

Grande parte dos dirigentes políticos que compareceram ao *musée social* tinha a certa altura trabalhado no jornalismo; Karl Kautsky, um dos luminares de 1900, tinha dado passos profissionais nesse sentido; anteriormente, Karl Marx se tinha revelado um mestre do jornalismo. Essa interseção tem uma história mais antiga. No século XVIII, um incrível panfleto era capaz

"A QUESTÃO SOCIAL" 65

de conduzir alguém como Cesare Beccaria, o reformista das prisões, a um cargo político; o mundo político francês e britânico estava cheio de panfletários transformados em políticos. A aliança entre política e jornalismo profissionalizou-se no século XIX, com a queda dos custos da impressão gráfica, a disseminação da alfabetização entre operários e a efetiva generalização do hábito da leitura de jornais; agora, o jornalista radical podia atingir as massas. O jornalismo de explicitação de opiniões começou nas sessões de *feuilleton* dos maiores jornais — a origem das páginas modernas de editoriais. O comentarista profissional tornou-se uma figura pública.

Mas o próprio comentarista continuou sendo um jornalista, estreitando-se os laços entre a política e as comunicações. À esquerda, isto decorria em parte do fato de que "dizer a verdade ao poder" significava chamar a atenção dos poderosos. Mais que a simples preocupação de ser notado, contudo, verificava-se uma simbiose retórica. Dizendo verdades aos poderosos, os comentaristas profissionais alegavam falar em nome das pessoas comuns, dando conta de seus sofrimentos, sua indignação etc. Em sentido inverso, dirigiam-se ao público de massa como íntimos do poder, levantando a cortina dos bastidores, aos quais tinham acesso graças a seus contatos e aos comentários que corriam no meio. Eles não falavam com o público, mas ao público.

Acredita-se atualmente que os blogs online vão de encontro a essa tendência, pois todo mundo pode comentar, mas o fato é que os blogs mais influentes são os de pessoas mais próximas do poder.[11] Pode parecer estranho apresentar a simbiose entre política e jornalismo como uma coalizão, ainda por cima alienante, mas isto ajuda a entender o constante drama nos quais os líderes são acusados de falta de sintonia, de não entenderem as coisas, de se expressarem pela retórica condescendente dos iniciados e dos que estão nas panelinhas.

Durante boa parte de minha vida como sociólogo, estudei o que em nossa profissão é chamado de *ressentimento*, a sensação das pessoas comuns de que na prática a elite não conhece grande coisa de seus problemas, apesar de alegar falar em seu nome. Nas famílias de operários americanos brancos que estudei em Boston, o *ressentimento* parecia efetuar um cruzamento entre classe e raça. A elite liberal se identificava com os negros pobres, mas não com esses trabalhadores brancos, muitos dos quais de fato eram racialmente preconceituosos na época. A elite liberal alegava estar explicando os motivos pelos quais esses policiais, operários fabris e agentes de vendas alimentavam preconceitos, mas sem muito contato pessoal direto, e certamente sem reconhecê-los como iguais.[12] Muitos outros pesquisadores documentaram que nos Estados Unidos o *ressentimento* surgia do discurso das elites brancas a respeito dos imigrantes; na Europa, o *ressentimento* se manifesta particularmente em atitudes de trabalhadores nativos em relação aos imigrantes islâmicos.[13] A elite parece posicionar-se ao lado dos oprimidos, mas não ao lado dos comuns.

Uma coisa que me tem chamado particularmente a atenção na questão do *ressentimento* é a aura de conspiração que o envolve. De certa maneira, essa aura é irracional, especialmente nos Estados Unidos; as elites liberais são vistas como cúmplices entre elas — políticos, meios de comunicação, fundações esquerdistas, universidades de primeira linha da Ivy League com seus radicais barbudos e líderes sindicais parecem ter jurado um pacto secreto. Pode ser irracional, mas a conspiração é uma maneira de entender na prática a impotência cotidiana. As reformas em nome do povo negociadas nos bastidores traduzem-se em conspirações que privam as pessoas comuns de seus direitos e de respeito.

Este dilema é enfrentado por movimentos políticos de todas as tendências. As coalizões da prática política, alianças entre a política e os meios de comunicação, têm aberto um fosso cada vez maior entre a liderança e a base, uma distância estrutural e simbólica representada pela equação da coalizão com a conspiração. Essa equação é a face moderna do nefando conluio registrado tempos atrás nas páginas da *Fábula das abelhas* de Mandeville. Assim como os rituais para manter as aparências que não são transparentes para os que estão de fora. Ambos são particular motivo de preocupação para a esquerda, como ficou evidente, um século atrás, para os críticos dos socialistas alemães que participaram da coalizão social montada por Bismarck. Quando a reforma é conduzida de cima para baixo, o que fica faltando é a igualdade. Como a igualdade é debilitada, a solidariedade torna-se uma abstração.

A ênfase oposta na política de cooperação, praticada em uma comunidade local, tem procurado remediar essas falhas das coalizões no topo.

COMUNIDADE

Saul Alinsky (1909-1972) foi provavelmente o mais eficiente militante comunitário americano do último século (minha família o conheceu bem, e portanto talvez eu seja aqui um pouco parcial). Baseado em Chicago, Alinsky lutou pelos direitos dos afro-americanos locais contra a "máquina Daley", a organização política do prefeito de Chicago, que impunha uma rígida segregação na cidade; também ajudou brancos e negros locais a combater o controle às vezes opressivo das organizações trabalhistas nacionais. Seu "método" de organização consistia em percorrer as ruas de uma comunidade, fofocar com as pessoas, reuni-las e esperar pelo melhor; ele nunca dizia o que as pessoas deviam fazer, preferindo estimular os tímidos a se manifestar e fornecendo informações de maneira neutra sempre que solicitado. Ao mesmo tempo divertido e mal-humorado — "um trago é a ferramenta mais importante do militante", disse certa vez a minha mãe —, ele seduzia seus jovens seguidores, entre os quais se incluíam Barack Obama e Hillary Rodham Clinton, que viriam ambos a se distanciar mais tarde do caminho do mestre.[14]

Uma das grandes preocupações de Alinsky era a diferença na maneira como os sindicatos trabalhistas e os militantes comunitários se envolvem com os oprimidos. Ele expõe essa diferença sem rodeios: "Os representantes sindicais revelaram-se péssimos agentes comunitários." As práticas das coalizões de bastidores, voltadas para a geração de uma frente unida, não são capazes de forjar laços fortes nas vizinhanças urbanas; as palavras de ordem de união e luta precisam ser repensadas, pois as comunidades locais não são movidas a clareza e precisão. Nas lutas de Alinsky em Chicago, a experiência dos representantes sindicais

[...] estava ligada a um padrão de pontos fixos, fossem reivindicações específicas de salários, pensões e férias ou outras condições de trabalho. [...] A organização [comunitária] de massa é um animal diferente, não domesticado. Não existem pontos cronológicos fixos nem questões específicas. As exigências estão sempre em mutação; a situação é fluida e constantemente alterada; e muitos dos objetivos não se expressam em termos concretos de dólares e horas [...].[15]

Não podia ser uma troca mais dialógica. Dito de maneira ligeiramente diferente, o processo social das negociações de bastidores, seja em seus conflitos ou em seus rituais de aparência, é trazido à visão de todos na organização comunitária. Alinsky se concentrava na informalidade desse processo, uma frouxidão que é renegada pelo representante trabalhista mas utilizada pelo militante comunitário. Ao reunir pessoas que nunca realmente conversaram, fornecendo-lhes fatos de que não tinham conhecimento e sugerindo novos contatos, o organizador comunitário ao estilo Alinsky espera promover um diálogo dialógico.

Era um desafio que já havia sido enfrentado anteriormente pelas casas comunitárias. Hoje em dia a esquerda tende a condenar a ação caritativa, considerando que humilha os pobres, mas o fato é que sem os voluntários que respondiam pela atuação de instituições, como a Hull House de Jane Addams, a vida dos pobres teria sido incomensuravelmente pior. No início do século XX, o desafio era considerável, pois muitos nas vizinhanças urbanas literalmente não podiam falar uns aos outros. A casa comunitária tinha o objetivo de estabelecer conexões verbais pacíficas, ainda que imperfeitas, nos guetos de imigrantes.

Com as lentes róseas da visão retrospectiva, as comunidades de imigrantes ficam parecendo perfeitamente coesas. Na verdade, nas casas de cômodos abarrotadas e nas ruas, os imigrantes de Chicago e outras cidades americanas disputavam violentamente o terreno. O proletariado que havia abandonado a Europa ficava desorientado com esse desenraizamento. Em Chicago, Addams ficou impressionada com o fato de que, embora os imigrantes na realidade só se sentissem à vontade estabelecendo vínculos com pessoas que

"A QUESTÃO SOCIAL"

já conheciam — o que os confinava à marginalidade —, ainda assim não conseguiam ligar-se por elos profundos. E com o tempo a cidade estrangeira eliminava antigos vínculos; a massa de imigrantes que não realizava o Sonho Americano, continuando pobre, tornava-se cada vez mais resignada e passiva. Addams dizia-se capaz de identificar imediatamente pessoas assim nas ruas; eram as que ficavam caladas, sentadas em suas varandas, recolhidas em seus pensamentos, desconsoladas e raramente aparecendo em igrejas ou salões comunitários.

A questão social nas casas comunitárias tinha, assim, duas frentes: como encorajar a cooperação com outros que diferem e como estimular o puro e simples desejo de associar-se. Concretamente, um século atrás, isto significava que os trabalhadores das casas comunitárias tentavam descobrir de que maneira o imigrante judeu polonês se comunicava e gostaria de se comunicar com seu vizinho italiano — desafio que, nas cidades europeias de hoje, ressoa em diferentes formas nas relações entre muçulmanos e não muçulmanos. Em seus estudos, Addams reformulava a questão social em termos que hoje identificamos como multiculturalismo. Para ela, o conceito de multiculturalismo colocava um problema: a palavra em si mesma não indica como viver juntos.[16]

Addams encarou os problemas da diferença e da participação de maneira incrivelmente simples: focalizou a experiência cotidiana — criação dos filhos, escolaridade, compras. A experiência comum, e não fórmulas de políticas a serem adotadas, é o que conta, acreditava ela, nas relações sociais. Nesse sentido, ela antecipava Saul Alinsky; o teste da ação conjunta deve estar em seus efeitos concretos na vida cotidiana, e não em um resultado eventual como as promessas das diretrizes políticas. Que papel deveria representar a cooperação frente a frente na modelagem da experiência cotidiana? A resposta de Addams também acabaria gerando a de Alinsky: a Hull House dava ênfase a trocas frouxas e não rígidas, fazendo da informalidade uma virtude.

Com sua companheira de ação Ellen Gates Starr, Addams encontrou no Near West Side de Chicago, em 1889, um prédio de estilo italiano razoavelmente imponente para instalar um centro comunitário no meio de uma favela densamente populada. Atrás de suas portas, as pessoas podiam conduzir atividades organizadas — ou nenhuma. A imponência do exterior da Hull House podia parecer dissuasória para os pobres, mas seu interior de quartos subdivididos e corredores apinhados parecia mais acolhedor. A informalidade também era uma característica do Toynbee Hall, o equivalente da Hull House no East End londrino; o espaço era suficiente para sentar e ficar um pouco por ali, inclusive em atividades programadas, fosse ou não misturando-se aos outros, longe das pressões da rua. Os organizadores das duas casas comunitárias as encaravam sobretudo como lugares de refúgio; cabia evitar uma agenda estrita de atividades sociais inspiradas por exemplo nas de um navio de cruzeiro.

A Hull House abrigava uma população residencial flutuante de pessoas das ruas, combinada com moradores mais permanentes de nível universitário; estes, influenciados pelas teses de Ruskin sobre a unidade da cabeça e da mão, davam aulas de ofícios como encadernação de livros, encenavam peças ou administravam o clube juvenil (certa vez encontrei nos arquivos da Hull House a fotografia de um rapaz algo dândi com ar preocupado ao supervisionar um jogo de *stick-ball* entre garotos da vizinhança com aspecto bem rude)[17]. A cooperação influenciava sobretudo a maneira como o inglês era ensinado na Hull House. Nas salas de aula conviviam estrangeiros de diferentes procedências que só podiam recorrer ao inglês para se comunicar uns com os outros; não havia classes separadas para italianos, gregos ou judeus apenas, nenhuma educação bilíngue. Essa mistura gerava uma turma entregue à mesma luta linguística, brincando com as palavras, discutindo e às vezes contestando seu significado, na prática da língua inglesa.

O organizador comunitário tinha — e tem — de lidar com pessoas pobres que se sentem paralisadas, sejam estrangeiros ou simplesmente perdedores no jogo capitalista. Para tirar as pessoas da passividade, ele precisa centrar-se na experiência imediata, em vez de dramatizar, digamos, os males do capitalismo; essa imagem genérica tem probabilidade de enraizar ainda mais profundamente o sentimento de que não adianta nada se envolver. Para permitir a participação, o agente comunitário pode estabelecer regras básicas tácitas, as convenções e rituais de troca, como nas aulas de inglês da Hull House,

"A QUESTÃO SOCIAL" 71

mas deve dar liberdade para a interação entre as pessoas. A assistente social Charlotte Toll, protegida de Jane Addams em Chicago, certa vez estabeleceu a lógica da informalidade como instrução para a equipe: assistir, e não comandar, uma visão que resumia a tradição de organização comunitária que vai de Jane Addams a Saul Alinsky. Para pôr em prática a Regra de Toll, além disso, o agente comunitário terá ele próprio de apreciar a informalidade. A solidariedade poderá transformar-se então — é pelo menos o que espera essa tradição de organização comunitária — em uma experiência de sociabilidade.

Na infância, poderia acrescentar, eu vivenciei de perto esses preceitos. O conjunto habitacional em que eu vivia, Cabrini Green, ficava próximo da Hull House em Chicago, embora a casa comunitária com que estava mais familiarizado fosse um subproduto da Hull House exatamente ao lado do conjunto. O multiculturalismo mudara de terreno, das questões étnicas para as raciais, dentro dos limites do próprio conjunto; ainda abrigando algumas famílias brancas na década de 1950, o Cabrini Green se havia transformado em um violento campo de batalha, diariamente, entre crianças brancas e negras.

Uma possível escapatória era a escola frequentada por muitas crianças, uma instituição católica mantida por freiras da ordem da Beatíssima Virgem Maria; essas freiras eram muito exigentes em seu ensino e não estavam preocupadas em saber se éramos brancos ou negros; ensinavam a todos com igual rigor. A filial da Hull House cuidava de nossas diferenças sociais depois da escola. A Regra de Toll era aplicada em questões raciais. Os jogos e projetos que empreendíamos associavam brancos e negros; as próprias atividades, fossem de carpintaria ou música, nos eram confiadas sem muita supervisão. Para o observador externo, a casa comunitária parecia anárquica; as freiras consideravam que na casa comunitária secular as crianças eram negligenciadas. Os trabalhadores da casa respondiam lembrando que estavam desenvolvendo possibilidades de cooperação inter-racial, em nítido contraste com a violenta anarquia que predominava nas ruas dos bairros pobres de Chicago desde a Segunda Guerra Mundial, tal como acontecera no fim do século XIX.[18]

A "Regra de Toll" simboliza o rompimento entre a esquerda política e a social com consequências para as lutas da classe trabalhadora. Um século

JUNTOS

atrás, a esquerda política começou a sonhar que os imigrantes insatisfeitos se transformariam em um novo proletariado. As casas comunitárias resistiram à transformação em centros de revolta porque o protesto político por si só não parecia o caminho indicado para curar os prejuízos pessoais causados pelo desenraizamento. O que não quer dizer que os voluntários da casa comunitária fossem apolíticos, no sentido de uma desvinculação do processo eleitoral; na verdade, nos Estados Unidos boa parte do apoio ao minúsculo Partido Socialista da América provinha de organizadores comunitários. Em seu trabalho propriamente dito, contudo, os trabalhadores das casas comunitárias sabiam que a pura e simples revolta contra o sistema de muito pouco ajudaria seus membros a gerir a vida cotidiana. A luta da classe trabalhadora, como entenderam os organizadores comunitários, é antes de mais nada e sobretudo uma questão de nutrir a trama comunitária. Esse alicerce social pode ou não levar a um movimento mais amplo; a ênfase da organização comunitária é simples e claramente que a base vem primeiro.

Por todos esses motivos, a informalidade sempre incorre no risco da desorganização. E ainda que seja capaz de mobilizar as pessoas em seus quartos e corredores, a casa comunitária corre o risco de se tornar apenas uma boa experiência que elas vivenciam eventualmente, e não um guia para a vida lá fora. O que se pode aplicar de maneira mais genérica à cooperação comunitária: ela oferece boas experiências, mas não é um modo de vida. Você se sentiu bem; e daí? Manuel Castells, atualmente o maior especialista em organização comunitária, critica Saul Alinsky e sua escola precisamente por esses motivos. Os resultados da vinculação na comunidade precisam levar a algum lugar; a ação requer uma estrutura, precisa tornar-se sustentável.[19]

A menor das mostras do *musée social* em Paris tratava dessa questão. Descortinava uma mistura de cooperação formal e informal que haveria de se revelar significativa e duradoura.

A OFICINA

Depois da Guerra Civil Americana, os escravos libertados enfrentavam a perspectiva de se tornarem trabalhadores agrícolas pobres ainda debaixo do tacão dos antigos senhores; a liberdade na letra da lei de pouco serviu para minorar sua miséria econômica e social. Eles caíram na mesma armadilha que os servos russos, emancipados em 1861. Na plantação, contudo, muitos escravos desenvolveram habilidades artesanais, exatamente como haviam feito os servos russos; o "ex" na condição de ex-escravo significava exercer essas habilidades sem um senhor. Um antigo escravo, Booker T. Washington, imaginou um projeto no qual os afro-americanos que se recuperavam da escravidão deixariam suas casas para se submeter a treinamento em duas instituições-modelo, os Institutos Hampton e Tuskegee, e em seguida voltar para suas casas comunitárias. Nesse período transitório, esperava ele, a cooperação seria regenerada, forjada pela experiência direta e pelo contato diário com outros como iguais. Como as casas comunitárias, o projeto de Washington enfatizava uma instituição local, mas tentando exercer efeito duradouro na vida daqueles que abrigava mediante sua capacitação técnica. Os objetos da mostra americana exemplificavam essa imensa aspiração.

O Instituto Tuskegee, localizado no Alabama, foi inaugurado em 1881; sua instituição-irmã, o Instituto Normal e Agrícola Hampton, fora fundado em 1866, pouco depois do fim da Guerra Civil. Washington fora aluno do Hampton, e mais tarde, seu diretor; fundou o Tuskegee para receber antigos escravos mais jovens. As duas instituições ensinavam aos alunos pecuária, horticultura, carpintaria e artesanato em metal; em seu processo de formação, os alunos também tinham de aprender como ensinar para se capacitarem a disseminar essas habilidades técnicas quando voltassem para casa. De certa maneira, Washington estava pregando aos convertidos. O trabalho não era fácil em nenhuma das duas instituições, escreveria ele em sua autobiografia, mas os alunos "levavam a coisa tão a sério que só o toque de recolher os fazia parar de estudar".[20] Os escravos certamente tinham contado com um núcleo duro de força compartilhada para se manter coesos como comunidade antes da Guerra Civil, mas Washington sabia, por seu próprio passado como escravo, que as humilhações impostas pelo senhor podiam ser internalizadas na forma de medo e desconfiança recíprocos entre os oprimidos; ele se mostrava realista ao reconhecer que as pessoas acorrentadas ficam machucadas.

Mas também era um idealista, de um tipo de idealismo reconhecível na sua época e para o observador moderno. A igualdade de gêneros estava inscrita na recuperação racial. Os organizadores repensaram o trabalho artesanal para alcançar esse objetivo; a fabricação de queijos, por exemplo, era tradicionalmente uma tarefa árdua e masculina nas plantações escravagistas; os Institutos reconfiguraram as ferramentas usadas no preparo dos queijos para que as mulheres pudessem exercer a atividade com a mesma facilidade. Da mesma forma, as oficinas ensinavam aos homens como usar e consertar máquinas de costura, levando-os a uma esfera de atividade tradicionalmente feminina. Cada oficina era até certo ponto autogerida, o que envolvia reuniões especiais nas quais os alunos-trabalhadores discutiam seu trabalho sem a presença de um professor. Os Princípios de Rochdale manifestavam-se, assim, nessas regras básicas: trabalho aberto a todos, participação ativa, reconfiguração do trabalho em que houvesse cooperação. Mas os Institutos não eram processos de forma livre; cada oficina tinha alvos de produtividade preestabelecidos, e a configuração geral dos Institutos foi estabelecida exclusivamente por Booker T. Washington.

Desde a Antiguidade a oficina tem sido um modelo de constante cooperação. No mundo antigo — fosse na China ou na Grécia —, a oficina se apresentava como a mais importante instituição de ancoramento da vida cívica, e como local de produção praticava a divisão do trabalho em grau muito mais avançado do que a agricultura. As complicações do trabalho artesanal somaram-se ao valor familiar da continuidade ao longo de gerações; filhos trabalhavam com os pais como ceramistas; filhas, ao lado das mães como tecelãs. A oficina gerava uma ideia de justiça, de que os objetos produzidos pelas pessoas não podem ser-lhes arbitrariamente tomados, e desfrutava de uma espécie de autonomia política, pelo menos na Grécia, pois os artesãos podiam tomar suas próprias decisões sobre a melhor maneira de praticar sua arte.

"A QUESTÃO SOCIAL"   75

Como foco de cultura, as oficinas desenvolveram desde a Antiguidade complexos rituais sociais. Eram rituais de código de honra, mas, em vez de serem praticados por trás do pano, como nas coalizões políticas, esses rituais assinalavam publicamente as obrigações recíprocas entre parceiros desiguais — entre senhores, jornaleiros e aprendizes em cada oficina. O mestre chinês, por exemplo, prestava um complicado juramento diante dos pais de um novo aprendiz para proteger a criança *in loco parentis*. Solenes comemorações anuais realizadas na Atenas antiga comprometiam senhores do mesmo ofício com o apoio recíproco durante surtos de fome ou em tempos de guerra.[21]

Diante dessa solidariedade ritualizada, tanto Confúcio quanto Platão acreditavam que os artesãos eram bons cidadãos.[22] A visão de sociedade do artesão estava alicerçada na experiência direta e concreta dos outros, e não na retórica ou em vagas abstrações ou paixões temporárias. A ideia do artesão como cidadão ia de encontro aos fatos da Antiguidade; muitos artesãos na Atenas antiga e a maioria deles na Roma antiga eram escravos, ou quase escravos, não desfrutando dos plenos direitos da cidadania. E tampouco a história das oficinas europeias tem sido uma história de constante estabilidade; nenhuma atividade produtiva é imobilizada. Apesar disso, a ideia do artesão como cidadão persistiu, manifestando-se nas guildas medievais em Paris, Florença e Londres. Em meados do século XVIII, a *Enciclopédia* de Diderot festejava as habilidades do artesão como equivalentes às dos guerreiros e estadistas e mais necessárias para a saúde da sociedade; Thomas Jefferson imaginava que os artesãos seriam bons e sólidos cidadãos pelos mesmos motivos que Platão.[23]

Mais perto da época de Washington, a oficina tornou-se um ícone da reforma. À medida que o capitalismo industrial começava a se impor, a oficina artesanal ficava parecendo uma crítica à fábrica, mais humana em seu funcionamento. Mas ela também estava fadada a morrer, pois a fábrica parecia inevitavelmente destinada a esmagar esse modo de vida melhor. Há quem diga que as comunidades artesanais fundadas por Robert Owen na Escócia e nos Estados Unidos e por John Ruskin e William Morris na Inglaterra eram exercícios forçados de nostalgia da era pré-industrial. Se assim fosse, Booker

T. Washington destoaria, pois o ex-escravo não tinha motivos para sentir falta do passado. Além disso, não considerava Owen um crítico retrógrado.

Um dos aspectos mais interessantes no idealista Robert Owen é o fato de realmente ter procurado imaginar maneiras de modernizar a oficina. Ele promoveu um "sistema de produção" no qual um grande distribuidor repartia o trabalho entre pequenas oficinas; em termos modernos, seria a produção em rede, flexível na distribuição das tarefas, com a mobilidade das equipes entre as diversas oficinas conforme a necessidade; a ideia de Owen é diferente da terceirização pelo fato de toda a rede ser organizada em função da partilha do lucro. Uma versão moderna bem-sucedida desse tipo de negócio de propriedade dos empregados é exemplificada, na Grã-Bretanha de hoje, pela John Lewis Partnership, ao passo que um exemplo de fracasso foi o do período em que a United Airlines, nos Estados Unidos, passou a ser focada nos empregados. Lamento informar que o bônus de fim de ano também foi uma das brilhantes ideias de Owen; ele representava, em sua visão, uma maneira de equilibrar a riqueza, ao contrário do que acontece com a obscena bonificação dos banqueiros modernos. A ideia básica de Owen por trás da partilha de lucros e dos bônus era aumentar a lealdade a uma empresa e fortalecer a solidariedade entre os trabalhadores.

É ainda hoje uma ideia interessante, embora já não lhe apliquemos o termo "oficina"; Owen o fazia porque acreditava, como Émile Durkheim, que a fábrica era uma forma mais primitiva de organização social, um retrocesso na civilização humana. A ideia da oficina vai além do foco marxista na propriedade dos meios de produção; é também uma questão de saber comportar-se de maneira sociável uma vez estando no controle. Para Owen, lealdade e solidariedade são necessárias para que as instituições se tornem produtivas; os sociólogos industriais modernos têm documentado o fundamento da proposta de Owen.[24] As organizações, tenham fins lucrativos, sejam governamentais ou caritativas, precisam promover o compromisso; a concepção de oficina em Owen é de uma instituição combinando lealdade e benefícios mútuos a longo prazo com flexibilidade e abertura a curto prazo.

"A QUESTÃO SOCIAL"

De certa maneira, a concepção da oficina em Owen também era a do Google Wave. Este programa transferia as pessoas de janela a janela, de tarefa a tarefa, de papel a papel; ao contrário do blog do fetiche da afirmação, o programa esperava que surgisse algo de benefício mútuo e igualitário, que os usuários desenvolvessem a lealdade recíproca online. Outra variante moderna da oficina é o laboratório científico, explicitamente previsto por Owen. A "ciência ao estilo fabril" se lhe afigurava como um teste mecânico de hipóteses; um laboratório mais inovador empreende autênticas experimentações, abertas à surpresa — ou seja, à descoberta. O bom trabalho de laboratório deve funcionar como uma oficina experimental.

Socialmente, Owen contemplava o que poderia ser chamado de solidariedade móvel, liberando a oficina de raízes exclusivamente em uma determinada comunidade. Assim como a rede de produção significava circulação do trabalho e a evolução de seu conteúdo, transformado pela experiência, assim também a cooperação na oficina deve ser flexível e portátil. As habilidades cooperativas deviam estabelecer-se no eu do trabalhador, podendo ser transferidas de um lugar a outro. Trata-se de uma cooperação do tipo praticado pelos músicos itinerantes, na qual se capacitam a atuar em grupos cambiantes em diferentes locais. Era também a ideia de Washington. A experiência do aprendizado do bem cooperar como homem ou mulher livre toma forma em Institutos especializados muito distantes, para em seguida ser trazida de volta para casa.

A rigidez de Washington como criador e chefe supremo dos Institutos — tão diferente da maneira como esperava que seus protegidos se comportassem em relação uns aos outros — tinha outra origem. Era a versão da oficina proposta na virada do século XIX por Charles Fourier. Fourier chamava suas oficinas de "falanstérios" ou "grandes hotéis", enormes construções que proporcionavam habitação, trabalho e educação obedecendo a um plano complexo; estava nelas a origem da moderna cidade eminentemente vinculada a uma empresa. Seu objetivo era a cooperação face a face nas "falanges", as alas e andares do hotel.

Fourier compartilhava a crença utilitária setecentista no bem maior para o maior número possível; pretendia acabar com a pobreza das massas, mas não acabar com ela para cada um de seus integrantes. Ele amontoava os "pobres dignos" nos andares de cima de seu hotel, e os judeus, que detestava, eram confinados no térreo e incumbidos do trabalho mais pesado. Mas Fourier não era apenas um lunático mal-intencionado. Queria descobrir de que maneira a divisão do trabalho em uma fábrica poderia tornar-se mais interativa (a caixa de sugestões foi uma de suas luminosas ideias). E tentava imaginar como o próprio trabalho podia tornar-se mais inventivo e agradável, por exemplo com as enormes caixas cheias de ferramentas fornecidas pelo falanstério, para que os trabalhadores pudessem experimentar diferentes maneiras de executar determinada tarefa. Mas ainda assim se tratava a toda prova de um planejamento de cima para baixo, sendo a oficina concebida *in toto* antes mesmo de existir, governada por um "omniarca" que escolhia as ferramentas da caixa e decidia em que compartimentos os mais dignos dentre os pobres dignos deviam viver. Boa parte das primeiras experiências soviéticas de planejamento industrial inspirava-se explicitamente em Fourier, tratando o omniarca em Moscou de conceber fábricas e estabelecer metas de produtividade, tal como Fourier, com pouca ou nenhuma experiência concreta; mas o socialismo de Estado deixava de lado a liberdade que Fourier queria proporcionar aos trabalhadores na oficina.[25]

Também Washington agia de forma bem parecida com a de um omniarca. E, como os alemães em Paris, tinha uma relação de cumplicidade com as forças dominantes; os Institutos eram financiados por brancos ricos, cujo apoio era avidamente solicitado por Washington. A expressão de desdém "um Tio Tom", derivada do romance *A cabana do Tio Tom*, de Harriet Beecher Stowe, parecia aplicar-se a ele, pelo menos aos olhos de W. E. B. Dubois, o grande líder radical uma geração mais moço que Washington. A expressão refere-se a um afro-americano que se humilha diante dos senhores brancos, que se mostra grato por seus eventuais favores, que reprime a própria raiva ante sua condescendência e trata os seus sem muito respeito.

Em sua defesa, poder-se-ia contra-argumentar que Washington considerava que a oficina gerava um tipo honrado de sociabilidade. Ele queria curar a comunidade afro-americana; esperava que eventualmente os negros capazes

"A QUESTÃO SOCIAL" 79

de fortalecer seus vínculos internos se integrassem como membros respeitados da sociedade como um todo, subindo de status até as camadas superiores do proletariado e da pequena burguesia. Washington visava antes a inclusão que a revolução, algo facilmente criticável por parte do revolucionário de gabinete.

A criação de Washington, como a de Owen, ainda hoje tem ressonância em decorrência da maneira como os Institutos estabeleciam uma conexão entre a cooperação e o respeito mútuo.

Podemos ver essa conexão em fotografias tiradas por Frances Johnston, do Instituto Hampton. Exibidas em 1900 em uma galeria parisiense à beira do Sena, essas imagens complementavam os poucos objetos exibidos no canto do salão americano no *musée social*.[26] Para deixar clara a promessa econômica dos Institutos, Frances Johnston organizou a exposição de fotografias das casas de antigos escravos no modo "antes e depois", contrastando as cabanas que alugavam antes de frequentar Hampton com as casas sólidas que adquiriam depois de se formar. Fosse deliberadamente ou por instinto artístico, contudo, elas parecem mais contundentes do que reconhece Washington em seus escritos. Suas fotografias mostram, por exemplo, antigos escravos e indígenas miseráveis trabalhando juntos em estufas e oficinas de carpintaria; há uma foto de uma "orquestra indígena", com os músicos segurando instrumentos europeus de cordas e sopro. Os textos de Washington tendem a minimizar a importância desse convívio; as fotografias chamam a atenção para ele. As imagens mostram diferenças étnicas resolvidas por pessoas que executam juntas trabalhos árduos, em vez de estarem simplesmente juntas. O olhar de Johnston honra os fotografados ao mostrá-los executando essas tarefas, o que é muito diferente da ênfase na casualidade e na informalidade com que os voluntários da casa comunitária buscavam mobilizar seus habitantes.

As fotografias também dizem algo sobre as ferramentas que permitem aos trabalhadores cooperar. Cada ferramenta em uma oficina é mostrada com a mesma força com que aparecem os seres humanos que a utilizam; Johnston foi uma das primeiras fotógrafas a experimentar lentes com diferentes profundidades de campo. Empenhava-se particularmente em fotografar nas oficinas as novas ferramentas, como a máquina de fazer queijo. O que se me afigura mais importante do que poderia parecer à primeira vista. Os utópicos nostálgicos da ideia da oficina juntavam o "mecânico" e o "tecnológico" como inimigos em um mesmo saco; John Ruskin é neste sentido o caso mais extremo, mas para muitos outros a condenação dos males sociais do trabalho fabril resvalava para ataques contra a própria maquinaria. Johnston não apresenta as ferramentas como alienantes; torna-as visualmente tão importantes quanto as pessoas que as usam e compartilham.

A certa altura de sua carreira, Johnston percorreu as imediações de Paris para fotografar fábricas, lugares onde imperava simples e brutal divisão do trabalho.[27] Posicionava sua câmera exatamente como qualquer trabalhador veria as pessoas ao seu redor; na fotografia, esses corpos circundantes perdem o foco ou então aparece no quadro apenas um fragmento do corpo de outra pessoa. Na colaboração mecânica dentro da fábrica, o que os outros trabalhadores estão fazendo aparece de forma indistinta, ao passo que nas fotografias do Instituto tudo está em foco e as outras pessoas aparecem nitidamente no quadro.

A fotografia mais famosa de Johnston mostra seis homens construindo uma escada, cada um deles desempenhando uma habilidade diferente, mas todos agindo em conjunto, mutuamente conscientes, mas absortos no próprio trabalho. O mais impressionante nessa fotografia será talvez a expressão no rosto dos trabalhadores: nenhuma. Voltados para o que estão fazendo individualmente, seus rostos mostram serenidade. A imagem causa impacto em certa medida porque evita qualquer sugestão de agitprop,* como nas imagens de punhos erguidos no ar como gesto de solidariedade. Tampouco os mostra particularmente felizes, nem inclui qualquer indicação facial de que estejam animados ou excitados — simplesmente absortos.

Mas o fato é que Johnston também encenou essa fotografia, como uma coreógrafa, para mostrar como os trabalhadores se relacionavam. Ali estão todas as diferentes etapas da construção de uma escada; de um só relance,

---

*Estratégia política em que as técnicas de agitação e propaganda são usadas para influenciar e mobilizar a opinião pública. [N. da E.]

"A QUESTÃO SOCIAL" 81

uma clara narrativa do trabalho que estão executando. Os trabalhadores não se entreolham, mas a coreografia deixa evidente que estão intimamente conectados. Trabalhando cada um na sua tarefa, eles parecem tranquilos mas não informais, como nos encontros casuais de uma casa comunitária; tranquilos apesar de estarem executando juntos uma tarefa árdua; e tranquilos por estarem à vontade com suas ferramentas. Contemplando essa fotografia, percebemos que as pessoas na oficina são exatamente o que parecem ser; não existe nenhuma história oculta; eles não formam uma coalizão. A estrutura da imagem repousa na narrativa da construção de uma escada, que modela o objetivo compartilhado pelos operários; o projeto nutre seu respeito mútuo.

Tentei neste capítulo estabelecer uma comparação entre a cooperação política em si mesma e o que poderia ser chamado de política da cooperação.

A cooperação política é uma necessidade no jogo de poder, quando um partido é por demais fraco para dominar ou simplesmente sobreviver sozinho. A cooperação política carece de ajustes finos em termos humanos, através de rituais de respeito mútuo; sozinhos, os interesses compartilhados não permitirão que ela prospere. Mas a cooperação política no topo do poder enfrenta sérios problemas com a base, a massa, o povo lá embaixo: os compromissos acarretados pela cooperação no topo não raro ficam parecendo traições para os que estão embaixo; a identidade de um grupo político pode ser debilitada através das negociações; à medida que as organizações se tornam maiores e mais fortes, a burocracia levanta barreiras entre o topo e a base; os rituais que unem os líderes nas antecâmaras do poder não são transparentes para os que estão do lado de fora. Todos esses fatores podem levar à experiência do *ressentimento*, aquele sentimento de traição em que a elite parece mais inclinada a cooperar internamente do que com os que estão embaixo.

A política de cooperação em organizações não políticas pode enfrentar as mesmas tensões entre o topo e a base, mas, se o seu objetivo for o contato social direto, o risco será menor. Cabe a essas organizações, pelo contrário, resolver de que maneira as pessoas devem se relacionar, frente a frente. A casa comunitária tomou a braços a questão da socialidade, tal como inicialmente contextualizada por Georg Simmel, a questão de viver em uma sociedade complexa cheia de diferenças; a Hull House e instituições afins buscaram transformar a consciência interna e não raro passiva dos outros em engajamento ativo. Para isto, a estratégia da casa comunitária, como a da organização comunitária esposada por Saul Alinsky, dava ênfase ao contato informal, princípio que os organizadores aplicavam a si mesmos na "Regra de Toll": aconselhar em vez de dirigir. Mas os contatos nesses termos podiam permanecer passageiros e informes por muito tempo.

A oficina procurava reagir a essa experiência algo errante dando uma forma mais definida à atividade cooperativa. Os Institutos faziam-no centrando-se na formação de capacitações em uma comunidade, capacitações que podiam então ser usadas em outros lugares, outras circunstâncias. Nesse sentido, os Institutos baseavam-se em uma série de diretrizes sobre o trabalho em comum formuladas inicialmente nos "Princípios de Rochdale" enunciados por Robert Owen. Mas na prática esses princípios podiam gerar um paradoxo: reciprocidade entre os integrantes de uma oficina, mas ainda com subserviência a alguém no topo quanto à maneira como deveriam viver. Todavia, a reciprocidade nas oficinas era um dado autêntico nos Institutos, transformando a competência técnica em experiência sociável.

A pessoa cuja vida e obra mais dramatizou esse contraste terá sido talvez Karl Kautsky (1854-1938). Nascido em Viena, ele efetuou na Alemanha uma transição em sua carreira, passando do chamado do jornalismo para o da política, fundando ainda jovem o mensário *Die neue Zeit*, defendendo na idade madura a doutrina da revolução inevitável e, nos últimos anos de vida, quando a revolução de fato chegou à Alemanha, no fim da Primeira Guerra Mundial, tornando-se funcionário do Ministério do Exterior. Em seus longos anos de militância, ele sabia perfeitamente que, no momento em que seu movimento perdesse o cunho político organizado, o processo de reforma social na Alemanha seria detido. Mas Kautsky caiu em desilusão na velhice, viajando à Geórgia e à Rússia em 1920, quando pôde comparar a democracia social naquela à ditadura do proletariado nesta. Lênin por sua vez o atacou como "renegado" e "carente de vontade revolucionária".

"A QUESTÃO SOCIAL" 83

Quando minha mãe foi visitar Kautsky em 1934 em Viena, onde ele se havia recolhido, ele tentava estudar o social no socialismo, empenho registrado em seu livro *A revolução trabalhista*.[28] Como Freud, Kautsky fugiria de Viena no momento da Anschluss, em 1938, morrendo pouco depois. Em Viena, com guarda-costas à porta de casa, pois Stálin pretendia assassiná-lo, o apartamento de Kautsky pareceu a minha mãe uma biblioteca na qual ninguém nunca tivesse arrumado os livros nas prateleiras, como se aquele homem de imensa erudição não soubesse mais onde colocá-los, como estabelecer ordem e coerência em seu museu particular dedicado à "Questão Social". Ainda assim, procurava descobrir o que dá pulsação à cooperação. As oficinas celebradas por Robert Owen pareciam a chave para desvendar a reciprocidade, mas Kautsky não acreditava que essa utopia pudesse tornar-se sustentável na vida cotidiana.

A desordem na biblioteca de Kautsky é um legado da Exposição Universal de Paris, confusão sobre as maneiras de praticar a cooperação. A própria necessidade de Kautsky no fim da vida de entender a cooperação ativa, e não a mera tolerância, é um legado equivalente. Não se trata de um desafio exclusivamente para a esquerda. Qualquer indivíduo ou grupo que queira promover a mudança de baixo para cima o enfrenta; o desafio é maior quando se trabalha com pessoas que não sejam cópias-carbono de nós mesmos.

Mas nossa discussão está marcada por um silêncio. Falta a competição. Em coalizões políticas, no interior de grupos cívicos, entre pessoas empenhadas em um trabalho conjunto, a competição pode aparentemente interpor-se no caminho da cooperação. Na verdade, como veremos adiante, a cooperação e a competição estão intimamente relacionadas.

2

Equilíbrio frágil

Competição e cooperação na natureza e na cultura

Quem quer que tenha praticado esportes em equipe, fechado um negócio ou criado filhos sabe que a cooperação mútua e a competição podem combinar. A contracorrente da competição é agressão e raiva, sentimentos profundamente enraizados nos seres humanos. Ensaios, conversas, coalizões, comunidades ou oficinas podem contrabalançar esse impulso destrutivo, pois o impulso da boa vontade também está gravado em nossos genes. Como animais sociais, precisamos descobrir pela experiência como encontrar o equilíbrio.

Este capítulo explora as possibilidades nesse sentido. As religiões monoteístas revelaram-se um guia. Elas apresentam a destruição do Éden como uma liberação de forças naturais conflitantes; o restabelecimento do equilíbrio exige uma renovada obediência a um poder mais alto. A ciência adotou uma outra visão da dissonância natural. A etologia, ramo específico da ciência moderna associando genética e estudo do comportamento, examina de que maneira os animais em grupos gerem a necessidade recíproca e a agressão recíproca. É fácil — fácil demais — encarar a religião e a ciência como forças em implacável conflito. As preocupações de ambas convergem em uma esfera do comportamento: o ritual. No capítulo 1, tocamos de leve na força dos rituais para manter as aparências quando se trata de mediar entre a competição e a cooperação; o ritual tem um alcance mais amplo e mais profundo, seja como mediador biológico ou no exercício da fé.

ÉDEN

O reino pacífico, quadro do pintor "primitivo" americano Edward Hicks, mostra todos os tipos de animais à beira de uma floresta, ursos, leões, patos e ovelhas dormindo juntos. Uma verdadeira arte se expressa nessa pintura, pois as tonalidades são belamente equilibradas, reforçando o tema da harmonia. A tela retrata o Jardim do Éden antes da Queda, na ausência de Deus. A imagem idealizada descarta qualquer sugestão de agressividade — e naturalmente a natureza real não tem esse aspecto; ovelhas adormecidas na realidade tornariam famintos os leões ao lado.

Mas não deveríamos nos precipitar a descartar a pintura de Edward Hicks como mera fantasia. A imagem da paz natural no Éden permeia as três grandes religiões monoteístas, cada uma delas considerando que a harmonia é rompida pela luta humana. Santo Agostinho achava que depois da expulsão de Adão e Eva do Éden, a floresta tornou-se lugar de conflito para as criaturas que ficaram para trás.[1] As religiões monoteístas querem explicar, na Queda, de que maneira nos tornamos nossos próprios inimigos, com consequências para toda a criação.

Até o século XVII, a sedução de Eva pela serpente e sua revolta costumavam ser encaradas em termos sexuais: Eva destruiu o Éden porque estava cheia de desejo. Essa perspectiva foi contestada por John Milton. Em *Paraíso perdido*, publicado inicialmente em 1667, ele apresenta Adão e Eva, no Livro Quarto, como marido e mulher mantendo relações sexuais naturais; sua união, nas palavras de um intérprete moderno, é de "mútua dependência, e não uma relação de dominação ou hierarquia".[2] Eva destrói essa harmonia doméstica, e todo o Éden, com seu raciocínio, ao pensar por si mesma; a razão independente a transforma em competidora de Deus, e ela busca convencer Adão do valor de seu entendimento, conseguindo-o; nas famosas palavras de Milton, "A mente é independente, e em si mesma / Pode transformar em céu o inferno, e em inferno o céu."[3]

A visão da desordem em Milton contrasta fortemente com a de seu quase contemporâneo Thomas Hobbes. Para Hobbes, o Éden nunca existiu.

EQUILÍBRIO FRÁGIL 87

Em seu *Leviatã*, publicado em 1651, o homem natural aparece como um animal selvagem, com sangue nas garras e nos dentes. Em contraposição a Milton poderíamos situar a declaração igualmente famosa de Hobbes de que na natureza não existem "artes; nem letras; nem sociedade; e, o que é pior, há constante medo e risco de morte violenta; e a vida do homem, que é solitária, pobre, suja, embrutecida e breve".[4] Na guerra de cada um contra todos, a razão humana é fraca; como nenhum equilíbrio governa a vida do homem natural, a capacidade humana de cooperação pacífica é reduzida.

Essa aterradora imagem de anarquia natural perpassa muitas culturas não cristãs, com deuses semelhantes à humanidade nos impulsos mas eternos em sua existência, inclinados à competição mais violenta uns com os outros e contra nós, mortais. Na visão de mundo dos astecas, por exemplo, a cooperação humana não passava de uma ferramenta para aplacar deuses irados e ciumentos, através de rituais oferecendo comida, ouro e sacrifícios humanos à Serpente Emplumada. Da mesma forma, uma instabilidade natural é atribuída às batalhas entre deuses rivais em textos sânscritos antigos.

Hobbes teria conhecido mais de perto esses mitos gregos nos quais os deuses semeiam a desordem natural. Mas sua solução para a guerra de todos contra todos não era tão diferente assim da adotada pelos autores do Antigo Testamento. Em sua visão, para sobreviver, precisamos abrir mão do nosso eu natural que não reconhece forças superiores. O Leviatã imporá a obediência e a submissão disciplinadas; a sociedade fará valer a cooperação. Milton também acreditava que a humanidade pode retornar à obediência; o poder destrutivo da razão descrito no *Paraíso perdido* é equilibrado pela visão do poeta, expressa na *Areopagitica* (de 1644), de que a razão pode levar a humanidade de volta a Deus.

No longo cismar da filosofia sobre o estado natural, encontramos visões mais brandas de suas imperfeições, notadamente, no século XVII, em John Locke. Na maquinaria do pensamento filosófico, o estado natural muitas vezes serve de "alternativa"; como seria a vida se não houvesse as limitações sociais que conhecemos? No século posterior a Milton e Hobbes, não se tratava de uma questão abstrata; o Iluminismo queria reverter a crença de que a humanidade não pode viver em estado natural. Esses autores procuravam se encaixar no estado natural, o que para eles significava simplicidade no vestuário, na alimentação e na linguagem do dia a dia. O século XVIII foi uma época, por exemplo, em que as mulheres começaram a usar camisolas de musselina que expunham a forma dos seios; no fim do século, tornou-se moda entre algumas mulheres francesas e inglesas umedecer o tecido para que aderisse à modelagem do corpo. Elas queriam revelar a natureza, e não reprimi-la.

Na época moderna, a ciência voltou a essa proposta, postulada de maneiras diferentes por Milton e Hobbes, de que a humanidade não permanecerá ou não poderá permanecer no Éden; através da análise da cooperação, os etologistas contemplaram a proposta de uma forma específica.

A COOPERAÇÃO NATURAL INSTÁVEL

Hoje em dia, a palavra "natural" é equivalente de "genético". A equação pode facilmente ficar parecendo rígida e implacável, determinando os genes a maneira como nos comportamos. Uma forma semelhante de determinismo é neurológica, com os circuitos neurais do cérebro estabelecendo nossa experiência de nós mesmos e dos outros. Esse determinismo parece por demais acanhado a Steven Pinker: "O fato de podermos encarar o significado e o propósito [...] como um fenômeno neuropsicológico não significa que não possamos encará-lo de outra forma, em termos da maneira como vivemos a vida."[5] Mas o determinismo também é ciência limitada, pois nada na natureza tem forma fixa.

A cooperação certamente está inscrita nos nossos genes, ocorrendo, no dizer do etologista Robert Axelrod, "sem amizade nem previsão".[6] Mas a cooperação tampouco pode ser estável, e pelo mesmo motivo: o ambiente natural nunca é fixo. Uma abelha, por exemplo, voltando à colmeia, comunica-se com as companheiras dançando para indicar onde o néctar pode ser encontrado, parecendo assim simbolizar o animal que dominou a cooperação. As abelhas de fato são dançarinas extraordinariamente comunicativas; o entomologista

EQUILÍBRIO FRÁGIL

Thomas Seeley descreve a incrível coreografia das abelhas cujo "ângulo de dança corresponde a sua direta linha de voo entre a colmeia e a fonte de alimento. Essa [dança] envolve a integração do ângulo solar e o comprimento de diferentes trechos de voo".[7] Mas as abelhas produtoras de mel ainda não sabem como dançar os riscos da poluição do ar.

O reino pacífico mostra o mundo natural em repouso; na natureza real, a vida de todas as criaturas é instável em consequência dessas mudanças ambientais, assim como da dinâmica interna das oscilações do acaso no curso da evolução. Este é um dos motivos pelos quais queremos evitar a mitologização da cooperação natural como algo que estabelecesse a lei do comportamento. É verdade que a operação é marcada por uma constante fixa. Todos os animais sociais colaboram porque na solidão a abelha, o lobo ou o ser humano não são capazes de garantir a própria sobrevivência. Precisam — precisamos — uns dos outros.

Este clichê encerra mais verdades do que pode parecer à primeira vista. "Nada no cérebro de uma formiga trabalhadora representa um esquema da ordem social", informam os entomologistas Bert Hölldobler e Edward Wilson. O conhecimento social genético desses insetos é bastante incompleto, não está na posse de um líder único ou de uma formiga-chefe, "não existe um supervisor ou uma 'casta cerebral' que leve esse plano mestre na cabeça", assim como nenhuma abelha leva no cérebro todo um "plano mestre" da sociedade das abelhas.[8] Mas, se a incompletude individual marca a vida dos insetos sociais, o "domínio ambiental das formigas e outros insetos sociais resulta do comportamento grupal cooperativo".[9] Como reconciliar o cérebro incompleto e o controle social?

Outro clichê ajuda a explicar isso. As criaturas individualmente insuficientes compensam através da divisão do trabalho, cada uma delas executando pequenas tarefas separadas, e com isso o grupo se torna mais potente. Mas também aqui encontramos uma inesperada reviravolta. Os insetos sociais, por exemplo, dispõem de um código genético suficiente para assumir, quando o impõe a doença ou o infortúnio, algumas das tarefas especializadas desempenhadas por outros membros do formigueiro ou da colmeia; a divisão do trabalho é flexível, e os insetos sociais podem temporariamente trocar de papel. O que é surpreendente, pois geralmente atribuímos à colmeia o tipo de eficiência encontrada em uma fábrica, onde a divisão do trabalho fica estabelecida em tarefas predeterminadas. No formigueiro ou na colmeia, no entanto, eficiência e rigidez não combinam; a cooperação é mais flexível.

A capacidade de comunicação também constitui parte da resposta do enigma da incompletude associada a potência. No cerne dessas habilidades naturais de comunicação está o comportamento padronizado. Ele consiste em sinais que o animal sabe fazer, que podem ser imediatamente interpretados pelos outros animais, e também repetidos. A palavra-chave aqui é "imediatamente". No momento em que chega a abelha pode começar a dançar, as outras abelhas ao seu redor entendem o que significam seus movimentos e assim voam em direção ao néctar. O código dessa comunicação instantânea está nos genes do animal; da mesma forma, os seres humanos são codificados ao nascer. O código gera uma base em nós, mas como primatas mais evoluídos; como mostramos na Introdução, o código proporciona ingredientes com os quais os bebês e as crianças pequenas constroem comportamentos mais complexos, menos instantaneamente legíveis.

Poderia parecer que o comportamento geneticamente padronizado é a fonte do equilíbrio entre a cooperação e a competição. Embora não tivessem conhecimentos genéticos, os etologistas do século XVIII certamente o pensavam. Julien Offay de la Mettrie (1709-51) imaginava a natureza equilibrada como uma máquina; como Voltaire, extraía essa convicção de uma leitura bastante peculiar de Isaac Newton. A ideia mecanicista foi aplicada pelo filósofo e mundano Barão d'Holbach (1723-89) à vida social dos animais e dos homens. Além do estabelecimento de um equilíbrio entre a competição e a cooperação, perguntava d'Holbach, de que maneira poderiam as espécies animais perpetuar-se lado a lado no meio ambiente, geração após geração, banqueteando-se umas das outras, mas não com uma voracidade que destruísse seu manancial de alimento? Não estariam cooperando de certa maneira para assegurar a sobrevivência mútua? O botânico sueco Carolus Linnaeus (1707-78) tomou outra direção ao desenvolver o conceito de nicho ecológico,

EQUILÍBRIO FRÁGIL 91

ocupando cada espécie seu lugar e seu papel especiais na máquina divina. Linnaeus era um naturalista cuidadoso; documentou detalhadamente as maneiras como as espécies respeitavam seus territórios naturais, um respeito dos limites recíprocos por ele encarado como da esfera da cooperação mútua.

Ainda que sem chegar a evocar o Éden, todas essas perspectivas enfatizavam a existência de um equilíbrio na natureza; muitos dos que acreditavam na Máquina Divina exortavam a humanidade, atolada no humo do ódio recíproco, a retornar a esse princípio inicial. A natureza reconcilia as necessidades de usar os outros e conviver bem com eles. A ênfase do Iluminismo no equilíbrio de certa forma tem eco hoje em dia na teoria de Gaia, segundo a qual a Terra, como um mecanismo autorregulatório, reage às mudanças físicas como a elevação da temperatura reequilibrando suas partes vivas; outros ambientalistas acreditam atualmente que o equilíbrio se perdeu e precisa ser restabelecido.[10]

Se nossos antepassados setecentistas estavam por assim dizer do lado dos anjos, seu princípio inicial não é propriamente tranquilizador. As mudanças de condições climáticas, por exemplo, alteram a localização das plantas, ocasionando migrações e intrusões de animais em outras espécies; como os músicos em turnê, os atores da natureza inevitavelmente aparecerão em palcos até então desconhecidos. Um dos fatos fundamentais da evolução, assim, é que a mudança ambiental frequentemente vai à frente dos comportamentos padronizados. O que se aplica particularmente ao repertório de comunicação geneticamente integrado aos animais sociais; embora possa haver uma divisão do trabalho já bem estabelecida, a mudança ambiental continua andando à frente do registro genético. Nós estamos entre esses animais.

Alguns dos primeiros naturalistas, como Jean-Baptiste Lamarck (1744-1829), acreditavam que os animais podiam enfrentar o desafio do despreparo mediante imediata adaptação; o próprio Lamarck imaginava que uma criatura seria capaz de alterar seu comportamento programado no espaço de uma única geração. No século XIX, o monge e cientista austríaco Gregor Mendel (1822-84) demonstrou por que isso não seria possível; as variações genéticas que ocorrem por acaso levam gerações para ter algum efeito ambiental, e mais algumas gerações de peneiragem para efetuar a seleção para uma melhor adaptação. Nenhum ato de adaptação seria capaz de abreviar o tempo evolutivo. Somos capazes hoje em dia de manipular e apressar o processo de mudança genética em um único organismo, mas ainda assim a adaptação ambiental entre grupos de espécies leva tempo. O geneticista Stephen Gould, por exemplo, desenvolveu o conceito de "equilíbrio interrompido" para chamar a atenção para as rupturas coletivas; em sua análise, as rupturas ambientais ocorrem repentinamente, desorganizando padrões anteriormente estabelecidos.[11] Isso não significa o império do caos, que não haja equilíbrio no ambiente, mas apenas que é uma resistência ao tempo.

Esses preceitos genéricos ajudaram os biólogos a entender o fluxo de comportamento cooperativo entre nossos primos próximos, os primatas superiores. O primatologista Michael Tomasello considera que os chimpanzés, por exemplo, trocam de papéis repentinamente, passando da ajuda recíproca à competição entre eles, quando defrontados com a incerteza de um desafio ambiental.[12] A reciprocidade na partilha dos alimentos, como constataram Frans de Waal e Sarah Brosnan no estudo dos macacos capuchinhos, também pode assumir formas diferentes e instáveis; esses macacos não são confiáveis quando se trata de investir uns nos outros e se respeitar reciprocamente.[13] A oscilação dos comportamentos ajuda esses primatas a enfrentar um ambiente complexo e cambiante. Costumava-se pensar que a reprodução eficiente representava um seguro alicerce de cooperação entre os animais sociais mais evoluídos, mas a reprodução já parece hoje insuficiente para explicar seus vínculos sociais. Os primatas muitas vezes se vinculam mais a indivíduos do mesmo nível do que a parentes (os grupos de primatas têm uma estrutura de classes) ou então se vinculam com os do mesmo sexo.[14] A cooperação entre chimpanzés na caça também é difícil de explicar exclusivamente em termos de reprodução eficiente.[15] Os desafios externos de sobrevivência enfrentados pelas espécies, as rupturas com que se defrontam, como, por exemplo, a mudança nos territórios de caça e alimentação, são simplesmente complexas demais para serem enfrentadas exclusivamente através da estrutura familiar.[16]

A cooperação natural começa, assim, pelo fato de que não podemos sobreviver sozinhos. A divisão do trabalho nos ajuda a multiplicar nossos

EQUILÍBRIO FRÁGIL

poderes insuficientes, mas essa divisão funciona melhor quando é flexível, pois o próprio ambiente está em constante processo de mudança. As mudanças ambientais vão à frente dos comportamentos geneticamente padronizados; entre os animais sociais, nenhuma instituição, como a família, pode por si só garantir estabilidade. Em vista de tudo isso, como se efetuam os equilíbrios entre a cooperação e a competição? A resposta está no espectro de trocas experimentadas pelas formigas, os macacos e os seres humanos.

O ESPECTRO DE TROCA

"Troca" diz respeito simplesmente à experiência de dar e receber entre todos os animais. Ela se manifesta graças ao ritmo básico de estímulos e respostas da vida; ocorre no sexo, nos regimes alimentares e nas lutas. As trocas tornam-se autoconscientes entre os primatas evoluídos, na medida em que todos os primatas dão mostra de considerar o que devem dar e receber, experimentando diferentes maneiras de troca.

As trocas em que se envolvem todos os animais sociais abarcam um espectro de comportamentos que vão do altruísmo à crueldade na competição. Não gosto de categorias arbitrárias, mas a bem da clareza dividi o espectro das trocas em cinco segmentos: trocas altruísticas, implicando autossacrifício; trocas ganhar-ganhar, nas quais ambas as partes se beneficiam; trocas diferenciadas, nas quais os parceiros se conscientizam de suas diferenças; trocas de soma zero, nas quais uma das partes prevalece em detrimento da outra; e trocas tudo-para-um-só, nas quais uma das partes anula a outra. Em termos animais, esse espectro vai da formiga trabalhadora, que oferece o próprio corpo como alimento para outras formigas, ao lobo, cujas trocas com as ovelhas são invariavelmente letais; em termos humanos, o espectro vai de Joana d'Arc ao genocídio.

O equilíbrio entre cooperação e competição melhor e mais claramente se efetiva no meio desse espectro. Nas trocas ganhar-ganhar, a competição pode gerar benefícios recíprocos, como nas trocas de mercado imaginadas por Adam

Smith ou nas coalizões políticas com o objetivo de equilibrar a competição e a cooperação mútuas. As trocas diferenciadas, aconteçam simplesmente através do contato físico ou, em primatas como nós, pela discussão e o debate, podem definir fronteiras e limites; como nos territórios animais, assim também nas comunidades urbanas os grupos podem entrar em competição e conflito para delimitar terrenos que passam então a respeitar.

Certos cientistas inclinam-se a encarar todas essas trocas como questões de custo e benefício (a sinistra influência dos contadores pode ser sentida a todo momento na vida moderna). Esse hábito é exemplificado pelos psicólogos behaviouristas Natalie e Joseph Henrich, que consideram que a cooperação ocorre sempre que "um indivíduo incorre em um custo para gerar um benefício para outra pessoa ou outras pessoas".[17] Outra versão dessa contabilidade se manifesta no popular livro *The Selfish Gene* [O gene egoísta], de Richard Dawkins, no qual ele declara que "a bondade e o perdão compensam", embora os seres humanos não sejam capazes de reconhecer esse benefício antecipadamente.[18] O hábito de manter um livro de contabilidade da vida não é propriamente errado, mas simplista. Os animais sociais muitas vezes mudam de um tipo de troca para outro, revelando-se assim inconstantes nessa contabilidade: o lobo macho empenhado em encontrar uma ovelha para comer de repente se dá conta de como são sexy os olhos de um amarelo-cinzento de sua parceira de caçada... e ao rolar no suave colchão do terreno da floresta de pinheiros, envoltos pela noite com seus perfumes, os dois esquecem por algum tempo que estavam atrás de uma presa. Os primatas mais evoluídos, além disso, muitas vezes pensam de maneiras complicadas demais para serem traduzidas simplificadamente como perdas ou lucros; em vez de avaliarem a realidade, eles a investigam.

Altruísmo

Esta palavra pesada deixa desconfortáveis hoje em dia muitos etologistas, pois suas conotações humanas remetem a um gesto nobre e de livre e espontânea vontade. O inseto que entrega um corpo para ser comido por outro está pondo em prática um programa genético, sem qualquer envolvimento de uma escolha ética. Assim também, nos primatas mais evoluídos, quando a macaca mãe se expõe ao perigo para proteger a cria, em vez de estar agindo nobremente pode estar apenas protegendo os genes transmitidos à progenitura. A preocupação do etologista procede; não devemos equiparar a formiga canibalizada ou o macaco que se sacrifica a Joana D'Arc, que optou por imolar a própria vida a uma causa, em vez de assegurar a sobrevivência dos seus genes.

O altruísmo propriamente dito é uma questão de doação. O sociólogo francês Marcel Mauss foi um pioneiro no estudo da doação, e era um pioneiro politicamente engajado. Ele comparava os fortes vínculos criados pela doação nas sociedades aborígines com o fraco tecido social do capitalismo competitivo. Pode parecer um contraste caricatural ou simplesmente a diferença entre caridade e egoísmo. A doação certamente não é caridade abstrata, como demonstrou Natalie Zemon Davis, a historiadora dos primórdios da modernidade na Europa; a doação de tempo a projetos em comunidades locais apresentava nos séculos XVI e XVII a vantagem prática de temperar as hostilidades religiosas.[19] Ainda assim, ninguém era obrigado por lei a fazê-lo; era uma opção de doação.

Na época moderna, o sociólogo britânico Richard Titmuss examinou uma função igualmente prática do altruísmo em um estudo sobre doadores de sangue. Seu estudo compara os que doam de graça com os que são remunerados pelo sangue; o doador que doa gratuitamente sente satisfação ao fazê-lo, ao passo que o doador remunerado poucos sentimentos tem a respeito de seu ato. Seguem-se consequências práticas: aquele que doa gratuitamente tende a fornecer sangue com menos probabilidade de estar contaminado, pois se preocupa com a saúde do próprio corpo ao fazer uma doação de parte dele, ao passo que a pessoa remunerada simplesmente recebe o dinheiro; o fato de o sangue ser saudável ou não não é motivo de grande preocupação para o doador remunerado.[20]

O altruísmo pode ser espontâneo, como no ato de alguém que sai em defesa de outra pessoa ferida ou ameaçada; essa doação pode ser totalmente altruísta quando aquele que doa nada recebe em troca. Encontra-se aí, em minha opinião, um dos sentidos da reflexão talmúdica de que "um homem que faz caridade em segredo é maior que Moisés".[21] O tipo mais habitual de doação ocorre quando o doador de fato recebe algo em troca, ainda que de forma mais elevada que a quitação de uma dívida de negócios, como por exemplo no bem-estar sentido pelo doador de sangue. Uma troca se deu, e suas recompensas são internalizadas; desse modo, embora as crianças queiram ser elogiadas por bom comportamento, o altruísmo propriamente dito começa quando querem agir bem sem ser louvadas por isso. Um dos ecos disso na vida adulta manifesta-se entre trabalhadores empenhados em fazer um bom trabalho ou ajudar outros colegas, ainda que os patrões não ofereçam em troca elogios nem qualquer outra forma de reconhecimento.

O autor da Primeira Carta aos Coríntios observa que "existem diferentes tipos de doação, mas o mesmo Espírito".[22] Uma versão secular deste comentário bíblico é que o altruísmo é praticado por uma "sombra do eu", um companheiro oculto com quem conversamos a respeito da maneira como vamos nos comportar. A sombra secular do eu é mais uma testemunha do que um juiz divino. Estudando a autoridade nas relações de trabalho, constatei por exemplo que os trabalhadores motivados a ajudar outros livremente por um período de meses, e não apenas no momento, mantinham uma conversa constante com esse companheiro interno; como resultado, seu senso de influência pessoal era moldado pelo comportamento altruísta.[23] Embora a cooperação com os outros não seja em si mesma o que está em questão no altruísmo, o altruísta é motivado por esse diálogo internalizado.

Vamos agora conferir um caráter mais físico à questão. Uma versão multissecular do altruísmo manifestou-se na jardinagem em mosteiros. Em princípio, os jardins de mosteiros são um retorno ao Jardim do Éden original. Na prática, a jardinagem monástica assumia duas formas. Saint Gall, na Suíça (o mosteiro mais antigo a cujo respeito existem bons registros de horticultura) separava suas ervas, fontes, arbustos e caminhos em divisões lógicas, convidando os monges a se especializarem e assim colaborarem de maneira racional; os monges do Monte Athos (pelo que revelam registros fragmentários) deixavam os jardins do mosteiro abandonados; era na profusão descontrolada da natureza que tentavam descobrir o que poderiam comer ou transformar em remédios. Se você é um jardineiro atento, provavelmente sabe que esses jardins de mosteiros, em qualquer das duas formas, contestavam a ideia de agricultura retratada nas *Geórgicas* de Virgílio: o agricultor de Virgílio luta sozinho contra a natureza, enquanto os monges de Saint Gall e do Monte Athos trabalhavam juntos na natureza.[24] O trabalho de jardinagem cooperativa buscava descartar a agressão e a luta, restabelecendo entre os monges trabalhadores um convívio mais ameno.

Embora esses jardins religiosos acarretassem uma retirada do mundo, existe um paralelo com a fábrica secular. Normalmente as pessoas precisam de elogios pelas boas ações e os apreciam; o altruísmo propriamente dito começa quando se dispõem a agir ainda que sem receber reconhecimento dos outros, expondo seu comportamento, em vez disso, àquela sombra do eu. Neste sentido, o altruísmo preserva a qualidade de um ato encoberto — exatamente a qualidade que identificamos na observação cotidiana de que as pessoas altruístas parecem dotadas de uma forte motivação interior.

Ganhar-ganhar

Em contraste, as trocas ganhar-ganhar são muito mais abertamente recíprocas. A construção de ninhos é um exemplo natural básico; todo membro do ninho participa do esforço e se beneficia com o resultado. O comportamento padronizado é crucial nessas trocas ganhar-ganhar; é o alerta genético que ajuda os animais a saber que participação os outros do grupo podem e devem ter para beneficiar todos os membros. "Fossas comportamentais" são as ocasiões em que os animais não se mostram capazes de desempenhar sua parte ou se recusam a fazê-lo; em um laboratório científico, quando os ratos são impedidos de construir ninhos compartilhados, por exemplo, o bando se desintegra em uma agressiva e violenta ferocidade, seguindo-se uma guerra de todos contra todos. Uma versão natural do nós-contra-eles promove trocas do tipo ganhar-ganhar no interior de grupos de animais sociais; a percepção de uma ameaça comum une os ratos — que não são em geral os animais mais doces no trato recíproco — em uma falange.

Verifica-se entre certos etologistas uma tendência a pensar que nós humanos somos exatamente assim.[25] Somos e não somos. O comportamento padronizado está em nossos genes, mas a cultura tem forte influência na prática das trocas ganhar-ganhar.

O principal exemplo humano do ganhar-ganhar está no acordo de negócios em que todas as partes saem ganhando. Elas podem ter competido para chegar a esse feliz resultado, mas na partilha acaba sobrando alguma coisa para todo mundo. Era pelo menos esta a visão de Adam Smith a respeito do que acontece nos mercados. Ele não era um naturalista trabalhando em campo, mas compartilhava a convicção de Linnaeus e outros de que a natureza equilibra a competição e uma ordem sociável do tipo "viva e deixe viver". Mais conhecido ainda tornou-se o fato de aceitar uma versão social da máquina celestial do século XVIII; isto se manifestou em sua famosa menção da mão invisível assegurando, na competição de mercado, que no fim das contas todo mundo leve alguma coisa. O mesmo feliz resultado tem sido o que as coalizões modernas esperam, competindo umas com as outras em eleições para em seguida partilhar fatias da torta política, uma vez no poder.

O equilíbrio entre competição e cooperação não acontece naturalmente, no sentido da inevitabilidade, sem vontade e esforço, nos acordos de negócios ou em outras esferas da vida. As habilidades de negociação precisam ajustar esse equilíbrio, e essas habilidades constituem um ofício em si mesmas. O bom negociador, por exemplo, aprende a desarmar o confronto quando as coisas estão esquentando de tal maneira que um dos participantes ameaça ir embora; trata de transmitir as verdades mais desagradáveis indiretamente, para que um antagonista se disponha melhor a enfrentá-las. Em ambos os casos, temos versões pragmáticas da "sensibilidade" aos outros, o que significa que um mestre da negociação ganhar-ganhar geralmente aprendeu muito bem a lidar com a ambiguidade.

Em capítulos posteriores deste estudo, vamos explorar mais profundamente a prática desse exigente ofício entre diplomatas profissionais, conselheiros de

EQUILÍBRIO FRÁGIL

carreira e ativistas comunitários. No momento, precisamos examinar a importância da própria ambiguidade.

Em geral as trocas ganhar-ganhar são antes um processo aberto do que uma lista pura e simples de ganhos e perdas levada em conta quando se começa a negociar. A mão invisível de Smith, por exemplo, baseia-se em mercados que se expandem de maneira imprevisível. Em sua época, três séculos de conquistas coloniais haviam gerado número e variedade cada vez maiores de matérias-primas e bens manufaturados a serem comercializados; os concorrentes lidavam ao mesmo tempo com o que já tinham e o que poderiam vir a ter no futuro. Boa parte desse comércio era dominado pela fantasia; na década de 1730, por exemplo, certos importadores atacadistas de tomates mexicanos acreditavam genuinamente que o tomate viria a substituir o leite como alimento básico; da década de 1720 em diante, os mercados europeus foram convulsionados por repentinos surtos de desejo de tulipas e mica. As pessoas não entendiam muito bem o que é que tornava valiosos esses bens, mas acreditavam naquele momento que eram importantes. Na mesa de barganha, os negociadores tinham como base essas fantasias; e nelas competiam duramente por uma parte do mercado.

Mesmo quando não estavam entregues a uma mania de tulipas ou mica, os comerciantes lidavam com uma verdadeira cornucópia de estranhos produtos chegando à Europa do exterior, bens de valor inerente incerto. Smith teria entendido bem o moderno *trading* de *commodities* futuras ou os atuais acertos em torno de empresas da internet, nos quais as partes não sabem muito bem que produtos acabarão valendo a pena. Era e ainda é o caráter ambivalente do mercado que nos permite acreditar que pode haver sempre alguma coisa para todo mundo, ao passo que em um mercado governado por escassez de produtos de utilidade ou valor estabelecido é mais provável que as trocas acabem resultando em vencedores e perdedores.[26] Como resume Smith, a *Riqueza das Nações* decorre de um comércio em expansão, e não estático.[27]

Uma importante questão social espreita no fluxo das trocas ganhar-ganhar. Pode parecer estranho que tantos fanáticos de computador, que passam a maior parte da vida diante das telas, sejam ávidos frequentadores de convenções, dispostos a passar um bocado de tempo comendo e bebendo juntos; o motivo, em minha opinião, é que esse tempo gasto de maneira imprevista nos contatos pessoais rende seus próprios benefícios do tipo ganhar-ganhar. É o papel desempenhado pelas trocas informais, exatamente o oposto da assinatura de um acordo formal. A cooperação formal estabelece as regras do trato com outras pessoas: as informações exatas com que teremos de trabalhar, o que esperaremos dos parceiros, como será aplicado um contrato. Trata-se de um padrão de comportamento criado através das negociações, é claro, e não implantado geneticamente. A definição desses contornos da ação é deixada em suspenso nas trocas informais; nos bares, depois do expediente de trabalho, no escritório ao redor do bebedouro, assim como nos encontros nos corredores dos centros de convenção, as pessoas obtêm informações inesperadas e valiosas através da fofoca; uma conservação casual pode de uma hora para outra abrir novas perspectivas de atividade para pessoas que passam o tempo juntas. De maneira mais genérica, a conversa dialógica floresce através da informalidade; as inesperadas reviravoltas dessas conversas podem resultar em trocas ganhar-ganhar.

Todos conhecemos esse tipo de vendedor que aprendeu a não forçar a barra; ele é capaz de impingir praticamente qualquer coisa a clientes como eu. Parece tão tranquilo e afável, tão despretensioso. A capacidade de lidar informalmente com as pessoas chega bem perto do limiar da manipulação; aqueles que habilmente se relacionam com os outros em termos fluidos, sejam genuinamente bem-intencionados ou não, estão fazendo uma advertência: sinalizam que a informalidade não é necessariamente ingênua.

Tudo isso para dizer que as trocas ganhar-ganhar podem ser mutuamente afirmativas, mas essa afirmação tem suas limitações. Na versão das trocas ganhar-ganhar exposta por Smith, é necessário que haja mais que o suficiente para as coisas andarem; a escassez de bens não promove a troca ganhar-ganhar. Na época colonialista de Smith, a abundância estava aliada a bens de valor ambíguo ou desconhecido; a fantasia a respeito do seu valor era companheira inseparável da riqueza. A ambiguidade marca o encontro ganhar-ganhar e também o acerto contratual; ela pode desempenhar um papel positivo naquela

EQUILÍBRIO FRÁGIL

eventual fofoca que se torna uma informação relevante ou no comentário casual que durante uma conversa desencadeia um novo projeto coletivo. Mas as pessoas muito versadas nas trocas informais não são almas simples. Podem contrabalançar as manifestações agressivas e competitivas do eu; podem até promover o bem-estar de outros, ou, como o modesto vendedor, simplesmente fazê-los sentir-se bem — e nesses casos a troca ganhar-ganhar revela-se uma ilusão.

Troca diferenciada

Bem no meio do nosso espectro encontra-se a troca diferenciada. No ambiente animal, essas trocas estabelecem territórios e definem suas fronteiras. Em seus estudos sobre os chimpanzés, Jane Goodall descreveu as trocas — encontros, se quiserem — vividas pelos chimpanzés nesses limites e que resultam no estabelecimento de marcadores olfativos por parte de cada grupo; os marcadores são em seguida reajustados em novos encontros; depois de se entenderem a respeito de qual grupo ocupará determinado espaço na floresta, os chimpanzés se retiram.[28] A ideia das trocas é minimizar a competição agressiva pelo território.

Os limites são zonas de tensão nas geografias naturais porque estão constantemente mudando. Forças inanimadas como as mudanças climáticas podem forçar comunidades de seres vivos a reajustar seus limites internos; com a elevação da temperatura da água na Antártica, por exemplo, os pinguins e as focas estão mudando sua maneira de compartilhar o espaço. Existem dois tipos de limites: divisas e fronteiras. A divisa é um limite relativamente inerte; a população se rarefaz nesse tipo de limite e é pequeno o nível de trocas entre as criaturas. Uma fronteira é um limite mais ativo, como no caso do litoral separando o oceano da terra; trata-se de uma zona de intensa atividade biológica, território de nutrição para os animais e as plantas. Na ecologia humana, a autoestrada de oito pistas que isola partes da cidade é uma divisa, ao passo que uma rua de usos múltiplos no limite entre duas comunidades pode ser mais uma fronteira.

Um tipo mais pessoal de condição fronteiriça manifesta-se, por exemplo, quando, em uma cidade, dois estranhos se encontram em um bar e conversam informalmente, saindo do encontro com um entendimento pessoal mais atilado dos respectivos interesses, dos seus desejos e valores; o mesmo pode acontecer quando uma festa aproxima pessoas que se conhecem apenas casualmente. Divergências se manifestam durante a conversa; o contato pode estimular o autoentendimento; algo valioso terá então transpirado dessa troca, embora as pessoas no bar ou na festa talvez nunca mais voltem a se ver. Esta experiência poderia parecer mais um tipo de troca ganhar-ganhar, mas o seu interesse é reflexivo, mais focado no que as pessoas aprendem sobre si mesmas do que naquilo que sustenta uma relação. A maioria de nós já se beneficiou desse tipo de sociabilidade.

A troca diferenciada é a província da dialógica. Nossos antepassados do século XVIII tentavam organizar essa troca na maneira como os cafés e os pubs eram feitos para estimular estranhos a conversar. Os proprietários eram motivados por dinheiro; os clientes gastavam mais se fossem ficando por ali. Sentavam-se em longas mesas comportando doze a dezesseis pessoas; a pequena mesa redonda destinada a apenas uma pessoa ou a uma dupla só surgiu no século XIX, inicialmente nos cafés parisienses. O teatro era um hábito de todas as classes em Londres, Paris e outras cidades grandes; frente a frente nessas mesas, as pessoas usavam formas de tratamento, expressões e gestos calcados no que haviam visto e ouvido no palco.[29] Mas o comportamento padronizado da fala absorvido no teatro, proporcionando um código verbal compartilhado a estranhos, era enriquecido nos bares e cafés por um outro valor do Iluminismo, o de falar aberta e diretamente, sem constrangimento; a "fala de café", observaram Addison e Steele já muito cedo, permitia falar "livremente e sem reservas sobre temas gerais de conversação".[30] Fossem filósofos modernos, Addison e Steele poderiam ter-se referido aos cafés como cenário de trocas dialógicas ao mesmo tempo formais e livres.

Motivos práticos levavam esses estranhos a falar ao mesmo tempo dramaticamente e sem rodeios. O século XVIII assistiu na Europa ao alvorecer da grande expansão do crescimento urbano. Londres e Paris, especialmente a

EQUILÍBRIO FRÁGIL

partir da década de 1760, estavam cheias de estranhos que precisavam não só partilhar informações, mas interpretar e avaliar seu valor — e não foi por outro motivo que empresas de seguros como a Lloyd's começaram como cafés. Para isto, precisavam comunicar-se de maneira expressiva; o café, observou Diderot, "é um teatro em que o que importa é merecer crédito".[31] Naquele momento, bastava que acreditassem no que se dizia; nessa época, poucas pessoas desejavam fazer amizades íntimas a partir de encontros com estranhos em cafés; talvez se sentissem mais à vontade com encontros nessas zonas fronteiriças sociais do que nós hoje em dia, com nossa insistente exigência de intimidade.

No século XIX, a vida pública operou uma transferência do encontro verbal para o visual. Pela altura de 1848, dava-se por certo em Paris que estranhos não se falassem livremente na rua ou em cafés, a menos que expressamente convidados a fazê-lo. O fato de se deixar os outros em paz e também ser deixado em paz forjou um novo tipo de proteção, e os estranhos que se mantinham calados na presença uns dos outros tinham uma espécie de pacto no sentido de não violar a privacidade do outro. O olho tomou o lugar da voz; um *flâneur* na cidade olhava ao seu redor (os *flâneurs* eram sobretudo homens), sentia-se estimulado pelo que via e, por assim dizer, levava essas impressões para casa. A mesma mudança ocorreu quando o viajante do século XVIII transformou-se no turista do século XIX. O viajante tinha liberdade de bater em portas para conversar com o proprietário de uma casa ou fazenda; o turista olhava ao redor, não raro com extremo cuidado, tendo nas mãos o Baedecker ou outro guia turístico, e se mostrava mais reservado quando se tratava de travar conversa com nativos. O grande guia dessa mudança, a meu ver, foi o poeta Charles Baudelaire como *flâneur*; Baudelaire gostava de se aventurar ao anoitecer, percorrendo as ruas de Paris e voltando para casa à noite para escrever; essas estimulantes incursões eram feitas em silêncio, observando atentamente sem tentar puxar conversa com os estranhos que estimulavam sua musa. Fotografando mentalmente a cidade, ele vivenciava trocas diferenciadas visualmente.[32] E o mesmo fazia Georg Simmel, que, como vimos, transformou esses momentos de estímulo visual em uma teoria social da subjetividade.

104 JUNTOS

Esta pequena incursão pela história da vida pública nos leva a dois enigmas a respeito da cooperação. Uma conversa com estranhos ao mesmo tempo dramática e sem rodeios é um exemplo de óbvia e ativa cooperação com outros — mas e os encontros do tipo experimentado por Baudelaire e Simmel? A cooperação estaria totalmente ausente dos encontros visuais em silêncio? Os programadores do Google Wave certamente esperavam que não; a tela destinava-se a tornar a cooperação mais vívida, mais atraente que um telefonema — mas o programa falhou socialmente. Seria o olho intrinsecamente menos sociável que a voz?

O outro enigma diz respeito à brevidade. A sensação de que somos diferentes de outra pessoa se desfaz com o tempo; se bebermos ou jantarmos com ela vinte vezes, esse tipo de estímulo provavelmente desaparecerá. Certamente é verdade que um breve encontro pode mudar nossa vida — um caso amoroso efêmero, uma inesperada conversa íntima com um colega de trabalho —, mas que dizer dos efeitos duradouros das maneiras como cooperamos? O caso de amor efêmero pode ter reverberações, mudando a maneira como reagimos às pessoas de maneira geral, mas também é possível que isto não suceda. O que está por trás desse enigma é a relação incerta entre iluminação subjetiva e a prática social cotidiana. Se você for um certo tipo de romântico — e tenho para mim que o Adam Smith que tão arrebatadamente escreveu sobre a simpatia estava impregnado desse tipo de romantismo —, acreditará que a iluminação íntima é capaz de transformar o seu comportamento no dia a dia. Mas temos também Baudelaire, cuja vida subjetiva consistia em súbitas e breves formas íntimas de iluminação, mas cuja identidade social era rígida, contida e indiferente.

À parte os enigmas sobre o sentido que é estimulado e o nível da resultante iluminação íntima, existe toda uma outra dimensão na troca diferenciada e dialógica: a experiência pode moderar a competição. "Diferente" não precisa ser melhor ou inferior; a sensação de ser diferente não precisa induzir uma comparação invejosa. A afirmação desse princípio movia os Institutos Hampton e Tuskegee, e, em minha opinião, representavam seu grande motivo de glória. Os Institutos encerravam cada dia de atividades com orações, nas quais eram

EQUILÍBRIO FRÁGIL

mencionadas as realizações individuais; cada indivíduo era citado por ter realizado algo, ainda que o feito parecesse trivial ao observador sofisticado, como no comentário "vamos parabenizar nossa irmã Mary, que hoje empacotou quatro quilos e meio de queijo". Na história das oficinas, há muito as diferenças de capacitação são tratadas em rituais semelhantes; algo parecido com essa oração encerrava o dia de trabalho de cada ofício em todas as guildas medievais. Os ritos observados no fim de cada dia destacavam uma contribuição especial feita por cada pessoa para a comunidade, pelo bem comum.

Ao enfatizar que cada pessoa tinha algo diferente a oferecer, Booker T. Washington esperava transcender os "comentários ácidos sobre melhor ou pior", esse ácido da competição personalizada que é a comparação invejosa. Em consequência, a cooperação se fortaleceu; os rituais de reconhecimento de que cada um nos Institutos tinha algo especial a oferecer contribuíram para a produtividade e a qualidade do que neles era produzido; os observadores externos tomavam nota e levavam a sério esses resultados, assim como faziam em relação ao trabalho equivalente na Nova Harmonia de Robert Owen, pois a ênfase na contribuição especial de cada um tinha um efeito prático.

São estas, portanto, as facetas complexas do encontro diferenciado. Na natureza animal, ele marca territórios. Os limites desses territórios podem ser divisas inertes ou fronteiras ativas; assim também no habitat humano, no contraste que podemos estabelecer entre autoestradas e ruas. Os encontros de fronteira podem acontecer dentro e fora, como nos cafés do século XVIII. Essas oportunidades padronizadas mas abertas de fala contrastavam com os encontros visuais que o *flâneur* do século XIX tinha com a cidade; silenciosas, episódicas e interiorizadas, essas experiências eram antes estímulos que trocas; expõem enigmas como o de saber até que ponto olhar para os outros nos envolve com eles e qual a importância do estímulo subjetivo para o comportamento cotidiano. Mas a troca dialógica e diferenciada tem um efeito prático na forma como era organizada por Washington e Owen; os momentos ritualizados que celebram as diferenças entre membros de uma comunidade, que afirmam o valor especial de cada pessoa, podem diminuir o ácido da comparação invejosa e promover a cooperação.

Soma zero

Todos nós conhecemos bem os jogos de soma zero, que ocorrem nas trocas quando os benefícios de um indivíduo ou grupo se transformam em perda para alguém mais. Jogamos esse tipo de jogo desde a infância, na escola e nos campos esportivos; praticamente todos os testes de talento ou realização individual baseiam-se em uma avaliação de soma zero. Assim também, na vida adulta, no que se refere a contratações e promoções; as nações jogam jogos de soma zero umas com as outras, seja na guerra ou fora dela; e também as religiões, infelizmente, sobretudo quando tentam buscar convertidos em outras religiões.

Na vida adulta, duas mentirinhas costumam acobertar a troca de soma zero. A primeira é: "Eu não quis feri-lo, lamento que você esteja perdendo, mais é assim mesmo no jogo da vida", e assim por diante. A mentira, aqui, nega que o vitorioso muitas vezes sinta prazer com o destino do derrotado. Lembro-me de um colega de lides musicais que certa vez se referiu ao concerto de um amigo comum que recebeu críticas negativas; meu colega deixava transparecer um ligeiro sorriso ao citar as críticas, apesar dos comentários sobre a estupidez dos críticos. A segunda mentira, da parte do derrotado, é: "Não estou me importando." Vamos aqui deixar de lado essas mentiras e avaliar algo mais consequente. A troca ganhar-perder de soma zero enfatiza a competição, mas não descarta completamente a cooperação.

É evidente que as trocas de soma zero requerem cooperação entre os indivíduos que estão do mesmo lado, e entre os mamíferos superiores, como é o caso dos seres humanos, essa coordenação pode depender de um complexo pensamento estratégico. Os lobos cinzentos, por exemplo, são finórios caçadores. Uma série de movimentos elaboradamente orquestrados permite-lhes coordenar-se de maneira efetiva quando se espalham para cercar a presa, apertando em seguida o laço em formação cerrada para o bote final. O estrategista militar Antoine-Henri Jomini (1779-1869) inspirou-se nesse balé, baseando suas campanhas militares durante as guerras napoleônicas na observação dos lobos e copiando sua maneira coordenada de circundar.[33]

Entre oponentes, a troca de soma zero também acarreta um certo tipo de cooperação. Ela consiste no estabelecimento de regras básicas para uma disputa; essas regras são fixadas antes de os grupos ou indivíduos entrarem em competição. Nos animais sociais inferiores, as regras de confronto parecem ser estabelecidas pelos registros genéticos; mesmo antes do advento do conhecimento genético, naturalistas como Lamarck observavam que os animais em confronto "instintivamente se acertavam" quanto ao tamanho e forma de um campo de batalha. Nos mamíferos superiores, entra em cena a negociação. Como vimos na Introdução, por volta dos cinco anos de idade as crianças se capacitam a estabelecer regras básicas para os jogos. E o que está em questão é mais que um simples acordo; as crianças aprendem que as regras podem ser inventadas e mudadas.

Outro tipo de conexão entre opositores manifesta-se nas trocas humanas de soma zero. O ganhar-perder raramente é total e absoluto; pelo contrário, o vencedor deixa alguma coisa para o perdedor. Esse resíduo é mencionado nas avaliações de Adam Smith sobre as trocas de mercado que se baseiam em recursos escassos de valor bem estabelecido. Esse tipo de competição precisa deixar alguma coisa aos perdedores, para que possam tentar novamente e se mostrem dispostos a continuar competindo. Esse rigor dos mercados os assemelha aos esportes; ninguém quer que os perdedores se dispersem em consequência da derrota. Trata-se de uma regra básica para o fim da troca competitiva, paralela à regra compartilhada que deu início ao jogo.

Um certo elemento de fantasia também pode vincular vencedores e perdedores. Algo parecido com a ideia de Aristóteles sobre uma "voluntária suspensão da descrença" no teatro aparece também nas disputas econômicas: não raro, a disposição de assumir riscos depende da convicção dos participantes de que de alguma maneira estarão isentos de derrota, por maiores que sejam as probabilidades adversas. A fantasia compartilhada também desempenha um papel, como vimos, nas trocas ganhar-ganhar, no estabelecimento do valor das recompensas, como no caso do consenso, entre investidores do século XVIII, de que as tulipas e a mica por algum motivo eram bens de enorme valor. A própria competição pode por si mesma inflar o valor da recompensa:

se alguém está lutando tanto para consegui-la, haverá de imaginar que a recompensa só pode ser importante. É um tema frequente na literatura americana, pois o sucesso é objeto de adoração no país; os romances de James Fenimore Cooper no século XIX, F. Scott Fitzgerald no século XX e Jonathan Franzen atualmente retratam homens e mulheres que sacrificaram a vida às vitórias, ao sucesso, para no fim constatar que as recompensas conquistadas eram menos importantes do que imaginavam. O sociólogo Herbert Blumer (1900-1987) encarava todas essas fantasias como "ficções de jogo". O que não significava que fossem desprovidas de substância; afinal, as pessoas dedicam a vida a vencer ou a cuidar das consequências da derrota. Jovem durante a Grande Depressão, Blumer conhecia bem de perto a privação econômica, mas viu algo mais em ação nos jogos de soma zero. No início da carreira, passou muito tempo estudando filmes e expôs em seus primeiros as maneiras como as fantasias cinematográficas de Hollywood modelavam comportamentos. Essa capacidade de fantasiar modula-se nas "ficções de jogo". Convenções comportamentais são negociadas entre jogadores e nas cabeças dos indivíduos; transformam-se, dizia ele, em "interações simbólicas".[34]

As percepções de Blumer são importantes para acabar com a ideia do sujeito durão de que as trocas ganhar-perder são o fundamento da vida social, ao passo que as formas mais generosas de troca não passariam de um adorno cultural ou ético. O realismo do sujeito durão, com efeito, pressupõe uma espécie de cegueira: cegueira às consequências desmoralizantes nas salas de aula em que prevalecem os testes de soma zero ou ao recuo da produtividade nos escritórios quando a competição pela promoção se transforma em obsessão. Como a cooperação, a competição tem caráter e gestação simbólicos. Mais que isso, é enquadrada pela cooperação: os participantes precisam cooperar no início da competição, ao estabelecer suas regras. Os vencedores têm de aceitar que algo será deixado aos derrotados para que a competição possa ter prosseguimento; o egoísmo total impedirá a realização de novos jogos.

Embora não seja nenhum Éden, assim, a troca de soma zero tampouco chega a ser o estado natural de Hobbes, com o vermelho nas garras e nos dentes, uma guerra de cada um contra todos. Esta honra está reservada à troca tudo-ao-vencedor.

Tudo-ao-vencedor

Nós nos encontramos, competimos, eu levo tudo e você fica destruído. Puro Hobbes. Nas ecologias naturais, o predador máximo é quem domina esse encontro, no qual não existe reciprocidade. Os lobos são predadores máximos, assim como os jacarés; no topo da cadeia alimentar, não têm competidores em igualdade de condições; podem tomar para si o que bem entenderem, quando bem entenderem — desde que não entrem em cena seres humanos. Nas sociedades humanas, as trocas do tipo tudo-ao-vencedor são a lógica da guerra total e do genocídio. Nos negócios, tudo-ao-vencedor é a lógica do monopólio; a ideia é eliminar todos os concorrentes. A respeito dessa situação, podemos ser sucintos como Hobbes: é preciso pôr fim a isso o mais rápido possível.

Temos aí, portanto, cinco formas de troca. A cooperação e a competição revelam-se mais equilibradas no meio do espectro da troca. A troca ganhar-ganhar ocorre tanto na natureza quanto na cultura, mas em ambos os casos o equilíbrio é frágil. As trocas dialógicas que diferenciam indivíduos e grupos também podem equilibrar cooperação e competição. O estabelecimento de território pela delimitação de fronteiras e divisas é disseminado nas comunidades naturais, mas se torna mais especializado e sutil na cultura humana. Nos extremos da troca, o altruísmo é uma força involuntária nas sociedades naturais e uma experiência internalizada entre os seres humanos; não carece de uma reciprocidade de características tangíveis. Na outra extremidade do espectro, a competição prevalece sobre a cooperação nas trocas de soma zero, embora necessitem da cooperação para começar; tal como a cooperação, a competição humana é organizada de maneira simbólica. Nas trocas de tipo tudo-ao-vencedor são cortados quaisquer vínculos entre os dois; domina completamente o predador máximo.

Como os símbolos, a geração de símbolos e as trocas simbólicas são tão importantes nas zonas intermediárias, precisamos entender melhor como se estruturam. Os rituais são uma maneira de estruturar as trocas simbólicas; estabelecem poderosos vínculos sociais e se têm revelado ferramentas usadas pela maioria das sociedades humanas para equilibrar a cooperação e a competição.

A FORÇA DO RITUAL

Muitos cientistas sociais consideram que uma linha ininterrupta liga a comunicação entre os animais aos rituais humanos. O historiador William McNeill tentou mostrar essa linha em um estudo sobre danças ritualísticas. Em *Keeping Together in Time* [Mantendo a união no tempo], ele explorou a relação entre dança e exercício, vale dizer, rituais corporais conduzindo uma disciplina de tipo militar.[35] McNeill enraíza esses rituais na coordenação de atividades que ocorre em todos os animais sociais; na verdade, encontrou indícios de que os chimpanzés estudados por Jane Goodall podem aprender a dançar.

Quando os etologistas entomológicos usam a palavra "ritual", referem-se a formas comunicativas de comportamento gravadas nos genes. Ao contrário do que acontece na dança das abelhas, Goodall constatou que os chimpanzés podem aprender a tratar os movimentos coordenados de dança como um jogo; eles experimentam nessa direção exatamente como as crianças pequenas; está envolvido um certo elemento de criação. Nos seres humanos, constatou McNeill, o jogo de passar tempo juntos evolui para uma performance, para "ocasiões festivas em que quase todo mundo da comunidade se une para conviver por horas a fio [...] [a caminhada] une mais fortemente a comunidade, facilitando os esforços cooperativos de qualquer natureza".[36] Essas atividades capazes de fazer com que todos se sintam bem constituem uma elaboração do comportamento primata, sustenta ele, e não exclusivamente humano.

A tese revelou-se ousada demais para muitos leitores. As alegrias do ritual! Poderíamos talvez, em vez disso, considerar o caso dos Beckham.

A estrela do futebol David Beckham e sua mulher, Victoria "Posh Spice" Beckham, enfrentaram problemas em 2004 quando decidiram batizar os filhos de Romeo e Brooklyn. O sr. Beckham declarara à imprensa após o nascimento de Brooklyn: "Decididamente quero que Brooklyn seja batizado, mas ainda não sei em qual religião."[37] O casal decidiu então inventar um ritual. Os bebês, cabe lembrar, foram de certa forma relegados ao esquecimento pelo evento black-tie. Um jantar de seis pratos foi servido, tendo

EQUILÍBRIO FRÁGIL

supostamente custado 2.500 libras por pessoa; o cantor Elton John chegou à propriedade dos Beckham em seu famoso Rolls-Royce prateado; outras celebridades não haviam esquecido de comunicar à imprensa quando chegariam e o que estariam vestindo. A sra. Beckham cuidou do serviço, assim como da comida e das flores; dois santuários budistas foram montados em frente à capela da propriedade.

Embora o acontecimento parecesse divertido e os pais quisessem apenas fazer um gesto para assinalar a chegada de Romeo e Brooklyn ao mundo, o establishment anglicano ficou indignado; até hoje, nenhum ministro reconheceu ter participado de qualquer cerimônia que tenha sido realizada. Os prelados detestaram, naturalmente, todo aquele luxo; e acharam simplesmente obsceno derramar água mineral cara na cabeça do bebê (ou, pior ainda, segundo certos boatos, champanhe envelhecido). Pior ainda, os sacerdotes desprezaram profundamente a tentativa dos Beckham de criar rituais próprios; a santidade do ritual decorre da tradição, com suas origens esquecidas na bruma do tempo. Para eles, um ritual não pode ser inventado, não pode ser criado.

Feito ou achado?

Os sacerdotes têm certa verdade psicológica a seu lado. Os comportamentos ritualísticos dão a impressão de que o celebrante deixou a esfera do tempo ao desempenhar um rito, o rito que lhe foi comunicado pela tradição ou pelos deuses. Os rituais não precisam ter proporções gigantescas; alguns, como a etiqueta à mesa ou a determinação de quem paga os drinques em um bar, são perfeitamente banais. Mas seja cósmico ou pequeno, o ritual parece um comportamento que vem de fora de nós, livrando-nos de tudo que possa ser autorreferencial; nossa atenção fica toda voltada para simplesmente executar bem o ritual. Mas se o ritual se limitasse a ditar um comportamento, se fosse um santuário que não fosse feito por nós mesmos, o rito seria uma força estática — e os rituais não são comportamento congelado.

Vejamos outro ritual: os professores da escola do meu neto são de esquerda, do gênero adepto de comida orgânica, horrorizados com o fato de meu neto e eu fumarmos e de levarmos o cachorrinho conosco para os pubs. Mas esses professores não são simplórios. Sabem que a vida dos bandos de infratores começa cedo em East London e que algo precisa ser feito para enfrentar o problema. Assim foi que adaptaram um velho hábito inglês, insistindo em que os alunos se cumprimentem apertando as mãos depois de praticar esportes competitivos; os professores levaram o costume à própria sala de aula, especialmente nos dias em que os alunos são submetidos às implacáveis baterias de testes e provas que marcam a educação britânica; no fim do dia, os testados se cumprimentam apertando as mãos.

Esse ritual pode parecer aos mais sofisticados e mundanos simplesmente mais uma manifestação desse tipo de pensamento politicamente correto que aprecia uma dieta orgânica, mas o fato é que as crianças o adoram, agarrando reciprocamente os dedos ao apertar as mãos, inclinando-se exageradamente, mas ainda assim executando o ritual com entusiasmo. Ao adaptar um velho hábito, conferindo-lhe novas roupas, os professores pretendem com seu rito criar um anteparo para a competição e a agressão que acarreta: o aperto de mãos significa o retorno da garotada ao vínculo típico de simples garotada.

Os antropólogos atualmente enfatizam esse processo de adaptação; em vez de ser estático, o ritual está continuamente evoluindo de dentro para fora. Clifford Geertz conferiu exatamente essa história interior a certas cerimônias balinesas que os antropólogos antes dele haviam congelado e fossilizado.[38] Os historiadores europeus Eric Hobsbawm e Benedict Anderson descreveram no mesmo espírito a "invenção da tradição" em valores nacionais ou locais, invenções do passado que se transformam em condições do movimento presente.[39] É verdade que, como acontece na evolução natural, o ritmo da mudança é lento; em sua maioria, os padrões ritualísticos evoluem a passos curtos ao longo de anos ou gerações, enquanto as pessoas vão procedendo a mudanças sem ter muita consciência disso. Com o tempo, o ato passa a parecer imemorial. Mas a invenção da tradição não é apenas isto.

Quando apertamos as mãos, arriscaria eu, ninguém mais se lembra de que esse tipo de cumprimento foi inventado pelos gregos para deixar claro que não há armas nas mãos. O aperto de mãos em si mesmo costuma ser hoje em

EQUILÍBRIO FRÁGIL

dia uma troca de baixa intensidade. Para as crianças da escola do meu neto, todavia, o aperto de mãos é carregado de significado; e isto se dá em virtude de um novo contexto. Costumamos falar de "rituais vivos", e talvez queiramos dizer que o passado continua vivo no presente — mas um ritual vivo também envolve o valor de gestos e palavras no presente, por motivos diferentes dos que lhe deram origem no passado: precisamos lidar com um problema imediato ou com uma ausência. Os Beckham queriam algum tipo de ritual por causa da chegada dos filhos; tinham uma ausência a preencher.

Três blocos modulares do ritual ajudam a equilibrar a cooperação com a competição.

Três blocos modulares do ritual

Em seus primórdios, a antropologia encarava o ritual como uma representação do mito. As circunstâncias do antropólogo faziam com que esse ponto de vista parecesse razoável. No início do século XX, os antropólogos tendiam a ser exploradores em busca de culturas que ainda não tivessem sido influenciadas pela civilização ocidental; queriam entender a visão de mundo dessas culturas, e os mitos pareciam a chave para alcançar esse entendimento. Bronislaw Malinowski (1884-1942) foi um modelo desse tipo de exploração; passou a maior parte da Primeira Guerra Mundial nas Ilhas Trobriand, no Pacífico ocidental, tentando deduzir, por exemplo, o que os rituais de dar e receber colares kula (lindos objetos feitos de conchas e fios) revelavam das crenças dos habitantes das ilhas a respeito do cosmo.[40] Naturalmente, observou o cenário, os objetos e os participantes desses rituais, mas o interesse desses fatos concretos estava, para ele, nos mitos cósmicos que representavam.

Uma grande mudança ocorreu mais adiante no século XX, quando os antropólogos começaram a explorar mais os rituais como algo autônomo, à parte de representações do cosmos. Clifford Geertz contribuiu para essa mudança, assim como Victor Turner, que considerava que os rituais inevitavelmente evoluem para performances teatrais nas quais os objetos de cena, os costumes, as habilidades do artista e a relação com o público adquiriam significado

JUNTOS

próprio.[41] Essa mudança ia de par com um certo desconforto antropológico a respeito da ideia de envolvimento com civilizações primitivas não afetadas pelo Ocidente; no fim do século XX, ainda havia algumas — e a própria ideia parecia cheirar a uma celebração do nobre selvagem. Hoje, é mais provável que o antropólogo estude o uso dos telefones celulares nas Ilhas Trobriand ou concentre a atenção no próprio Ocidente, como faz Caitlin Zaloom em um estudo sobre os rituais praticados por *traders* de *commodities* em Chicago e Londres, sem qualquer preocupação com aspectos metafísicos.[42] O mito e o ritual se separaram.

Entendo os motivos pelos quais aconteceu essa mudança, embora não esteja muito satisfeito com ela, talvez em virtude da capacidade da poesia de conectar o pequeno e o grande — como neste verso de *The Waste Land*, de Eliot: "Vou-lhe mostrar o medo em um punhado de poeira." O mesmo quanto à geração de mitos; trata-se de um poderoso uso da linguagem, passando do pequeno ao grande, no qual se envolvem todas as pessoas, e não apenas os poetas. Ainda assim, enxergo três maneiras pelas quais os rituais podem ser construídos como práticas autônomas.

A primeira é algo paradoxal. Os rituais dependem da repetição para serem intensos. Geralmente associamos repetição a rotina, e parece haver um certo entorpecimento dos sentidos quando repetimos algo muitas vezes. Como demonstrou o processo de ensaio integrado a sua vida. Sua força será mil vezes maior do discutido na Introdução, contudo, a repetição pode tomar outro rumo. Tocar determinado trecho repetidas vezes pode nos levar a uma concentração cada vez maior em suas especificidades, e assim o valor dos sons, das palavras ou dos movimentos corporais se torna profundamente impregnado. Nos rituais, ocorre o mesmo processo de impregnação. É o que pretendem os rituais religiosos, como por exemplo o rito da Eucaristia; depois de participar dele mil vezes, você o terá arraigado a sua vida. Isto também se aplica aos rituais seculares; o ritual do aperto de mãos depois de um teste tem maior significado se voltar a acontecer mais e mais vezes; estabelece-se um padrão de experiência.

EQUILÍBRIO FRÁGIL

Naturalmente, a repetição pode tornar-se insípida. Como fica claro na questão dos ensaios, as repetições precisam tomar certo rumo para preservar o frescor. Este se manifesta mediante a integração de determinado hábito para em seguida examiná-lo e ampliá-lo conscientemente e voltar a impregnar-se dele como comportamento inconsciente. Na escola do meu neto, os professores começaram por dizer às crianças que apertassem as mãos, a garotada começou a debater por que fazê-lo e em seguida começou a praticar repetidas vezes, sem mais discussão. O ritual do fim do dia no Instituto Hampton começou com uma ordem de Booker T. Washington em 1870; chegou um momento — difícil de precisar com exatidão, embora aparentemente tenha acontecido cerca de um ano depois — em que os artesãos começaram a discutir por que haviam recebido aquela ordem e a forma das palavras que poderiam usar para reconhecer o valor da contribuição de cada um; em seguida, passaram a praticar o ritual cotidiano de trabalho sem mais dúvidas ou interrogações. Os rituais tornam-se insípidos quando ficam presos ao primeiro estágio de aprendizado, o estágio de um hábito; se passarem por todos os ritmos da prática, haverão de se renovar automaticamente.

Em segundo lugar, os rituais transformam objetos, movimentos corporais ou palavras inexpressivas em símbolos. A questão em um aperto de mãos é mais do que sentir a pele da outra pessoa; o pão e o vinho na Eucaristia ou a comida na Páscoa judaica significam mais do que dispor de algo nutriente para comer e beber.

Um símbolo como um sinal de parar adverte para algum perigo e nos diz diretamente o que fazer. O símbolo extraído por Eliot de "um punhado de poeira" nos envolve de uma forma mais problemática; diz-nos que existe um significado amplo na poeira, mas não exatamente qual é esse significado. Desde Platão, a filosofia tem pelejado com a relação entre os símbolos como representações e evocações. O semiólogo Roland Barthes (1915-80) achava que, se nos esforçarmos com o pensamento, qualquer sinal de parar transforma-se em um punhado de poeira, ou seja, o caráter aparentemente direto da representação se dissolve em um miasma de evocações.[43]

O ritual depende dos dois tipos de símbolos, mas os diferencia através do ritmo da prática. As orientações nos são inicialmente dadas, e nós as integramos como hábitos; essas orientações se dissolvem em evocações que tentamos ativar mais conscientemente; essa tentativa não é infindável; recuperamos nosso senso de orientação em um hábito enriquecido, reintegrado como comportamento tácito. Nos rituais, os objetos e os gestos corporais, assim como a linguagem, passam por esse processo de transformação, adquirindo um significado denso. Mas nós sabemos como usar o colar kula ou a taça da Páscoa judaica; o símbolo saturado nos orienta.

O terceiro bloco modular do ritual diz respeito à expressão, e especificamente a expressão dramática. Caminhar pela nave central da igreja para se casar não é a mesma coisa que caminhar lentamente por uma rua; ainda que o modo de andar seja fisicamente semelhante, na cerimônia de casamento estamos sendo observados, e cada passo na ala central parece imenso. Faltava apenas o elemento expressivo no Google Wave, cujas trocas atendem antes à partilha de informações do que ao estímulo emocional; o conteúdo dramático do programa de computador era insuficiente.

Em uma cerimônia, podemos estar tomados de sentimentos, mas essa plenitude representa um perigo. No *Paradoxo da representação*, discutindo o trabalho dos atores profissionais, Denis Diderot assim expõe esse perigo: "Se o ator estivesse tomado, realmente tomado de sentimentos, como poderia representar o mesmo papel duas vezes seguidas com o mesmo espírito e sucesso? Cheio de fogo na primeira representação, ele estaria exausto e frio como o mármore na terceira."[44] O mesmo perigo manifesta-se nos rituais: excessivamente tomados pelos sentimentos, poderíamos começar a chorar, esquecer o que devemos fazer, entrar em colapso; outras pessoas podem sentir-se solidárias se isso acontecer em uma cerimônia de casamento, mas a cerimônia propriamente dita vai virar uma bagunça.

Os atores profissionais ficam atentos ao conteúdo de suas falas; os músicos profissionais, às notas, expressando algo que está fora de si mesmos; ao se apresentarem em público, voltam-se para fora. Algo desse mesmo voltar-se para fora ocorre nas cerimônias, cuja força expressiva está no polo oposto de

EQUILÍBRIO FRÁGIL

uma pessoa perdida no labirinto dos seus sentimentos íntimos. Este é um dos motivos pelos quais, ao executarem um ritual, as pessoas se preocupam tanto com sua correção, trate-se de uma questão de etiqueta social ou da versão da Bíblia a ser usada na igreja; o que quer que sintamos, a força da ocasião depende daquilo que estamos executando.

Existe uma sutileza sociológica na atenção conferida ao conteúdo, e não a si mesmo. O sociólogo Erving Goffman (1922-1982) inaugurou o estudo do papel do drama na vida cotidiana, cunhando a expressão "apresentação de si" para evocar os papéis que as pessoas desempenham ao se comportarem como personagens de uma peça, compreensíveis e verossímeis para os outros como o tipo de pessoa que um paciente mental, o seu médico, um preso ou o seu guarda deve ser; em termos teatrais, Goffman estava explorando a "caracterização". Apesar do seu valor inestimável, faltava algo ao trabalho de Goffman. Em uma cerimônia, as pessoas são dispensadas de personificar o tipo de pessoa que são, de falar por si mesmas; os participantes entram em um terreno mais amplo, compartilhado, expressivo. Por isso é que o historiador Keith Thomas (e eu) se vale do termo "atuação", em vez de "apresentação de si", para descrever o voltar-se para fora dos rituais.[45]

Ao contrário do que acontece nas práticas de performance dos músicos ou atores profissionais, os rituais cotidianos precisam ser acessíveis e de fácil aprendizado para que todos possam participar. No mundo do trabalho, esses rituais geralmente são pequenos acontecimentos, como os rituais da pausa para o café, que não chegam propriamente a ser dramas de abalar a alma. Ainda assim, o participante que fofoca durante uma pausa para o café quer reter a atenção dos outros em vez de ficar divagando e entediá-los. Precisa aprender a fofocar bem, dramatizando o que pode ser em si mesmo desprovido de dramatismo e neste sentido apresentando uma performance.

A palavra "performance" pode dar a entender uma ilusão que suspenda a realidade cotidiana. A mania das tulipas certamente é dramática; a convicção de que você, pessoalmente, pode de alguma maneira inverter as probabilidades em um jogo de soma zero pode invocar a voluntária suspensão da descrença no teatro. Mas essa história ainda tem um outro lado.

Há nas cartas de Maquiavel um momento maravilhoso em que o servidor do Estado caído em desgraça, exilado em uma pequena fazenda nos arredores de Florença, descreve um ritual cotidiano. "Ao chegar a noite, volto para casa e entro no meu gabinete. Na soleira da porta, dispo-me de minhas roupas suadas e enlameadas do dia de trabalho e visto as túnicas da corte e do palácio, e com essa indumentária mais grave entro nas cortes dos antigos e sou bem recebido por eles, e lá então saboreio a única comida que é minha, e para a qual nasci."[46] Seria o ritual uma fuga da realidade na fazenda? Certamente é mais que isso. Ao vestir a roupa que já não tem direito de usar, Maquiavel de repente volta à vida; essas horas de intensidade são o presente que lhe dá o ritual. Para um homem caído em desgraça, é um presente muito real — como é para outros que não tenham poder.

Equilíbrio do ritual

Esses três aspectos dos rituais são ferramentas para equilibrar os respectivos pesos da competição e da cooperação. O Livro do Gênese não descreve rituais de equilíbrio no Éden porque eles não eram necessários; até que Eva começasse a raciocinar, uma pacífica e nada dramática harmonia impregnava o estado natural em que todas as criaturas obedeciam às ordens de Deus. Havia drama demais no estado natural imaginado por Hobbes, mas nenhum equilíbrio; o ritual estava ausente da guerra de todos contra todos.

Tal como entendido pelos etologistas, o mundo natural não deixa de ter seus rituais expressivos, como acontece entre as abelhas dançantes. Temos aqui uma questão de comportamento genético padronizado, cujo conteúdo muitas vezes é deixado para trás pela mudança ambiental. A cooperação e a competição podem ser equilibradas em comunidades naturais, na mesma espécie ou entre diferentes espécies; a fixação de fronteiras e divisas é uma maneira de efetuar esse equilíbrio.

O equilíbrio depende da troca. Como vimos, as trocas variam das relações altruístas àquelas em que o vencedor leva tudo. Nas trocas humanas, a reciprocidade diminui em qualquer das duas extremidades do espectro.

EQUILÍBRIO FRÁGIL

Em nossa espécie, o altruísmo pode ser uma pura e simples doação em que nada é esperado em troca, em espécie, ou então o doador conduz um diálogo com seu próprio eu da sombra. A competição com os outros não aparece nesse processo; existem rituais em torno da doação de sangue, mas são de caráter brando e suave. Não tratei aqui, bem sei, do potlatch* e competições semelhantes, nas quais as pessoas disputam para ver quem é capaz de dar mais; essas competições, de caráter geralmente elaborado e dramático (basta pensar nas gincanas para levantamento de fundos), de fato cairiam na esfera de equilíbrio dos rituais.

Na outra extremidade do espectro, entre os predadores máximos como os lobos ou os soldados genocidas, pode haver intensa cooperação no interior do grupo predador, mas nenhuma cooperação com aqueles que devem ser destruídos. Também aqui é preciso fazer uma ressalva, das mais provocadoras. Hannah Arendt sustentava, ao meu ver sem razão, que durante o Holocausto os líderes judeus nos campos de concentração colaboraram para a destruição do próprio povo; juntamente com os lobos nazistas, inventaram rituais para tornar mais rotineiro e eficiente o processo da matança.[47]

A reciprocidade vem à tona nas zonas intermediárias da troca. Nas trocas do tipo ganhar-ganhar, há o suficiente para partilhar igualitariamente entre todos os competidores no mesmo terreno; em certas trocas de soma zero, resta o suficiente para os perdedores, de modo a conseguirem tentar de novo. Em ambos os casos, a cooperação estabelece as regras básicas e define o que é de particular valor para suscitar competição. O ritual pode desempenhar um papel em ambos os casos. O ritual pode dar forma a trocas ganhar-ganhar informais; além disso, os rituais para manter as aparências permitem que coalizões com parceiros fortes e fracos funcionem no sentido dos benefícios comuns. Nas trocas de soma zero, os rituais se manifestam na elaborada etiqueta dos encontros em que se estabelecem as regras básicas para a competição; essa etiqueta baseia-se na habilidade com que as crianças aprendem desde cedo a negociar as regras de um jogo.

---

*Cerimônia festiva dos índios da costa noroeste dos Estados Unidos com troca de presentes. [*N. do T.*]

O ritual ocupa um lugar especial nas trocas diferenciadas. Como nos encontros entre estranhos em um bar ou entre conhecidos casuais em um jantar, os rituais orientam o processo de comparação e contraste. As conversas nos cafés do século XVIII foram explicitamente inspiradas pela fala e o gestual do palco; é o que fazemos implicitamente hoje em dia ao tentar tornar as fofocas mais vívidas, e não uma mera comunicação de fatos.

Existe uma história dos rituais que buscaram equilibrar a competição e a cooperação, especialmente em uma grande virada ocorrida no início da era moderna. Essa virada moldou particularmente os rituais a que as pessoas recorreram para conviver com os outros que eram diferentes. O resultado dessa virada histórica foi, na época, que o equilíbrio entre competição e cooperação tornou-se frágil; ainda hoje vivemos as consequências disso. Exploraremos no capítulo seguinte como foi que aconteceu.

3

A "grande inquietação"

Como a Reforma transformou a cooperação

Em 1533, Hans Holbein o Jovem concluiu *Os embaixadores*, hoje exposto na National Gallery em Londres. O quadro mostra dois jovens olhando para a frente; entre os dois há uma mesa de dois níveis cheia de coisas, instrumentos científicos na prateleira de cima, um alaúde, um estojo de flautas, um hinário, um livro de matemática e um globo embaixo. Os dois rapazes vestem túnicas ricas, especialmente o que está à esquerda, tendo o corpo delineado por uma pele branca que orla a túnica; um elaborado panejamento verde está por trás deles; atrás da mesa, um tapete oriental. Em meio a essa sensual profusão, um inquietante objeto aparece à frente: um enorme disco flutuando em um canto, tendo na superfície algo obscuro, caso o quadro seja olhado de frente; se o observador deslocar-se lateralmente, essa imagem obscura aparece claramente como a cabeça de um morto: um crânio.

Holbein pintou *Os embaixadores* no exato momento em que as consequências seculares da Reforma chegavam ao auge na Grã-Bretanha.[1] Ao incitar essa mudança, Henrique VIII era movido menos por convicção religiosa do que por desejo sexual; queria divorciar-se de Catarina de Aragão para casar com Ana Bolena, e a Igreja, então como agora, proibia o divórcio. Henrique dispunha-se a abrir mão da antiga fé, abraçando a nova doutrina protestante, pelo menos nominalmente, para conseguir o que queria. Os "embaixadores" do quadro são dois jovens, Jean de Dinteville e Georges de Selve, enviados à Inglaterra como emissários da França católica para enfrentar a confusão gerada pelos problemas conjugais de Henrique VIII, uma missão complexa, pois Ana Bolena tinha vínculos com a corte francesa. Mas o quadro de Holbein representa mudanças muito mais amplas na compreensão da cooperação na sociedade moderna em seus primórdios.

O hinário aberto na prateleira inferior assinala uma consequência social do cisma religioso: a tentativa do protestantismo de reformar o ritual religioso para torná-lo mais cooperativo. O hinário está aberto em dois hinos escritos por Martinho Lutero (à esquerda, "Vinde, espírito santo", à direita, "Homem, leva uma vida correta e fica com Deus"). Os dois celebram a renúncia à carne; Henrique VIII dificilmente os entoaria com fervor. Lutero também destinava os dois hinos a servir aos novos rituais da igreja, capazes de unir mais fortemente os membros da congregação do que os anteriormente usados. Usava palavras simples da língua natal dos fiéis, e não um latim refinado, a língua do clero; as bíblias que usava eram impressas, o que as tornava amplamente acessíveis. Dessa maneira, Lutero procurava fortalecer a comunidade religiosa, uma comunidade na qual todos podiam compartilhar direta e equitativamente a sua fé.

Os instrumentos que aparecem na prateleira superior da mesa no quadro de Holbein indicam uma mudança na organização das oficinas. São os instrumentos de precisão que os navegadores usavam para transformar informações sobre o céu em cálculos matemáticos exatos. Há um visor solar composto usado para calcular a luz do Sol e o tempo solar; um sextante que servia para estabelecer a posição do Sol no céu; um objeto de nove faces parecido com um brinquedo de fiar, cada face entalhada com círculos para medir os ângulos de diferentes maneiras, com a finalidade de avaliar o espaço em diversas configurações. Todos eles são instrumentos usados por navegadores-exploradores para explorar regiões desconhecidas do mundo, ferramentas de valor político, pois ajudariam no projeto europeu de conquista de novos territórios, mas que os primeiros exploradores não sabiam muito bem como usar.[2] Esses instrumentos na mesa pintada por Holbein são produtos de um novo tipo de oficina, o laboratório técnico, uma oficina que alteraria a maneira como os artesãos praticavam a cooperação.

A "GRANDE INQUIETAÇÃO"   123

E há também os dois jovens. Não eram na verdade diplomatas profissionais, o que parece estranho, pois a diplomacia estava se tornando uma profissão organizada.[3] A profissão se constituiu em torno de embaixadores residentes, servidos por uma recém-articulada burocracia de cônsules, secretários e agentes duplos. Esses jovens eram emissários convocados como auxiliares durante uma crise. Apesar de sua especialização, a profissão diplomática tinha uma ressonância maior na cultura europeia por causa da maneira como os diplomatas conduziam negociações. Até mais ou menos 1500, o latim era a língua da diplomacia europeia, assim como do clero; mas a essa altura também começava a ser usado o francês, um francês combinando o vernáculo e formas cotidianas de expressão com as formas de tratamento codificadas da diplomacia.[4] Assim como a fala teatral serviu de modelo para as discussões nos cafés do século XVIII, assim também, no século XVI, o francês diplomático disseminou-se como uma mancha de tinta na conversação social comum. A fala associando o formal e o coloquial migrou das embaixadas para os salões aristocráticos; com o tempo, a linguagem dos salões por sua vez migrou para as salas de estar da vida burguesa.

A disseminação da fala diplomática na vida cotidiana pode parecer uma nota de rodapé sem importância na história da civilização europeia. Mas era na verdade uma indicação de uma mudança fundamental no comportamento sociável: a mudança da galanteria para a civilidade. Os valores da galanteria cavalheiresca estavam fortemente impregnados no tecido da vida aristocrática; os códigos civilizados se enraizavam no comportamento profissional, sendo necessária habilidade para exercer uma profissão, uma habilidade que os não profissionais podiam aprender e praticar. A civilidade, além disso, gerava novas éticas de sociabilidade, das maneiras como as pessoas deviam comportar-se; esses padrões éticos se aplicavam particularmente à prática da cooperação.

Os historiadores têm razão ao desconfiar de períodos estritos demais como medieval, renascentista e da Reforma; são divisões arbitrárias do tempo. E no entanto a história não é um fluxo contínuo; como acontece com o tempo natural, a história humana tem seus momentos de pontuação. À parte sua beleza, *Os embaixadores* é uma pintura emblemática na medida em que assinala

JUNTOS

três grandes mudanças na sociedade europeia no século XVI. Foram elas a transformação dos rituais da religião; a mudança das práticas da produção material; e o surgimento de uma nova ética da sociabilidade. A pintura de Holbein marca um momento de virada nas três maneiras como as pessoas cooperavam no alvorecer da era moderna.

O artista não era simplesmente alguém que fazia registros. Na parte inferior da tela, a cabeça do morto faz um comentário. Esse crânio pode ser visto apenas quando se caminha lateralmente, técnica de pintura conhecida como anamorfose. Vistos lateralmente, todos os demais objetos e as pessoas da pintura ficam achatados e distorcidos. Cabeças de mortos eram um símbolo tradicional da vacuidade dos desejos humanos. O alaúde faz um outro comentário sobre a época; ele tem uma corda rompida, outro símbolo tradicional de discórdia. Mais novo era o livro de matemática, *Dos cálculos mercantis*, escrito por Peter Apian em 1527, aberto em uma página sobre a "divisão". O efeito dos três elementos é inquietante, mas Holbein era um pintor, e não um pregador. Vistos com um olhar direto, as pessoas e os objetos na mesa são belos e interessantes em si mesmos; no mesmo espírito, olhemos diretamente cada um dos elementos nesse grande ícone.

RITUAL RELIGIOSO

O hinário de Lutero no quadro de Holbein assinala uma gigantesca mudança na organização social do ritual religioso. Lutero buscava atrair os fiéis com palavras e canções nas línguas nativas, em parte por estar convencido de que os rituais medievais tinham passado a excluir as pessoas comuns de qualquer participação direta na religião. Eles podiam tornar-se meros espectadores da própria fé, vendo-a ser desempenhada por sacerdotes, em vez de cooperar em sua prática.

O receio de Lutero corporifica uma reação da cultura ocidental ao processo descrito por Victor Turner na África central e na Micronésia: a transformação do ritual em teatro. Lutero temia essa mudança estrutural tanto teológica

A "GRANDE INQUIETAÇÃO" 125

quanto socialmente; o teatro religioso dividia a comunidade em duas partes desiguais. Seu temor pode ser representado no pão e no vinho usados na Comunhão.

Pão e vinho

O ritual da Comunhão foi tomando forma ao longo de muito tempo. Até o século VI, o pão e o vinho eram compartilhados na refeição comunitária da Eucaristia, evocando o companheirismo dos primeiros cristãos; até onde sabemos, eram ocasiões informais, com orações e bênçãos sendo oferecidas espontaneamente durante a refeição. No século VI, o rito formal da missa latina começou a substituir essa ceia sagrada.[5] Apesar disso, até aproximadamente 900 d.C. o pão e o vinho eram levados à igreja pelos próprios membros da congregação; pela altura do século XI, essas oferendas foram substituídas pelos produtos preparados por mãos sacerdotais especializadas nos mosteiros. O rito afastou-se ainda mais dos fiéis da igreja com a evolução da arquitetura eclesial do romanesco para o gótico, pois na igreja romanesca o serviço religioso era efetuado mais perto deles, ao passo que a gótica os afastava mais, com a criação do corrimão do altar e a separação entre o coro e a nave.

A experiência perceptiva do vinho e do pão também veio a se afastar do reino do cotidiano. Nos primeiros tempos, a taça de vinho passava dos lábios de um fiel a outro; pela altura do século X, não raro o vinho era sorvido através de um canudo; por volta do século XII, o padre muitas vezes bebia o vinho sozinho, em nome dos fiéis. Até o século IX, o pão usado na missa era fermentado e comido em pedaços; esse pão cotidiano, geralmente feito de centeio, seria gradualmente substituído por finas lâminas brancas, não fermentadas e feitas exclusivamente de trigo; somente esse pão especial, a "hóstia", podia ser transformado no corpo de Cristo durante a missa.

Longe das paredes da igreja, o terreno do espetáculo também florescia. A revivescência das cidades a partir aproximadamente de 900 pode ser definida como "medieval". Não era apenas uma revivescência geográfica e econômica; a cidade reanimada produzia rituais como as procissões da hóstia e outras

JUNTOS

relíquias sagradas pelas ruas antes da celebração da missa. Como as doações de pão, as primeiras procissões religiosas em Paris tinham sido manifestações muito simples em que as pessoas confeccionavam seus próprios trajes, carregavam cruzes feitas em casa e percorriam as ruas meio sem rumo até chegar às igrejas da paróquia. A burocracia veio então jogar o peso de suas regulamentações sobre esses eventos. Em 1311, sob a égide do papa Clemente V, a procissão de Corpus Christi tornou-se uma parte *ex cathedra* oficializada na cerimônia. Pela altura do século XV, os trajes estavam a cargo de tecelões especializados, as cruzes cerimoniais eram objetos caros incrustados de pedras preciosas e a rota das procissões era cuidadosamente estabelecida pela autoridade eclesiástica.[6]

O espetáculo teatral na comunidade assinalava, assim, uma crescente separação entre espectador e celebrante, refletindo a divisão entre o material cotidiano e o sagrado.[7] No interior da igreja, o padre valia-se de gestos e entonações de voz especiais para encenar os últimos dias de Cristo; a Consagração da Hóstia era dramatizada visualmente para que o momento fosse registrado pelos que acaso não estivessem ouvindo ou entendendo as palavras do padre. Mas havia um obstáculo para essa marcha aparentemente implacável do ritual cooperativo para um teatro menos interativo. O obstáculo era o comportamento dos padres paroquianos comuns como centros de uma performance.

O historiador Henry Kamen observa que "na época medieval o púlpito fora o principal moderador da opinião pública", mas os padres medievais não eram bons de oratória. Em uma paróquia de Cambridge, corria o seguinte dito popular: "Quando o vigário sobe ao púlpito, o povo da paróquia deixa a igreja e vai para casa beber."[8] A formação do clero nas misteriosas artes da retórica, recuperando a força do sermão falado, tinha o objetivo de atrair os paroquianos de volta a uma participação ativa em sua fé. A lógica, no caso, era que o controle deriva da formalidade, e a formalidade acarreta um tipo de teatralidade que separa o celebrante do espectador.

Nas origens do cristianismo, a partilha ritualizada do alimento tinha o objetivo de promover o *ágape*, o amor entre os homens e as mulheres inspirado pela fé em Deus. As refeições sagradas na residência privada, o local onde

A "GRANDE INQUIETAÇÃO"

primeiro se encontravam os cristãos perseguidos, deviam fazer eco à Última Ceia. A própria comida não tinha nenhuma força mágica; o banquete do *ágape* a tornava sagrada. Um milênio mais tarde, o crescente valor atribuído ao espetáculo intensificou a experiência mágica do pão e do vinho em si mesmos — sua "presença" sagrada. Neste sentido, poderíamos estabelecer um contraste entre o pão cristão e o pão ázimo judaico. Sem fermento, o pão ázimo comido todo ano na Páscoa judaica evoca a história dos judeus comendo durante a fuga à perseguição no Egito, sem tempo nem fogões para assar pão fermentado. O pão ázimo é um símbolo mnemônico; desperta a memória histórica da Diáspora, mas na cerimônia da Páscoa não adquire propriedades mágicas em si mesmo. A hóstia cristã, por outro lado, é uma "presença real" na missa católica, quando o pão e o vinho da Eucaristia se transformam na carne e no sangue de Cristo — o corpo vivo de um deus. Essa doutrina da "transubstanciação" foi codificada pela Igreja Católica em 1215; o alimento mágico reforçava a magia do teatro religioso.*

A transformação do ritual cooperativo em teatro espetacular, como todos os grandes acontecimentos históricos, gerou resistência. O simples hinário luterano na mesa de Holbein representava uma forma de resistência — ou uma alternativa propiciada por uma mudança tecnológica. O advento da impressora de Gutenberg no fim do século XV significava que as pessoas comuns podiam adquirir bíblias e hinários — até então, os livros manuscritos eram objetos caros. A Reforma queria que as bíblias fossem traduzidas na língua dos paroquianos para que houvesse ainda maior contato direto com a Palavra de Deus. As canções do hinário de Lutero são musicalmente simplificadas, muito menos complexas harmonicamente do que a música da Igreja Católica do início do século XVI, de tal maneira que qualquer paroquiano podia facilmente aprendê-las e cantá-las.

Mas uma forma mais radical de resistência seria desvalorizar o próprio ritual, se o crente se convencesse de que o ritual inevitavelmente leva ao vício

---

*Em virtude da doutrina da "presença real", certos povos conquistados pelo cristianismo católico fizeram uma inferência lógica, ainda que falsa. Certos indígenas amazônicos imaginavam inicialmente que os cristãos fossem canibais como eles, ambos os grupos comendo seus deuses para se fortalecer.

da teatralidade. Um punhado de "luteranos", escreve o historiador religioso Benjamim Kaplan, "considerava que muitos rituais não eram necessários nem proibidos. Em teologia, essas práticas opcionais eram ditas 'adiáforas' ou 'indiferentes' [...] precisamente porque a performance dos rituais não contribuía para a salvação".[9] Quakers como William Penn levaram essa rejeição ainda mais longe; nas palavras de um observador moderno, acreditavam que "só o que é interior é necessário [...], o ritual [no caso, o batismo] [...] pode ser totalmente dispensado".[10] Entretanto, pontos de vista tão radicais eram sustentados apenas por uma minoria; a total dispensa dos rituais revelou-se para a maioria dos protestantes — entre eles João Calvino — por demais austera e tendente a isolar. A fé precisava ser socialmente contextualizada de alguma outra maneira, e o ritual do batismo revelou-se uma delas.

Batismo

Nos primórdios da Igreja, o batismo destinava-se antes aos adultos do que aos bebês; não podia ter um significado para estes, pois representava a mais séria decisão na vida de alguém. O corpo cristão transformado refletia a morte e Ressurreição do próprio Cristo: Paulo escreve em sua Carta aos Romanos que somos "batizados em sua morte".[11] Com o tempo, contudo, o batismo passou a ser praticado cada vez mais cedo na vida de um cristão, até ter lugar logo depois do nascimento físico.

O batismo certamente tinha e continua tendo elementos mágicos de espetáculo, e em sua longa história esses elementos revelaram-se perturbadores para muitos cristãos. Como seus antecessores católicos, Martinho Lutero acreditava que durante o rito a própria água deixava de ser "simples água como outra qualquer, [tornando-se] uma água santa, divina, abençoada".[12] Indo de encontro aos antepassados, Lutero retirou do batismo católico outros elementos de espetáculo — o incenso e as velas acesas, os óleos aromáticos passados no corpo do bebê — para se concentrar na imersão em água clara e limpa, como gesto de busca da salvação. Dava ênfase ao sujeito molhado, e

A "GRANDE INQUIETAÇÃO"

não ao padre que o molhava, renovando as práticas cristãs iniciais de imersão de adultos; o que importa é a decisão de renascer.

Depois de Lutero, muitas seitas protestantes passaram a encarar o batismo como um pacto com Deus. O pacto religioso é uma espécie de contrato, ideia não totalmente estranha em uma época que começava a adotar contratos políticos e econômicos e a celebrar as virtudes da escolha. Além disso, a decisão de entrar em um pacto cabe ao indivíduo. Nas regiões colonizadas do mundo, os cristãos forçavam os pagãos a se converter em massa; na Europa, os judeus repetidas vezes tiveram de fazer uma "escolha" entre a conversão e o exílio (ou a morte). Já dos cristãos nascidos na fé se esperava que escolhessem por vontade própria. Para Lutero, contudo, essa escolha tornava-se mais contraditória na prática. Em *O cativeiro babilônico* (1520), ele sustentava que as comunidades locais deviam ter liberdade de escolher seus ministros entre os paroquianos comuns, mas ficaria horrorizado com as revoltas camponesas de 1524-5.[13] Rebelando-se contra a autoridade católica, ele continuava acreditando no direito dos príncipes de governar e pessoalmente lhes cortejava os favores, não raro impressionado demais com seus títulos.

Talvez parecesse que o adágio bíblico "A César o que é de César" diminuiria a tensão entre o livre pacto de um indivíduo com Deus e sua subserviência a um príncipe. No caso de Lutero, todavia, não era tão fácil assim. Ele tinha uma fé inabalável nas virtudes do engajamento direto e da decisão pessoal na busca de Deus; contra suas próprias expectativas, esta fé significava muito para ele, assim como para a legião cada vez maior de seus seguidores. O novo cristianismo, com seus hinos simples, suas bíblias traduzidas para a língua falada diariamente pelas pessoas, a recuperação da simplicidade e da pureza de rituais como o batismo, a disposição de rejeitar rituais que impediam a ligação direta entre o Homem e Deus ou, em casos extremos, de descartar completamente os rituais — tudo isso contrastava com os complexos espetáculos de adoração que pareciam ter ido além de seu amadurecimento medieval, tornando-se fruta podre.

Como forma de exercício intelectual, tenho me perguntado algumas vezes qual das categorias de troca descritas no capítulo 2 melhor se enquadraria nessa virada religiosa. Nem o altruísmo nem a troca ganhar-ganhar têm muito a ver, em virtude da vivência intensificada e personalizada do pecado que está no cerne do novo cristianismo. Lutero declarou: "Onde Deus construiu uma igreja, o diabo construiria também uma capela"; o sofrimento, assim, é inevitável.[14] Esta ênfase no pecado e no sofrimento lança uma luz muito especial sobre o altruísmo.

Dos quakers aos calvinistas, a Reforma certamente celebrava o serviço altruísta à comunidade, sobretudo quando prestado pessoalmente em comunidades locais. Mas nenhuma boa obra é capaz de apagar o pecado. Lutero afirmava a reabilitação *sola fide*, "exclusivamente pela fé", ao passo que o Concílio de Trento proclamava na década de 1540, em nome de Igreja Católica, que a humanidade podia redimir-se igualmente por boas obras — o altruísmo — e pela fé íntima.

O mesmo no que diz respeito à experiência do conforto recíproco, como nos funerais e outros ritos de consolação; o consolo tem alcance e força limitados, pois o sofrimento é o destino da humanidade. Não queremos aqui fazer nenhuma caricatura: o pastor comunitário, como o rabino, o padre ou o imã, não usa os funerais com plataformas para lembrar às pessoas que o ente querido que acaba de partir pode estar a caminho do inferno. Mas Lutero, e ainda mais Calvino, enfatizava em seus escritos que este muito provavelmente seria mesmo o destino da pessoa morta. Pelo mesmo motivo teológico que levava o protestantismo a atacar a venda de indulgências, uma lucrativa atividade da Igreja que encobria as tendências humanas pecaminosas, a versão do cristianismo pregada por Lutero se distanciava de qualquer forma de ritual que diminuísse a consciência da imperfeição da humanidade.

O estado de espírito de Lutero mais se adaptava, em minha opinião, à troca diferenciada: ao escolher aproximar-se mais de Deus, sem impedimentos, o crente protestante devia tornar-se cada vez mais consciente do quanto a condição humana é diferente da divina. Removam-se os filtros do ritual, especialmente o esplendor dos rituais teatrais, e a maior proximidade de Deus torna o crente sempre mais consciente do estado pecaminoso da humanidade.

A "GRANDE INQUIETAÇÃO"

A palavra "Reforma" pode levar-nos a imaginar os inimigos das reformas empreendendo uma luta reacionária em nome da tradição, contestando as versões protestantes da cooperação. Na Igreja Católica, foi exatamente o que aconteceu. Mas as fórmulas de ritual teatral montadas na religião medieval se espraiaram com o tempo por novos domínios. Durante a Reforma, certos atores políticos pegaram o bastão da teatralidade católica medieval. Vamos agora examinar uma das maneiras como isto se manifestou no século XVII, com consequências que chegam a nossa época.

Ecos seculares

No fim do inverno de 1653, o primeiro-ministro da França, o cardeal Jules Mazarin, montou para a corte um balé com duração de treze horas.[15] O primeiro-ministro não estava querendo se divertir. O *Ballet de la Nuit*, começando ao cair da noite, terminando ao alvorecer e tendo como principal estrela o rei Luís XIV, então com 15 anos, era uma peça de teatro político. O rei devia demonstrar sua autoridade dançando uma "representação icônica", explica Georgia Cowart, "do poder do rei".[16] O enredo do balé era puro contraste: durante a maior parte da noite, as danças dramatizavam o caos, pesadelos, desordem; e então, sobrevindo a aurora, Luís aparecia de repente, coberto de rubis, pérolas e diamantes, um brilhante jovem rei expulsando a escuridão e o desgoverno.

Os motivos dessa performance estavam nos resíduos da Reforma. Os conflitos religiosos tinham gerado uma crise secular na França. Na convulsão interna que ficou conhecida como a Fronda, os protestantes se tinham rebelado contra o regime monárquico católico; o menino Luís, à espera de subir ao trono, foi expulso de Paris quando os aristocratas, aproveitando-se dessa guerra religiosa, rebelaram-se contra o controle cada vez mais férreo do Estado centralizado. O balé mandava uma mensagem para o público aristocrático rebelde. Em 1653, esses mesmos nobres rebelados ficaram horas e horas assistindo em um amplo e enfumaçado salão iluminado por velas enquanto demônios e fúrias representavam seu breve período de revolta; quando a luz do sol irrompeu pelas janelas, a ordem retornou na pessoa dançante do rei. Quase todos os balés da época recorriam a personagens da mitologia antiga; Luís foi muito apropriadamente caracterizado como Apolo, o guardião da luz. Mazarin havia convocado o velho deus com um novo propósito; nessa dança, Luís adotou a persona que haveria de servi-lo durante seu longo reinado, a do Rei Sol, em torno do qual deveriam necessariamente girar os planetas da aristocracia.

O que Mazarin queria provar dependia, para ser convincente, do desempenho de Luís como dançarino. Para a historiadora da dança Julia Prest, ele podia revelar-se "superlativo e comparável a um deus, por um lado, e, por outro, perfeitamente humano"; se o menino tropeçasse ou se cansasse, a mensagem dramática implodiria; o jovem rei precisava dominar o palco como solista durante mais de uma hora.[17] O símbolo do poder dependia do autocontrole corporal. Mazarin podia confiar no bom desempenho do jovem rei: como seu antecessor, Luís XIII, o jovem Luís XIV passara mais horas diariamente aprendendo a dançar do que lendo livros, e era por sua vez um dançarino excepcionalmente talentoso — segundo todos os relatos, o maior da época.

Um espetáculo precursor do *Ballet de la Nuit* foi apresentado em 1581 em uma festa de casamento na corte francesa: o *Ballet comique de la Reine*, coreografado por Beaujoyeulx, um dos primeiros mestres de dança profissionais nascidos na própria França; no século XVI, a Itália era o epicentro da dança na Europa. Com duração quase equivalente à da estreia de Luís XIV, o balé de Beaujoyeulx misturava as danças mais nobres com as mais comuns, acrescentando exibições acrobáticas e cômicas. O coreógrafo francês também convidou o público a dançar; muitos dos que participaram do Ballet comique não eram dançarinos treinados, saindo-se melhor nas danças locais informais.

Na estreia de Luís, os palhaços foram eliminados, a dança social (ou seja, "ordinária") tornou-se província de demônios mitológicos que por sua vez foram varridos ao entrar o rei. Na coreografia de Beaujoyeulx, triângulos imaginários inscritos em um círculo desenhado no piso do palco representavam uma trajetória de "supremo poder", que podia ser seguida por diferentes dançarinos. No *Ballet de la Nuit*, essa rota tornou-se reserva exclusiva do rei; as geometrias coreográficas se concentravam obstinadamente no posicionamento

A "GRANDE INQUIETAÇÃO"

133

do corpo do rei. Os espectadores entenderam a mensagem política. Durante o reinado de Luís, escreve o historiador moderno Philippe Beaussant, as noites de dança mudaram de espírito, "do convívio do soberano com seus súditos, entre eles e com eles, para o soberano como diretor de uma coreografia centrada exclusivamente nele próprio".[18] Em um espírito semelhante, o grande músico novecentista Franz Liszt observou certa vez: "O concerto... sou eu."

Como acontece em qualquer arte cênica envolvendo mais de uma pessoa, a montagem de um balé deve ser um empreendimento cooperativo nos bastidores; o espírito da troca ganhar-ganhar precisa prevalecer para que o espetáculo fique de pé. O tipo de dança praticada por Luís XIV e sua trupe era um desses empreendimentos cooperativos do tipo ganhar-ganhar, baseados em uma estrita hierarquia; representava, como afirma Jennifer Homans, uma das origens do *star-system* que conhecemos hoje em dia no mundo do balé, com sua complexa escala ascensional levando do corpo de baile ao dançarino principal.[19] Na boca de cena, contudo, o *star-system* enfatiza a distância entre o artista e o público: em uma discoteca, ninguém se movimenta como Nureyev. No teatro, essa distância pode ser emocionante; convocada para uso político, como fez Luís XIV, pode subjugar.

Temos aqui exatamente a divisória que identificamos, em uma época anterior, no ritual comunitário transformado em teatro religioso mais espetacular, gerando o mesmo abismo entre o alto sacerdote e a congregação. Seria forçado afirmar que arcebispos e bispos tramaram a subserviência dos paroquianos mediante o recurso à teatralidade, mas Mazarin e Luís XIV certamente tinham consciência desse resultado e o almejavam. À medida que atravessava a divisória entre a performance sagrada e a mundana, a teatralidade foi-se tornando mais uma ferramenta de manipulação do poder. "A performance... sou eu" talvez se aplique ainda mais, hoje em dia, aos políticos; diante das câmeras de televisão, eles se mostram perfeitamente treinados e programados, tendo desenvolvido um enorme talento para falar estudadamente de coração. Quando se dirigia à massa dos súditos, Luís certamente falava como rei; desempenhava o papel, em vez de se expressar. Mas existe uma ligação entre Luís no palco e o político sempre tão sincero diante das câmeras. Ambas as performances têm carisma, e vale a pena, aqui, determo-nos um pouco nesta palavra.

A palavra grega *charisma* significava originalmente um favor concedido pelos deuses, um favor que conferia potência transcendente às coisas físicas. O cristianismo católico refletia essa magia física, com a transubstanciação do pão e do vinho na carne e no sangue de Cristo; alguns monarcas de países cristãos ainda hoje são ungidos, na coroação, com o crisma, a mesma substância usada nos batismos.[20] Os objetos tornam-se carismáticos. Na política, o carisma designa um halo inexplicável de legitimidade pessoal — a "santidade" de um rei — e, aplicado a atores políticos seculares, identifica sua qualidade de aparente exuberância, mesmo quando cada um deles dramatiza a si mesmo como o emblemático João da Silva.

A magia do carisma pessoal precisa de habilidades cênicas para funcionar. Pouco antes da Reforma, Maquiavel havia enumerado algumas das regras para a performance carismática. O seu Príncipe oculta razões de Estado por trás de uma máscara, agindo dessa maneira para inspirar amor e medo da própria pessoa do príncipe. Maquiavel tinha à mão o exemplo do monge Savonarola, que no fim do século XV tinha inicialmente incitado os católicos florentinos, pela força de sua oratória, a renunciar à sensualidade, a fazer uma "fogueira das vaidades". (Artistas como Botticelli atiraram algumas de suas mais belas telas às chamas; Savonarola também levara Maquiavel a se afastar temporariamente de Florença.) Mas Savonarola não controlava bem o palco; chamado a caminhar pelo fogo, ele hesitou e foi "abandonado" por seu carisma.[21] Luís tinha mais talento para a prática do carisma, pelo menos nos primeiros anos, exibindo-se como uma joia polida, dramatizando seu puro e simples autocontrole.

Como força sociológica, o carisma tem uma relação complexa com a cooperação. O líder carismático pode inspirar os liderados a cooperar mais plenamente entre eles — foi exatamente o que fez Lutero. Mas o julgamento crítico tende a desaparecer na cooperação inspirada por uma figura carismática. Nesse sentido, uma longa e forte ligação se estabelece entre Luís XIV como *performer* e os modernos tiranos carismáticos. O caso mais notável, naturalmente, é Hitler, que se intitulava "o maior ator da Europa" e declarou que "a maior preocupação do político eram as questões de encenação".[22]

A "GRANDE INQUIETAÇÃO"

O teatro da crença não era nenhuma metáfora para os nazistas; a ilusão teatral era um ingrediente essencial do seu poder, cultivado desde o início, gerando uma terrível e maquinal submissão. Um participante dos comícios nazistas disse a Theodore Abel em 1938: "Senti como se [Hitler] se estivesse dirigindo pessoalmente a mim. Meu coração ficou leve, alguma coisa despertou em meu peito. Senti como se pouco a pouco alguma coisa estivesse sendo reconstruída em mim."[23]

Naturalmente, ninguém poderia ter previsto tais acontecimentos quatro séculos atrás. Mas já então era evidente que, quando o ritual se transforma em espetáculo, alguma coisa acontece às comunidades e aos indivíduos. O espetáculo transforma a comunidade em uma hierarquia em que aqueles que estão na base observam e servem, mas não participam como indivíduos de valor próprio. Nesse sentido, as contradições de Lutero continuam tendo ressonância, embora nos faltem suas convicções religiosas. O próprio Lutero era carismático, grande escritor e orador, um João da Silva gigante. Embora sentisse reverência na presença de outros príncipes, da esfera mundana, temia os efeitos que poderiam ter na comunidade dos fiéis; os João da Silva e as Maria da Silva de tamanho natural precisavam firmar diretamente um pacto — sozinhos ou, melhor ainda, juntamente com outros —, mas deviam optar eles mesmos por isso. "Meu coração ficou leve" não é em absoluto do que trata esse pacto; o espetáculo não pode oferecer alívio na luta consigo mesmo em torno do pecado e da perspectiva do inferno. Essa luta pode ter diminuído na nossa época de religião confortável, mas a Reforma de fato deixava claro o permanente custo íntimo do teatro, a ameaça sedutora que a "liderança" representa para a consciência.

A OFICINA

Os instrumentos de navegação na mesa de Holbein representavam um grande desafio na vida produtiva. Tratava-se da expansão das oficinas organizadas como guildas, passando a incluir oficinas mais semelhantes a laboratórios.

Essa mudança adquiriu força nas três gerações anteriores ao momento em que Lutero pregou suas 95 Teses na porta de uma igreja em 1517, e vem-se desdobrando desde então. A cooperação na geração de novos tipos de tecnologias e coisas também constituía uma inquietante transição para a modernidade; ela colocava a questão de saber de que maneira as pessoas deviam cooperar na descoberta e na experimentação — a questão do Google Wave.

Como vimos no capítulo 1, a oficina é uma das mais antigas instituições da sociedade humana. Um dos motivos de sua antiguidade tem a ver com o local onde o trabalho artesanal é realizado. Os vestígios de oficinas originadas há 6 mil anos na Mesopotâmia mostram que o trabalho em comum se fixara em um determinado lugar. Como a agricultura, a oficina artesanal pôs fim ao modo de vida nômade; se as tribos nômades buscavam o seu sustento, as oficinas o produziam por si mesmas.[24] Registros chineses escritos do segundo milênio antes de Cristo previam que esse tipo de trabalho assentado haveria de se tornar sempre mais hábil e capacitado que o trabalho dos nômades, revelando-se o oleiro urbano um melhor artesão que seu equivalente itinerante. Até certo ponto essa crença decorria das ferramentas dos artesãos, que se tornavam cada vez maiores, mais pesadas e complexas, e portanto de mais difícil transporte. Um bom exemplo era o torno do oleiro da cidade, que substituiu a cabaça do oleiro itinerante.

Se dermos um salto no tempo até a época medieval, as habilidades articuladas do artesão urbano haviam encontrado uma base burocrática nas guildas. Ao se renovarem na Europa a partir do século XI, as cidades transformaram a oficina monástica. A vida econômica da cidade precisava de uma produção maior que a necessitada pelos próprios produtores. Cada cidade vendia o excedente a habitantes de outras cidades, e as trocas entre as cidades se tornavam sempre mais importantes que o comércio no interior de cada uma delas. As oficinas individuais geravam o excedente; as guildas orquestravam a maneira como esses bens passavam a alimentar o sistema de trocas.

As oficinas precisavam praticar uma eficiente coordenação interna para atender mais que as necessidades locais. Era em grande medida uma questão de organizar o tempo de seus integrantes. Na organização do dia do mosteiro, o

A "GRANDE INQUIETAÇÃO" 137

trabalho, fosse no jardim ou nas oficinas fechadas, se havia misturado a longos períodos de orações em comum e contemplação solitária, mas a geração de um excedente de produtos para a economia das trocas requeria maior número de horas na bancada de trabalho. Além disso, era necessária certa inovação no próprio trabalho. A oficina urbana desenvolveu grande habilidade na prática de velhos ofícios. A ourivesaria, no século XII, e a fabricação de vidros, no século XIV, desenvolveram novas possibilidades, graças ao surgimento de complicadas ferramentas. A cerâmica, o mais antigo dos ofícios, valia-se em 1300 dos mesmos utensílios usados pelos grandes oleiros da Antiguidade, mas agora os oleiros experimentavam diferentes tipos de argila. As oficinas urbanas enfatizavam a eficiência, necessária para gerar excedente, tema para o qual o Velho Testamento não podia servir de orientação. Ainda assim, a equação espiritual não desapareceu na economia de mercado medieval. O trabalho continuava sendo em princípio uma atividade sancionada por Deus, a Igreja ainda era a autoridade que presidia ao poder econômico. Mas o refúgio monástico deixou de ser o modelo cotidiano adequado das relações sociais na oficina urbana.

As guildas administravam os conflitos entre oficinas concorrentes, conferindo garantias de que os produtos de fato eram o que alegavam ser seus produtores. Sobretudo, faziam valer os direitos trabalhistas de proteção dos artesãos, especialmente os mais jovens, em face de certos abusos físicos e da exploração que ocorriam nas comunidades de escravos ou servos. Em cada oficina havia três níveis de trabalhadores, todos vivendo em suas instalações: aprendizes com contratos geralmente valendo por sete anos, jornaleiros com contratos de três anos e mestres que eram os proprietários do negócio em caráter permanente.[25]

Esses simples elementos estruturais ganhavam vida através dos rituais desenvolvidos pelas guildas. Nas procissões e festas da cidade, os aprendizes carregavam as bandeiras da guilda; todos os seus membros deviam usar um distintivo, muitas vezes roupas elaboradas. Em cada oficina, o ritual pagava um tributo especial às habilidades. No fim do treinamento, o aprendiz apresentava um trabalho chamado *chef d'oeuvre*, mostrando à oficina aquilo de

JUNTOS

que ele era capaz até ali. Às vezes o *chef d'oeuvre* era então exibido no salão da guilda, para ser comentado por qualquer um na cidade; mais acima na escala da oficina, o jornaleiro apresentava um *chef d'oeuvre* mais adiantado a uma comunidade composta apenas de mestres.

O jovem aprendiz ou jornaleiro não podia falar nem explicar; a personalidade do artesão não entrava em cena; os rituais estavam voltados para a avaliação de objetos de fatura humana por seus próprios méritos, e o objeto tinha de falar por si mesmo. Nossos antepassados medievais tratavam de estabelecer objetivamente a qualidade pela discussão em busca de um consenso e o faziam por uma peculiar forma de locução. A maneira habitual de se referir aos objetos era "ele" em vez de "aquilo". A fala profissional medieval levou essa locução verbal um passo adiante; os objetos eram tratados como se fossem vivos, como se tivessem sido magicamente transformados em seres com os quais se conversava e discutia.

O ritual do *chef d'oeuvre* pode assim parecer uma espécie de espetáculo semelhante aos espetáculos teatrais da esfera religiosa. Mas havia uma grande diferença. Nas procissões ou no interior das igrejas, os fiéis se calavam na presença dos celebrantes; aqui, os membros do público se manifestavam; eram antes juízes que espectadores. A religião permeava cada aspecto da vida medieval, de tal maneira que não se verificava um cisma profundo entre a maneira como as pessoas oravam e sua maneira de trabalhar; a oficina, no entanto, dava ênfase nesses rituais para ponderar o valor dos objetos ao pensamento crítico compartilhado, mas o espetáculo religioso, não.

Poderíamos imaginar que os rituais se revelassem socialmente desagregadores, pois os avaliadores podiam decidir que um trabalho não era satisfatório. Mas na verdade se tratava de trocas ganhar-ganhar. Em sua maioria, os objetos feitos pelos aprendizes e jornaleiros passavam no teste — nos ofícios metalúrgicos por volta de 1200 de nossa era, era o que acontecia em quase 90% dos casos, e nos ofícios italianos de trabalho com o couro, na mesma época, o mesmo se dava em 80% dos casos (são naturalmente dados muito aproximativos). Os artesãos de coisas consideradas insuficientemente "vigorosas" tinham uma segunda e, mais raramente, uma terceira chance de tentar

A "GRANDE INQUIETAÇÃO"

de novo no ano seguinte. O índice de aprovação pode fazer parecer que o dia dos testes é uma fraude. Em absoluto. O evento exemplifica o clássico ritual do rito de passagem: um jovem é exposto ao perigo e confirmado como membro importante da comunidade. No artesanato medieval, os objetos do artesão faziam essa jornada por ele.

O sistema mudou entre o século XIV e o século XVI e o início do século XVII. A individuação evoluiu para a inovação, ou seja, o fato de se confeccionar um cálice ou copo particular, de caráter único, cheio de vida, começou a sugerir a produção de novas classes de objetos; entre os utensílios de mesa, por exemplo, o garfo surgiu em oficinas que tinham sido as primeiras a confeccionar pequenas facas de duas pontas, como uma novidade. A partir aproximadamente de meados do século XVI, esse processo sugestivo se acelerou, mas não de alguma forma previsível. Um fato relevante a respeito dos instrumentos de navegação na mesa de Holbein é que as pessoas não sabiam inicialmente o que fazer com esses novos tipos de objetos. De certa maneira, é uma lei genérica na história da tecnologia: as ferramentas são inventadas quando as pessoas ainda não entendem plenamente como usá-las. No século XVII, essa lei geral tinha uma aplicação especial e social.

Era uma época em que a experimentação científica morava nas oficinas, transformando algumas delas em lugares de pesquisa, pesquisa sem finalidades práticas imediatamente em vista. As oficinas que produziram os primeiros sextantes eram um exemplo disso; seus criadores não estavam seguros do que faziam e tampouco preocupados demais com a utilidade prática dos sextantes, embora soubessem que a teriam; cabia a outros — os navegadores — encontrar a aplicação.

A ideia de que os laboratórios têm seus próprios rituais tornou-se hoje dia um lugar-comum, e todo um ramo da sociologia dedica-se ao estudo dos códigos de deferência e afirmação, cooperação e competição no laboratório.[26] Na época em que surgiu, a oficina experimental parecia perturbar os tipos de rituais a que os trabalhadores estavam acostumados. As descobertas técnicas podiam desequilibrar as relações hierárquicas estabelecidas entre mestres e assistentes, se o aprendiz fizesse uma descoberta que ameaçasse a primazia do mestre. Foi o que ocorreu, por exemplo, na invenção de tecidos mais aperfeiçoados para o polimento do vidro em instrumentos como o duplo sextante visto na mesa de Holbein; esses tecidos foram criados por assistentes adolescentes, resultando de um acidente ocorrido em uma oficina de lentes na Antuérpia em 1496. Os mestres tentaram acabar com a inovação, e os adolescentes "traíram" a oficina ao passar a agir por conta própria.[27]

Ainda que a oficina se mantivesse coesa, a inovação mudava o significado da cooperação em seu interior. A cooperação precisava agora dar conta dos acidentes de trabalho, da descoberta acidental de algo novo ou diferente. Desse modo, a oficina-laboratório trouxe a comunicação dialógica ao primeiro plano, o tipo de discussão em que alguém em um laboratório diz: "Veja só isto, como é estranho!", passando a compartilhar com alguém mais em sua bancada de trabalho. O processo experimental tornou particularmente importante um tipo específico de troca ganhar-ganhar: o benefício mútuo que decorre do pensamento lateral. A tecelagem é um exemplo eloquente. Na Londres medieval, havia oficinas e guildas distintas para os tecelões e os tintureiros. Pela altura de 1600, novas técnicas de tintura induziram mudanças na maneira como os tecidos eram confeccionados; o tingimento e a tecelagem deviam agora ser amalgamados, cada ofício explorando o que o outro sabia.

Esse processo, dando ênfase ao que poderíamos chamar de pensamento interdisciplinar, transformou a própria oficina em um lugar de comunicação dialógica e associação informal. O historiador Steven Shapin considera que havia um ritual de vinculação para os experimentadores amadores que apareceram nas primeiras oficinas-laboratórios; eles agiam em um espírito cavalheiresco, observando um código de cavalheiros de investigação desinteressada, em vez de buscar vantagens pessoais.[28] A palavra "amador" de fato era aplicada, no século XVII, às pessoas que se mostravam curiosas de muitas coisas, não indicando propriamente seu nível de habilidade e capacitação; os amadores de artes colecionavam pinturas, faziam música e estudavam história, assim como os amadores de ciência circulavam entre a astronomia e a medicina ou a botânica; com recursos independentes, o amador podia tornar-se um *flâneur*

A "GRANDE INQUIETAÇÃO"

do conhecimento. Mas o artífice desprovido de renda própria dificilmente podia dar-se ao luxo de se comportar dessa forma desinteressada.

Os historiadores da economia do início da era moderna têm sustentado que a invenção propiciou o individualismo empreendedor — estabelecendo, assim, uma ligação direta entre o passado e o presente. A analogia atual no Vale do Silício seria que alguém em posição baixa na hierarquia da empresa tropeça em uma nova técnica ou fórmula e, como os polidores de lentes, deixa a organização, levando na cabeça a sua inovação. O processo de transformação de uma descoberta em dinheiro, então como hoje, não é fácil. Os dois jovens da Antuérpia, depois de fazerem sua descoberta, resolveram tomar a iniciativa nas próprias mãos, mas não sabiam, como diríamos hoje, de que maneira levar a tecnologia ao mercado; uma outra empresa veio então a fazer uso lucrativo de sua descoberta; os dois aprendizes acabaram na pobreza.

A multiplicação das habilidades era exemplificada na impressão gráfica. O processo de impressão era originalmente chinês, mas foi reinventado na Europa na década de 1450. Antes do seu surgimento, os escribas trabalhavam sozinhos, mas a impressão era uma atividade colaborativa, requerendo diferentes capacitações da parte de trabalhadores diversificados. O papel era fabricado na Europa desde o século XIII; para imprimir nele, artesãos como Aldus Manutius e Johannes Gutenberg aplicaram três inovações: tipos metálicos móveis, tinta à base de óleo e prensa manual de madeira com moldura fixa. A impressão levou à edição. Enquanto a função do escriba consistia em fazer uma cópia fiel das palavras, o impressor começou a formatar textos visualmente com fontes diferentes, páginas de rosto, sumários e várias formas de encadernação; as palavras manuscritas de um autor eram mudadas pelo impressor. O motivo era ter-se transformado o impressor também em um varejista; seu trabalho estava voltado para a conquista de um público. "O advento da impressão", afirma a historiadora Elizabeth Eisenstein, "levou à criação de um novo tipo de estrutura na oficina [...] acarretando contatos mais estreitos entre trabalhadores de diferentes capacitações e encorajando novas formas de troca entre diferentes culturas".[29] A hierarquia das guildas

142 JUNTOS

foi destituída por uma estrutura mais horizontal na oficina, congregando capacitações separadas mas iguais.

Para os trabalhadores, uma consequência importante da impressão foi a disseminação do conhecimento técnico. As maneiras de fazer coisas começaram a ser relatadas em manuais para aplicação em qualquer lugar; o novato não dependia mais exclusivamente da instrução em contato pessoal; a comunicação a respeito de algo novo ou estranho deixou de ser feita apenas no boca a boca. Uma primitiva "carta internacional" impressa que circulou entre os fabricantes de vidro (em 1593), por exemplo, comunica notícias incríveis a respeito da melhor maneira de aquecer a areia. A notícia sensacional era que a areia podia ser aquecida até temperaturas mais altas do que se supunha até então; a carta internacional explica como fazê-lo. Em consequência, o trabalhador técnico podia considerar-se mais facilmente como membro de uma profissão, e não apenas confinado a uma oficina local.

Tudo isso nos leva de volta aos instrumentos na mesa de Holbein. Os equipamentos de navegação eram feitos a mão, mas as ferramentas usadas para fabricar o sextante envolviam cortadores de metal de precisão e entalhadores de madeira mecânicos. Novos ofícios técnicos possibilitaram as duas coisas, e as oficinas que faziam uso dos cortadores de metal e dos entalhadores de madeira se assemelhavam mais a gráficas do que a oficinas de carpintaria; muitas pessoas estavam envolvidas no trabalho, adotando formas inovadoras e não sabendo muito bem de que maneira os produtos seriam usados. A informação, distribuída em cartas internacionais, chegava de toda a Europa às oficinas locais. No ofício afim do polimento de lentes, os artesãos se engajavam em um processo dialógico igualmente aberto, brincando, na época de Holbein, com a ideia de inverter a lente telescópica para transformá-la em um microscópio.[30] Não havia um ritual hierárquico para instruí-los nessa busca.

Dessa maneira, a inovação técnica mudou a cooperação na oficina. A mudança técnica desestabilizou suas relações sociais. Os rituais baseados na hierarquia da oficina foram subvertidos. A troca dialógica estava no cerne do método experimental, como ainda hoje, mas no século XVII não estava claro

A "GRANDE INQUIETAÇÃO" 143

de que maneira essas trocas poderiam unir os artesãos na luta pela sobrevivência. Os cavalheiros podiam cooperar como amadores desinteressados, mas os artesãos comuns não podiam dar-se a esse luxo.

As mudanças ocorrendo nas oficinas abrem uma janela para o grande tema da época de Holbein: a divisão entre religião e ciência. Para sintetizar, a Igreja Católica se pautava pelos mistérios do espetáculo divino, a Reforma mergulhou no labirinto da ligação direta do indivíduo com Deus, e a ciência experimental buscava entender e explorar o mundo material em seus próprios termos. Dito ainda mais sumariamente, a diferença era entre olhar para trás ou para dentro e olhar para fora. Qualquer contraste preto e branco desse tipo pode ser ilusório; no contexto da oficina experimental do século XVI, por exemplo, os mistérios físicos explorados pareciam segredos de Deus.

Mas para entender o que é moderno na cooperação não queremos abrir mão inteiramente desse contraste. A experimentação convida à conversa dialógica, à discussão aberta sobre hipóteses, procedimentos e resultados. A ciência que surgia nos séculos XVI e XVII encarava de maneira positiva a conversa dialógica e aberta, enquanto o cristianismo a temia; o catolicismo receava que ela viesse a minar a autoridade da Igreja, os protestantes, que a discussão vazada no livre-pensamento levasse ao pecado da autoconfiança — exatamente o medo expresso por Milton em sua versão das discussões de Eva com a Serpente e com Adão no Jardim do Éden. A conversa dialógica, escreve Mikhail Bakhtin, "afirma a confiança do Homem em sua própria experiência. Para o entendimento criativo [...] é de enorme importância que a pessoa esteja situada fora do objeto do seu entendimento".[31]

Havia, portanto, uma ética da conversa aberta e do desinteresse. Ainda que os participantes fossem movidos pela necessidade de transformar descobertas em dinheiro, a cooperação científica só podia florescer se fosse conduzida de uma forma "civilizada". Que significava isto?

CIVILIDADE

Verificou-se no século XVI uma mudança de ênfase da cortesia e da galanteria para a civilidade, como código de conduta das classes superiores. Essa mudança viria afinal a modelar a compreensão moderna da cooperação. Mas o que aconteceu foi que as pessoas resvalaram suavemente para novos valores, sem um abrupto descarte dos padrões do passado, um resvalar que ficou evidente nas mudanças ocorridas nos castelos.

O lugar da galanteria era o castelo, que, como os mosteiros, era um lugar de refúgio no início da época medieval. Como fortaleza militar, o castelo abrigava enormes quantidades de *matériel* — arcos, armaduras, aríetes —, além de cavalos. O pátio do castelo servia sobretudo para o treinamento militar, e no espaço atulhado do castelo os soldados dormiam, conversavam, comiam e bebiam nas escadas, em todos os compartimentos exceto a capela ou ao ar livre. No fim da Idade Média e no início do Renascimento, a arquitetura do castelo foi transformada. Suas funções militares recuaram; os soldados foram confinados aos subterrâneos ou totalmente transferidos para quartéis cada vez maiores que começaram a aparecer nas cidades francesas e italianas ao longo do século XV. As mudanças ocorridas nas operações de guerra tornaram possível essa transferência; os exércitos passavam muito mais tempo em campo em caráter permanente, resultando daí que o castelo tornou-se cada vez mais um espaço cerimonial e social.

Ironicamente, quanto menos o castelo servia aos objetivos práticos da guerra, mais fortes se tornavam seus códigos cerimoniais de galanteria. Ao contrário do que se supõe a respeito do cavaleiro errante da fábula, a galanteria em grande medida diz respeito, na verdade, ao controle do comportamento sexual violento, especialmente o estupro. Buscava dignificar Eros, como no épico medieval *Romance da rosa*, cheio de sutileza e tato na expressão do desejo do cavaleiro. A civilização medieval considerava as lutas corporais e as maldições violentas uma parte normal da vida cotidiana nas ruas, nas oficinas e até no interior das igrejas. Os limites sexuais impostos pela galanteria buscavam opor uma barreira a essa violência no mundo da elite.

A "GRANDE INQUIETAÇÃO" 145

Mas o outro lado da galanteria estava no fato de os cavaleiros se revelarem, nas palavras de Peter Burke, "hipersensíveis a comentários sobre sua reputação" — vale dizer, se ofendiam com facilidade.[32] Por mais bom cristão que fosse, o cavaleiro insultado não dava a outra face; só pensava em vingar-se para restabelecer a honra. A vingança parecia-lhe uma obrigação moral, pois o insulto era estendido a sua família, além dele próprio, como acontece na maioria das culturas baseadas na honra; as disputas sangrentas marcavam tanto a galanteria quanto os limites autoimpostos na esfera sexual.

Os códigos de cortesia assinalaram uma ruptura com a galanteria, ao expandir as limitações a outras esferas da experiência. Uma das primeiras evocações da cortesia aparece no *Livro do cortesão* (1528), de Baldassare Castiglione, centrado nas maneiras de se comportar menos agressivamente na conversa, assim proporcionando maior prazer. Publicações posteriores, como *Galateo* (1558), de Giovanni della Casa, buscavam codificar as regras dos atos de cortesia entre pessoas conhecidas na corte; mais tarde, os manuais de cortesia do século XVII enfatizavam o bom comportamento em relação a pessoas desconhecidas, de outras cortes ou países estrangeiros; além disso, explicavam às pessoas abaixo da camada social da elite como praticar o mesmo comportamento — por exemplo, como ouvir com atenção e falar com clareza, sem mencionar pessoas ou lugares que um estrangeiro acaso não conhecesse.

Castiglione tratava o insulto de maneira diferente dos códigos de galanteria. Em seu livro, inventa conversas em uma corte real, a corte de Mântua, durante o ano de 1507, todas explorando os atributos ideais de um cortesão. Em uma dessas conversas, quando a Dama Emília se sente insultada, quase perdendo a calma, o Signor Bembo, que a provocou, desarma sua raiva achando graça da história toda, dando a entender que é fácil demais sentir-se ofendido; nenhum cavalheiro galante acreditaria nisso, especialmente se uma dama é que se estivesse sentindo insultada.[33]

Essa passagem exemplifica a mais famosa ideia relativa à conduta no *Livro do cortesão*: a *sprezzatura*. O conde Lodovico a define já no início: "*Sprezzatura* (usando aqui uma palavra que talvez seja nova) é praticar em todas as coisas uma certa indiferença que encobre toda arte e faz com que pareça simples e natural tudo aquilo que se faz ou diz."[34] Relaxar. Para isto, o cortesão não pode levar-se muito a sério. Seria difícil imaginar um valor mais estranho a Martinho Lutero que a *sprezzatura*; para ele, o eu era uma questão mortalmente séria. Na visão de Castiglione, a leveza tornava as pessoas mais "sociáveis", ou seja, mais cooperativas na conversa. Menos eu, mais sociabilidade.

Um tipo específico de comedimento é necessário para a prática da *sprezzatura*. Ao longo de seu texto, Castiglione a todo momento investe contra a jactância. Em sua época, a jactância era uma prática comum entre os aristocratas do sexo masculino: os homens faziam o próprio elogio sem o menor constrangimento. Ele queria que os cortesãos guardassem para si a boa opinião que acaso tivessem de si mesmos; vangloriar-se pode fazer com que as outras pessoas se sintam pequenas. Seu sucessor della Casa elaborou uma série de regras aplicáveis à vida social fora das cortes, tratando das maneiras de evitar a arrogância.[35] O "cavalheiro" é uma dessas aplicações anglo-saxônicas, recatado em sua polidez no trato com os criados ou arrendatários, assim como os da sua própria classe. Nenhuma ideia de igualdade está implícita nesse comportamento; o historiador Jorge Arditi considera que apenas tornava mais sutil o privilégio e o controle sociais. Mas as transações entre cavalheiros e seus supostos inferiores adquiriam menor caráter de confrontação.[36]

Não seria um salto descabido de imaginação ligar esses códigos de civilidade aos rituais para manter as aparências praticados nas coalizões políticas, dos quais falamos no capítulo 1. A coalizão que atualmente governa a Grã-Bretanha tinha inicialmente uma estranha semelhança com a corte de Mântua evocada nas páginas de Castiglione: a mesma cuidadosa e cavalheiresca polidez entre os parceiros, a mesma autocontenção quando diante do público.*

Uma ligação mais solene entre a civilidade passada e presente manifesta-se nos escritos do sociólogo Norbert Elias. Seu grande livro, *O processo civilizatório*, sustenta que a cortesia assinalou uma mudança radical na civilização europeia.[37] Elias estava convencido de que o comportamento social nas cortes

---

*Um comentário aqui para os leitores britânicos: vocês não acham que a atual coalizão também pratica a *sprezzatura* na maneira como apresenta questões graves ao nosso país? Nossos senhores revelam uma confiança indiferente nos seus próprios remédios de mercado.

A "GRANDE INQUIETAÇÃO" 147

dos séculos XVI e XVII lançou as bases daquilo que chamamos hoje em dia de "cortesia", um comportamento respeitoso e destituído de agressividade, comportamento cortesão que se transformou no modelo da burguesia nos séculos XVIII e XIX. A chave dessa mudança está no autocontrole corporal; no início da era moderna, os cortesãos deixaram de peidar em público quando sentiam necessidade; tornaram-se mais contidos em seus hábitos alimentares, usando garfos no lugar de facas de caça para fisgar os alimentos ou em vez de pegá-los com as mãos; os cortesãos deixaram de cuspir em público; o quarto de dormir tornou-se um espaço privado no qual só os cônjuges, amantes ou criados viam o cortesão despido. Também na fala, as pessoas tornaram-se mais contidas; o novo código da corte proibia as blasfêmias em público ou as manifestações muito melodramáticas de raiva. Esse tipo de civilidade tinha um alto preço psíquico.

A autocontenção, na avaliação de Elias, requer sentimentos de vergonha, quando uma pessoa perde o controle verbal e corporal, seja peidando ou vomitando o que quer que pense. A civilidade contestava a espontaneidade. Elias valeu-se de uma distinção, inicialmente estabelecida por Freud, entre vergonha e culpa: sentimos vergonha quando não nos comportamos bem, e assim nos achamos inadequados, ao passo que a vergonha sobrevém em caso de crime ou transgressão. As pessoas destituídas de boas maneiras no trato social podem sentir-se inadequadas por não dominarem as suas circunstâncias nem a si mesmas. Da mesma forma, Elias demonstrou por que os sentimentos de embaraço e vergonha tornaram-se aparentados; o embaraço reflete o medo de se expor, de ser apanhado em falta. O medo de se comportar natural e espontaneamente, a vergonha por falta de autocontrole e o embaraço de ser exposto se combinam. As pessoas se exilam do Éden e chamam esse exílio de "comportamento civilizado".

Eram ideias baseadas em pesquisas em documentos raros sobre a vida na corte no início do período moderno, com as quais Elias, como estudante acadêmico na década de 1920, não sabia muito bem o que fazer. O advento do regime nazista o expulsou da Alemanha, e ele acabou se estabelecendo por muitas décadas na Grã-Bretanha. O terremoto nazista deixou ainda

148   JUNTOS

mais claras para ele as consequências de seu trabalho estudantil: quando a vergonha desmorona como mecanismo de autocontrole, o mesmo acontece com o comportamento civilizado; os nazistas não tinham vergonha pessoal capaz de conter seu animal selvagem interno. O quadro histórico mapeado pelo jovem Elias parecia então esclarecer os horrores do presente.

Sem minimizar o alcance de seu grande trabalho, eu gostaria de assinalar aqui seu caráter especial. Embora Elias fosse judeu, seu texto contém um relato bastante protestante da civilidade. A vergonha sobre si mesmo serve para conter a agressividade animal. Freud não estava muito longe dessa mesma competição em *O mal-estar na civilização*, outro livro escrito à sombra dos nazistas: o homem precisa sentir-se culpado, conhecer-se como pecador, para ser menos agressivo. Os materiais históricos de Elias levaram em certa medida a esse ponto de vista, embora em um contexto menos cataclísmico. Entre os livros de cortesia do século XVI havia muitos outros manuais sobre o correto comportamento infantil, e inclusive um grande livro escrito por Erasmo de Roterdá, além de inúmeros livros de etiqueta — muitos dos quais em tom bastante hipócrita para ouvidos modernos —, todos enfatizando maneiras de evitar gafes ou impropriedades. Elias considera que esse tom mostrava que a massa da sociedade se tornava cada vez mais capaz de autocontrole, servindo a mola da vergonha para estimular as pessoas a fazer a coisa certa, a temer o comportamento espontâneo.

Mas será que a vergonha seria a única mola propulsora desse empenho? Será que o medo de perder o controle é de fato o que nos torna civilizados? Elias subestima os aspectos prazerosos da civilidade, recusando-se a ver seu caráter cooperativo, pelo menos tal como o entendia Castiglione. Mais que um traço de personalidade, a civilidade é uma troca em que ambas as partes fazem com que a outra se sinta bem a respeito dessa aproximação; para Castiglione, é o exato oposto de um encontro do qual uma pessoa saia sentindo-se diminuída ou envergonhada. É uma troca do tipo ganhar-ganhar. Para entender as consequências mais sociáveis da civilidade, seria bom aproveitar uma deixa fornecida por Castiglione, ao comparar sua prática com a de uma

A "GRANDE INQUIETAÇÃO" 149

"profissão".[38] A diplomacia foi a profissão que deu uso prático aos códigos de civilidade que surgiam — a sua *sprezzatura*.

Civilidade profissional

Os elementos mais importantes de *Os embaixadores*, de Holbein, são os embaixadores — algo que, como vimos, aqueles jovens não eram exatamente. Na época medieval, a diplomacia não era em si mesma uma profissão, e em sua maioria os diplomatas estabelecidos no exterior não dispunham de uma localização física, de uma residência oficial dedicada ao desempenho de suas funções. No século XVI, Veneza, potência comercial internacional, cidade que lidava constantemente com estrangeiros, abriu caminho no estímulo à diplomacia profissional, modelo que seria imitado à medida que outras potências europeias estendiam suas transações aos limites do continente e além dele.

No Renascimento, havia dois tipos de diplomatas. O primeiro era de emissários especiais que viajavam a uma corte ou cidade estrangeira com uma missão específica e voltavam para seu país; o segundo, de embaixadores residentes que ficavam longe por alguns anos.[39] Em sua maioria, os emissários renascentistas pouco diferiam de seus antepassados. Os emissários viajavam para celebrar o casamento ou nascimento de um personagem importante, negociar um tratado de guerra ou paz, fazer um discurso oficial ou resolver alguma confusão dinástica. Os jovens diplomatas de Holbein eram emissários desse tipo, chegando a Londres para negociar um casamento.

Os embaixadores residentes funcionavam mais como uma espécie de esponja, absorvendo informação em seguida mandada de volta para casa. Nas primeiras décadas do século XVI, Sir Henry Wotton foi embaixador residente da Inglaterra em Veneza, Francesco Guicciardini serviu como embaixador papal em Aragão, Eustace Chapuys era o embaixador do Sacro Império Romano na Inglaterra. Esses importantes personagens no exterior abririam caminho para toda uma burocracia: o cônsul, que tratava das questões comerciais no exterior, o secretário incumbido da missão especial de codificar informações a serem mandadas para o país de origem. Podemos perceber a diferença essencial entre emissário e diplomata residente no romance *Os embaixadores*, de Henry James. Strether, seu protagonista sem papas na língua, chega à Europa como emissário para levar de volta um jovem que se perdeu, mas, uma vez em Paris, Strether fica sendo mais uma espécie de embaixador residente; e trata de aparar suas próprias arestas para se manter no posto.

Com as constantes mudanças nas alianças das cortes e dos países europeus, o amigo de hoje podia ser o inimigo de amanhã; o embaixador renascentista tinha de manter essas relações tempestuosas em andamento. O historiador Garrett Mattingly, que investiga a história do Renascimento, considera que os esforços bem-sucedidos da diplomacia no século XVI se dividiam entre acordos que podiam ser escritos, entre cortes ou governantes, e entendimentos verbais a respeito dos quais os funcionários não se entendiam completamente ou que eram por demais explosivos para serem explicitados. Os diplomatas da Reforma dividiram esses papéis; no reinado de Luís XIV, emissários altamente preparados cuidavam do primeiro tipo de diplomacia, habilitados especialmente no terreno jurídico; os embaixadores residentes tratavam do segundo, com capacitações baseadas no conhecimento local, associado a cuidados extremamente rigorosos com quaisquer pistas e insinuações verbais.

Os prédios diplomáticos, em sua arquitetura e seu mobiliário, visavam criar um clima receptivo em que os estrangeiros se sentissem bem-vindos — caso contrário, o embaixador nada ficaria sabendo. Desde as origens, as residências de embaixada ostentavam conforto e mesmo luxo. Na maioria dos prédios do Renascimento, as pessoas dormiam, se vestiam, comiam e recebiam no mesmo espaço, e o mobiliário diferente necessário para cada uma dessas atividades era constantemente levado e trazido pelos criados. No século XVI, o embaixador residente passou a usar pioneiramente a sala de jantar como espaço especial; mesmo quando jantava fora, o embaixador estrangeiro mantinha uma "mesa posta" permanentemente em sua residência, na esperança de conseguir informações ao preço de uma refeição.

A hospitalidade e o conforto podiam ser motivo de arrependimento para os superiores dos embaixadores; mais ainda, quando realmente tinha êxito

A "GRANDE INQUIETAÇÃO" 151

em se sentir em casa no exterior, o embaixador residente enfrentava a tentação de se tornar um nativo. Francesco Guicciardini caiu sob essa suspeita e assim foi excluído de boa parte das negociações reais entre o papado e seus anfitriões estrangeiros; ele viria a admitir que "os embaixadores muitas vezes tomam o lado do príncipe em cuja corte se encontram. O que os torna suspeitos de corrupção ou de buscar recompensas, ou pelo menos de se terem deixado deslumbrar pela [...] bondade de que foram objeto".[40] O risco da sedução local aumentou quando, pelo meado do século XVI, os embaixadores residentes passaram a ser vinculados durante muitos anos, e em certos casos por décadas, a uma potência estrangeira. O risco de que esse funcionário se tornasse um nativo local gerou na década de 1530 a instituição das vias transversas de negociação. As cortes estrangeiras começaram a encarar os secretários dos embaixadores como agentes que podiam estar trabalhando ao seu redor. Os secretários codificavam e decodificavam informações, e estavam portanto no fulcro das comunicações; podiam selecionar ou apagar aquilo de que o embaixador tomava conhecimento através de seu ministro. Ficou famosa a definição do diplomata por Sir Henry Wotton, como um homem honesto mandado ao exterior para mentir pelo bem do seu país — mas essa frase de efeito ricocheteou quando os secretários começaram a mentir a seus próprios chefes.

Como poderia a civilidade ser útil para a navegação em meio a esses perigosos bancos de areia? A regra cardeal de Guicciardini para os colegas diplomatas era: evitar qualquer demonstração de triunfalismo quando a missão desse certo, pois o derrotado de hoje pode ser o amigo de amanhã. A autocontenção era de fato crítica para a diplomacia, mas a sociabilidade informal se revelava mais útil para conhecer as condições locais do que os acontecimentos cerimoniais em que os diplomatas com tanta frequência se viam aprisionados; um embaixador insensato, observou Eustace Chapuys, é aquele que passa o dia inteiro em reuniões. A *sprezzatura* azeitava o fluxo da conversa informal e aberta — embora o diplomata profissional também precisasse calcular cuidadosamente cada uma das palavras que empregava; sua *sprezzatura* precisava evitar qualquer manifestação de autêntica espontaneidade.

O latim era usado em ocasiões formais, e o francês, para as mais informais. Em ambos, o diplomata tendia a se posicionar no estado de espírito subjuntivo que exploramos nas páginas iniciais deste estudo. É o estado de espírito que dá voz a "Eu teria imaginado..." em vez de "Eu acho", pois a formulação indireta abre espaço verbal, convidando a uma reação. Desde o início, os diplomatas tornaram-se mestres na arte de ouvir com atenção quando os outros se expressavam dessa maneira; fosse em uma corte estrangeira ou em sua própria mesa, o ouvinte profissional ficava atento às menores sugestões, pistas e indicações. Como eram profissionais, os diplomatas sabiam que jogo cada um estava jogando.

Nas reuniões diplomáticas, a habilidade de um embaixador na gestão do silêncio tornou-se um elemento essencial no cultivo do estado de espírito subjuntivo. Naturalmente, ele precisava saber o que podia dizer, mas também devia aprender a fazer o silêncio falar. Pelo meado do século XVII, o silêncio pontuando o fluxo da conversa adquirira já seu próprio caráter ritualístico. Para saber até onde seria possível levar um colega em determinado caminho, era preciso conduzi-lo até o ponto onde ele se calasse; para ajudá-lo a sair de uma situação difícil em um grupo, tratava-se então de discorrer sobre o seu silêncio. Podem ser comportamentos "diplomáticos" que todos praticamos, mas poucos de nós recebem o treinamento para o silêncio de que um diplomata iniciante dispunha nos bastidores das embaixadas.

Em um dos primeiros tratados sobre como ser um embaixador, no século XVI, o diplomata Ottaviano Maggi recomendava que ele "nunca deve parecer acometido de espanto ou assombrado", ainda que tomasse conhecimento de algo espantoso.[41] O embaixador tinha de se mostrar à altura de qualquer ocasião, envergar a máscara do autocontrole e da competência — em uma palavra, ser um bom ator. Essa recomendação remonta à visão de Maquiavel sobre a maneira como os príncipes deviam agir; em *O príncipe*, Maquiavel falava com admiração do déspota Cesare Borgia, que "sabia tão bem dissimular", e Borgia, um grande ator, também sabia, na famosa formulação de Maquiavel, inspirar "amor e medo" aos súditos.[42] Mas o príncipe de Maquiavel é um ator dissimulado, e joga sem deixar que suas cartas sejam vistas; *O príncipe*, como

A "GRANDE INQUIETAÇÃO" 153

observa Douglas Brow, "revela um escritor decididamente antiburocrático".[43] O comportamento pessoal surpreendente e inesperado do príncipe mantém os súditos sempre na defensiva. Um embaixador podia ser também um bom ator, mas com o avançar do século XVI o diplomata profissional veio a se envolver cada vez mais na burocracia e nos rituais sociais por trás das paredes de sua própria embaixada.

A turbulência ocasionada pela Reforma religiosa submeteu a civilidade diplomática a rude teste. O diplomata vitoriano Ernest Satow observou que "nas guerras religiosas dos séculos XVI e XVII [que] tanto ressentimento causaram nas relações entre Estados católicos e protestantes [...] os embaixadores informavam que era impossível descobrir o que quer que fosse, pois ninguém queria falar com eles".[44] Mas as embaixadas ficaram abertas. Os jovens diplomatas de Holbein foram hospedados por um embaixador francês que por duas décadas sobreviveu no posto às turbulências religiosas; ele e seus apaniguados iam diariamente ao equivalente do Foreign Office britânico na época, muito embora pouco ou nada houvesse para discutir. Enquanto a religião lutava, a diplomacia se reunia.

O legado de civilidade profissional pode parecer acanhado, e talvez interessante, sobretudo para diplomatas que queiram saber hoje como a cortesia profissional começou a ser organizada historicamente. Mas é uma história que deixou mais funda impressão, como previu o próprio Castiglione. No fim do *Livro do cortesão*, ele pergunta o que é mais importante a respeito da cortesia; e trata ele próprio de responder, dizendo que é evitar que os conflitos entrem em uma espiral de violência.[45] Os usos da cortesia habilidosa no início da era moderna impediam que o cavaleiro galante se sentisse muito facilmente ofendido; a *sprezzatura* amenizava a agressividade subjacente ao conflito. A diminuição da hostilidade também era a questão central da civilidade para Norbert Elias. Mas Castiglione — como os diplomatas profissionais que se viam refletidos em suas páginas — enfatizava as habilidades sociais da civilidade, e não a autocontenção induzida pela vergonha corporal. Essas habilidades sociais dependiam de rituais, os rituais do embaixador à mesa ou os rituais

JUNTOS

das conversas aparentemente casuais que aproximam as pessoas; ao contrário dos primeiros ritos medievais da Comunhão, eram rituais inteligentes. O embaixador habilidoso aprendeu a equilibrar a competição e a cooperação. Trata-se de um modelo, impressionante hoje como há quatro séculos, mas como aplicá-lo fora das paredes de uma embaixada?

Uma das maneiras de abordar essa possibilidade está em um exame mais detido da psicologia da civilidade, sobre a qual Norbert Elias deixou um relato tão poderoso, apesar de protestante. Para isso, podemos observar o primeiro movimento de disseminação da civilidade diplomática para a sociedade civil, nos salões abertos em casas particulares.

A civilidade e o eu

Em 1618, Cathérine de Rambouillet, Dama do Guarda-roupa da Rainha, estava farta da vida na corte e se recolheu a sua residência em Paris, na rue Saint-Thomas-du-Louvre.[46] Aprendeu na corte as formas de cortesia, mas queria deixar para trás as intrigas cortesãs, procurando criar na rue Saint-Thomas-du-Louvre um espaço de intimidade amistosa, protegido do olhar perscrutador do poder. Lá dentro, esperava, a civilidade se tornaria *spirituel*. Na França da época, tratava-se antes de uma qualidade pessoal que religiosa; o *spirituel* praticava a modéstia autodepreciativa, jogava com a ironia e o paradoxo, não com alguma finalidade prática, mas simplesmente porque eram qualidades que propiciavam o prazer mútuo.

Ela dava vida à civilidade dos amigos no seu Salão Azul, que os historiadores consideram o modelo do posterior salão como instituição social. Mme de Rambouillet sabia que precisava de um novo tipo de arquitetura residencial para criar um espaço de amizade. Construiu uma mansão com escadas em seu interior, abrindo o maior espaço possível para salas arejadas e de pé-direito alto, com luz entrando por lados opostos; ela não queria viver em uma caverna elegante. O compartimento mais importante da casa devia ser o mais íntimo, o Salão Azul, no qual ela recebia os convidados estirada em um sofá-cama. Eles também se sentavam na cama ou ficavam de pé na estreita faixa entre a

A "GRANDE INQUIETAÇÃO"

cama e a parede, a *ruelle*, uma espécie de corredor interno, cheio de visitantes. O azul — paredes, colcha e cortinas — destoava dos monótonos beges e vermelhos dos interiores das cortes, um azul abrandado pela abundante luz que entrava pelas janelas.

Uma cama, mas sem sexo. Sentados à beira da cama, perto da ponta do pé de Mme de Rambouillet, os convidados podiam falar de suas decepções amorosas, desde que não entrassem em detalhes físicos, ou das decepções causadas pelos filhos, ou então fofocar com toda maldade, desde que o fizessem bem — o que significava de maneira divertida, sem provocar sobressaltos nos outros. O escritor favorito da anfitriã, Vincent Voiture, dominava à perfeição o tom leve e nostálgico do amor no Salão Azul: "A eterna saudade, amiga da solidão, as doces esperanças e os pensamentos estranhos, os breves tormentos e os suaves suspiros..."[47] Se semelhante prosa pode parecer insuportavelmente afetada, devemos lembrar que o objetivo dessa linguagem era um certo alívio em relação a uma corte infestada de intrigas, e alívio também das guerras de religião, católicos contra protestantes, que começavam a convulsionar a França.

À medida que evoluía o espaço protegido do salão, as conversas ganhavam complexidade, transcendendo a mera fofoca; os rituais criados para a conversa possibilitavam a linguagem indireta e a ironia como forma de comentário social. Essas mudanças começaram no fim da vida de Mme de Rambouillet, no salão de sua herdeira social, Madeleine de Sablé. Em 1659, o escritor François de La Rochefoucauld começou a usar esse salão como palco de seus "ditos" ou "sentenças", que chegaram até nós na forma das *Máximas*. Elas assumem a forma destilada e polida do paradoxo, como por exemplo em "a austeridade é mais um adorno que as mulheres acrescentam a sua beleza", ou então "a mente sempre é enganada pelo coração".[48] Cada uma delas parece autossuficiente, mas, ditas no salão, essas formas de civilidade tinham um efeito social: uma pessoa capaz de criar ironia verbal aplicada a si mesma é o tipo de pessoa que merece confiança. La Rochefoucauld buscava exatamente esse tipo de confiança em um autorretrato anexado às *Máximas*, certamente uma das maiores autobiografias, ainda que das mais breves.[49] Sua aparência física, seu comportamento em sociedade, seus vícios e virtudes são expostos em termos de paradoxo: um homem bem-constituído mas não bem-apessoado; feliz na sociedade mas carente de curiosidade; melancólico mas também facilmente seduzido por pilhérias: ele zomba mas não se rebaixa. Buscando esse equilíbrio, ele estabeleceu uma ligação social com o leitor; no salão, deixava espaço para os outros, sobretudo se eximindo de envergonhá-los com sua espirituosidade. Sua ideia da cordialidade certamente é profunda e sofisticada, mas também perfeitamente sólida: as diferenças, dificuldades e contradições que percebo em mim mesmo (assim como as percebo em você) nos permitem estar juntos. Nós somos diferentes um do outro, assim como somos divididos internamente: vamos então conversar.

O salão era um espaço protegido para os aristocratas, assim como as cortes estudadas por Norbert Elias em busca de indicações sobre as origens da moderna civilidade. O principal legado da civilidade de corte, na visão de Elias, foi um certo senso do eu, envolvendo uma busca do autocontrole e o medo do embaraço. Uma forma alternativa de civilidade, voltada para proporcionar prazer, legado do salão de Mme de Sablé e da maneira como La Rochefoucauld nele falava aos amigos, talvez possa ser mais bem caracterizada pela palavra alemã *Bildung*. Mais que educação formal, *Bildung* pode ser definida como identificação do próprio lugar no mundo, posicionando-se em relação aos outros. O historiador Jerrold Seigel considera que a complexidade da sociedade moderna contribuiu para disseminar a ideia de um "eu multidimensional", um eu cheio de contradições, paradoxos e ironias que não podiam ser facilmente resolvidos — se é que podiam.[50] Era também o que pensava La Rochefoucauld. A expressão "eu multidimensional" parece pomposa e abstrata. Seigel acredita que ela se firmou na vida cotidiana nos "círculos de leitura" que se disseminaram nas residências burguesas alemãs no século XVIII. Eram os precursores dos modernos clubes do livro; as pessoas se reuniam em uma sala de estar para discutir os mais recentes lançamentos literários; em um espírito de seriedade, essas reuniões mensais eram dedicadas à contemplação das complexidades da vida. Eram versões íntimas da civilidade. Os cafés públicos eram versões mais amplas, misturando classes sociais e incluindo estranhos. Apesar do tom mais

A "GRANDE INQUIETAÇÃO" 157

informal que no círculo de leitura, essas instituições públicas urbanas eram socialmente mais "multidimensionais".[51]

Em suma, os diplomatas, o hinário e o sextante em *Os embaixadores*, de Holbein, poderiam parecer juntados em um convívio arbitrário, mas podemos identificar maior nível de coerência na pintura. A civilidade em sentido amplo é que estabelece o vínculo entre esses ícones. A civilidade profissional que assumia forma nas primeiras manifestações da diplomacia na Reforma abria a possibilidade de uma sociabilidade do cotidiano. Essas formas de civilidade contrastam com o fim da reciprocidade que se verificou quando o ritual religioso se transformou em teatro; contrastam também com a angustiada luta que Lutero imaginava para seus seguidores, fosse juntos ou sozinhos. A civilidade permitia entender de que maneira as pessoas em oficinas experimentais e inovadoras podiam aprender umas com as outras, a civilidade como um debate aberto e inquisidor a respeito dos problemas, procedimentos e resultados, e não como marca do cavalheiro-amador. A civilidade pressupunha um certo sentimento de si mesmo: subjuntivo ou indireto, irônico ou contido em sua expressão, mas não autodepreciativo. A civilidade era o contexto social de que nossos antepassados na Reforma cercavam a comunicação vívida. E continua sendo um bom contexto até hoje.

Em sintonia com a riqueza de nosso tema, as experiências cooperativas exploradas na Parte 1 evidenciam formas variadas e complexas. A Introdução começava com uma advertência: a cooperação não é intrinsecamente benigna; pode unir pessoas que passam então a fazer mal umas às outras. Nos ensaios e conversas, buscamos algum princípio que tornasse a cooperação mais aberta. Esse princípio é a cooperação dialógica. Esse tipo de cooperação é o nosso objetivo, o nosso Santo Graal. A cooperação dialógica pressupõe um tipo específico de abertura, mobilizando a seu serviço antes a empatia que a simpatia. Como revelou a experiência com o Google Wave, a cooperação dialógica não é fácil de praticar; os programadores que criaram essa tecnologia não a entenderam.

Na Parte 1, examinamos as três facetas da cooperação: sua relação com a solidariedade, com a competição e com o ritual. A solidariedade tem sido uma obsessão na política moderna. No capítulo 1, exploramos detidamente certo momento, há um século, em que a esquerda enfrentou a questão; então como hoje, a solidariedade dividia-se entre os que procuravam forjá-la de cima para baixo e os que tentavam criá-la de baixo para cima. A política de cima para baixo enfrenta problemas especiais na prática da cooperação, revelados na constituição e preservação das coalizões; muitas vezes elas se revelam socialmente frágeis. A solidariedade construída de baixo para cima busca a coesão entre pessoas que divergem. Trata-se de outro aspecto do princípio dialógico: como é possível mostrar-se aberto àqueles que diferem racial ou etnicamente e se envolver com eles? Os organizadores comunitários, como os organizadores das casas comunitárias um século atrás, tiveram de enfrentar essa questão. Os organizadores de oficinas tiveram de enfrentar outro tipo de diferença, a divisão do trabalho; sua questão tem sido descobrir de que maneira incitar a coesão entre pessoas com diferentes tipos de tarefas. Os vínculos sociais forjados de baixo para cima podem ser fortes, mas sua força política muitas vezes é débil ou fragmentária.

No capítulo 2, exploramos a relação entre a cooperação e a competição. A busca de equilíbrio entre as duas requer que contemplemos nossa natureza de animais sociais. As grandes religiões monoteístas têm considerado o homem em seu estado natural uma criatura falha, destruindo o pacífico reino do Éden; para filósofos pragmáticos como Thomas Hobbes, o Éden nunca existiu; o homem natural se engaja em uma competição mortal, de modo algum voltado para a cooperação. A moderna ciência etológica tem uma visão mais otimista: os animais sociais de fato alcançam um delicado equilíbrio entre a cooperação e a competição no trato recíproco. O equilíbrio é frágil porque o ambiente natural está constantemente mudando, mas ainda assim pode ser alcançado através das trocas. Vimos que as formas de troca percorrem todo um espectro que vai do altruísmo aos encontros do tipo tudo-ao-vencedor; no meio desse espectro é que mais facilmente pode se dar o equilíbrio entre a cooperação e a competição. O ritual é uma forma especial encontrada pelo animal social

A "GRANDE INQUIETAÇÃO"

humano para organizar as trocas equilibradas, rituais por nós inventados, rituais impregnados de paixão quando se tornam performances habilidosas. O percurso mapeado pelo capítulo 2 é uma passagem da natureza à cultura.

Neste capítulo, exploramos uma jornada mais particular da cultura europeia, as trocas de cultura cooperativa que se manifestaram no alvorecer da era moderna, na prática religiosa, na organização do trabalho nas oficinas e no surgimento da civilidade entre diplomatas profissionais e nos comportamentos da vida cotidiana.

Poderíamos aqui fazer uma pausa no tema da "Reforma", geralmente remetendo às mudanças religiosas que exploramos. Como ideia, ele tem alcance mais amplo. A "Reforma" contém o apelo e mesmo a exigência de reformas. A próxima parte deste livro vai examinar essa exigência, aplicada a nossa época. Nossas providências sociais para a cooperação precisam de uma Reforma. O capitalismo moderno vive em desequilíbrio entre a competição e a cooperação, assim tornando a própria cooperação menos aberta, menos dialógica.

PARTE DOIS
Enfraquecendo a cooperação

4

Desigualdade

Imposta e assimilada na infância

A Parte 2 trata do estado de cooperação na sociedade moderna. Que fez a sociedade do seu legado moderno original? Até que ponto nossas instituições sabem desenvolver os dons naturais e as capacidades cotidianas para cooperar? Os expositores das salas da "Questão social" na Exposição Universal de Paris em 1900 não tinham qualquer dúvida a respeito do capitalismo. A humilhação e desmoralização dos trabalhadores pelo sistema econômico era verdadeiro artigo de fé; quando se verificou em meados da década de 1890 uma onda de suicídios entre trabalhadores americanos, ninguém se surpreendeu na imprensa radical. Quaisquer que fossem as promessas da alta cultura no passado, e mesmo qualquer que fosse a promessa da cooperação no início de nosso desenvolvimento biológico, o fato é que foram esmagadas pela besta capitalista na vida adulta cotidiana.

O capitalismo hoje é sob certos aspectos um animal diferente e sob outros o mesmo animal que há um século. Diferente porque os serviços desempenham maior papel na economia do que um século atrás. A produção industrial esteve em dado momento no cerne das economias avançadas; hoje, a manufatura passou a ser exportada e feita em outros países, sendo o seu lugar tomado por serviços técnicos e humanos. Um século atrás, o grosso dos bens de capital do mundo estava concentrado em três países: os Estados Unidos, a Grã-Bretanha e a Alemanha; hoje, o capital global vem de toda parte. Um século atrás, o consumo de massa, fomentado pela publicidade, estava em sua infância; os

JUNTOS

consumidores preferiam pagar pelo que podiam tocar fisicamente ou segurar nas mãos. Hoje, na internet, o consumo é dominado pelas imagens dos objetos.

Alguns males antigos se aprofundaram. Sobretudo, a desigualdade ampliou seu alcance, à medida que aumenta a defasagem entre os ricos e as classes médias. Nos Estados Unidos, a participação do quintil médio da população na riqueza nacional aumentou 18% em dólares nos últimos 50 anos, enquanto a dos 5% mais ricos aumentou 293%; hoje, a probabilidade de que um estudante de classe média alcance a mesma renda que os pais é de 2 a 5; a probabilidade de que os 5% mais ricos se tornem tão ricos quanto os pais é de mais de 90%.[1] Esses dados são indicadores de uma competição de soma zero tendendo para o extremo tudo-ao-vencedor; o capitalista está se transformando em um predador máximo.

Se por um lado a economia mudou no último século, muitos observadores consideram que a questão social continua o que era. No capitalismo, a coesão social é intrinsecamente fraca. O novo alcance da desigualdade parece apenas confirmar a gravidade de um velho mal. Mesmo quando se é inabalavelmente de esquerda (como eu), seria o caso de reavaliar essa ideia, pois a velha convicção a essa altura já se tornou familiar demais, instantânea demais. Corre o risco de levar à suposição de que basta descartar um vício econômico para gerar resultados sociais positivos.

Paralelamente, a promoção da coesão e da cooperação pode se manifestar em debates sobre o "capital social", abordagem que costuma ser associada à obra de Robert Putnam. Sua análise não é basicamente econômica; pelo contrário, Putnam e sua equipe estudam atitudes, como a confiança em líderes ou o medo de estrangeiros, e mapeiam comportamentos como a participação em igrejas ou sindicatos. Em sua visão, as sociedades americana e europeia evidenciam menos coesão social até mesmo do que há 30 anos, menos confiança nas instituições, menos confiança nos líderes. Como vimos na Introdução, Putnam invoca a imagem de pessoas "hibernando" atualmente em relação aos que são diferentes; em uma outra imagem que ficou famosa, ele diz que as pessoas hoje "jogam boliche sozinhas" na sociedade.[2] Ele associa esta imagem à cooperação, afirmando que a sociedade civil atualmente é marcada

DESIGUALDADE

pela participação passiva; as pessoas podem pertencer a muitas organizações, mas são poucos os membros comuns que se tornam realmente ativos. Ele constata essa passividade em sindicatos e organizações caritativas europeus e americanos, e nas igrejas europeias, embora a grande exceção desse esquema de decrescente participação seja a frequência às igrejas nos Estados Unidos. O sociólogo Jeffrey Goldfarb leva as ideias de Putnam um pouco mais adiante, considerando que assistimos hoje ao surgimento de uma "sociedade cínica" de cidadãos pouco inclinados à cooperação.[3]

Esta dura avaliação tem seus críticos. Há quem considere que o panorama da participação não é tão cinzento quanto o pinta Putnam, pois as pessoas estão participando de novas maneiras, por exemplo, nos sites da internet.[4] Outros críticos não apreciam a própria expressão "capital social", pois daria a entender que as relações sociais podem ser contabilizadas como o dinheiro em um banco, uma quantidade que as pessoas ganham ou perdem em medida exata.[5]

Às vezes pode ajudar olhar para nós mesmos do ponto de vista de outra pessoa, observando de que maneira culturas perfeitamente estranhas à nossa acessam o capital social e a cooperação. A China moderna representa um exemplo nesse sentido. O país é hoje agressivamente capitalista, mas tem um forte código de coesão social. Esse código é chamado de *guanxi* pelos chineses. O analista de sistemas Yuan Luo define *guanxi* como "uma complexa e disseminada rede relacional que os chineses cultivam com vigor, sutileza e imaginação".[6] Essa rede significa que um imigrante chinês tem liberdade de procurar um primo em terceiro grau em uma cidade estrangeira para pedir um empréstimo; em casa, são as experiências e lembranças compartilhadas entre amigos, e não os contratos escritos ou as leis, que lançam as bases da confiança nos acertos de negócios; nas famílias, o *guanxi* tem um alcance ainda maior na prática, comum em muitas sociedades não ocidentais, pela qual os jovens mandam para a família tudo que consigam economizar de seus salários geralmente parcos, em vez de gastar consigo mesmos tudo que ganham. Essas relações sociais seriam mais bem designadas com a palavra "dever" do que com a expressão "capital social".

Honra, então, seria um nome mais adequado? *Guanxi* remete à honra como ingrediente-chave das relações sociais. Douglas Guthrie, um estudante americano do *guanxi* chinês, explica que ele é semelhante ao velho código de negócios ocidental da palavra de honra.[7] Qualquer um pode contar com os outros na rede, especialmente quando as coisas ficam difíceis; eles se sentem obrigados pela honra a apoiar, em vez de tirar vantagem da fraqueza do outro. *Guanxi* implica algo mais que simpatia; os integrantes da rede se criticam e implicam uns com os outros; podem não ser bonzinhos, mas se sentem obrigados a ajudar.

O *guanxi* é um exemplo da maneira como um vínculo social pode modelar a vida econômica. Em sua essência, esse vínculo tem caráter informal, estabelecendo uma rede de apoio fora de um círculo rígido de regras e regulamentações fixas. O vínculo é uma necessidade nas condições de rápida mudança, não raro caóticas, da China de hoje, pois muitas de suas regras oficiais são disfuncionais; a rede informal e pessoal ajuda cada um a contorná-las, para sobreviver e prosperar. O valor da coesão informal já pôde ser constatado, aqui, nas trocas dialógicas, seja em uma conversa ou na organização comunitária de Saul Alinsky. Queremos mostrar o alcance dessas trocas em nossa própria sociedade: teriam valor prático equivalente ao que demonstram para os chineses? Existem dois motivos pelos quais talvez fosse proveitoso pensar como os chineses em matéria de cooperação.

Em primeiro lugar, sendo informal, a rede *guanxi* também deve ser sustentável. Em algum momento do futuro aquele que é ajudado retribuirá de uma forma que nenhuma das partes pode antever, embora ambas saibam que deverá ocorrer. *Guanxi* é um tipo de relacionamento que passa de geração em geração. Pelos padrões de um contrato ocidental, esse tipo de expectativa vaga não tem qualquer realidade; para o estudante, o funcionário governamental ou o empresário chinês, a expectativa em si mesma é sólida, pois os integrantes da rede punem ou desprezam aqueles que venham mais tarde a se mostrar indiferentes. Para nós, é uma questão de fazer com que as pessoas respondam no futuro por seus atos no presente.

DESIGUALDADE

Em segundo lugar, os integrantes de uma rede *guanxi* não sentem vergonha da dependência. É possível estabelecer um relacionamento na base do *guanxi* com alguém que precise de você ou de quem você precise, acima ou abaixo na hierarquia. A família chinesa, como tradicionalmente acontecia em outras sociedades, tem sido um espaço de dependência sem vergonha. Como vimos no capítulo 3, nos escritos de Norbert Elias, a vergonha veio a ser profundamente associada, na cultura ocidental, ao autocontrole; perder o controle sobre o próprio corpo ou sobre nossas palavras tornou-se motivo de vergonha. A moderna vida de família e ainda mais as modernas práticas de negócios ampliaram a ideia de autocontenção: a dependência em relação a outros é considerada um sinal de fraqueza, uma falha de caráter; na criação dos filhos ou no trabalho, nossas instituições procuram promover a autonomia e a autossuficiência; o indivíduo autônomo é considerado livre. Vista da perspectiva de uma cultura diferente, contudo, uma pessoa que se orgulhe de não pedir ajuda fica parecendo um ser humano profundamente comprometido; sua vida é dominada pelo medo da inserção social.

Creio que, se soubesse disso, Robert Owen se teria identificado com o *guanxi*; e também, desconfio, os trabalhadores das casas comunitárias e os ativistas comunitários de um século atrás. O elemento comum é a ênfase nas qualidades de um relacionamento social, na força do dever e da honra. Mas a China adotou um capitalismo feroz. Pelos nossos critérios, parece um fato dificilmente conciliável com práticas culturais. Alguns chineses consideram que o *guanxi* já começa a desmoronar, à medida que o país cada vez mais se assemelha ao Ocidente em suas maneiras de criar os filhos, trabalhar e consumir. Se assim for, gostaríamos de saber por que a cultura ocidental tem esse efeito corrosivo. Os três capítulos da Parte 2 procuram explicar esse efeito em nós mesmos.

Este capítulo explora a questão da dependência e da desigualdade. Focaliza a vida das crianças, investigando de que maneira podem se tornar mais dependentes dos objetos que consomem do que da relação entre elas. O capítulo 5 aborda a questão da honra no trabalho adulto. Um dos elementos importantes da investigação de Robert Putnam está na vinculação das atitudes sobre autoridade e confiança ao comportamento cooperativo. Baseando-me em trabalhos de campo etnográficos, demonstro de que maneira esses vínculos se traduzem em experiências de honra no local de trabalho. O capítulo 6 investiga um novo tipo de caráter que se manifesta na sociedade moderna, o do eu que não coopera. O *guanxi* estabelece o padrão positivo contra o qual contrastamos esse tipo de caráter, que resiste à própria ideia do dever em relação aos outros.

A DESIGUALDADE IMPOSTA

Apresentamos na Introdução algumas descobertas que explicam por que os bebês e as crianças pequenas têm uma experiência tão vital e rica de cooperação. Quando a criança entra para a escola, essas aptidões podem sofrer uma espécie de parada cardíaca. Um dos principais motivos disso tem a ver com a desigualdade: ela faz uma profunda diferença na vida das crianças, inibindo sua capacidade de se vincular e cooperar umas com as outras. Para justificar essa afirmação genérica, examinarei duas dimensões da desigualdade social: primeiro, as desigualdades impostas às crianças, e não geradas ou desejadas por elas; depois, as desigualdades absorvidas e aclimatadas, e assim parecendo tornar-se parte do eu da criança. Uma das maneiras de aclimatação da desigualdade por parte das crianças tem um efeito muito especial em sua psique: elas podem se tornar mais dependentes dos objetos que consomem do que de outras pessoas.

Na infância, a desigualdade muitas vezes é imposta pela maneira como as crianças são encaixadas em diferentes salas de aula ou escolas. Uma verdadeira montanha de indicações contraditórias torna difícil saber se a seleção é boa ou ruim para as crianças, mas ao longo do tempo sua diferenciação por habilidade e capacitação é relativamente nova. Até o início do século XVIII, a sala de aula juntava jovens de talentos bastante desequilibrados; na França e na Alemanha, essa mistura durava até o início da adolescência, enquanto na

DESIGUALDADE

Grã-Bretanha e nos Estados Unidos se prolongava pela adolescência em muitas escolas até meados do século XIX. As indicações empíricas dos efeitos dessa diferenciação em nossa época são contraditórias por causa da interferência de muitos fatores diferentes: contexto familiar, a ânsia da sociedade por identificar a habilidade em idade prematura, a especialização do conhecimento, que encaminha alguns jovens para o treinamento vocacional, enquanto a outros são facultadas ambições mais amplas. Alguns desses motivos de rastreamento na sala de aula alienam as crianças entre elas, outros parecem ter pouco efeito em sua solidariedade, e elas se vinculam.

Um denso relatório do Unicef, a agência internacional para crianças, avalia a desigualdade em termos amplos, perscrutando o bem-estar de crianças e adolescentes em 21 países da América do Norte e da Europa.[8] O estudo usa dados numéricos, faz um apanhado de atitudes e investiga formas de comportamento; mapeia, por exemplo, o percentual de crianças em lares de progenitor único, a quantidade de crianças vivendo na pobreza e a situação de saúde dos bebês. Outros dados factuais provêm de questionários investigando se as crianças fazem a principal refeição do dia com os pais e com que frequência estudam com outras crianças. De caráter mais qualitativo são as perguntas tentando descobrir até que ponto as crianças gostam da escola e investigar a experiência das pressões e maus-tratos sofridos nas mãos de colegas.

Todos os países abarcados no estudo têm economias competitivas, mas como sociedades não podem ser considerados da mesma cepa; alguns induzem as crianças a um terreno em que o apoio recíproco é fraco, enquanto outras sociedades conseguem promover a cooperação mesmo ensinando as crianças a competir. Mas o relatório do Unicef começa pelo dado da riqueza propriamente dita.

Os autores advertem contra qualquer equiparação da riqueza bruta de uma sociedade ao bem-estar de suas crianças: "Não existe uma relação evidente entre os níveis de bem-estar infantil e o PNB *per capita*."[9] A República Tcheca, por exemplo, é um lugar melhor para o crescimento de uma criança, segundo as avaliações do Unicef, do que a vizinha Áustria, mais rica. Esta constatação reflete uma verdade bem conhecida: os bens materiais não fazem a felicidade, mas é fácil romantizar esse velho truísmo; a desnutrição certamente não é nenhuma receita de bem-estar. Expositores como Charles Booth, na Exposição de Paris, lidavam com sociedades nas quais muitas crianças passavam fome; na Grã-Bretanha, no sul da Itália e em boa parte dos Estados Unidos, a pobreza infantil ainda está muito presente. De modo que o velho adágio deve ser recontextualizado; uma vez tendo as condições sociais transcendido a privação mais elementar, a crescente afluência não se traduz necessariamente em benefícios sociais. Em tais condições, entra no quadro uma desigualdade de tipo específico.

Trata-se da desigualdade interna, ou seja, a defasagem entre os setores mais ricos e mais pobres no interior de uma sociedade. O "coeficiente de Gini", padrão internacional de medida da desigualdade da riqueza, revela enormes diferenças entre países no interior da zona de prosperidade da Europa ocidental e da América do Norte; um século atrás, a Grã-Bretanha, os países escandinavos, a Itália e os Estados Unidos apresentavam um panorama mais uniforme em termos do coeficiente de Gini. Globalmente, os referenciais do Unicef em matéria de qualidade da infância são estabelecidos atualmente por países da região norte da Europa, com níveis relativamente baixos de desigualdade interna. O padrão de vida da Noruega se equipara ao dos Estados Unidos, mas sua riqueza é muito mais igualitariamente distribuída.

O relatório do Unicef trata da escolarização de um modo específico. Há muito se sabe que sociedades com altos coeficientes de Gini comprometem a realização educativa na grande massa dos alunos comuns. Por exemplo, Richard Wilkinson e Kate Pickett deixam claro que a desigualdade pode diminuir a motivação dos adolescentes, quando poucos acreditam que eles sejam capazes de progredir.[10] Trata-se em parte de uma questão de desigualdade no tamanho das turmas ou no acesso a computadores e recursos de leitura, mas ela também tem um lado social. O relatório do Unicef examina as consequências da desigualdade em termos de comportamento à margem das formalidades que prevalecem na sala de aula. Em uma das extremidades estão os abusos cometidos por outras crianças, e na outra, o estudo com elas fora da escola. Nos países observados, os dados do Unicef mostram que as

DESIGUALDADE

sociedades desiguais apresentam maior incidência de comportamento abusivo entre as crianças, enquanto as sociedades relativamente igualitárias revelam maior disposição entre as crianças de estudar em grupos. Um outro estudo, realizado pelo Demos Institute na Grã-Bretanha, concentra-se na relação entre abusos físicos por parte de colegas e classe social: as crianças pobres estão duas vezes mais expostas a esses abusos do que as ricas.[11]

O relatório do Unicef sobre a qualidade de vida das crianças não parece leitura muito agradável para americanos e britânicos. "O Reino Unido e os Estados Unidos posicionam-se no terço inferior da classificação em cinco das seis dimensões examinadas." Os resultados dizem respeito a medidas físicas de avaliação como a saúde da criança (fazer o desjejum ou estar acima do peso) e medidas de risco como ebriedade e uso de drogas. Socialmente, os adolescentes britânicos e americanos são com muita frequência submetidos a abusos de colegas; alcançam uma pontuação baixa quando se trata de saber se consideram os colegas solidários; as crianças do mundo anglo-saxônico têm menor probabilidade que as de outros países de recorrer a ajuda recíproca no aprendizado.[12] O estudo do Unicef relaciona a fraqueza dos vínculos de cooperação na escola a menos "tempo de qualidade" passado com parentes e irmãos nas refeições em casa.

Claro que em toda parte as crianças podem ser rudes umas com as outras; mesmo sendo anjos na sala de aula, serão monstros na área de recreação. É uma questão de contrabalançar forças que também pudessem aproximá-las. Além disso, o relatório do Unicef não apresenta a infância no mundo de fala inglesa como um constante horror; em grau equivalente ao das crianças de outros países, as daqui manifestam individualmente esperança no futuro. Entretanto, na Grã-Bretanha e nos Estados Unidos, com seus níveis elevados de desigualdade interna, são débeis as forças sociais que podem atuar como contrapeso.

Como o relatório se revela descaradamente eurocêntrico, é importante situar em um contexto mais amplo os contrastes por ele estabelecidos. Um estudo menor, mas equivalente, sobre a qualidade de vida de crianças de classe média em meios urbanos do Japão e da China equipara essas sociedades asiáticas aos referenciais escandinavos do Unicef em matéria de equilíbrio entre competição e cooperação: as mães japonesas passam muito mais tempo do do que as britânicas ajudando os filhos a estudar; na China, as crianças passam boa parte do tempo estudando em grupos.[13] Para os chineses, o *guanxi* entre colegas é fortalecido nesses grupos de estudo.

As crianças que abusam de colegas podem ser apenas antissociais, mas o sociólogo Paul Willis acredita que têm consciência de qual será seu destino mais tarde na vida; sua pesquisa evidenciou constância na atitude de crianças da classe operária britânica em relação a colegas que se saem bem na escola; Willis sustenta que as crianças violentamente agressivas pressentem que mais tarde ficarão para trás. Estudos sobre abusos entre colegas realizados junto a jovens afro-americanos pobres mostram um tipo semelhante de pressentimento.[14]

Os bebês estudados por Alison Gopnik, como vimos na Introdução, parecem tomados de espanto e curiosidade, e suas "capacitações", para usar a palavra-chave empregada por Amartya Sen e Martha Nussbaum, são um livro aberto. Quando uma criança chega aos 10 anos de idade, essas capacitações podem ser comprometidas. A desigualdade na distribuição interna da riqueza tem desempenhado um papel-chave, relacionado a padrões familiares e à organização do sistema educacional; em sociedades capitalistas com forte coesão familiar, nas escolas que dão ênfase ao valor do estudo sério em grupo, as consequências sociais da desigualdade econômica podem ser compensadas. O estudo do Unicef mostra a ocorrência disso em países com menos riqueza do que a Grã-Bretanha e os Estados Unidos, sociedades em que a infância parece socialmente empobrecida.

Uma criança de 10 anos estará passando por um divisor de águas ao absorver essas realidades externas; ao longo de alguns poucos anos, os fatos econômicos e as instituições sociais moldarão o senso da própria individualidade. Examinarei aqui apenas uma das maneiras como isso se manifesta, no comportamento das crianças como consumidoras. Em particular, quero mostrar de que maneira as crianças podem se tornar mais dependentes dos objetos que consomem do que umas das outras.

A DESIGUALDADE INTERNALIZADA

Como sente no bolso qualquer pai ou mãe, existe hoje um gigantesco mercado voltado para os consumidores infantis, um mercado de brinquedos descolados, roupas que-não-podem-deixar-de-ser-compradas, jogos e *gadgets* eletrônicos indispensáveis. Nos Estados Unidos, o poder aquisitivo das crianças entre quatro e doze anos aumentou de pouco mais de 6 bilhões de dólares em 1989 para mais de 23 bilhões em 1997 e 30 bilhões em 2002; neste último ano, os adolescentes gastaram 170 bilhões de dólares.[15] Como em qualquer esfera do consumo, esse gigantesco mercado quer convencer os compradores juvenis de que precisam daquilo que ainda não têm, ou, nas palavras de Juliet Schor, o marketing quer convencer a garotada de que ela é o que possui.[16]

Não é apenas uma questão de comprar no shopping center. O consumo médico também marca a vida de muitas crianças. A sociedade moderna supostamente está nas garras de uma epidemia de depressão; 6% das crianças americanas, ou 3,5 milhões, são medicadas por esse motivo.[17] O Transtorno do Déficit de Atenção e Hiperatividade é uma nova doença diagnosticada na infância; esse tipo de distúrbio é tratado com drogas como Ritalin, e em 2000 mais de 6 milhões de crianças americanas tomavam medicamentos dessa espécie.[18] Os remédios para depressão infantil e TDAH são objeto de um marketing agressivo, por se tratar de itens de baixo retorno mas peso considerável no balanço dessas empresas.[19] Para as crianças, a mensagem das pílulas é: há alguma coisa realmente errada com você — mensagem que pode levar um garoto ou garota a se sentir profundamente dependente de medicação.

Mesmo na versão ursinho de pelúcia, a comercialização da infância é enorme motivo de preocupação para os adultos, embora essa preocupação já se manifestasse na Holanda do século XVII, quando as crianças começaram a ter acesso a brinquedos produzidos em massa. Ela está ligada de uma maneira específica à questão da desigualdade. Estou falando do fenômeno da comparação odiosa. Como conceito genérico, a comparação odiosa é a personalização da desigualdade. O consumo traz a comparação odiosa à esfera da vida concreta: o garoto de tênis descolados olha com desprezo para o colega, ou seja, você é um Mané porque está usando a roupa errada. A comparação odiosa, segundo apontou pela primeira vez o guru da publicidade Edward Bernays (sobrinho de Sigmund Freud), explora os sentimentos de inferioridade; em sua contundente formulação, o publicitário precisa convencer "alguém que não é ninguém de que é alguém especial[20]". O publicitário David Ogilvie identifica aí uma publicidade de "status", e o desafio, para o publicitário, consiste em proporcionar aos consumidores um "sentimento de reconhecimento e valor", através da compra de produtos produzidos em massa. "Sou melhor que você" é um tipo óbvio de comparação odiosa; a avaliação inversa é mais sutil: "Você não me vê, eu não conto para você porque não sou bom." É isso o *ressentiment* discutido no capítulo 1, pessoas comuns sentindo que não são reconhecidas, que não têm importância aos olhos de pessoas mais educadas ou simplesmente mais ricas. O objeto de status tem a função de aplacar esse sentimento.

A preocupação entre aqueles que estudam a comercialização da infância é que as crianças não sejam capazes de se dar conta do que está acontecendo no marketing do status; tomarão como um fato as comparações odiosas, implícitas, não ditas. Na psicologia acadêmica, essa preocupação se alicerça em uma concepção do desenvolvimento infantil que remonta a Jean Piaget. Na concepção de Piaget, as crianças são consumidores particularmente vulneráveis entre as idades de 6 e 8 anos, em virtude da incapacidade de definir o valor das coisas independentemente da maneira como usam jogos ou brinquedos; ao contrário de Gopnik ou Erik Erikson, Piaget considera que nessa idade as crianças são capazes apenas de comparações grosseiramente funcionais entre elas mesmas e os outros, como por exemplo em "Mateus corre mais do que José".[21] As observações de Piaget sobre as crianças nessa idade têm peso do ponto de vista econômico: ele demonstra que elas são quase infinitamente sugestionáveis, uma suscetibilidade que se traduz na prática na falta de resistência às investidas de venda.

Queremos examinar mais de perto esse comportamento, pois os sentimentos de inferioridade de status podem comprometer a cooperação. É verdade que a suscetibilidade a investidas de vendas não leva inevitavelmente a comparações odiosas com outras crianças. No levantamento de Juliet Schor e em seu trabalho etnográfico com crianças de Boston, foi constatado que elas são consumidoras apaixonadas, mas estabelecem poucas comparações odiosas a partir dessa paixão. Foram apresentadas a essas crianças afirmações como "Acho que as outras crianças têm mais coisas que eu", e dois terços delas discordaram. Mais eloquente ainda foi a concordância de 90% dos entrevistados em seu estudo com a afirmação "Quando escolho amizades, não me importo com os brinquedos ou coisas da pessoa".[22] Esses ávidos consumidores juvenis americanos — todos entrando na fase vulnerável de Piaget — aparentemente não se inclinariam a fazer comparações odiosas, mas Schor adverte que as coisas não são assim tão róseas.

O perigo se manifesta um pouco mais adiante no desenvolvimento pessoal, entre adolescentes de 11 a 14 anos e particularmente os que se tornaram extremamente materialistas, em comparação com os colegas. Eles têm "maior probabilidade de ser acometidos de problemas de personalidade como narcisismo, transtorno da angústia de separação, paranoia e transtorno do déficit de atenção" do que os adolescentes menos apegados a bens materiais.[23] Em outros estudos sobre crianças, essa ligação é estabelecida no contexto da questão da autoestima; na Grã-Bretanha, Agnes Nairn e seus colegas mostraram que as crianças de baixa autoestima muitas vezes tentam compensar acumulando brinquedos e roupas.[24] Em estudos de Tim Kasser e Richard Ryan sobre adolescentes mais velhos e jovens adultos, o materialismo exacerbado foi associado a sentimentos de vulnerabilidade pessoal.[25]

Nada disso deveria surpreender o leitor de *O grande Gatsby*, de F. Scott Fitzgerald. Os objetos materiais podem compensar sentimentos de inferioridade; Bernays e Ogilvie perceberam que tais sentimentos são suscetíveis de exploração comercial. Embora possa ser relativamente pequeno o número de crianças candidatas a se tornarem Gatsbys, a ameaça mais comum do consumo na vida social das crianças se manifesta quando elas começam a depender mais do consumo de coisas do que a confiar nas trocas com outras pessoas. Quando isto acontece, elas podem perder a capacidade de cooperar. Os sites de redes sociais na internet são um exemplo de como isso de fato acontece.

Amizade online

À medida que o contato pessoal veio a ser substituído pelo Facebook, a amizade passou a ser comercializada de determinada forma.[26] Esse site é acessado em todo o planeta por meio bilhão de pessoas; Facebook parece perfeitamente familiar. Mas sua economia subjacente já não é tão transparente. "Enquanto apenas 28% acreditam no que o publicitário diz" em forma impressa, informa um estudo, "68% confiam nos amigos" online; a publicidade nos sites da rede social se beneficia dessa associação.[27] Esses sites também podem ser de enorme lucratividade, pois a inserção de publicidade nas imagens na tela é muito fácil do ponto de vista tecnológico. As barras de rolagem laterais podem ser criadas com facilidade atualmente; uma futura possibilidade tecnológica será a inserção de links de hipertexto remetendo a produtos nas mensagens trocadas entre amigos; as inserções teriam certo caráter de intrusão, mas com o tempo, acreditam certos publicitários, passariam a ser tomadas como moeda corrente, como as inserções de merchandising no cinema.

A expressão "rede social" é de certa forma altamente enganosa. Assim como as crianças não confiam na publicidade impressa que leem, certas pesquisas recentes indicam que confiam menos em amigos e colegas presentes em pessoa do que quando os veem na tela. O resultado disso é que se tornam dependentes da máquina em matéria de amizade.[28] O motivo disso ainda não é bem compreendido. Uma das explicações diz respeito à própria tecnologia. As imagens que as pessoas tiram de si mesmas e do seu ambiente, especialmente nos telefones celulares, podem parecer instantâneos fotográficos à velha maneira; como são improvisadas e aparentemente espontâneas, essas imagens inspiram confiança. Outra explicação diz respeito à sociabilidade; nos sites das redes sociais, as transações sociais são menos exigentes, mais superficiais do que nos contatos pessoais diretos. Podemos ver onde os amigos estão e o que estão fazendo, mandar um comentário, mas sem que seja necessário um envolvimento profundo no que está acontecendo — é esta a lógica do envio de um breve texto, em vez de passar horas intermináveis no telefone, como os adolescentes costumavam fazer.[29]

DESIGUALDADE

Como no Google Wave, a questão está na programação e no uso, e não na máquina física; com uma mentalidade diferente, a pessoa daria um telefonema sempre que visse algo tomando forma na tela. Mais ainda, a sociabilidade superficial não é consequência inevitável dos contatos online na rede social. Na China, a nova tecnologia aprofundou o *guanxi*; nas redes muito extensas que caracterizam essas relações, envolvendo jovens distantes de suas aldeias e muitas vezes distantes dos amigos na mesma cidade, o tipo de apoio insistente, paternalista e prático que caracteriza o *guanxi* se intensificou graças ao telefone celular.

Nossa própria história cultural ajuda a esclarecer de que maneira podem se formar vínculos sociais superficiais online. Como vimos no capítulo 3, um dos grandes motivos de tensão no início da Reforma estava nas pretensões opostas do ritual mútuo e do espetáculo religioso, aquele envolvendo as pessoas em um rito comum, este separando-as entre espectadores passivos e executores ativos. Victor Turner sustentava que essa tensão entre ritual e espetáculo é estrutural em todas as culturas; sua tese pode ser ousada, mas certamente ajuda a explicar atualmente a diferença entre telefonar e mandar texto, entre discutir as coisas com outras pessoas e mandar-lhes imagens pelo celular. Quero aqui dar mais ênfase a isso do que provavelmente seria prudente. Nos modernos sites das redes sociais, como nos blogs, o que se vê é algo parecido com o velho teatro católico: as pessoas se apresentam para uma massa de espectadores que se limitam a assistir.

Suponho que Phillipa, uma adolescente que declara ao meu jornal local que "não somos socialmente anormais", comentando o fato de ter 639 amigos no Facebook, conhece "a grande maioria", mas encontrou pessoalmente poucos deles e pouco sabe a seu respeito além do que aparece na tela.[30] Se todos os 639 mandassem diariamente um texto e uma imagem cada, seriam 816.642 mensagens por dia; impossível de digerir. À medida que aumenta o número de amigos online, aos poucos um pequeno número vai se destacar, enquanto os outros se tornam seus observadores passivos. A mesma lógica numérica se aplica aos blogs: um blog com 2 mil membros pode gerar 400 mil mensagens se cada pessoa mandar apenas uma por semana. Quais as chances de que um centésimo delas fosse lido? Phillipa poderia ser considerada uma consumidora de amizade, mas seria melhor dizer que se tornou uma estrela da performance, produzindo imagens e textos a serem consumidos pelos outros 639.

Uma visibilidade desigual também impera no círculo de amigos constituído online por Phillipa. Em termos de classe social, o senso comum fala de um "abismo digital" ao se referir à desigualdade online e na posse das ferramentas informáticas — computadores, telefones celulares ou iPods e iPads. De maneira geral, afirmam o sociólogo Paul DiMaggio e seus colegas, a desigualdade manifesta-se online em termos de acesso às máquinas e fluência no seu uso.[31] Essa escassez obedece ao dito bíblico segundo o qual mais é dado aos que já têm.[32] Em países abastados como a Grã-Bretanha, contudo, o abismo digital é virado de ponta-cabeça em termos de uso. Os pesquisadores Ed Mayo e Agnes Nairn constataram que "crianças dos lares mais pobres do Reino Unido passam muito mais tempo diante da televisão e das telas de internet do que seus equivalentes abastados".[33] Os dados que apresentam são impressionantes: as crianças de lares pobres dotados de computadores têm nove vezes mais probabilidade de fazer refeições diante do computador e cinco vezes mais de estar diante do computador na hora de ir para a cama do que as crianças mais favorecidas economicamente.[34] Essa constatação converge no mesmo sentido que outras a respeito do uso da televisão; crianças pobres passam mais tempo sozinhas em frente da telinha quando estão comendo, na hora de ir para a cama e antes de sair para a escola. O que significa que as crianças pobres estão consumindo mais vida na tela eletrônica do que seus equivalentes mais ricos.

Eis aqui um fato básico mas muitas vezes ignorado a respeito das redes sociais: os contatos frente a frente, as relações pessoais e a presença física podem ser formas de privilégio. Esse fato básico é do conhecimento de qualquer pessoa que, em busca de emprego, tenha mandado um currículo por e-mail para um possível empregador desconhecido; são muito pequenas as chances de que venha a ser lido. Privilégio e proximidade, presença e acesso caminham de mãos dadas: o princípio da rede de contatos e influências. Na maioria

DESIGUALDADE 179

das comunidades pobres, os contatos frente a frente não fortalecem o raio de ação das crianças, a rede de amigos não abre portas.

As origens do Facebook nos dizem algo sobre a desigualdade das amizades que tece online. O Facebook e seu antepassado, o Friendster, eram originalmente sites de rede social usados para namorar. Em Harvard, onde o Facebook tomou forma, a rede dava ênfase à propaganda dos atributos pessoais de cada um; à medida que se expandiu do namoro para outros tipos de relacionamento social, a propaganda competitiva tornou-se mais forte; nas palavras de David Kirkpatrick, historiador do Facebook, "a 'amizade online' desde o início teve um elemento de competição [...] se o companheiro de quarto tinha 300 amigos e você apenas 100, você dava um jeito de melhorar".[35] Inicialmente o site prosperou como uma espécie de clube de elite; à medida que se expandia, continuou com essa marca, definindo o grau de interesse de alguém pela quantidade de pessoas com as quais estava conectado.

É possível que entre os 639 amigos de Phillipa no Facebook haja alguns de origem pobre que tenham sido atraídos a sua esfera (estou deduzindo, da sua dicção, que ela vem de uma família próspera), mas a investigação sociológica contraria essa pressuposição. Em seu estudo sobre as escolas secundárias americanas de elite, por exemplo, Shamus Khan frisa a importância do convívio em dormitórios para o estabelecimento das amizades com que os membros da elite americana contarão mais tarde na vida; em Harvard, as relações significativas se desenvolvem em atividades extracurriculares e em clubes como Porcellian e Signet; em suas origens nesse meio privilegiado, o Facebook era uma ferramenta de vinculação, mais que a vinculação propriamente dita.[36]

Costumamos associar a palavra "inclusão" a cooperação. Os sites de redes sociais vão de encontro a esse pressuposto fácil. Podem perfeitamente excluir, em vez de incluir; uma das maneiras como o fazem se dá através da aritmética do cultivo de centenas de "amigos", uma aritmética que privilegia a exposição, especialmente a exposição competitiva; "consumo" é uma maneira de designar a prática de ficar vendo os outros viverem. Na prática, as desigualdades de classe modelam esse tipo de prática de espectador. A maquinaria por trás dos sites de redes sociais não foi montada tendo em mente as diferenças de classe. Mas as "amizades online" não têm uma utilização mais neutra do que o Google Waving.

Em suma, tentei mostrar de que maneira a desigualdade tem a ver com a sociabilidade, e mais particularmente com a cooperação, na vida das crianças. As desigualdades impostas às crianças anglo-americanas as tornam menos sociáveis que as crianças de sociedades europeias mais igualitárias. A desigualdade é absorvida na vida das crianças quando elas fazem comparações odiosas. As crianças de hoje cada vez mais consomem as relações sociais online, e de maneira teatral. Até agora, a sociabilidade online parece diminuir a interação social constante com outros jovens em diferentes classes. O que não pode ser culpa de nenhuma criança.

Em palestra pronunciada na Universidade Columbia, Martha Nussbaum colocou a questão da desigualdade em termos mais amplos. Ela observou que uma aptidão estabelece não só o padrão do que os seres humanos podem fazer mas também da maneira como a sociedade pode deixar de nutri-los. A desigualdade restringe as aptidões das crianças; elas têm a capacidade de se relacionar mais plenamente e de cooperar mais profundamente do que permitem as instituições. Não é o que acontece sempre e em toda parte, o que não pode ser atribuído genericamente ao capitalismo, pelo menos da maneira como as pessoas pensavam em Paris há um século. É a relativa desigualdade nas sociedades que explica essa falha. Assim como as normas sociais. *Guanxi*, o vínculo profundo do dever de cooperar, não é algo que as crianças vejam ser ativado online.

5

O triângulo social

Como as relações sociais azedam no trabalho

O trabalho de campo levou-me, ainda jovem sociólogo, a entrevistar famílias da classe operária branca americana em Boston na década de 1970.[1] O boom que se seguiu à Segunda Guerra Mundial propiciara a esses trabalhadores um padrão de vida incomensuravelmente melhor do que o que haviam conhecido ao chegar à idade adulta durante a Grande Depressão; agora, eles tinham casas e carros, consumiam. A equipe de pesquisa que reuni com Jonathan Cobb há quarenta anos entrevistou cerca de cem famílias em Boston. As fábricas e oficinas da cidade eram organizadas de tal maneira que cada pessoa tinha seu nicho fixo e devia permanecer nele. Essa estrutura formal se enraizava profundamente no tempo, decorrendo da organização industrial no século XIX. A crítica social desse sistema também era profundamente enraizada; quando os reformistas em Paris falavam do caráter "desalmado" do sistema de produção, estavam se referindo ao trabalho em nichos, à divisão mecânica do trabalho.

Em Boston, contudo, nossa equipe de pesquisa constatou que os trabalhadores braçais forjavam no trabalho fortes vínculos informais que tiravam as pessoas dos seus nichos. Essas relações informais consistiam em três elementos que formavam um triângulo social. De um lado, os trabalhadores devotavam um relutante respeito aos chefes e patrões respeitosos, que por sua vez devolviam um respeito igualmente relutante aos empregados dignos de confiança. Em um segundo lado, os trabalhadores conversavam livremente entre eles sobre seus respectivos problemas e davam cobertura aos colegas em dificuldades, fossem elas representadas por uma ressaca ou um divórcio. No terceiro lado, davam uma mão quando necessário, cumprindo horas extras ou fazendo o trabalho de outros, sempre que alguma coisa desse errado temporária e drasticamente no local de trabalho. Os três lados do triângulo social consistiam na autoridade merecida, no respeito mútuo e na cooperação em momentos de crise. Em uma fábrica ou em um escritório, esse triângulo social não transforma o trabalho em um Éden, mas de fato transforma a experiência de trabalho em algo que não seja apenas desalmado; serve de compensação ao nicho, ao isolamento formal. De maneira mais ampla, esse tipo de triângulo social gera civilidade no local de trabalho, uma civilidade entre trabalhadores e patrões que parece ocupar um universo diferente das cortesias em uma embaixada diplomática, mas com elas compartilha algumas características estruturais.

Quarenta anos depois, estou envolvido em entrevistas com um grupo muito diferente de trabalhadores: empregados de escritório de Wall Street que perderam o emprego na queda dos mercados em 2008. Muitos deles não são vítimas; contam com capacitações técnicas que já os conduziram de volta ao trabalho ou haverão de fazê-lo em breve. Ainda assim, o súbito solavanco que os deixou temporariamente desempregados tornou esses burocratas, técnicos e gerentes juniores mais críticos quanto à qualidade de sua vida de trabalho.

A indústria financeira é um meio profissional de elevado nível de estresse que obriga as pessoas a trabalhar longas horas, e o tempo dedicado aos filhos, aos cônjuges e aos prazeres sociais é sacrificado em nome do emprego. Muitos dos meus entrevistados, atravessando o trauma de 2008, já não estão dispostos a fazer esse tipo de sacrifício pessoal; olhando para trás, eles se sentem muito ressentidos pelo fato de terem jogado o jogo da indústria financeira nos termos dela. Deram-se conta do pouco respeito que tinham pelos executivos que os comandavam, de como era superficial a confiança nos colegas e sobretudo de como a cooperação se revelou débil nas empresas após o desastre financeiro. Eles agora sentem que não estavam muito apegados às pessoas e aos lugares onde trabalhavam. Ao entrevistar empregados de escritório de Wall Street, eu

O TRIÂNGULO SOCIAL

fazia sempre a pergunta: "Você quer voltar ao antigo emprego?" E a resposta geralmente era: "Quero fazer o mesmo tipo de trabalho em algum outro lugar." Os vínculos do triângulo social revelaram-se internamente fracos.

Até agora, os empregadores não precisaram se preocupar muito com as consequências políticas; os empregados do setor financeiro ainda não desceram às ruas para protestar. Ainda assim, a debilidade do triângulo social deve ser motivo de preocupação. Boa parte da comunicação nas burocracias ocorre de maneira informal; quando os canais informais de comunicação se retraem, as pessoas guardam para si mesmas ideias sobre as maneiras como a organização realmente está funcionando ou se preocupam em preservar seus respectivos territórios. Além disso, o enfraquecimento dos vínculos sociais informais corrói a lealdade, de que os negócios precisam nos bons como nos maus tempos. Meus entrevistados estão muito lá embaixo na escala corporativa para que seu comportamento possa ser afetado por bônus ou salários estratosféricos; dito de outra maneira, os vínculos sociais no trabalho são mais importantes para eles. Muitos acabaram ficando ressentidos com o caráter superficial e irrelevante desses laços em lugares onde passam a maior parte do dia. Embora provavelmente não se expressassem assim, sofreram com a ausência de uma cultura de compensação da civilidade que tornasse suas relações sociais no trabalho mais significativas para eles próprios.

Este capítulo investiga as implicações entre as duas esferas do trabalho, então e agora.

O TRIÂNGULO SOCIAL NA ANTIGA ECONOMIA

Seria um grande equívoco imaginar que a coesão na classe trabalhadora se destina a fazer cidadãos felizes. Fora do local de trabalho, os trabalhadores por mim entrevistados em Boston sentiam-se desprezados pela elite liberal que governava a cidade, e transformaram esse desprezo, como diante de um espelho deformante, em atitudes negativas a respeito dos afro-americanos pobres abaixo deles na escala social; os trabalhadores de Boston não podiam ser mais veementes na expressão do *ressentiment*. O vínculo social se manifestava de maneira mais estreita no local de trabalho.

Autoridade merecida

Na década de 1970, muitos operários fabris americanos mais velhos haviam combatido na Segunda Guerra Mundial; muitos dos mais jovens acabavam de voltar do Vietnã. A vida militar havia incutido neles um referencial ambivalente de autoridade. Eles entendiam que cabe a um oficial estabelecer a estratégia em uma batalha, e de fato queriam que o fizesse, conduzindo, liderando; ele é o superior hierárquico, deve saber o que fazer. Mas ele também deve dar liberdade aos homens no combate, uma vez dadas as ordens; na verdade, não pode deixar de fazê-lo. A meticulosa gestão de cada gesto do soldado no gatilho da arma provocaria caos no campo de batalha.

Essa experiência militar de oficiais e soldados se aplicava às relações de trabalho na esfera doméstica. Nas fábricas de Boston, quando os chefes se comportavam como pequenos tiranos, os trabalhadores que haviam prestado serviço militar ativo tendiam a enfrentá-los. Mas os capatazes polidos e educados eram motivo maior de irritação; a constante gentileza parecia receita certa para indispor os trabalhadores; os capatazes que gritavam e xingavam para em seguida deixá-los trabalhar em paz pareciam melhores líderes. Embora os confrontos na fábrica provocassem muita exaltação, os operários continuavam achando que esses capatazes alterados e intervencionistas mereciam o direito de comandar, dado seu apaixonado envolvimento; permitindo em seguida que os comandados se entregassem a suas tarefas, eles demonstravam certo respeito, confiando na competência dos operários para seguir em frente no trabalho. Essas explosões vieram a se tornar um ritual mensal e eventualmente semanal que acabava bem para ambos os lados. Talvez pareça estranho considerar esse duro ritual periódico expressão de civilidade, mas era o que se dava, como forma de reconhecimento recíproco. "Isso aí, ele solta fogo pelas ventas", comentou um maquinista a respeito de seu capataz, "mas sabe como é, no fim tudo se acerta."

O TRIÂNGULO SOCIAL

A autoridade muitas vezes é equiparada a mando puro e simples. Trata-se de um equívoco sociológico. Pelo contrário, a autoridade é o poder imbuído de legitimidade. Desde a época de Max Weber, os sociólogos vêm definindo a legitimidade em termos de obediência voluntária. Um exemplo extremo são os soldados que se dispõem a obedecer ao comando de "Atacar!" sabendo que significa que podem morrer; na sociedade civil, o poder legítimo é contextualizado em leis a que as pessoas prestam obediência simplesmente porque parecem corretas. O teste weberiano de legitimidade era: você vai obedecer mesmo que possa desobedecer sem ser punido? Por mais sensível que seja o teste, essa maneira de pensar sociologicamente é por demais acanhada. Volta sua atenção para o que obedece, e não para o que manda. Aquele que manda também precisa conquistar sua legitimidade, e geralmente o faz através de pequenas formas de comportamento e trocas que pouco têm a ver com as expressões formais do direito de mandar.

Muito depois de deixar Boston, deparei-me com uma declaração de um arquiteto que parece resumir de que maneira a autoridade pode ser merecida em caráter pessoal. O arquiteto suíço Peter Zumthor comenta, a respeito de seu estúdio: "No início, eu chego com um esboço e nós conversamos. Discutimos a ideia, discutimos como podemos começar." Em seguida, ele permite por algum tempo que seus projetistas entrem em ação: "Alguém começa com uma maquete." Zumthor volta então à cena: "Caminhando pelo escritório, eu vou distribuindo o trabalho [...] sei muito bem estruturar nossas conversas [...] quando as opiniões divergem, eu corto todos os argumentos acadêmicos e teóricos." Quando trabalha, ele não fica retirado: "Eu chamo outras pessoas, até a secretária, e pergunto: 'Você preferiria um quarto de hotel com uma cama assim ou assim?'" Quando afinal ele decide a respeito do projeto, sua decisão é definitiva.[2]

O relato não é mera autoglorificação e chama a atenção para um ponto importante. Em um mero exercício de poder, o arquiteto jamais perguntaria a opinião da secretária; já saberia onde colocar a cama ou imaginaria saber o que a secretária preferiria. Zumthor com toda evidência não é nenhuma figura decorativa no estúdio, mero mediador; está realmente no comando.

Mas motiva os outros seriamente, e segundo todos os relatos obtém profunda dedicação de sua equipe.

A autoridade merecida administra a experiência cotidiana da desigualdade de forma particular. Modera a humilhação na relação de comando e obediência. Na maneira de pensar weberiana, ocorre humilhação sempre que um empregado não tem escolha; de um ponto de vista mais pleno, a humilhação ocorre quando o patrão não demonstra reconhecimento. Um patrão que não humilha pode gritar e xingar, como nas fábricas de Boston, para em seguida deixar que os operários sigam em frente com suas tarefas, ou então pode percorrer discretamente as mesas, como no estúdio de Zumthor; em ambos os casos, não está fechado em si mesmo. Poderíamos pensar, como Norbert Elias, que a humilhação inevitavelmente causa vergonha. Como vimos no capítulo 3, Elias enquadrava esse processo em termos de experiência individual, humilhando-se aquele que peida, mas, ainda mais que isto, Elias imagina que a vergonha tem um efeito prolongado. Nos rituais em que a autoridade é conquistada e merecida, os momentos de raiva passam; embora possam gerar humilhação temporariamente, a vergonha também passa. A contenção da emoção é um dos aspectos do poder civilizatório do ritual.

Ainda que as relações entre patrões e empregados não evoluam para esse tipo de explosão, as discussões informais podem ser rituais de vinculação; essas conversas precisam apenas acontecer com regularidade. Os debates podem parecer perfeitamente triviais, como acontece por exemplo quando se trata de saber quando lubrificar uma máquina ou onde botar uma cama. Mas se um local de trabalho é organizado de tal maneira que esse tipo de troca se dê periodicamente, as pessoas envolvidas sabem que são levadas a sério. Era pelo menos o que acontecia em uma fábrica de sapatos de Boston onde passei algum tempo, nos dias ou semanas entre tempestades, quando, nas pausas para o café, os capatazes e maquinistas discutiam quais as marcas de lubrificantes industriais, lavadoras e protetores eram melhores para as máquinas. Também nesse caso os capatazes que ouviam e tomavam notas estavam fazendo por merecer sua autoridade.

Confiança cega

O segundo lado do triângulo social diz respeito à confiança. Georg Simmel escreveu certa vez que a confiança mútua exigiria fé cega, sendo "ao mesmo tempo menos e mais que o conhecimento".[3] Se soubermos exatamente o que vai acontecer no trato com alguém, não se coloca a questão da confiança. O filósofo pragmático William James, contemporâneo de Simmel, não aceitava a ideia de que a confiança fosse inteiramente cega. Em seu ensaio "A vontade de acreditar", James equipara a confiança a uma hipótese "que parece uma real possibilidade àquele a quem é apresentada; a confiança então é testada, com o risco de que tenha sido inapropriada".[4] Ainda assim, como Simmel, James considera que a confiança requer fé cega; como afirma em outro ensaio, quando confiamos, nós nos dispomos "a agir por uma causa cujo bom resultado não nos é assegurado antecipadamente".[5]

A confiança é como os instrumentos na mesa de Holbein: estamos dispostos a usá-los ainda que não saibamos exatamente como funcionam. A negociação de derivativos que um banqueiro não entende perfeitamente requer essa fé cega; sua vontade de acreditar nesses instrumentos financeiros é mais forte que os perigos por ele conhecidos. No estúdio de um arquiteto, as pessoas acreditam em projetos que ainda não nasceram, projetos que no fundo sabem jamais serão financiados; a fé cega de Simmel é que as mantém em suas mesas de trabalho. O mesmo acontece com a confiança nos outros: trata-se de ter fé neles, apesar de não saber se essa fé se justifica.

Na vida das fábricas em Boston, a confiança adquiria essa coloração complexa quando as pessoas "davam cobertura" a um colega enfrentando problemas. Os operários alcoólatras, por exemplo, eram muito espertos e mesmo manipuladores quando se tratava de ocultar os sinais de que haviam bebido, mas nem tão espertos assim; geralmente eram traídos pela lentidão na linha de montagem. Para verificar o que estava acontecendo, um outro operário diminuía o ritmo da linha de montagem, se possível, ou simplesmente tirava um trabalho incompleto das mãos do colega alcoólatra. Em modo reformista — era na época o perfeito jovem conferencista de Harvard meio dono da verdade —, eu argumentava que não devia ser assim; o alcoólatra tinha de enfrentar as consequências do que fazia. Mas os operários da linha de montagem não eram reformistas empertigados; quando davam cobertura a colegas, estavam se relacionando com outro operário exatamente como ele era. Quando essa cobertura era dada, os alcoólatras inicialmente ficavam intrigados e mesmo desconfiados; não conseguiam entender muito bem que alguém pudesse fazer isso por eles; devia haver alguma intenção oculta. Para aceitar a ajuda, eles próprios tinham de dar seu salto na confiança cega: acreditavam que alguém realmente pudesse ter vontade de ajudar. Esse simples vínculo de confiança permitia ao alcoólatra continuar bebendo.

Na linha de montagem, os vínculos de confiança podem parecer ligeiramente diferentes do que são em termos abstratos. Trata-se antes, aqui, de uma transação em duas direções: poderá alguém aceitar a ajuda e com isso confiar nos outros? A confiança pode ser erigida sobre os bancos de areia da fraqueza e da autodestrutividade. Se esse tipo de cobertura oferecida na linha de montagem pode parecer inusitado, cabe lembrar que esses trabalhadores eram católicos, devotos ainda que não propriamente teológicos. Ano após ano, década após década, eles ouviam a exortação cristã para não dar as costas aos fracos, pois essa fraqueza também estava neles. A confiança mútua pode surgir de uma convicção assim, e se revela, diria eu, um vínculo mais forte do que a confiança baseada em níveis baixos de risco.

Cooperação e ruptura

Na linha de montagem, a cooperação era testada sobretudo quando as coisas davam errado, como aconteceu em uma grande padaria na qual passei um bom período observando (e comendo), quando os fornos ficavam superaquecidos e era grande o perigo de incêndio. Nessas horas, os capatazes de repente passavam a obedecer a ordens dos foguistas, que momentaneamente assumiam o comando. Os de temperamento instável eram afastados. Mulheres que habitualmente cuidavam dos embrulhos do lado de fora apareciam com baldes d'água. A cadeia de comando era suspensa e as pessoas saíam dos seus nichos.

O TRIÂNGULO SOCIAL

Momentos de crise como esses revelam a fragilidade da organização formal e ao mesmo tempo a força da colaboração informal. É o tema central de romances como *Ardil 22*, de Joseph Heller, no qual os soldados só conseguem sobreviver por ignorar as ordens e buscar descobrir juntos como enfrentar a situação; o sociólogo Tom Juravich demonstrou que a vida real muitas vezes imita o ardil 22 no ambiente da fábrica.[6] No alvorecer da era industrial, em *A riqueza das nações*, Adam Smith pintou do trabalho rotineiro nas fábricas uma imagem de implacável embotamento, visão que com o tempo tornou-se quase universal.[7] O local de trabalho industrial pode ter esse efeito, mas não de maneira implacável. Qualquer interrupção da rotina pode despertar as pessoas — e, quando despertas, elas se deslocam para a zona de informalidade; podem ser despertas e deslocadas por coisas aparentemente triviais, e não necessariamente por grandes crises. Em um grupo de faxineiros que conheci em uma fábrica, comentava-se sobre os detritos, alimentos e até roupas inesperados que eram encontrados nas cestas de papel; em uma sala de classificação da correspondência em uma agência de correios, onde o trabalho implica uma rotina realmente opressiva, as pessoas estavam com a cabeça nas fofocas enquanto suas mãos organizavam a infindável sucessão de envelopes passando por uma correia de transmissão. Esses pequenos incidentes refletem um impulso natural: queremos ser estimulados. A crise do ardil 22 gera um estímulo externo, mas também podemos criá-lo por nós mesmos.

A fofoca tende a estimular as pessoas, dramatizando informações ou acontecimentos triviais; ela capta a atenção sobretudo quando se transforma em um miniteatro cheio de espanto — "Você não vai acreditar!" Além disso, aquele que fofoca parte do pressuposto de que os outros vão "captar", e continuará explicando até que o façam; não quer ouvintes passivos. Na maioria dos casos, a fofoca tende a ser maliciosa; nossa atenção não costuma ser capturada pelo relato da generosidade de alguém, como acontece quando nos falam de algo horrível que alguém tenha feito. Apesar disso, no período que passei nas fábricas de Boston, percebi com clareza cada vez maior que as formas de envolvimento geradas pela fofoca também estimulam durante o trabalho; como a conversa jogada fora que alivia o tédio no trabalho, o mesmo pode advir da resolução de problemas, que implica lidar com um outro tipo de ruptura da rotina.

A fábrica de sapatos, por exemplo, recebeu certa vez couro manchado da Argentina; um dos operários imediatamente soube o que fazer, mas não entrou em ação antes de explicar aos outros o que havia provocado a mancha e os produtos químicos que seriam necessários para removê-la; certificou-se então de que todos haviam entendido. Mesmo não sendo uma crise nem tendo a ver com a fofoca, a solução de problemas ainda assim exigia advertir os outros para algo inusitado, além de uma efetiva partilha de conhecimentos: uma comunicação cooperativa e não rotineira. Como em qualquer boa conversa, no trato de um problema complicado as pessoas não podem simplesmente recorrer a procedimentos já dados por descontados; socialmente, e talvez surpreendentemente, as rupturas no trabalho muitas vezes se revelam geradoras de vinculação.

Os chefes explosivos, as mentiras em benefício de colegas alcoólatras e as fofocas não são propriamente emblemas de nossa ideia de um trabalho de boa qualidade. Mas fazem parte de formas de comportamento social que podem ser positivas: os rituais da raiva que geram respeito, a disposição de correr riscos pelos outros e o desejo de se libertar da prisão da rotina. E mais uma vez, se examinarmos o pano de fundo de cada uma dessas formas de comportamento, poderemos detectar as relações sociais em que estão assentadas: os rituais são um dos elementos constituintes do tecido da autoridade merecida, a mentira para acobertar está impregnada da confiança da fé cega e — deixando de lado a fofoca —, a gestão de crises e a solução de problemas vinculam a cooperação à ruptura. Sejam negativas ou positivas, essas relações envolvem às vezes formas bastante sutis de comunicação. Além disso, os lados do triângulo são fortalecidos pela associação; a confiança se fortalece, assim como a autoridade, quando um acontecimento perturbador é enfrentado. Trata-se portanto, em suma, de uma estrutura social ao mesmo tempo sutil e coerente.

O Escritório do Trabalho de Boston classificava a maioria dos empregos nos locais de trabalho que estudei como trabalho não qualificado ou semiqualificado, o que não procede. Para pôr em prática relações sociais informais dessa natureza, as pessoas precisam se conhecer muito bem; deviam, por exemplo, saber a quem recorrer e em quem não confiar em caso de emergência ou sobre quem valeria a pena mentir. Em igual medida, era necessário que conhecessem bem suas instituições: os padeiros sabiam onde encontrar em Boston os suprimentos necessários quando a produção era queimada, os faxineiros não programavam suas atividades pelas regras sindicais, mas se adaptando aos turnos dos diferentes departamentos. As relações sociais informais exigiam conhecimento do contexto, um contexto a ser investigado e interpretado em conjunto.

O triângulo social informal pode ser encontrado em todo tipo de organização, hospitais e escolas, igrejas e grupos comunitários, entre os militares, em escritórios ou fábricas. Pode até parecer, na verdade, que qualquer organização teria interesse em estimular vínculos informais internos dessa natureza, a bem da coesão social. Mas o triângulo social tem um grande imperativo que pode não ser atendido pela organização. Precisa de instituições relativamente estáveis no tempo, consolidadas. Só quando essa exigência é atendida é possível entender em profundidade o funcionamento da organização. Na última geração, contudo, o capitalismo distanciou-se das instituições consolidadas no tempo que constituíam a base de atuação de operários como os de Boston. Em certa medida, isso se deu porque os Estados Unidos e boa parte da Europa deixaram completamente para trás o trabalho fabril, buscando transformar-se em economias de prestação de serviços. Em outra medida, o próprio tempo tornou-se de mais curto prazo na maioria das organizações modernas, seja no setor privado ou no público; a experiência recíproca das pessoas e o conhecimento de suas instituições encurtaram. O setor de serviços financeiros está na vanguarda dessa mudança, e é a maneira como modela o tempo institucional que menos se assemelha à experiência que se tinha na linha de montagem. Não surpreende, assim, que no setor de serviços financeiros o triângulo social tenha desmoronado, e de maneira dramática.

O SOLVENTE DO TEMPO

No início da prosperidade americana após a Segunda Guerra Mundial, Wall Street de fato se parecia, talvez estranhamente, com seus primos industriais; as pessoas estavam certas ao invocar a imagem da "indústria financeira". A maioria das firmas existia havia décadas, quando não há um século ou mais: Lehman Brothers, JP Morgan e semelhantes se orgulhavam de serem parcerias veneráveis. No setor dos bancos e financeiras, a maioria dos empregados fazia carreiras de décadas inteiras em uma mesma empresa. Essa aura de permanência e prática do emprego de longo prazo não era específica de Nova York. O historiador David Kynaston mostrou de que maneira empresas como Barings and Coutts, na City londrina, angariavam negócios enfatizando discretamente essa venerabilidade; empresas da City se orgulhavam das carreiras de uma vida inteira de muitos de seus empregados.[8] O emprego de longo prazo também marcava meus entrevistados em Boston, que ao longo da vida trabalhavam talvez em duas ou três fábricas, por sua vez constituindo elas próprias elementos permanentes da comunidade.

À parte o contraste entre riqueza e pobreza, havia naturalmente uma diferença importante entre os banqueiros e os operários fabris em suas respectivas experiências do tempo: depois da Segunda Guerra Mundial, o proletariado industrial foi acometido repetidas vezes de surtos traumáticos de desemprego, enquanto as dispensas causadas pelos ciclos econômicos no setor de serviços financeiros eram mais atenuadas. Ainda assim, quando os operários industriais voltavam a trabalhar, geralmente era nas antigas fábricas. Trata-se de um fato marcante no que diz respeito às três décadas que se seguiram à Segunda Guerra Mundial; tanto nos Estados Unidos quanto na Grã-Bretanha, os operários industriais tendiam a ficar no mesmo lugar, em vez de tentar encontrar trabalho melhor em outras partes.[9] Ao longo do século XIX e até a Grande Depressão, não era assim em nenhum dos dois países; as comunidades industriais estavam em fluxo.

É importante não encarar com nostalgia a estabilidade do pós-guerra. Tanto na indústria quanto na finança, as empresas há muito estabelecidas não

O TRIÂNGULO SOCIAL

raro eram rígidas, lentas e complacentes. Além disso, as burocracias industriais tornavam rígida e autoritária a experiência do tempo nas fábricas. Na década de 1950, ao estudar a fábrica da General Motors em Willow Run, no Michigan, o sociólogo Daniel Bell teve sua atenção chamada para o fato de que a fábrica "divide a hora em dez períodos de seis minutos [...] o operário é remunerado de acordo com o número de décimos de hora que trabalha".[10] Microcálculos semelhantes eram feitos para os funcionários de colarinho branco de nível baixo nos bancos. Essa forma de desregulamentação não era inteiramente absurda para os trabalhadores. O controle pelo menos tornava o trabalho legível para os dois grupos de trabalhadores: no microtempo, eles podiam calcular seus salários e benefícios adicionais a partir desses segmentos de seis minutos; no macrotempo, a passagem dos anos e o acesso à condição de veterano estabeleciam sua posição na oficina ou no escritório.[11]

Na década de 1950, uma série de estudos começou a mapear as consequências pessoais e sociais da industrialização das classes de colarinho branco, especialmente *The Organization Man* [O homem organizacional], de William Whyte, *White Collar* [Colarinho branco], de C. Wright Mills, e *The Bureaucratic Phenomenon* [O fenômeno burocrático], de Michel Crozier.[12] Para Whyte, o trabalho de longo prazo reprimia repentinos surtos de ambição e inovação; Mills considerava que a estabilidade levava a um aumento do conformismo; Crozier, cujas pesquisas se voltavam para a França, onde o Estado interferia mais nos negócios, enfatizava mais as consequências políticas do fato de os trabalhadores de colarinho branco se tornarem mais dóceis. Nenhum desses estudos atentava muito para as relações informais entre os trabalhadores ou entre operários e gerentes; o tempo formalizado parecia dotado de um avassalador poder autossuficiente.

Esse poder começou a perder a força em meados da década de 1970, e foi a indústria de serviços financeiros que sentiu particularmente o efeito. Se houve um acontecimento que desencadeou essa mudança, terá sido o desmoronamento dos acordos monetários de Bretton Woods durante a crise do petróleo de 1973, colapso que liberou gigantescos volumes de capital global em mercados que até então eram de caráter mais nacional e fixo, em um fluxo de dinheiro que provinha inicialmente do Oriente Médio e do Japão. Treze anos depois, o "Big Bang" da desregulamentação dos serviços financeiros em Londres permitiu que mais investidores entrassem no mercado global; dinheiro vivo chegava em fugas de capital da América do Sul, do *off-shore* chinês; na década de 1990, os mercados passaram a ser abastecidos por russos que contrabandeavam lucros suspeitos de seu país; no alvorecer do atual século, chineses do território continental do país tornaram-se importantes investidores em indústrias europeias, assim como em títulos do governo americano.

De repente, todo mundo competia com todo mundo. Durante as décadas de estabilidade, um acordo de cavalheiros partilhava os territórios de ações e títulos controlados pelas empresas de Wall Street e da City londrina; além disso, as aquisições hostis de empresas, como a da principal fabricante britânica de alumínio, arquitetada em 1957 por Siegmund Warburg, eram profundamente reprovadas. Os conluios, naturalmente, nunca deixaram de existir; os mercados de *commodities* e as IPOs (ofertas públicas iniciais de ações de empresas jovens) muitas vezes eram, para falar sem rodeios, viciados; se estivesse vivo hoje, Bernard Mandeville poderia ter escrito uma nova fábula das abelhas inteiramente baseada em Wall Street. Mas os que agora entravam em conluio também tentavam passar a perna uns nos outros, levar as empresas dos concorrentes à falência e sobretudo varrer do mapa os competidores pequenos. O acordo de cavalheiros buscava estabilidade na indústria, ao passo que o novo regime tinha uma visão mais curta, buscando vantagens momentâneas.

Na maioria dos casos, esse novo dinheiro poderia ser classificado, nas palavras do economista Bennett Harrison, como "capital impaciente", buscando retorno de curto prazo no valor de ações e em instrumentos financeiros, em vez da propriedade a longo prazo das empresas em que o capital era investido.[13] Os lucros dos acionistas baseiam-se nos preços das ações, e não na saúde das empresas; pode-se ganhar dinheiro apostando no mau momento de empresas cujas ações poderão cair, ainda que a firma continue dando lucro. Isso por sua vez pressiona as empresas a "fazer as contas" trimestral ou mensalmente, em vez de pensar no longo prazo. Até os fundos de pensão, que deveriam estar mais preocupados com o longo prazo, começaram na última geração a

O TRIÂNGULO SOCIAL

obedecer a critérios diferentes de tempo: em 1965, os fundos de pensão retinham determinado título em média por 46 meses; em 2000, o prazo médio era de 8,7 meses; em 2008, de 4,9 meses.

O papel especial de Wall Street nessa mudança veio a ser a oferta de veículos para o investimento impaciente, enquanto o papel da City de Londres, escorado em velhas ligações imperiais, estava mais voltado para a execução e a coordenação globais.[14] Como a City, "Wall Street" passou a denotar um espaço genérico da finança — e em Nova York a região *mid-town* de Manhattan tornou-se tão importante para as finanças quanto Rector Place na área *downtown*, assim como as operações financeiras em Londres ocorrem tanto em Mayfair quanto em Moorgate.

Em ambas as cidades, o advento da nova escala de tempo mudou a maneira como as empresas são estruturadas e como se trabalha nelas. Como acontece atualmente em outras áreas de atuação econômica, ao modelo fixo do "negócio de base" se sobrepõe o conceito de "portfólio", no qual muitas atividades diferentes e não raro desvinculadas umas das outras são abrigadas debaixo do mesmo teto corporativo; o modelo do portfólio é apresentado como uma maneira de reagir à rapidez com que os mercados globais mudam, permitindo "fazer as contas" em um setor mesmo quando não é possível em outros. O conceito de portfólio milita contra a coerência de uma imagem ou identidade corporativa; a corporação é vista como um conjunto de partes integrantes que podem ser vendidas, acrescidas ou reconfiguradas a gosto.

O financista-filósofo George Soros expressou a diferença que o tempo de curto prazo faz para as organizações como um contraste entre "transações" momentâneas e "relações" constantes.[15] Ao contrário dos sociólogos de uma era anterior, Soros reconhece que uma relação organizacional é tanto formal quanto informal; o impulso da informalidade desempenha um papel importante na sustentação de uma relação, especialmente quando o empreendedor financeiro ou seus clientes estão sob pressão, precisando que os parceiros diminuam uma certa folga no pagamento de contas ou na abertura de crédito; a disposição nesse sentido geralmente requer um vínculo pessoal de longo prazo.

JUNTOS

Em termos mais abstratos, o sociólogo Manuel Castells caracterizou a economia política de hoje como "um espaço de fluxos".[16] Ele sustenta que graças à nova tecnologia a economia global funciona em um tempo real sincrônico; o que acontece nas bolsas de valores em Londres ou Nova York imediatamente repercute em Cingapura ou Johannesburgo; códigos de computador formulados em Bombaim podem ser usados em sistemas da IBM tão instantaneamente quanto códigos formulados nos escritórios da própria empresa. Castells refere-se a essa condição como um "tempo fora do tempo". Ela é encarnada na tela do computador, o grande símbolo de nossa era, janelas sobrepostas a janelas sem qualquer relação temporal; o tempo fica em suspenso. A consequência social é exatamente como a enuncia Soros: uma transação momentânea, em vez de um relacionamento constante.

O tempo de curto prazo reestruturou o caráter do trabalho. O mercado de trabalho de hoje é um cenário de tarefas de curto prazo, e não mais de carreiras prolongadas. Esse panorama da ausência de longo prazo foi bem expresso por um executivo da ATT, por exemplo, que declarou há alguns anos: "Na ATT precisamos promover o conceito do caráter contingencial da força de trabalho [...] os empregos estão sendo substituídos por projetos."[17] O trabalho temporário, não raro em tempo parcial, é um reflexo desse ethos; hoje, o trabalho temporário é o setor que mais rapidamente cresce na economia de serviços. Mesmo estando empregado em tempo integral, o jovem formando universitário de nível médio pode ter a expectativa de mudar de empregador pelo menos doze vezes ao longo da vida de trabalho, mudando sua "base de capacitação" pelo menos três vezes; as habilidades às quais precisará recorrer aos 40 anos não são aquelas que foram aprendidas na escola.[18]

Essas mudanças de tempo têm um forte impacto no conhecimento contextual das pessoas. "Quando comecei a trabalhar em Wall Street", comentou comigo um auditor, quando "as pessoas faziam carreira por uma vida inteira na mesma empresa", elas "não podiam deixar de ficar conhecendo a empresa, especialmente quando era jogada merda no ventilador; agora, ninguém sabe".*

---

*Peço aqui a indulgência do leitor: estou citando de uma pesquisa sobre a moderna Wall Street antes de explicar – o que farei mais adiante neste capítulo – como foi que a efetuei.

O TRIÂNGULO SOCIAL

Talvez exista um novo contexto: ninguém é insubstituível; pelo menos é o que deixava tentar claro Jack Welch, na época à frente da General Electric, com uma tirada que gostava de repetir e que ficou famosa. Ele mantinha um escritório vazio na suíte executiva, e apontava na sua direção quando em conversa com qualquer candidato a emprego, para dramatizar que ninguém tinha um lugar permanente na GE. Perguntei ao auditor o que pensava a respeito. "Claro, ninguém é insubstituível, mas a questão é que o escritório está vazio", não há nele ninguém que você tenha passado a entender, com quem possa contar ou não, com quem saiba trabalhar.

A norma do curto prazo levou os empregadores, durante o longo boom dos anos que antecederam o desmoronamento de 2008, a enquadrar o trabalhador ideal no molde do consultor de capacitações portáteis e vínculos apenas temporários com qualquer lugar em particular. No gerenciamento, esse consultor modelo evacuava o conteúdo do trabalho. Por exemplo, um anúncio recente de oferta de emprego de caráter técnico, diretor da regulamentação de controle de preços no Departamento de Aviação Civil britânico, afirma: "Você será um gerente versátil [...] valendo-se de sua capacitação para transformar problemas ambíguos em soluções claras [...] uma atitude flexível e positiva e a capacidade de escrever e falar com clareza [...] [entre as recompensas] o desafio e o estímulo intelectuais por trabalhar integrado a uma equipe de alto calibre."[19] Esses atributos pouco têm a ver especificamente com a aviação.

A negação da importância do contexto e do conhecimento contextualizado, tal como o foco no trabalho temporário ou de curto prazo, reforça entre os trabalhadores braçais um grave sentimento de insegurança. Seu conhecimento do local de trabalho e das pessoas que nele atuam não conta muito no mercado de trabalho; seu capital social, para usar novamente a expressão de Robert Putnam, não tem grande peso econômico. A insegurança é um fato mais tangível, na medida em que os empregos de manufatura desapareceram e aqueles que trabalham transferem-se de um emprego temporário a outro. A insegurança se configura de maneira diferente na indústria financeira. É uma experiência diária para auditores, contadores, equipes de tecnologia da informação e especialistas em relações humanas em Wall Street, um dado normal da vida, com perturbações e crises ocorrendo diariamente. Mas a importância do conhecimento contextual de longo prazo nem por isso desaparece.

Ela importa, por exemplo, na maneira como as recompensas são distribuídas pelo trabalho bem executado ou pelo trabalho árduo. Até que ponto as pessoas conhecem alguém quando vão avaliar seu trabalho? A resposta envolve uma peculiaridade. O tempo de curto prazo é mais rápido para a elite financeira do que para os que trabalham nos escritórios de Wall Street, ou seja, os executivos de escalão superior começaram na última geração a circular por uma porta giratória, transferindo-se de uma empresa a outra após apenas alguns anos ou mesmo alguns meses, ou entre diferentes departamentos em uma mesma instituição, ao passo que as mudanças de função eram menos frequentes nos escalões intermediários. Essa diferença de velocidade fez com que, no interior das empresas, os incumbidos na gerência de observar e avaliar quem estava trabalhando com afinco muitas vezes desaparecessem, transferindo-se para outro lugar quando chegava o momento de avaliar um empregado do escalão intermediário. "Meu trabalho ficou mais difícil", comentou comigo um especialista em relações humanas, "pois disponho de poucas informações de caráter pessoal" no momento da distribuição de bônus para os funcionários de escalão inferior de um banco no fim de ano. O curto prazo gerencial o privou dessa informação.

Os departamentos de pessoal às vezes avaliam os empregados de escritório pela velocidade da mudança no topo. Outro especialista em relações humanas em uma empresa de alta tecnologia observou que "nesse negócio tudo está mudando o tempo todo. De modo que se eu vejo no currículo de um sujeito que ele ficou cinco, seis anos no mesmo lugar, começo a me fazer perguntas", o que significa que a estabilidade se transformou em um estigma durante o longo boom financeiro.

No lugar das avaliações frente a frente foram adotados formulários padronizados de avaliação, exercícios formais de ticagem de itens, incapazes de avaliar fatores intangíveis como a disponibilidade para trabalhar até tarde, a capacidade de compensar a incompetência de um colega ou, mais profundamente, a crença na própria empresa. Um contador nada típico por mim entrevistado tinha evoluído do trabalho fabril para o de escritório em um banco de investimentos hoje extinto, para isso fazendo cursos noturnos e adiando a formação de uma família; ele comparou o acompanhamento do desempenho no trabalho braçal e no trabalho de colarinho branco da seguinte maneira: "Os formulários de avaliação são perfeitamente normais nas fábricas de vidro. Eu imaginava que seria diferente no banco; a gente seria mais avaliado pelo que era pessoalmente, mas no fim das contas a coisa se revelou não muito diferente."

A onda de fusões e aquisições que estimulou o capitalismo financeiro nos últimos anos reforçou o caráter impessoal da avaliação. Um novo grupo de rostos gerenciais entra em cena, pessoas não familiarizadas com as que já trabalham no local nem tampouco, muitas vezes, com a própria empresa. Esses novos chefes praticamente podem se valer apenas de dados e números na avaliação dos empregados que compraram. Não têm como avaliar, por experiência própria, quem está trabalhando bem. "Foi estranho que aquilo acontecesse comigo", comentou um empregado de um banco de investimento; seu ramo da empresa teve sorte quando faliu, em 2008, ao ser comprado por outro banco de investimento, mas "para eles era como se fôssemos uma lousa em branco".

Todos esses aspectos do tempo de curto prazo convergem nas relações sociais informais entre os que trabalham em empresas financeiras. O trabalho por projetos em instituições camaleônicas age como um solvente ácido, corroendo a autoridade, a confiança e a cooperação.

O TRIÂNGULO SE DESINTEGRA

A vida dos empregados de escritório no setor financeiro começou a me interessar em meados da década de 1990, quando eu estudava outro tipo de trabalho técnico, o de programadores de computador em Nova York e no Vale do Silício. Era uma época de enorme e imprevisível crescimento da programação de computadores, na qual as possibilidades dos programas em uso eram tão pouco claras quanto os possíveis empregos dos instrumentos de navegação na mesa de Holbein. Comecei a me dar conta de que por trás de toda aquela agitação criativa havia outro tipo de agitação; os capitalistas de risco visitavam os escritórios apertados, mal arejados e cheios de pizzas para entrega onde trabalhavam esses programadores, e nesse caos malcheiroso esperavam descobrir, metidos em seus ternos, qual seria A Próxima Grande Novidade. Os visitantes estavam por sua vez ligados a bancos de investimento de Wall Street que distribuíam maior quinhão de capital quando os "abutres de risco", como eram conhecidos, transformavam pequenos empreendimentos *start-up* em negócios que ofereciam a venda de participações a investidores acometidos dessa versão moderna da mania da tulipa, a "bolha ponto-com".

Ao retornar do Vale do Silício a Nova York em 1997, tentei descobrir o que estava acontecendo nessa ponta da cadeia alimentar. Os grandes banqueiros de investimento não tinham muito tempo a perder comigo, um professor sem programas para vender, mas se mostraram polidos — eu havia ensinado História das Origens do Pensamento Social em Harvard a dois dos meus contatos —, e me encaminharam para funcionários de seus escritórios. Naquele ano, a tela do computador estava decisivamente roubando o lugar da fita perfurada e do telefax como meio de comunicação financeira; os funcionários desses escritórios conversavam comigo algo confusos enquanto acompanhavam obsessivamente três ou quatro telas nas quais se moviam sem parar linhas e mais linhas de números. Apesar das cifras que dançavam diante de seus olhos, consegui colher informações suficientes para entender que aquelas pessoas que ali estavam gerenciando contas, efetuando transações, preparando documentos de auditoria e processando compras, não deixavam de ser artesãos. Eram qualificados e se orgulhavam de seu trabalho; se Booker T. Washington tivesse fundado o Instituto Hampton em 1997, poderia perfeitamente ter treinado seus protegidos nessas capacitações técnicas, em vez de prepará-los para fazer queijo.

Aqueles funcionários eram no fundo secundários para meu principal interesse na época, uma nova cultura que surgia no capitalismo.[20] Dei-me conta de que devia ter prestado mais atenção aos escritórios quando, pouco

O TRIÂNGULO SOCIAL

mais de uma década depois, em setembro de 2008, ocorreu a quebra na indústria de serviços financeiros. Comecei a entrevistar em Wall Street pessoas que tinham sido pessoalmente afetadas — particularmente as que haviam abandonado ou perdido o emprego —, um projeto ainda em andamento.[21] Os mais afetados eram funcionários de escritório, os primeiros a perder o emprego no colapso de empresas como a Lehman Brothers; a quebra levou muitos outros funcionários de escritório a repensar e reorganizar suas vidas, e alguns deles se afastaram completamente de Wall Street.

No inverno de 2009, era possível encontrar empregados e empregadas de escritório em um centro de recrutamento e emprego em Wall Street, pessoas bem trajadas preenchendo formulários e volta e meia olhando com perplexidade ao redor. Embora não fossem propriamente tubarões do capitalismo, poucos desses trabalhadores qualificados de colarinho branco haviam entrado até então em um centro de recrutamento para desempregados, pois agora estavam ali sentados em cadeiras de plástico, debruçados sobre pranchetas iluminadas por lâmpadas fluorescentes, cercados de adolescentes latino-americanos, operários da construção civil e zeladores idosos igualmente em busca de emprego.

Em matéria de centros de recrutamento, este na região de lower Manhattan pode ser considerado dos melhores.[22] O salão de triagem é claro e tranquilo, os computadores em sua maioria estão conectados e a equipe se mostra quase sempre cortês e experiente. Os clientes de perfil mais habitual são conduzidos a cubículos ou áreas retiradas onde os membros da equipe preenchem a papelada para os imigrantes de inglês insuficiente ou se esforçam por extrair algo dos trabalhadores braçais assustados com a burocracia. No caso dos desempregados de colarinho branco vindos de bancos ou corretoras falidos, os orientadores enfrentam um desafio diferente. Esses clientes precisam pensar em termos de estratégia pessoal, seja de curto ou longo prazo.

No curto prazo, precisam fazer o que for necessário para pagar as contas; alguns fazem bicos em lojas, outros se viram em empregos temporários pelas beiradas do mundo financeiro. No longo prazo, calcula-se que o nível de emprego no setor financeiro em Nova York decline de 9 a 7% após a quebradeira; uma contração semelhante é esperada na City londrina. Nas três últimas recessões, uma vez tendo perdido o emprego, uma pessoa tinha apenas 60% de chances de recuperar seu status de classe média. Por este motivo, os trabalhadores de classe média estão constantemente expostos ao medo da mobilidade descendente, escreve a socióloga Katherine Newman.[23] Este medo não era tão pronunciado entre as pessoas com quem conversei no centro de recrutamento de Wall Street e em um outro, maior, na região *uptown*. Sua capacitação é especializada e objeto de demanda em muitos setores; embora alguns poucos estivessem enfrentando problemas a longo prazo, a maioria dos entrevistados até agora está conseguindo se recuperar.

O que não significa que não seja traumático perder o emprego. Exatamente como acontece entre os empregados, existe entre os desempregados uma estrutura de classe que afeta a maneira como a perda é vivenciada. No topo, os executivos embutem em seus contratos de trabalho acertos de desligamento prevendo polpudas compensações em dinheiro; o desempregado de elite também desfruta de acesso pago pela empresa a firmas especializadas na busca e contratação de executivos; acima de tudo, dispõem de uma ampla rede de contatos pessoais, colaboradores disponíveis para um almoço ou simplesmente para atender a um telefonema. Em contraste, o grande problema enfrentado pelos trabalhadores mais abaixo na escala é uma rede de contatos muito mais fraca. Quando empregados, esses técnicos conheciam sobretudo pessoas como eles, muitas das quais estão agora em busca dos mesmos empregos. O envio de currículos "a frio" — ou seja, para empregadores desconhecidos — costuma revelar-se em grande medida inútil, pois os empregadores não têm tempo nem disposição para examinar todas essas candidaturas.

Ainda que temporário, o trauma pode funcionar como sinal de alarme, se as pessoas se perguntarem: "Que é que eu realmente quero fazer?" ou "Como pretendo viver?" Um veterano arquivista comentou comigo: "De uma hora para outra, um chinês se apresentou cobrando menos para fazer meu trabalho e eles me mandaram embora, e a primeira coisa que eu pensei foi: como fui idiota de ficar todas aquelas horas extras no escritório para completar o trabalho!" Olhando para trás, muitas das pessoas que vim a conhecer — sejam os próprios desempregados ou os colegas que ficaram nos

O TRIÂNGULO SOCIAL

antigos empregos — estão refletindo a respeito do sacrifício imposto à vida em família ou do alcance limitado de seus empregos.

Até que ponto se pode confiar nas informações fornecidas por pessoas que passaram por um trauma como o de 2008? Ansiedade e frustração, especialmente entre desempregados, certamente podem tornar alguém tendencioso. Em entrevistas para uma pesquisa dessa natureza, a avaliação do caráter tendencioso ou não das informações gira em torno do aparente equilíbrio do quadro apresentado pelos informantes: a pessoa mostra-se capaz de enxergar os pontos de vista dos outros? Expressa-se em termos dialógicos, e não de maneira combativa, a respeito da experiência? Evidencia curiosidade? Até o momento, com algumas poucas exceções mais radicais, as pessoas com quem fiz contato mostram-se equilibradas na avaliação de seu passado recente, mas também adotam um foco bem específico: em vez de falar de economia, esses artesãos da economia tratam a quebradeira como um rito de passagem, levando-os a pensar seriamente a respeito de questões ligadas à qualidade de vida.

Três dessas questões ajudam a esclarecer a debilidade do triângulo informal de relações sociais no local de trabalho. Retrospectivamente, os informantes consideram que a cooperação revelou-se superficial em suas relações mútuas; o escritório era um ambiente de trabalho mais isolado. Trata-se de uma visão equilibrada; eles se responsabilizam em certa medida pela pobreza da cooperação e pelo isolamento. O nível de confiança no escritório parecia mínimo e aparentemente explicava por que fazem comparações odiosas de certa natureza. Eles acham que seus superiores não mereceram a autoridade que exerciam no momento de enfrentar a quebradeira, mesmo que os executivos de muitas empresas do setor financeiro tenham se eximido do desempenho da autoridade ao mesmo tempo que se agarravam ao poder e suas vantagens. Esses pontos de vista configuram uma visão amargurada do local de trabalho, amargura que os empregados de escritório esperavam remediar encontrando uma empresa melhor ou se desvinculando completamente da indústria de serviços financeiros.

JUNTOS

Cooperação fraca

O isolamento é o inimigo óbvio da cooperação, muito bem conhecido pelos estudiosos do local de trabalho moderno. No jargão gerencial, o fenômeno é conhecido como "efeito silo", imagem que remete aos imensos silos tubulares para estocagem de cereais. Os trabalhadores dos silos não se comunicam muito entre eles. Um estudo realizado em 2002 pela Associação Americana de Gerenciamento (AMA) mostrou, por exemplo, que 83% dos entrevistados acreditavam na existência do efeito silo em suas empresas, e 97% consideravam negativos os efeitos do isolamento.[24] A estrutura de uma organização pode gerar silos. Em um estudo posterior, pesquisadores da AMA constataram que menos da metade das organizações colhiam reações e opiniões de seus empregados de forma organizada; a comunicação se dava predominantemente de cima para baixo. Da mesma forma, outros estudos dão conta de que a administração empresarial não leva a sério os pontos de vista que lhe chegam de baixo.[25] O efeito silo na moderna gestão é uma nova versão do que os organizadores comunitários tentavam combater havia um século, um efeito estrutural integrado às organizações de esquerda política funcionando de cima para baixo.

Nas entrevistas, contudo, o isolamento parecia mais autoimposto. "Estou tão estressado", comentou um trabalhador da tecnologia da informação, "que não consigo me envolver com os problemas de outras pessoas." O estresse é uma experiência de duas faces; uma auditora comentou comigo: "Eu não queria que outras pessoas interferissem no meu trabalho, tinha muita coisa a fazer." O emprego do verbo no passado, aqui, é importante; ela quer virar uma página, afirma, e está se afastando de Wall Street em busca de "um ambiente de trabalho mais caloroso" em uma universidade (não tive coragem de comentar esta sua expectativa). Para além do efeito de isolamento do estresse, muitos veteranos de Wall Street botam a culpa no advento do trabalho em telas de computação: em vez de conversarem entre elas, as pessoas ficam com a cara na tela. Os veteranos também consideram que o e-mail diminui a cooperação. "Eu preferia mandar uma mensagem para a garota que estava três

O TRIÂNGULO SOCIAL

mesas adiante, em vez de caminhar até ela", comentou uma senhora de idade trabalhando em conciliação de contas. E há também a questão dos bônus.

São as famosas recompensas de fim de ano que beneficiam os que estão no topo da pirâmide em Wall Street. Mais abaixo, nas entranhas do escritório, elas são muito menores, mas ainda assim substanciais. Seis contadores juniores da Lehman Brothers entrevistados por minha equipe receberam em média bônus de 45 mil dólares por ano nos cinco anos anteriores ao colapso da empresa — talvez um dos motivos do fato de, apesar de estarem desempregados, nos terem convidado, a mim e meus alunos, para um almoço bem caro. Mas a concessão de bônus não é uma situação do tipo ganhar-ganhar, um grupo de trabalhadores sendo recompensado coletivamente; trata-se, pelo contrário, de um jogo de soma zero que joga os empregados uns contra os outros. "Eis o meu calendário de amizades", disse-me um contador: "Março, muito [amistoso]; julho, um pouco agressivo; setembro, agressivo; dezembro, cada um por si." Não saberia dizer até que ponto isso incomodava as pessoas durante o longo boom, mas o contador não achava, retrospectivamente, que tivesse sido bom para a comunicação ou o moral.

Hoje, o efeito silo é considerado pela maioria dos gerentes receita certa de baixa produtividade; os empregados tendem a guardar para si informações vitais que consideram pessoalmente vantajosas, e o fato é que nos silos as pessoas resistem ao *feedback* dos outros. Um dos possíveis remédios é estimular o trabalho em equipe, e mesmo impô-lo, mas esse tipo de cooperação forçada é prejudicada pelo solvente do tempo de curta duração.

A sabedoria gerencial sobre as melhores maneiras de organizar equipes dá prioridade, idealmente, a grupos pequenos, em geral não mais que quinze ou vinte pessoas em contato direto. Considera-se que a cooperação é mais eficaz quando o grupo trata de um problema ou projeto imediato claramente definido. Em geral as equipes costumam manter-se formadas por seis meses a um ano, o que reflete a realidade de corporações com estratégias de negócios e até identidades constantemente em mudança na economia global. Tempo suficiente para executar uma tarefa — mas não para que os membros de uma equipe se tornem apegados demais uns aos outros.[26]

Desse modo, o trabalho de equipe pressupõe um tipo de comportamento social portátil que os integrantes devem poder praticar em qualquer lugar e com qualquer um. Atualmente, por exemplo, certas empresas e escolas de administração proporcionam treinamento para a demonstração da capacidade de cooperar no trabalho em equipe; os novos recrutas aprendem a apertar mãos, fazer contato visual e contribuir com intervenções sucintas em uma discussão: com quem quer que você se encontre, onde quer que seja, será capaz de demonstrar espírito de equipe.

O analista do trabalho Gideon Kunda refere-se a esse tipo de comportamento cooperativo como "representação profunda".[27] Ele quer dizer que, por baixo da superfície do trabalho em cooperação, os membros da equipe estão se exibindo pessoalmente, em geral para um gerente ou superior que avalia o desempenho da equipe; o trabalho em equipe, segundo ele, é uma "solidariedade fingida". O tempo de curto prazo faz muita diferença para os atores nesse teatro do trabalho. Como as pessoas não estão realmente envolvidas umas com as outras, em um relacionamento de no máximo alguns meses, quando as coisas dão errado, o espírito de equipe de repente desmorona; cada um busca sua própria cobertura e entra em negação, botando a culpa em outros membros da equipe. Esta falha contrasta com o trabalho em equipe na padaria de forno defeituoso; nela, a cooperação não entrou em colapso, pois as pessoas se conheciam bem e há muito haviam estabelecido um relacionamento informal; desse modo, recorriam umas às outras e sabiam com mais precisão com quem podiam ou não contar.

Sob esse aspecto, a situação nos escritórios de Wall Street era paradoxal. Como vimos acima, os trabalhadores de escritório em Wall Street tendem mais que os executivos no topo da hierarquia a se enraizar nas empresas por mais tempo. Mas as próprias empresas vivem em um constante estado de fluxo interno, com a contínua reorganização dos departamentos e a reconfiguração de seu pessoal, à medida que a indústria financeira se expandia durante o longo boom. Para os nossos informantes, o trabalho em equipe não se revelou um forte corretivo social a essa febril mudança estrutural. "É claro que trabalhamos em equipe", comentou de modo sucinto um engenheiro de informática, "mas o tempo todo estão acontecendo coisas e nós constantemente perdemos o foco". Pode parecer algo que dependa das funções a serem desempenhadas no momento, e não das pessoas envolvidas. Mas durante o longo boom as empresas de Wall Street constantemente promoviam fusões entre elas ou compravam empresas menores; esperavam com isto economizar nos custos trabalhistas, correndo atrás das famosas "sinergias" em que uma equipe menor e consolidada de trabalhadores atende a uma organização em expansão. O espírito de equipe era prejudicado porque seus integrantes eram pressionados a "fazer mais com menos", segundo as expectativas dos executivos.

O trabalho de equipe a curto prazo, com sua solidariedade fingida, o conhecimento superficial dos outros e a compressão das equipes, contrasta dramaticamente com o vínculo social chinês do *guanxi*, referência de elo social durável discutida no início do capítulo 4. O *guanxi* tem um bocado de críticas e conselhos cortantes, em vez de apertos de mão estudados; as pessoas aceitam esses conselhos porque sabem que os outros estão querendo ajudar e não se apresentar como exemplos a serem seguidos. Acima de tudo, o *guanxi* tem continuidade; trata-se de uma relação destinada a transcender acontecimentos específicos. E com o tempo a rede vem a integrar mais parceiros, cada um deles dependendo dos demais de maneiras específicas. Ao contrário do que acontece nos esportes de equipe, os jogadores estão envolvidos em muitos jogos ao mesmo tempo. Não existe em uma relação de *guanxi* a preocupação de economizar a bem da eficiência; pelo contrário, a rede torna-se mais forte justamente à medida que se transforma em um mosaico cada vez mais amplo.

A confiança desgastada pela comparação odiosa

Como vimos no capítulo anterior, a comparação odiosa — a experiência personalizada da desigualdade — pode corroer os vínculos sociais. Os bens de consumo podem ser uma referência quando se trata de comparações odiosas; os mais jovens são constantemente induzidos a pensar em "coisas descoladas" no estabelecimento de comparações personalizadas, sem ter consciência do que estão fazendo. No mundo do trabalho adulto, a comparação odiosa pode

208   JUNTOS

surgir de uma forma muito mais autorreferencial; aqui, o ponto de referência
é a capacitação. A comparação odiosa baseada na competência tem um efeito
particularmente corrosivo na confiança: é difícil confiar em alguém que
consideramos incompetente.

No escritório do capitalismo financeiro, as tarefas muito justificadamente
são encaradas como uma forma de artesanato. Nos bancos e bancos de investimento, os contadores e auditores fazem muito mais do que simplesmente
registrar de maneira mecânica os resultados das transações; a organização de
dados numéricos para uso institucional é uma capacitação complicada.
A filosofia do artesão consiste ao mesmo tempo em querer um bom trabalho
e em fazê-lo. O sociólogo Matthew Gill constatou entre os contadores
britânicos uma espécie de hierarquia baseada nessa ética do artesanato; os
contadores mais admirados por ele estudados eram os que se preocupavam
com a solidez dos números.[28] Esse tipo de trabalho de qualidade depende
do contexto. "A gente tem de aprender a conhecer a organização", comentou
comigo um contador de Wall Street, "saber a quem recorrer quando alguma
cifra parece estranha, em busca de uma explicação; isto a gente não aprende
nas escolas de administração". Um gerente de tecnologia da informação da
falecida Lehman Brothers declarou: "Qualquer um pode comprar tecnologia
na loja; saber escolher a loja significa conhecer o cliente... e isso leva tempo."

No trabalho tecnicamente qualificado, a confiança nos outros se baseia
no respeito por sua competência, no fato de se acreditar neles por parecer
que sabem do que estão falando. Mas nos escritórios de Wall Street não se
costuma encontrar muito respeito pela capacitação técnica dos executivos
nas salas de diretoria. Após a quebradeira de 2008, o distinto público tomou
conhecimento, em meio a todos os seus transtornos, de que muitos dos pro-
tagonistas da indústria financeira entendiam muito pouco do que estavam
fazendo. Mesmo durante o boom que a antecedeu, o pessoal dos escritórios
considerava seus superiores incompetentes. Por exemplo, muitos cuidavam das
próprias finanças em termos indicativos de uma percepção de incompetência
da parte dos executivos. Preparavam-se para um ciclo econômico desfavorável
evitando as apostas de alto risco de seus superiores, separando dinheiro em

O TRIÂNGULO SOCIAL

aplicações seguras e diminuindo ao máximo as dívidas. O vocabulário usado por nossos prudentes entrevistados para se referir a esses produtos acalentaria o coração de qualquer marxista: "ouro de fadas", "certificados de araque", "títulos de altíssimo risco, e a ênfase aqui é no 'altíssimo'", todas elas expressões designando produtos financeiros vendidos pelos altos executivos. É o vocabulário rude dos artesãos financeiros, contrastando seu próprio trabalho com as atividades dos que estão no topo.

Os executivos, naturalmente, gostariam de acreditar que a excelência é que chega ao topo. Um ponto de vista inverso manifesta-se, por exemplo, em um amplo levantamento realizado pelo Chartered Management Institute da Grã-Bretanha: exatamente metade dos entrevistados acreditava que seria capaz de fazer melhor do que os gerentes naquele momento. Este dado não reflete apenas a autoestima dos empregados, pois 47% informavam ter deixado um emprego por causa da má qualidade da gerência e 49% afirmavam que estariam "dispostos a aceitar uma redução salarial para trabalhar com um gerente melhor".[29]

De certa maneira, o ponto de vista inverso é uma queixa estereotipada. Os escalões superiores parecem entronizados apenas pelos títulos — um MBA em Harvard sendo visto como um passaporte infalível — ou então porque são bons em política no local do trabalho. Mas a confiança desaparece quando esse estereótipo se fundamenta em fatos, simplesmente porque o topo não sabe o que acontece diariamente na empresa; carece do conhecimento direto de quem põe a mão na massa. Minhas entrevistas evidenciaram uma pequena mas eloquente sutileza a esse respeito, algo que não transparece no levantamento do Chartered Management Institute. Os informantes de fato destacam certos líderes individuais que parecem competentes e prudentes nos bancos de investimento e empresas de gestão de fundos *hedge*; referem-se a esses executivos pelo prenome, enquanto os executivos incompetentes são mencionados de maneira genérica como "ele", "ela" ou "eles".

No ofício das finanças, a relação inversa tem fundamento técnico, como na análise dos algoritmos usados para gerar instrumentos financeiros como os swaps de crédito. Esses geradores matemáticos muitas vezes são tão incompreensíveis para os altos executivos quanto para o público em geral; o olhar do executivo parece perder-se ao longe nas discussões sobre aspectos técnicos com o artesão do escritório. "Pedi-lhe que me demonstrasse o algo [algoritmo]", comentou uma contadora júnior, referindo-se a seu chefe, acostumado a transacionar com derivativos e a dirigir um Porsche, "e ele não foi capaz; simplesmente reproduzia o que lhe diziam". O conteúdo de uma operação é negligenciado. "A maioria da garotada hoje em dia traz a habilidade com computadores nos genes", observou um membro de uma equipe de apoio de tecnologia da informação, "mas só até certo ponto [...] quando a gente tenta mostrar-lhes como gerar os dados que veem na tela, eles ficam impacientes, querem apenas os dados e preferem deixar o resto por conta do computador." Esse técnico demonstrou certa admiração por Nick Leeson, o jovem que provocou a derrocada do Barings Bank manipulando seus dados financeiros, e que, curioso quanto à origem dos dados, também se mostrava alerta para as possibilidades de fraude.

Naturalmente, não se pode saber tudo, mesmo quando o que não sabemos nos torna podres de ricos. Mas a modéstia não está em cena quando executivos tentam enrolar, recorrendo a um papo furado superficial — muita conversa sobre esportes, por exemplo — em vez de tentar aprender. Referindo-se a um executivo em um banco de investimento, um desses artesãos de algoritmos no escritório disse: "Ele [o chefe das transações com ouro no banco] é muito legal, um bom sujeito, mas nunca perguntava minha opinião sobre nada; talvez tivesse medo de ser contestado ou de que eu começasse a operar por conta própria." A indiferença servindo para mascarar incompetência acaba ficando evidente; afinal de contas, o executivo é que está mandando. Amigável ou não, é ele que diz o que deve ser comprado e vendido; com o tempo, o subordinado passa a deixar de confiar nele, embora seja obrigado a continuar obedecendo.

Cabe dizer que os técnicos de escritório frisaram que os superiores se mostravam desatentos no período que antecedeu a quebradeira, mais que propriamente incapazes de interpretar os fatos; trata-se antes de uma questão de atitude do que de pura e simples aptidão. E responsabilizaram não tanto os gerentes logo acima deles (muitos dos quais também perderam o emprego),

O TRIÂNGULO SOCIAL 211

mas homens no topo da organização, executivos e comitês diretores que aparentemente não estavam prestando atenção. O resultado, por mais que estejam misturados os ingredientes, tem sido uma relação inversa entre a competência e a hierarquia, uma amarga inversão que corrói a confiança nos que estão acima.

As comparações odiosas desse tipo específico reforçam o "efeito silo". O desejo de comunicação murcha quando não há real interesse de ouvir. Os trabalhadores de escritório que vivenciaram a relação invertida por longos períodos dão mostra de se transformar em juízes implacáveis dos patrões, em busca de sinais de confirmação, em cada detalhe de comportamento, de que esses executivos de fato não merecem o poder e as benesses de que desfrutam. O que não quer dizer que as pessoas que estabelecem essas comparações odiosas se sintam satisfeitas consigo mesmas, já que estão presas a esse relacionamento. No trabalho, em tais circunstâncias, a comparação odiosa tem mais probabilidade de causar ressentimento do que uma secreta satisfação.

O poder abdica da autoridade

O terceiro elemento do triângulo social é a autoridade merecida. Quando é forte, a autoridade merecida não diz respeito apenas a competência formal ou técnica; envolve também essa terrível expressão, "capacidade de liderança", e, mais precisamente, um diálogo aberto com os subordinados, no lugar do rígido estabelecimento de ditames. Além disso, o contexto ético da autoridade merecida é a disposição de assumir a responsabilidade, por si mesmo e pelo grupo. No contexto do *guanxi*, a honra é um ingrediente fundamental da autoridade merecida.

Entre nossos informantes, esse contexto étnico da autoridade merecida traduzia-se na questão prática de saber se os executivos defenderiam suas empresas no colapso de 2008, e de que maneira. No setor bancário, eles estabeleceram uma nítida distinção entre executivos como Jamie Dimon, à frente do JP Morgan Chase, que investiu grande energia na coesão de sua empresa, e outros executivos que trataram de vender ativos reais, fechar departamentos ou simplesmente cuidar de si mesmos. A ausência de liderança não surpreendeu totalmente meus informantes, considerando-se as falhas da lealdade corporativa durante os anos de boom, com sua constante porta giratória nos gabinetes de executivos. Esquecendo o ponto de vista pessoal, alguns empregados de escritório desempregados chegaram inclusive a acatar tacitamente a tese do economista Ludwig von Mises de que os ciclos de recessão nos negócios representam momentos oportunos, nos quais o setor promove um expurgo dos negócios insustentáveis.[30] Ainda assim, consideravam que a maioria dos patrões não foi capaz de liderar, preferindo negar a própria responsabilidade e abdicar da autoridade.

Indícios dessa abdicação manifestaram-se, por exemplo, quando os banqueiros passaram a sustentar que os organismos reguladores deviam ter cuidado melhor de conter a eles mesmos, os banqueiros. Ou quando, com outro espírito, um executivo de seguros da AIG declarou que "somos todos vítimas" de herméticos e incompreensíveis swaps de créditos, pacotes de hipotecas e quejandos. Afirmar que a quebradeira reflete uma força fora de controle parece esperteza; quando as coisas vão bem, os que estão no topo querem assumir o crédito; quando vão mal, a culpa é do sistema.

Abrir mão da liderança não significa renunciar ao poder ou a suas vantagens. Esse truísmo infelizmente tem sido confirmado desde a quebradeira de 2008, à medida que os grandes executivos rapidamente recuperaram suas benesses e bônus, ao mesmo tempo que deixavam para trás uma sociedade devastada. Abdicar da autoridade, contudo, é mais complicado do que simplesmente deixar a confusão para trás. Richard Fuld, diretor da Lehman Brothers, declarou pouco depois da falência que se sentia muito mal com o rumo que os acontecimentos tinham tomado; "Ele tem todo direito de se desculpar, é de graça", comentou comigo um de seus antigos empregados. Executivo orgulhoso e combativo, Fuld se surpreendia com esse tipo de reação entre os antigos subordinados, pois na verdade manifestar seu pesar lhe havia custado muito, em termos pessoais. Mas o gesto por ele feito ao se lastimar carecia de qualquer referência concreta e específica a atos pelos quais se tivesse responsabilizado.

O TRIÂNGULO SOCIAL 213

Estivessem mergulhados no desemprego de longo prazo ou apenas passando por um breve abalo, os informantes mostravam-se unânimes quanto à maneira como foram tratados ao perder o emprego. A morte súbita de gigantes como a Lehman Brothers significava que as pessoas no escritório ficavam sabendo por e-mail que tinham perdido o emprego, dispondo de apenas um dia para deixar o local. "Eu tinha algumas perguntas específicas sobre opções de ações, mas recebi como resposta apenas clichês por e-mail", disse-me um contador; "ninguém atendia ao telefone". Outro observou: "É como se eles tivessem entrado de férias." "Para que se deram a esse trabalho?", comentou comigo uma coordenadora de tecnologias da informação que perdeu o emprego na quebradeira, mostrando a carta de apreciação que a empresa mandou por e-mail, agradecendo pelos serviços dos dedicados empregados que, infelizmente, nesses tempos tão difíceis... A maneira como as pessoas expressavam seu desconforto era vazada em metáforas visuais: "Ele tinha medo de me olhar nos olhos", e, mais a propósito, nas palavras de um auditor que recebeu prazo de um dia para deixar sua mesa: "Ela [a responsável pelas relações humanas na sua seção] nem olhou para mim; a única pessoa que realmente olhou para mim com muito cuidado naquele dia foi [o vigia da empresa], que deu uma olhada na minha caixa de objetos pessoais para se certificar de que eu não estava roubando dados da empresa."

É inevitável que alguém se sinta ferido ao perder o emprego, e provavelmente não existe uma maneira humana de demitir alguém. Mas em minha opinião existe um motivo mais amplo para o fato de meus informantes terem enfatizado a questão da indiferença. Essa ênfase reflete a posição socialmente isolada ocupada pela indústria de serviços financeiros na sociedade, especialmente na cidade de Nova York.

A elite tradicional da cidade comportou-se de um jeito que os alemães chamam de Bürgerlichgesellschaft — o tipo de sociedade cívica que aparece nas páginas do romance *Os Buddenbrook*, de Thomas Mann, uma sociedade liderada por algumas poucas famílias de longa história. Nas cidades americanas, essa posição de liderança costuma significar também que as famílias assumem a responsabilidade por organizações de voluntariado, com a prestação de serviços, por parte dos membros dessa elite, nas diretorias de hospitais, instituições caritativas, escolas e organizações artísticas. Quando alguém é promovido a vice-presidente, observou Vance Packard em meados do século XX, espera-se que entre para um comitê de direção. Com o advento de negócios mais globalizados, os executivos em grande medida passaram a se esquivar a esse tipo de compromisso; em uma das avaliações disponíveis, menos de 3% dos hospitais da cidade contam atualmente, em seus comitês diretores, com representantes de corporações instaladas no exterior.[31] A desmotivação é antes estrutural que pessoal. Os altos escalões estão constantemente se transferindo de uma cidade a outra, de um país a outro; não são elementos locais.

Durante o longo boom, cabe notar, houve duas exceções a esse desinteresse cívico: os judeus da elite global tendem a se manter no molde Bürger, pois a cultura da vida judaica em Nova York, como em qualquer outra parte, dá ênfase à filantropia e ao serviço comunitário. A outra exceção têm sido os comitês de direção de museus, pois se trata de cargos de prestígio em um terreno artístico que por sua vez também se tornou um negócio global. O mundo da alta finança costuma ser considerado "gregário", mas todas as elites o são. Este clube especificamente é diferente; poucos membros seus se interessam por se filiar à Century Association, por exemplo, o clube dos importantes em Nova York; apesar de cosmopolita, o Century é por demais local.

Qual o tamanho dessa nova elite? As melhores estimativas atuais a respeito de seu tamanho são de escala internacional. Em uma delas, antes da quebradeira de 2008 a finança global era dominada por cinco empresas de contabilidade, 26 de advocacia, 16 grandes bancos de investimento, seis bancos centrais e duas agências de classificação de crédito. As equipes dirigentes dessa constelação contavam em 2007 cerca de 6 mil indivíduos.[32] Os satélites dos grandes mandachuvas geralmente são contabilizados como aqueles que têm contato direto regularmente com o líder; a proporção é de aproximadamente 10 para 1, de tal maneira que a "sala de diretoria" internacional consiste em cerca de 60 mil indivíduos. Presumindo-se, generosamente, que Nova York abrigue um quarto dessa elite, ela constituiria no máximo 15 mil pessoas em uma cidade de 8 milhões de habitantes.

O TRIÂNGULO SOCIAL

Existem certamente muitos nativos de Nova York nas altas esferas executivas, mas eles não estão cuidando de negócios locais. Os executivos ambiciosos e constantemente entrando em aviões parecem "sempre em algum outro lugar", no dizer de um gerente de recursos humanos. Em terra, no lugar da associação cívica, essa nova elite reservou para si pequenas ilhas de sociabilidade em Manhattan. Elas podem ser vistas, por exemplo, nos restaurantes abertos até tarde da noite na cidade. Durante o longo boom, esses restaurantes começaram a atrair gente que ganhava muito dinheiro em Wall Street; depois das 22 horas, esses lugares se transformavam em cenário de uma gastança exibicionista para pessoas que já haviam passado o dia inteiro juntas. Os estabelecimentos que procuram atrair essa clientela têm um perfil bem definido: um chef famoso, cenário luxuoso minimalista e cardápio de pratos internacionalmente reconhecíveis, embora com selo de "autenticidade" local conferido pela designação das fazendas de origem dos ingredientes; esses restaurantes estocavam garrafas gigantes de vinho muito caro que podiam ser pedidas para comemorar o fechamento de negócios. Um advogado de Londres ou um investidor de Hong Kong pode facilmente identificar esses lugares e sentir-se em casa — que é exatamente o que se quer.

Não surpreende, assim, que a elite da nova indústria de serviços financeiros, como uma ilha social dentro da ilha física de Manhattan, se tenha voltado para dentro. Essa mentalidade insular afetou o comportamento dentro da empresa, reforçando o "efeito silo" no trato com subordinados mais enraizados localmente. A percepção dessa vida de ausência em uma ilha apartada é que está por trás, em minha opinião, da queixa dos que perderam o emprego na quebradeira de que eram tratados com indiferença. Estar "sempre em algum outro lugar" ou viver dentro do casulo do luxo globalizado torna mais fácil abrir mão da responsabilidade — pelo menos foi o que constatei no caso dos meus dois ex-alunos de Harvard quando voltei a encontrá-los depois de uma rodada de entrevistas com os desempregados.

"Você está exagerando", comentou um deles, "é o mundo dos negócios; eles têm de saber que não podem conseguir as coisas sempre do jeito que querem." Claro, mas, talvez por ter o coração mais mole do que esse pessoal relativamente jovem que ganha dez vezes o que eu ganho, perguntei se outros executivos se sentiam da mesma maneira. Eles pareceram surpreendidos com a pergunta; "Wall Street é uma bagunça total, não dá para ficar pegando todo mundo pela mão." A bem da verdade, os banqueiros de investimento que tinham sido meus alunos tentavam manter de pé sua empresa de investimentos com perfil de "boutique", em vez de fechá-la para embolsar os lucros. Ainda assim, falavam de um jeito muito diferente do dono da fábrica de calçados que eu havia entrevistado quarenta anos antes; não estavam muito preocupados em merecer a autoridade de que desfrutavam.

Como poderiam então os empregados de escritório avaliar as mudanças descritas neste capítulo? Pode parecer que o triângulo social informal pertence a um mundo do trabalho alheio ao seu, seja em bancos ao velho estilo ou em fábricas. Eles certamente estavam cientes das questões envolvidas no curto prazo e de seus efeitos corrosivos nas relações sociais. Para eles, os silos e o trabalho superficial em equipe eram fatos da vida cotidiana; conheciam por experiência própria a cooperação desmotivada. Também era comprometido seu sentimento de confiança, pois perdiam a fé em superiores sem uma competência técnica equivalente à sua. A quebradeira foi um teste decisivo na questão da autoridade, no qual também foram reprovados muitos de seus superiores. Isso se deu quando os líderes não se mostraram capazes de defender suas empresas, esquivando-se à responsabilidade pessoal, botando a culpa em outros líderes ou no "sistema" e tratando com indiferença os que acabavam de perder o emprego.

Por amargas que tenham sido para muitos tais experiências, contudo, esses trabalhadores de escritório não falam a linguagem da vitimização. E existe para isso uma explicação americana. Durante a Grande Depressão da década de 1930, os trabalhadores desempregados assumiram pessoalmente a responsabilidade por acontecimentos que estavam além do seu controle. Até certo ponto, era o que tinham mesmo de fazer; na época, a rede de segurança para os desempregados era muito fraca nos Estados Unidos. Mas a tendência americana a dar ênfase à responsabilidade pessoal teve continuidade mesmo

O TRIÂNGULO SOCIAL

depois da instauração dos elementos básicos da segurança proporcionada pelo Estado; como me disse um trabalhador braçal desempregado na década de 1970, "no fim das contas, quem tem de responder por mim mesmo sou eu". Trata-se de uma manifestação do individualismo americano, e por este motivo muitos informantes são adeptos do movimento do Tea Party, que preconiza menos controle governamental e mais "responder por mim mesmo".

Mas o fato é que, quando as pessoas invocam as virtudes desse contar consigo mesmo, é como repetir um mantra automaticamente, mas ao mesmo tempo pensando em outra coisa. Em termos econômicos, os desempregados podem de fato estar se sentindo supérfluos — sentimento que pode assaltar qualquer um que mande currículos por e-mail sabendo que a probabilidade é de que não sejam lidos. Mesmo no caso dos que se recuperaram rapidamente da crise, contudo, é improvável que a quebradeira venha a ser esquecida. As salas de diretoria podem estar apressadas a voltar ao antigo regime, ao *business as usual*; mais abaixo na escala institucional, os pontos de vista manifestados redundam na avaliação de que algo faltava na vida dessas pessoas durante o longo boom, algo que promovesse a conexão e a vinculação no trabalho; para usar o padrão chinês, faltava *guanxi*.

A etnografia do triângulo social mostra ao mesmo tempo uma ligação e uma diferença em relação à história anterior da civilidade. A relação está no fato de que, então como agora, a civilidade tem significado prestar atenção de verdade a outras pessoas. A diferença é que a polidez representava o máximo das formas iniciais de civilidade, ao passo que hoje ela não pode ser definida exclusivamente pelas boas maneiras; em vez das experimentações calculadas da mesa diplomática ou das ironias finórias do convívio de salão, as formas modernas de civilidade podem abarcar explosões ritmadas de raiva, esquivar-se à cordialidade fácil e às formas superficiais de cortesia no trabalho em equipe. Acima de tudo, nossos antepassados se preocupavam em codificar as formas de polidez quase no exato momento em que começavam a praticá-las, ao passo que hoje a civilidade tem caráter mais informal; as pessoas tendem a não ficar muito explicitamente preocupadas com seus códigos. Seja codificado ou informal, o ritual é o que faz a civilidade funcionar; as formas de comportamento voltadas para fora são repetidas, para se tornarem habituais. O tempo de curto prazo é o solvente da civilidade. Por este motivo, o capitalismo financeiro tem tendido para a incivilidade; sua elite se beneficia com o curto prazo, mas não os trabalhadores mais comuns.

6

O eu que não coopera

Psicologia da retirada

Examinamos até aqui duas forças que debilitam a cooperação: a desigualdade estrutural e novas formas de trabalho. Essas forças sociais têm consequências psicológicas. Um claro perfil de caráter vem surgindo na sociedade moderna, aquela pessoa que se revela incapaz de gerir formas complexas e exigentes de envolvimento social, e portanto se retira. Perde a vontade de cooperar. Essa pessoa se transforma em um "eu que não coopera".

O eu que não coopera está em um campo intermediário entre a psique e a sociedade. Uma das maneiras de esclarecer esse campo intermediário da psicologia social está no estabelecimento de uma distinção entre personalidade e caráter. Digamos que você vive cheio de ansiedade e medo em consequência de pais dominadores, das reiteradas rejeições amorosas sofridas no início da vida etc. etc.; traz internamente esse peso em você, aonde quer que vá, o que quer que esteja fazendo na vida adulta; é a sua personalidade. Por mais carregado de ansiedade e medo que esteja, contudo, se for desafiado a lutar, no exército ou em uma manifestação política, você surpreende os outros e a si mesmo, agindo com coragem e determinação; mostrou-se à altura da ocasião, uma ocasião que não dependeu da sua vontade ou ação. Demonstrou então força de caráter, mostrando-se a sua psique à altura de ocasiões difíceis. A expressão "eu que não coopera" designa uma condição em que você se retira em face de tais desafios.

ANSIEDADE

O maior sociólogo do meado do século XX, C. Wright Mills (1916-62), pensava assim a respeito do caráter. Seu estudo *Character and Social Structure* [Caráter e estrutura social], escrito em colaboração com Hans Gerth, sustenta que a ansiedade forma o caráter.[1] Em sua visão, os atores sociais tentam ao mesmo tempo adaptar-se aos papéis que lhes são atribuídos pela sociedade e distanciar-se deles. As pessoas se fortalecem interiormente ao enfrentar a ansiedade gerada por circunstâncias fora do seu controle.

O ponto de vista de Mills baseava-se em um grande dilema da sua época. Ele examinou o comportamento de alemães comuns durante a era nazista e de russos comuns oprimidos pelo terror stalinista. Em sua maioria, os cidadãos de Estados totalitários não resistiam, mas nem todos sucumbiam emocionalmente; alguns se tornavam ambivalentes a respeito do comportamento que lhes era imposto. Como Winston Smith no romance *1984*, de George Orwell, eles se mostravam cada vez mais desiludidos, mas, ao contrário do personagem, não davam um passo adicional no sentido de se expor a riscos. Nem todo mundo é capaz de se tornar um herói, mas não devemos menosprezar os sentimentos de desconforto e inquietação; a ansiedade a respeito do próprio comportamento pelo menos mantém as pessoas vivas para a perspectiva de mudança. Mills extrapolou dessa condição para estruturar sua versão pessoal do consagrado conceito sociológico de "ansiedade do papel", condição em que as pessoas ao mesmo tempo desempenham os papéis que lhes são atribuídos e duvidam deles. A concepção desse tipo de ansiedade em Mills contrasta fortemente com a de Soren Kierkegaard, que acreditava que a ansiedade é gerada pela "vertigem da liberdade".[2] Mills considerava que a ansiedade traduzia atenção e valoração em relação aos papéis que uma pessoa é obrigada a desempenhar; sob esses aspectos, a ansiedade formava o caráter.

Há quem pense que C. Wright Mills celebrava a "era da ansiedade", expressão usada por W. H. Auden para se referir ao meado do século XX. Ainda hoje seus pontos de vista são importantes como referência para medir, pelo contraste, a redução do caráter. Isso acontece quando a ansiedade quanto ao

O EU QUE NÃO COOPERA

desempenho de um papel desaparece. É a história do eu que não coopera; nesse estado reduzido, as pessoas não sentem muita ambivalência nem muita inquietação interna quando deixam de se comportar de maneira cooperativa.

Que sinais as pessoas costumam dar de que estão se sentindo ansiosas? Palpitações cardíacas, respiração curta e náuseas são alguns dos sinais corporais; um gene denominado PLXNA2 tem sido considerado um candidato ao papel de causador de estados de ansiedade física. A dissonância cognitiva expressa ansiedade mental; manifesta-se quando as pessoas mantêm em contraste mental pontos de vista opostos, ou então, como no caso dos cultos religiosos estudados pelo psicólogo Leon Festinger, quando ao mesmo tempo acreditam que o mundo vai acabar em um determinado dia, mas de certa forma não acreditam; tratam então de se aferrar às antigas crenças, sabendo que são falsas.[3] Os pombos e os mamíferos podem ser acometidos de dissonância cognitiva, enervando-se em suas jaulas quando são treinados de formas contraditórias para conseguir alimento.

Na vida social, a ansiedade pode ser gerida pelo uso de uma máscara: não mostramos o que sentimos. Uma das maneiras de fazê-lo foi apresentada no capítulo 1, na descrição da máscara social que as pessoas usam em cidades muito movimentadas feita por Georg Simmel. A riqueza do que está acontecendo e da movimentação nas ruas leva esses seres urbanos a se mostrarem distantes e impassíveis por fora, apesar de fervilhando de estímulos por dentro. Trata-se de uma ferramenta de caráter da maior importância.

A política opressiva também requer o uso de máscaras. No auge da era stalinista, por exemplo, em 1948, o jornal Sem'ya i Shkola (Família e Escola) proclamava: "O regime socialista liquidou a tragédia da solidão de que sofrem os homens no mundo capitalista."[4] A palavra-chave aqui é "liquidou"; o regime havia assassinado dezenas de milhões de pessoas que não se adequavam ao esquema coletivo. Como se defender da liquidação? A máscara é uma das ferramentas. Um exilado soviético comentou certa vez a respeito do seu comportamento nas assembleias: "É possível expressar com os olhos uma atenção e uma dedicação que na realidade não estamos sentindo [...] é muito mais difícil controlar a expressão da boca [...] por isso é que [comecei a] fumar um cachimbo pesado [...] com o peso do cachimbo, os lábios são deformados e não podem reagir espontaneamente."[5] Esta observação traduz exatamente o que Mills queria dizer ao se referir à duplicidade.

A necessidade de uma máscara protetora nem de longe se limita às sociedades totalitárias. Meio século atrás, em seus estudos sobre a vida nas fábricas, Reinhard Bendix investigou em profundidade a velha ideia de que a linha de montagem não oferece grande estímulo; ao contrário das fábricas e oficinas de Boston, os estabelecimentos industriais da Costa Oeste americana por ele estudados eram gigantescos, os capatazes dominavam em cubículos distanciados da linha de montagem, os empregados de colarinho branco ficavam ainda mais distantes, em prédios separados, as operações eram conduzidas estritamente de acordo com princípios de gerenciamento do tempo estabelecidos originalmente por Frederick Taylor para a Ford Motor Company; em tais condições, era difícil a formação de triângulos sociais informais. Bendix constatou que os empregados compensavam mentalmente imaginando como poderia ser um trabalho mais estimulante, mas guardavam esses pensamentos para si, por medo de serem rotulados ou punidos como "criadores de caso". Depois do trabalho, trocavam ideias tomando cerveja, mas no trabalho envergavam a máscara; estavam no estado de duplicidade.[6]

Mills não tinha muita paciência para a psicologia acadêmica. Vivia em uma época em que a psicologia freudiana, em particular, se enrijecia em uma ortodoxia nos Estados Unidos. Ele atribuía essas máscaras protetoras a condições sociais da cidade, do estado ou da indústria; e o mesmo quanto a máscaras sociais de outra natureza. Em minha opinião, a "representação profunda" observada por Gideon Kunda no trabalho em equipe seria suficientemente explicada, do ponto de vista de Mills, pelo enquadramento do tempo de curto prazo no escritório moderno. Mas agora queremos conferir maior profundidade emocional ao seu relato sociológico. A psicologia tem algo a revelar, em particular, no que diz respeito ao trato com a ansiedade social de maneira diferente do puro sentir e mascarar. A psicologia pode esclarecer o desejo de retirada, de isolamento, assim diminuindo a ansiedade sobre o lugar de cada um no mundo.

RETIRADA

A palavra "retirada" pressupõe uma decisão tomada por alguém, como na imagem, invocada por Robert Putnam, das pessoas que hibernam em relação aos que são diferentes em termos étnicos, raciais ou de orientação sexual. Precisamos esclarecer as diferentes designações do estado de vida em retirada: solidão, isolamento. O sociólogo Eric Klinenberg tentou conferir à palavra "solidão" um significado próprio.[7] Ele considera que cerca de um terço da população adulta em cidades grandes e densamente populadas como Paris, Londres e Nova York vive sozinha. Às vezes essa solidão é escolhida, outras vezes, não; mas é difícil, sustenta ele, caracterizar os sentimentos de cada um a respeito da solidão; às vezes as pessoas sofrem por viverem sozinhas, às vezes optam por isso. O divórcio é um exemplo eloquente: a pessoa que opta por abandonar um parceiro pode constatar, na solidão, que cometeu um grande erro, ao passo que aquele que foi abandonado pode descobrir, para sua própria surpresa, que uma intolerável sobrecarga íntima lhe foi tirada dos ombros.

Tampouco o isolamento, parente próximo da solidão, será sempre uma ferida. Embora muitos prisioneiros submetidos ao confinamento solitário involuntário o considerem pior do que a tortura física, os monges cartusianos que optam pelo isolamento em suas células silenciosas impõem esse sofrimento a si mesmos para ampliar seus horizontes espirituais. Na vida secular, as caminhadas a que se entregava Jean-Jacques Rousseau, descritas nos *Devaneios de um caminhante solitário* (1778), ajudam a esclarecer o mesmo ponto. Rousseau preferia caminhar sozinho, tentando evitar conversas com amigos que eventualmente encontrasse; a solidão, dizia, o tornava inteiro. O estar solitário em si mesmo machuca, mas Jean-Paul Sartre considerava que todos os seres humanos precisam sentir a sua dor; o estar solitário do tipo designado por Sartre, em *O ser e o nada*, como "solidão epistêmica" nos conscientiza do nosso lugar limitado no mundo.[8] Essa necessidade existencial é o que Samuel Beckett traduz em peças como *Esperando Godot*: a ausência é um ingrediente básico da condição humana.

As retiradas de que nos ocupamos aqui, retiradas voluntárias com o objetivo de reduzir a ansiedade, não têm esse alcance existencial e espiritual; na verdade, não despertam sentimentos de solidão ou falta. Quando o objetivo é apenas aliviar a ansiedade no trato com os outros, essas retiradas produzem, em vez de esclarecimento, uma espécie de cegueira. Essa cegueira tem dois ingredientes psicológicos: narcisismo e complacência.

Narcisismo

Narcisismo pode parecer apenas um sinônimo de egoísmo, mas há muito tempo foi transformado em questão mais complexa pela psicanálise. Ao publicar seu seminal ensaio sobre o narcisismo em 1914, Freud o encarava como um impulso libidinoso incontido, buscando a satisfação sexual sem qualquer restrição. Mais tarde, ele reformulou sua concepção do narcisismo, considerando-o um "estado especular" em que a pessoa vê apenas a si mesma, como que refletida em um espelho, ao lidar com os outros.[9] O psicanalista confere um viés amargo à identificação, aquele ingrediente decisivo da simpatia discutido no início deste livro. O viés está em saber se nos identificamos com os outros em seus sofrimentos e circunstâncias específicos ou como se todos os outros fossem como nós mesmos. No primeiro caso, temos uma janela; no segundo, um espelho. Freud detectou o "estado especular" internamente nos pacientes que imediatamente associavam novos acontecimentos na idade adulta a traumas conhecidos da infância; para esses pacientes, nada realmente novo parecia acontecer em suas vidas, o presente sempre espelhando o passado.

O trabalho de Freud sobre o narcisismo seria refinado após a Segunda Guerra Mundial. Ao estado especular, Heinz Kohut acrescentou o conceito psicanalítico de "ego grandioso". O "eu" preenche todo o espaço da realidade. Uma das maneiras como essa grandiosidade se expressa está na necessidade de se sentir o tempo todo no controle; nas palavras de Kohut, a ênfase recai no "controle que [uma pessoa] espera deter sobre o próprio corpo e os sentimentos [em vez da] experiência adulta do outro". As pessoas sujeitas a esse

O EU QUE NÃO COOPERA

sentimento de grandiosidade de fato "se sentem oprimidas e escravizadas" pelas necessidades dos outros.[10] O resultado, na visão de outro psicanalista da época de Kohut, Otto Kernberg, é a desvalorização da própria ação; "Que estou fazendo?" é substituído por "Que estou sentindo?"[11]

Uma pessoa imersa nesse estado autorreferencial não poderá deixar de sentir-se ansiosa quando se der uma intrusão da realidade, uma ameaça de perda do eu, em vez do seu enriquecimento. A ansiedade é reduzida com o restabelecimento de sentimentos de controle. Quando se dá essa transação psicológica interna, seguem-se consequências sociais, sendo a mais notável a diminuição da cooperação.

Uma das maneiras como isso acontece ocorre na vida militar. O sociólogo Morris Janowitz refere-se como "guerreiros cauhóis" aos soldados que querem se cobrir de glória nos campos de batalha, aos seus próprios olhos, ainda que ao custo da ajuda a outros soldados, pois seus feitos e bravatas expõem os demais a risco.[12] Janowitz afirma que o guerreiro caubói está efetuando uma performance para si mesmo; o psicanalista diria que ele transformou o combate em um estado especular. O narcisista é uma figura perigosa no campo de batalha, onde os soldados precisam, para sobreviver, estar atentos à ajuda recíproca; no século XIX, o estrategista militar alemão Karl von Clausewitz, conhecendo perfeitamente os problemas da autopromoção heroica, recomendava aos comandantes que punissem esses "aventureiros" com a mesma severidade que puniam os desertores. Subindo na cadeia de comando, o guerreiro caubói aparece no filme *Dr. Fantástico* (1964), de Stanley Kubrick, na pessoa do general Jack D. Ripper,* cujo equivalente na vida real, na Guerra do Vietnã, foi o general William Westmoreland; no romance *Ardil 22*, de Joseph Heller, uma outra deformação é acrescentada: os guerreiros caubóis tinham consciência dos companheiros quando tentavam se exibir durante a Segunda Guerra Mundial, querendo fazer com que os soldados mais prudentes se sentissem diminuídos — uma comparação odiosa. A diferença entre a arte e a vida é que os guerreiros caubóis de *Dr. Fantástico* e *Ardil 22* são extremamente divertidos; no campo de batalha, são apenas aterradores.

---

*Trocadilho com Jack The Ripper (Jack, o Estripador). [*N. do T.*]

As proezas heroicas são uma característica universal de todas as culturas, e geralmente têm um caráter mais demonstrativo: são o rosto da coragem. O mesmo quanto ao elemento competitivo bruto que é quase universal no heroísmo; no campo de batalha homérico, por exemplo, os guerreiros de um mesmo lado competiam em suas demonstrações de bravura. Mas o heroísmo de tipo moralmente demonstrativo tem um caráter natural e nada voltado sobre si mesmo. O narcisismo dá o ar da graça quando o guerreiro se olha no espelho durante a luta, vendo o fato da própria bravura.

Mas não seria possível objetar que a guerra é precisamente a mais carregada de ansiedade de todas as experiências humanas? O psiquiatra Robert J. Lifton examinou a questão em estudos sobre soldados desde a época da Guerra do Vietnã.[13] O que ele chama de "embotamento" permite aos soldados enfrentar o estresse. No meio de uma batalha, o soldado se embota, afastando tudo que possa desviar sua atenção da luta; ele mascara os sentimentos íntimos. Quando os soldados voltam para casa, essa repressão deixa de existir e o medo ou remorso dá as caras; segue-se então o estresse pós-traumático. Na pesquisa de Lifton, um grupo parece relativamente imune a essa avaliação retrospectiva: o guerreiro caubói. Segundo ele, o narcisismo representa uma carapaça tão protetora que o soldado caubói nada vê a lamentar retrospectivamente. Esta interpretação pode parecer unidimensional, mas se escora nos processos de crimes de guerra em que certo tipo de soldado não entende por que está sendo julgado; ele não adere emocionalmente à tese do mero cumprimento de ordens sustentada pela defesa; o que recorda da guerra, diz Lifton, é a excitação.

O kitsch socialista se tem valido com frequência do campo de batalha, por exemplo na produção em massa de cartazes reproduzindo o grande quadro *A Liberdade conduzindo o povo*, de Eugène Delacroix, pintado durante a Revolução de 1830. Esse tipo de kitsch, no entanto, não se encaixa na esfera da emoção narcísica. Uma ligação mais próxima poderia ser a que se estabelece com os guerreiros caubóis do mercado de ações, indiferentes às consequências mais amplas de suas proezas, como ficou evidente na quebradeira de 2008.

No capítulo 2, tratamos das tentativas de descobrir como encontrar um equilíbrio entre a cooperação e a competição. Na guerra, esse equilíbrio de-

O EU QUE NÃO COOPERA 227

pende de cooperação muito integrada dentro de um esquadrão ou pelotão; da mesma forma, os estudos sobre a vida militar mostram constantemente que os soldados se dispõem mais a sacrificar a própria vida em favor dos camaradas mais próximos do que por uma ideologia.[14] Esse vínculo íntimo de cooperação é o código de honra do guerreiro. Em Wall Street, esse tipo de autossacrifício certamente ficou faltando durante a quebradeira; mais ainda, como vimos, os executivos abriram mão da própria responsabilidade — "somos todos vítimas" — sem o menor escrúpulo; nada parecido com a aplicação do código de honra de um oficial. A versão do narcisismo apresentada por Lifton, como uma carapaça protetora servindo para embotar o agente, pode conter a necessária profundidade psicológica para explicar seu comportamento.

A guerra ainda tem outra coisa a revelar a respeito do narcisismo. No alvorecer da Grande Inquietação, o código social dos primórdios da era moderna começou a mudar, dando ênfase à civilidade no lugar da galanteria. Essa ênfase recaía particularmente na substituição do código de galanteria do guerreiro por vínculos sociais mais pacíficos. Para efetuar essa mudança, era necessário que um certo tipo de caráter tomasse a frente, antes dotado de autoironia que de agressividade, mais indireto que agressivo, preferindo o subjetivo, um tipo de caráter construído em torno da autocontenção. Esse tipo de civilidade servia de contrapeso ao narcisismo. Mas um valor semelhante é o da própria honra militar; na verdade, a sobrevivência do grupo depende da contenção do eu grandioso.

O narcisismo, assim, é um ingrediente que favorece a retirada em relação aos outros. Mas geralmente vem misturado a um outro: a complacência a respeito da própria posição no mundo.

Complacência

A complacência parece uma questão clara: tudo parece muito bem exatamente como está. É a complacência que motiva o Dr. Pangloss no *Candide*, de Voltaire, que ficou famoso por acreditar que "tudo vai perfeitamente bem no melhor dos mundos possíveis". Mas há uma importante diferença entre se sentir seguro e se sentir complacente. Quando nos sentimos interiormente seguros, podemos nos dispor a experimentar, soltar a curiosidade; esse sentimento de segurança interior se manifestava entre os cavalheiros amadores do início da idade moderna, tal como descrito por Steven Shapin. O sociólogo Anthony Giddens fala da "segurança ontológica" como a expectativa que alguém possa ter de que haverá continuidade em sua vida, quaisquer que sejam os altos e baixos, de que haverá coesão entre as experiências.[15] A complacência não se volta para fora, e tampouco é ontológica, no sentido atribuído por Giddens. É antes uma prima do narcisismo, na expectativa de que a experiência se adapte a um padrão conhecido; a experiência parece repetir-se rotineiramente, em vez de evoluir. A diferença entre segurança e complacência foi estabelecida em termos filosóficos por Martin Heidegger; ele contrasta o estar no mundo, engajado em suas mudanças e rupturas, com um estado desmotivado de congelamento no tempo.[16]

A complacência não tem lugar na visão de mundo da Grande Inquietação. A religião do tipo abraçado por Martinho Lutero, o tipo de tecnologia do fabricante de sextantes, a diplomacia praticada por Chapuys, todos buscavam tornar as pessoas menos complacentes a seu próprio respeito e do meio em que viviam. Hoje, contudo, novas forças vêm enraizando a complacência na vida cotidiana, forças que não podiam ser previstas por nossos antepassados. Essa nova formação da complacência está ligada ao individualismo. Quando a complacência se alia ao individualismo, a cooperação definha.

Nosso guia em tudo isso deve ser Alexis de Tocqueville (1805-59), que cunhou o termo "individualismo" em seu sentido moderno. Filho de aristocratas rurais conservadores, Tocqueville enfrentou uma crise em 1830, quando o regime reacionário francês foi derrubado durante alguns meses por revolucionários, chegando ao poder um rei mais moderado politicamente e preocupado com as questões econômicas. A maioria dos membros da classe de Tocqueville retirou-se para suas propriedades ou se afastou da vida pública, efetuando uma *émigration intérieure*; o jovem Tocqueville, por sua vez, preferiu viajar para os Estados Unidos, em 1831, com seu amigo Gustave de Beaumont, supostamente para estudar as condições carcerárias. Na verdade,

O EU QUE NÃO COOPERA

Tocqueville buscava na América pistas daquilo em que a cultura europeia poderia se transformar no futuro.

O resultado foi o primeiro volume de *A democracia na América*, publicado em 1835. O livro aparentemente não trata de individualismo, mas de "igualdade de condições", e com isso Tocqueville se referia à busca das consequências americanas da tese de que todos os homens nascem iguais, consequências sobretudo para a política, mas também para a maneira de viver das pessoas. Tocqueville considerava justa a nova doutrina, pois dava liberdade a todos, mas se preocupava com a tirania da maioria, a ativa opressão das massas sobre as minorias e a exigência de conformidade. A exigência de conformidade era por ele identificada antes na sociedade que na política; Raymond Aron, o grande intérprete moderno de Tocqueville, o considera o profeta da cultura de massa.[17] Tocqueville considerava que os costumes sociais se tornavam igualados no sentido da homogeneização, ainda que permanecessem ou se agravassem as desigualdades materiais; em termos de hoje, o porteiro e o executivo compartilham uma mesma cultura de desejos de consumo, de vida familiar ou comunitária. Para Tocqueville, os Estados Unidos pareciam uma sociedade governada pela conformidade; ele escreveu ao amigo John Stuart Mill que a sociedade americana despertava profunda raiva em pessoas que não se adaptavam.

Ao publicar o segundo volume de *A democracia na América*, em 1840, Tocqueville mudou seu ponto de vista. Agora, preocupava-se mais com a retirada da participação cívica do que com as pressões para que os desajustados se adequassem ou com a repressão da opinião das minorias em política. Tocqueville cunhou a expressão "individualismo" para designar a condição de uma pessoa retirada. Eis o sentimento do individualismo, em sua sugestiva prosa:

Cada pessoa, retirada em si mesma, comporta-se como se fosse alheia ao destino de todas as demais. Seus filhos e os bons amigos constituem para ela toda a espécie humana. Quanto a suas transações com os concidadãos, pode misturar-se a eles, mas não os vê; toca-os, mas não os sente; existe apenas em si mesma e apenas para si. E, se nesses termos permanece em seu espírito algum sentimento de família, já não persiste um sentimento de sociedade.

Essa retirada individual parece uma receita certa de complacência: contamos com aqueles que se parecem conosco e simplesmente não nos importamos com os que não se parecem: mais que isso, quaisquer que sejam seus problemas, são apenas problemas deles. O individualismo e a indiferença tornam-se gêmeos.

Ao escrever o segundo volume, Tocqueville não esqueceu o primeiro; precisava vincular o individualismo à igualdade. Para isto, desenvolveu a ideia que a moderna ciência chama de "ansiedade de status". O indivíduo em Tocqueville sofre de ansiedade de status sempre que fica incomodado com a eventualidade de que os outros não compartilhem suas preferências, como consumidores, na vida familiar ou no comportamento em público. Sentindo-se diferentes, eles parecem assumir ares de importância, ou de alguma maneira — não dá para explicar como — nos diminuir. Percebemos um insulto: "diferente" é traduzido como melhor ou pior, superior ou inferior, uma questão de comparação odiosa. Para Tocqueville, a celebração da igualdade é na realidade uma ansiedade com a desigualdade. Então como hoje, o *ressentiment* expressa a transformação da diferença em desigualdade. Embora o *ressentiment* não conheça fronteiras nacionais, certamente está bastante presente na vida americana hoje, como acontece quando as pessoas que se consideram americanos comuns e tementes a Deus acusam de elitistas aqueles que se acham no direito de discordar.

Mas em vez de tentar reprimi-los ou afastá-los — o que é um impulso da maioria tirânica —, o individualismo leva a pessoa que se sente afrontada a se voltar ainda mais para dentro em busca de uma zona de conforto; ela procura "hibernar". Por que se retirar em vez de reprimir? Por que Tocqueville escreveu um segundo volume?

Na sua época, a resposta tinha antes a ver com a França do que com a América. O novo regime de Luiz Felipe não era tão repressor quanto o anterior; tudo era permitido na vida privada, desde que a pessoa não sacudisse o barco politicamente; em troca, os franceses — que nós, anglo-saxãos, tendemos a considerar tão briguentos — voltaram-se para dentro, absortos em suas questões privadas, mais distanciados da vida pública do que ruidosamente indignados com ela. Tocqueville tomou visto como um primeiro indício de

O EU QUE NÃO COOPERA

individualismo na Europa, o indivíduo que "existe apenas em si mesmo e para si mesmo".

Dispomos hoje de um outro tipo de resposta, centrada no impulso da retirada. Durante muito tempo, a psicologia moderna associou desmotivação a dissociação; psicanalistas como Kohut representam uma tendência, psiquiatras sociais como Lifton, outra. Os psicólogos comportamentais tentaram pinçar o conceito de embotamento no consultório de Lifton para estudá-lo no laboratório. Investigaram, por exemplo, o que se costuma chamar de "diagrama de Csikszentmihalyi": uma representação em forma de torta dos vínculos entre a ansiedade, a preocupação, a apatia, o tédio, o relaxamento, o controle, o fluxo e a excitação.[18] A redução da ansiedade é feita através da neutralização do estímulo: a apatia, o tédio e o relaxamento podem neutralizar a excitação.

O tédio em particular desempenha um papel muito importante no alívio da ansiedade; animais e seres humanos voltam-se para ele. Pesquisadores montaram uma "escala de tendência ao tédio" para indicar em que grau os seres humanos e os animais se sentem atraídos pelo tédio.[19] A ideia por trás disso pode parecer paradoxal, mas não deveria. Um indivíduo comendo um hambúrguer industrializado pela milésima vez não pode ficar muito excitado com o sabor, mas, como se trata de algo familiar, não deixa de ser reconfortante. O mesmo se aplica ao viciado em televisão, aplacado enquanto assiste sem grande interesse a programas que não prendem de fato sua atenção. Ambos terão uma pontuação alta na "escala de tendência ao tédio"; estão em busca de familiaridade, isenta de surpresas. O tédio é diferente da apatia por ser mais seletivo; a apatia de uma pessoa clinicamente deprimida é um distanciamento total, global, ao passo que o tédio se aplica a determinadas atividades. O próprio Mihaly Csikszentmihalyi considera, talvez estranhamente, que o tédio implica certo nível de habilidade; temos de nos tornar capazes de filtrar as perturbações. Em vez de deprimir, como acontece com o tédio involuntário da linha de montagem, esse tipo de tédio voluntário proporciona a reconfortante garantia de um nível baixo de estímulo. Temos aqui, então, uma lógica psicológica consoante com o conceito de Tocqueville do indivíduo que "pode misturar-se [a outras pessoas], mas [...] não as vê; tocá-las, mas sem sentir".

Naturalmente, Tocqueville escrevia em uma escala histórica e social muito mais ampla que o psicólogo de laboratório. Expôs aos leitores a tese de que o individualismo aumentaria na sociedade moderna, à medida que os velhos vínculos da tradição e da hierarquia social declinassem. E não estava sozinho nessa concepção; muitos conservadores da geração dos seus pais e na sua própria lastimavam a ruptura dos elos do passado. Mas as viagens aos Estados Unidos curaram Tocqueville da nostalgia. Ele se convenceu de que a deferência se fora para sempre, como no caso daquela que vinculava os trabalhadores aos senhores em propriedades rurais como as de seus pais. Além disso, ele encontrou na América um contrapeso ao individualismo. Era a associação voluntária: o grupo na igreja, a sociedade caritativa, o clube de esportes local. Sua expectativa era que, como qualquer um podia aderir, diferentes tipos de pessoas seriam integrados e essa diferença haveria de abrandar as arestas de ansiedade; a cooperação em associações voluntárias era capaz de conter o individualismo. Tocqueville foi um dos primeiros aristocratas do século XIX a apreciar o "associacionismo", o caminho que acabaria conduzindo à casa comunitária, ao banco cooperativo e à associação de crédito local. Ele considerava os americanos bons organizadores locais, e que os europeus podiam aprender algo com eles sobre organização. Ainda assim, sua visão do voluntarismo era limitada; ao contrário de associacionistas posteriores, ele não se preocupava em contrabalançar o sofrimento ou a opressão econômica.

O que confere peso psicológico à retirada voluntária, assim, é o desejo de reduzir a ansiedade, especialmente a ansiedade de atender a necessidades que não sejam as da própria pessoa. O narcisismo é uma das maneiras de reduzir essa ansiedade, e a complacência, outra. Na linguagem cotidiana, o primeiro é uma questão de vaidade; a segunda, de indiferença. As duas forças psicológicas deformam o caráter, entendido como comportamento responsável em relação aos outros ou submissão a um exigente código de honra. Poderia a cooperação ter um peso maior nessa escala? É a questão que temos diante de nós hoje em dia, exatamente como acontecia a Tocqueville quase duzentos anos atrás.

O EU QUE NÃO COOPERA

COOPERAÇÃO FRACA E SUPERFICIAL

Os indícios reunidos na Parte 2 deste livro parecem mostrar que a cooperação não tem muito peso hoje em dia em face do individualismo; forças institucionais interferem nesse equilíbrio. A desigualdade afeta a vida das crianças ao entrarem para a escola. A distribuição interna de riqueza em uma sociedade, tal como descrita no relatório do Unicef, gera diferentes tipos de relações adulto-criança em diferentes classes sociais. Em consequência, começam a se manifestar contrastes de comportamento entre as crianças; as crianças de sociedades relativamente igualitárias têm mais probabilidade de exercer a confiança recíproca e cooperar; as crianças em sociedade marcadas por grandes disparidades têm mais probabilidade de lidar umas com as outras como adversários.

Queríamos descobrir de que maneira as crianças absorvem interiormente essas desigualdades impostas. Os indícios são complicados, como adverte Juliet Schor; as crianças podem ser materialistas, mas nem sempre fazem comparações odiosas com outros baseadas em suas posses. Ainda assim, a desigualdade é absorvida na maneira como crianças e adolescentes compram e usam tecnologia nas redes sociais. Aos 8 ou 9 anos de idade, as crianças sabem que não são todas iguais em posição social, e essa consciência faz diferença em sua experiência da cooperação. As pesquisas a respeito da vida social das crianças apontam na direção de algo que Tocqueville não entendeu bem. Falamos aqui da sua visão de que a sociedade moderna tende para a homogeneização social e cultural, situação por ele vista como uma "igualdade de condições" que, prevalecendo nos Estados Unidos, haveria de se disseminar pela Europa. No início de seu desenvolvimento, os jovens americanos aprendem que os valores compartilhados têm consequências diferentes, dependendo das circunstâncias da criança.

Tomamos outra direção no estudo dos adultos no trabalho. Buscávamos agora entender de que maneira a cooperação está ligada a experiências de confiança e autoridade. Essas ligações podem ser feitas informalmente, até certo ponto superando as desigualdades formais e o isolamento no local de trabalho.

Depois da Segunda Guerra Mundial, os trabalhadores americanos estavam em boas condições de criar triângulos sociais informais desse tipo. As experiências de vinculação na guerra e a estabilidade da vida na fábrica permitiam o estabelecimento de ligações entre a autoridade merecida, a confiança da fé cega e a cooperação quando as operações davam errado no local de trabalho.

O tempo de curto prazo transformava essas experiências no local de trabalho, em virtude de uma nova figuração do investimento global e da ênfase nos lucros do acionista. Em meados do século, Wall Street compartilhava certas características sociais das fábricas, mas veio a se transformar no símbolo do tempo de curto prazo. Gerava um tipo superficial de cooperação, exemplificada no trabalho em equipe; a confiança do tipo fé cega recuou à medida que os trabalhadores de escritório de Wall Street se foram tornando tecnicamente mais competentes que os executivos da diretoria; durante o colapso financeiro em Wall Street, esses executivos antes tentavam se livrar da autoridade do que merecê-la. Como negligenciou em grande medida o tema do trabalho, na verdade muito pouca atenção prestando à economia, Tocqueville não pôde ser um profeta dessas mudanças. Mas seus escritos de fato caracterizam um resultado. Diante de uma ordem social fraca e superficial que não merece confiança, as pessoas se retiram para a esfera pessoal.

São estas as forças que desequilibram a balança na sociedade moderna, de tal maneira que a retirada pesa mais do que a cooperação na experiência de cada um. Os filósofos Amartya Sen e Martha Nussbaum consideram que a sociedade devia ampliar e enriquecer a capacitação de cada um, e sobretudo a capacidade de cooperar; mas a sociedade moderna, pelo contrário, a diminui. Ou, para colocar em termos que fossem claros para um chinês: os Estados Unidos e a Grã-Bretanha carecem de *guanxi*. Exceto no caso do guerreiro caubói, a linha divisória entre desejo e medo, vontade e submissão torna-se confusa no comportamento retirado. A confusão também faz parte do definhamento do caráter.

Para rematar o relato aqui feito da psicologia social da retirada, gostaria de examinar brevemente um exemplo contrário: um tipo de retirada que não tem o objetivo de diminuir a ansiedade, antes a abraçando. Trata-se da obsessão.

OBSESSÃO

Ao explorar as consequências da Reforma protestante no trabalho e na vida econômica, o sociólogo Max Weber (1864-1920) tornou-se, sem pretendê-lo, um grande analista da obsessão. A famosa "ética do trabalho" descrita por Weber tem tudo a ver com a obsessão de "mostrar o próprio valor" através do trabalho. Empregada mais informalmente, a expressão "ética do trabalho" significa apenas desejo de sucesso. Weber deu-lhe um significado diferente, vinculado a suas viagens aos Estados Unidos em 1904, ano em que publicou *A ética protestante e o espírito do capitalismo*. Ele viajou no auge da chamada Época de Ouro, quando os Vanderbilt davam jantares para setenta convidados, servidos por setenta criados empoados. O consumo de ostentação do tipo praticado pelos Vanderbilt não parecia explicar, para Weber, o que leva um homem ou uma mulher a sacrificar a vida em família, os hobbies, o convívio relaxado com os amigos ou a vida cívica em nome do trabalho; o amor do luxo não é suficiente para explicar por que cada dia deve ser vivido como um teste pessoal. Weber poderia fazer as mesmas perguntas a respeito de muitos executivos de Wall Street um século depois.

Para explicar a obsessão com o trabalho ao ponto da autonegação, Weber voltou às suas raízes na Reforma, particularmente ao austero puritanismo calvinista. João Calvino era obcecado com questões teológicas como saber quem será eleito, quem será salvo e não condenado ao inferno no além. Esta questão, sustentava Weber, deslocou-se ao longo do tempo da teologia para o trabalho secular: o obcecado pelo trabalho também está tentando provar o próprio valor. Mas é igualmente necessário um outro ingrediente: a solidão ascética. O "ascetismo cristão", escreveu ele, em uma passagem famosa,

> [...] inicialmente fugindo do mundo na solidão, já governara o mundo ao qual renunciava a partir do mosteiro e através da Igreja. Mas globalmente deixara intocado no mundo o caráter naturalmente espontâneo da vida cotidiana. Pois agora enveredava pelo mercado da vida, batendo a porta do mosteiro atrás de si, e tratou de penetrar exatamente nessa rotina diária da vida com seu metodismo, para transformá-lo em uma vida no mundo, mas não deste mundo nem para ele.[20]

Aparece assim o tema da retirada dos prazeres sociais, não mais como uma fuga dos pecados do mundo, mas como uma intensificação da ansiedade a respeito do próprio valor. Os indivíduos se esforçam porque competem uns com os outros. Tal como é, você não é bom o suficiente; luta constantemente para se afirmar pelo sucesso, mas nenhuma realização jamais é suficiente como prova sólida dessa adequação. A comparação odiosa volta-se contra o próprio eu. Mas, em vez de fazer o que é razoável e relaxar, você não pode, sempre com fome, esperando que em algum momento, de alguma maneira, possa sentir-se satisfeito, o que nunca acontece. É esse tipo de obsessão que Weber faz remontar à Reforma, à pergunta que não pode ser respondida: serei salvo?

Um século de pesquisas mostrou que em grande parte os fatos históricos arrolados por Weber não são confiáveis. Em um estudo sobre a sociedade holandesa nos séculos XVI e XVII, *The Embarrassment of Riches* [Excesso de oferta], Simon Schama mostrou, por exemplo, que os citadinos que trabalhavam duro se comportavam antes como sensuais do que ascetas, apreciando plenamente as coisas que podiam comprar no cotidiano; Albert Hirschman constatou que os primeiros capitalistas encaravam suas atividades como algo calmante e repousante, e não como geradoras de luta interna; o historiador R. H. Tawney lançou dúvida sobre a própria ligação entre religião e capitalismo.[21] Weber se equivocara ao projetar o "homem compulsivo" do presente no passado.

Weber foi recuperado e, em minha opinião, trivializado pelos estudantes do comportamento consumista que utilizam seu conceito de ascetismo mundano. A pesquisa indica o fato incontestável de que nos jovens consumidores são inculcadas ideias que os levam a pensar mais naquilo que lhes falta do que a apreciar o que já têm. Da mesma forma, as paixões consumistas de adultos centram-se na expectativa, naquilo que o produto promete; a obtenção e o subsequente uso constituem um prazer de vida curta; o adulto se cansa do objeto e começa novamente a busca de algo novo, que ainda não possua e possa prometer finalmente a satisfação. O que esse tipo de pesquisa não investiga são os motivos de ascetismo baseados na autocompetição.

O que hoje sabemos a respeito da obsessão, como emoção, é que pode ter três elementos. O primeiro é a compulsão de repetição, o impulso de fazer algo sempre e sempre, ainda que o ato não leve a nada; ao contrário dos ensaios musicais, nos quais o comportamento da mão muda à medida que é repetido, a compulsão de repetição é estática. O "homem compulsivo" de Weber busca acordos, acumula dinheiro, sempre e sempre sem ter a sensação de que esteja realmente realizando algo. Esse sentimento só faz sentido se, em segundo lugar, o indivíduo é movido pelo que a psicologia chama hoje em dia de perfeccionismo. Existe um estado ideal que é a única realidade; medidas parciais, vitórias pela metade nunca satisfazem o suficiente; o que o psicanalista Roy Schaeffer chamou certa vez de "imagem cristalina daquilo que alguém deveria ser" provoca e atrai as pessoas, um ideal do qual toda a confusão da experiência realmente vivida nunca está à altura. Em terceiro lugar, o "homem compulsivo" padece de insegurança ontológica, que é o fracasso em confiar na experiência cotidiana. A vida comum é vivenciada como um campo minado. No contato com desconhecidos, a pessoa acometida de insegurança ontológica provavelmente focará sua atenção nas ameaças que eles representam, nas feridas que poderiam infligir, tornando-se obcecada com seu poder de machucar.

Este terceiro elemento é o que acredito Weber tivesse em mente em certa medida ao ponderar que o homem compulsivo não está "à vontade no mundo", parecendo a vida cotidiana destituída de prazer e cheia de ameaças. Trabalhar com implacável afinco pode parecer uma arma para afastar os riscos representados pelos outros; o indivíduo se retrai sobre si mesmo. A ética do trabalho diminui o desejo de cooperar, especialmente com alguém que não conheçamos; esses outros parecem, *avant la lettre*, presenças hostis tendentes a nos fazer mal.

Reconheço que esses relatos psicológicos da obsessão também podem trivializar a titânica luta contra si mesmo, a ansiedade metafísica, que conferem perenidade ao ensaio de Weber. Talvez Weber seja mais bem entendido em seus próprios termos no último livro do escritor americano Lionel Trilling, *Sincerity and Authenticity* [Sinceridade e autenticidade].[22] Trilling encara a sinceridade como um relato sobre nós mesmos que fazemos a outros; para ser bom, o relato precisa ser exato e claro. A autenticidade não tem nada a ver com a necessidade de se mostrar exato e claro; é, antes, uma busca íntima no sentido de descobrir o que "realmente" sentimos, e contém um forte traço narcisista. Mas essa busca é ilusória; nunca chegamos a conhecer realmente nossos sentimentos autênticos. A autenticidade do tipo criticado por Trilling talvez seja representada com mais clareza nas ciências sociais pelo "paradigma de Maslow", do nome do psicólogo social Abraham Maslow, que dedicou a vida ao desenvolvimento da ideia de "autoatualização". A tese de Trilling era que, desvinculada de outras pessoas, outras vozes, a busca da autenticidade torna-se vã. Era exatamente a visão de Max Weber a respeito da ética protestante: ela volta as pessoas para o mundo interior, em uma busca impossível. Os outros não têm um lugar na luta obsessiva para provar o próprio valor; na melhor das hipóteses, contam como instrumentos, ferramentas a serem usadas. A cooperação com os outros certamente não aplaca as dúvidas íntimas, não tem valor em si mesma.

Na Parte 2, exploramos essa debilitação da cooperação em três vertentes: das desigualdades na infância, do trabalho adulto e da formação cultural do ego. Mas essa perda não é fatal; pode ser reparada. Na próxima parte deste estudo, investigaremos as maneiras de fortalecer a cooperação complexa e qualificada.

PARTE TRÊS

Fortalecendo a cooperação

7

A oficina

Fazer e consertar

A esperança encarnada pelos Institutos Hampton e Tuskegee era que a prática em comum das habilidades técnicas fortalecesse os elos sociais dos antigos escravos. Este capítulo investiga essa expectativa. Tentarei demonstrar de que maneira o trabalho físico pode induzir um comportamento social dialógico.

A habilidade técnica se apresenta em duas formas básicas: fazer e consertar coisas. O fazer pode parecer a atividade mais criativa, e o conserto, como um trabalho menor, *a posteriori*. Na verdade, as diferenças entre os dois não são tão grandes. O escritor criativo geralmente tem de editar, consertando esboços anteriores; um eletricista pode às vezes descobrir, ao consertar uma máquina quebrada, novas ideias sobre o seu funcionamento.

Os artesãos que se tornam habilidosos no fazer coisas desenvolvem aptidões físicas que se aplicam à vida social. O processo se dá no corpo do artesão; o jargão das ciências sociais faz essa ligação entre o físico e o social com uma palavra pesada, "corporificação". Neste capítulo, examinaremos três dessas corporificações: a maneira como os ritmos do trabalho físico se corporificam em um ritual; a maneira como os gestos físicos dão vida a relações sociais informais; e a maneira como o trabalho do artesão com a resistência física esclarece o desafio do trato com resistências e diferenças sociais. Formuladas sob o jargão de "corporificação", essas ligações devem parecer abstratas; tentarei torná-las concretas.

O tema do conserto tem implicações fora da oficina, exatamente porque a sociedade moderna tem atualmente urgente necessidade de conserto. Mas o conserto é uma questão complicada; existem maneiras conflitantes de consertar objetos quebrados, e essas estratégias conduzem em direções sociais conflitantes. Para que o conserto na oficina de alguma forma nos sirva de guia para a mudança, precisamos mais uma vez mergulhar no trabalho concreto daqueles que consertam.

Embora queiramos aprender o que o trabalho físico pode sugerir no que diz respeito ao fortalecimento dos vínculos sociais, não queremos cometer o erro de imaginar que as pessoas que se saem bem nesse tipo de trabalho necessariamente se tornem boas na vida social. As aptidões físicas quando se trata de fazer e consertar simplesmente aguçam percepções a respeito das relações sociais. Creio que podemos dizer que os reformistas que se reuniram em Paris há um século para a Exposição Universal, todos preocupados em tornar melhor a vida cotidiana dos trabalhadores, não estavam muito sintonizados com a maneira como o trabalho efetivamente funciona; queriam apenas fazer valer no local de trabalho valores sociais como a justiça. O processo de reforma pode ser invertido, aplicando-se à sociedade experiências feitas no interior da oficina.

RITMO E RITUAL

Imaginemos que houvesse um bisturi entre os objetos na mesa no quadro *Os embaixadores*, de Holbein. O uso do bisturi do cirurgião começava a se estabelecer no início do século XVI; sua composição metálica estava resolvida, mas a forma do instrumento variava e seu uso ainda não era bem compreendido. Como poderia o barbeiro que também fazia as vezes de cirurgião aperfeiçoar suas habilidades manuais?

Existe um ritmo a governar o desenvolvimento das aptidões humanas. O primeiro estágio envolve a impregnação de um hábito. O barbeiro-cirurgião aprende a lançar mão do bisturi sem ter que pensar a cada vez "agarre o

A OFICINA

cabo, mas não aperte demais"; ele precisa de fluência, autoconfiança no uso da ferramenta, quer estar tranquilo em sua firmeza. E alcança essa condição repetindo vezes e vezes o gesto de agarrar, até que, sem tremor nas mãos, sente firmeza, mas não tensão.

Em uma segunda etapa, a habilidade se expande pelo questionamento dos hábitos estabelecidos. No caso da habilidade manual, a empunhadura mais instintivamente confortável é a preensão fechada, envolvendo uma bola ou uma alavanca o máximo possível com os dedos, de tal maneira que o objeto esteja bem seguro na palma. Mas a mão humana tem a possibilidade de desempenhar muitas outras formas de preensão, por exemplo, segurando um objeto nas pontas dos dedos com o polegar por baixo dele ou simplesmente usando os quatro dedos voltados sobre a palma, mantendo-se o polegar passivo. O barbeiro-cirurgião a ponto de fazer a incisão em um paciente constatará que a preensão do bisturi com a mão em forma de copo é por demais insensível para cortar a pele com precisão; este tipo de preensão rasga, como uma espada. Ele terá de repensar essa forma de preensão para trabalhar com mais sensibilidade, experimentando com a preensão nas pontas dos dedos e também com o ângulo do punho. Para se aperfeiçoar, terá de estudar conscienciosamente sua mão.

Uma vez feito isso, sobrevém uma terceira etapa; a nova preensão para incisão na pele precisa voltar a ser inscrita como hábito da mão, para que ele recupere fluência e confiança. Surge, assim, um ritmo: hábito impregnado, questionamento do hábito, reimpregnação de um hábito mais a propósito. Um aspecto importante sobre a nova habilidade manual do barbeiro-cirurgião é o fato de enriquecer em vez de eliminar a preensão até então usada. No caso de incursões cirúrgicas mais profundas no corpo, a preensão rígida continuará sendo necessária. É verdade que em boa parte do desenvolvimento de habilidades físicas nós estamos corrigindo movimentos anteriores que se revelam ineficazes ou os geradores de tensão, mas o desenvolvimento não é apenas a correção de um gesto; queremos um coldre cheio de habilidades, cada uma delas especialmente destinada a desempenhar determinado ato.

A imagem do "coldre" é importante no desenvolvimento das aptidões. Às vezes se imagina que se tornar apto significa encontrar a maneira certa de executar uma tarefa, que existiria uma combinação direta entre meios e fins. Um caminho mais pleno para o desenvolvimento envolve a aprendizagem de diferentes maneiras de tratar o mesmo problema. O coldre cheio de técnicas capacita para o domínio de problemas complexos; só raramente uma única maneira certa serve para todas as finalidades.[1]

O ritmo do aperfeiçoamento de uma aptidão pode levar muito tempo para gerar resultados. Em uma das avaliações feitas, são necessárias cerca de 10 mil horas para desenvolver a mestria na prática de esportes, na prática musical ou na fabricação de armários; o que corresponde mais ou menos a cerca de quatro horas de prática por dia durante cinco ou seis anos. Era o tempo necessário para que um aprendiz em uma guilda medieval aprendesse seu ofício (10 mil horas é um número muito redondo, mas aproximativamente preciso). O simples acúmulo de horas não significa que alguém se tornará um jogador de futebol ou músico competente, mas, se houver um talento inato, o trabalho de longo prazo acaba gerando a segurança da prática. Às vezes é possível acertar em um procedimento já na primeira vez, mas o acidente propício talvez não aconteça na próxima vez. Além disso, também é possível estar de posse de um coldre cheio de aptidões ao começar; também isso leva tempo para ser alcançado.

O coldre pode às vezes estar cheio demais, oferecendo possibilidades em excesso, complexidade demais. Na década de 1920, o compositor Igor Stravinsky adotou a doutrina do "simplificar, eliminar, clarificar", reformulada meio século depois por Arvo Pärt como "renovar simplificando". A resposta de Albert Einstein a este impulso foi: "Tudo deve ser o mais simples possível — mas não mais simples que isto."[2] Chegar à simplicidade em uma arte é algo extremamente sofisticado. Não há nada de inocência ingênua em *Pulcinella*, de Stravinsky, por exemplo; a peça é cheia de comentários e ironia em torno dos motivos clássicos simples que utiliza.[3] A impressão de simplicidade da parte do ouvinte pode ser a maior ilusão artística.

Em formas mais prosaicas de artesanato, essa questão passa pelas "formas-tipo". O artesão começa com um modelo, a "forma-tipo" do modo como deveria ser cortado um tumor ou feito um armário; a forma-tipo significa um

A OFICINA 245

ponto de referência simples. O barbeiro-cirurgião ou o carpinteiro recorre então ao coldre cheio de aptidões para conferir um caráter próprio à operação ou ao armário nos detalhes — a maneira como o cirurgião faz a sutura, o verniz usado pelo carpinteiro —, imprimindo uma marca pessoal ao procedimento ou objeto. Lidando dessa maneira com a complexidade, o domínio técnico do artífice também gera individualidade.

O ritmo do desenvolvimento de aptidões transforma-se em um ritual quando praticado repetidas vezes. Diante de um novo problema ou desafio, o técnico integra uma reação, para em seguida pensar a respeito e reintegrar o resultado desse pensamento; diferentes reações seguem o mesmo caminho, preenchendo o coldre do técnico; com o tempo, o técnico aprenderá de que maneira imprimir caráter individual a uma forma-tipo que serve de guia. Muitos artesãos falam casualmente dos "rituais da oficina", e em minha opinião são esses ritmos que estão por trás dessa expressão.

Esses rituais no interior da oficina ou laboratório poderiam ser comparados aos rituais de fora? Teriam algo em comum, digamos, com os rituais religiosos? Os rituais religiosos certamente precisam ser aprendidos, e os praticantes de qualquer ritual religioso devem se tornar fluentes em suas palavras e gestos. Mas parece provável que a fase autoconsciente da capacitação de um ofício está ausente nos rituais religiosos, pois qualquer processo autorreferencial poria em risco a crença. Durante a Reforma, houve uma intrusão da consideração consciente dos ritos estabelecidos e do sentimento autorreferencial no seu desempenho. O resultado da reflexão pode de fato comprometer o ritual formal, como acontece entre os quakers, mas nem sempre; outras seitas protestantes reformataram o batismo, em vez de abandoná-lo.

Durante a Grande Inquietação no século XVI, a questão da habilidade no desempenho de um ritual tornou-se objeto de controvérsia. A Alta Idade Média de tal maneira havia refinado o ritual religioso que só os mais capacitados profissionais realmente o dominavam, como na evolução do ritual da Eucaristia. Lutero rejeitou o ritual baseado em uma habilidade especial, e por isso é que traduziu a Bíblia para a língua que os paroquianos falavam, simplificando os hinos para que pudessem ser cantados por todos. Para este grande reformista, a fé não é um ofício.

Poderia ser simples ligar o ritual da oficina a práticas sociais seculares. Esta ligação certamente se aplicava às práticas da diplomacia no século XVI; à medida que avançava a profissão diplomática, os jovens diplomatas eram treinados nas embaixadas fixas a se comportar de maneira fluente em público, valendo-se tanto da fala formal quanto da conversa informal no trato com estrangeiros; tanto a fala formalizada quanto a conversa diplomática informal assumiram caráter de ritual, sendo reconhecidas pelos outros como formas de comportamento estabelecidas e perfeitamente especializadas. Os embaixadores residentes instruíam seus jovens protegidos sobre a melhor maneira de desempenhar esses rituais; por trás de portas fechadas, os que desempenhavam os rituais eram rigorosamente examinados. Os dois jovens emissários da pintura de Holbein, enviados para tratar da crise em torno do divórcio de Henrique VIII, não eram particularmente habilidosos; a comitiva que acompanhava o embaixador residente em caráter permanente o era mais, embora nem mesmo esses profissionais estivessem à altura dos vorazes apetites sexuais de Henrique.

Apesar de profissionais, esses diplomatas continuavam sendo uma elite; embora possa ser considerada uma espécie de oficina social, a embaixada parece, como instituição, muito distante da rua. Queremos, assim, enquadrar de uma perspectiva mais ampla a questão dos rituais seculares, especializados e sociais.

Uma das maneiras de fazê-lo está na própria ideia de "papel" social. O sociólogo Erving Goffman investigou de que maneira as pessoas geralmente aprendem papéis em casa e no trabalho, assim como nos ambientes especiais de instituições mentais ou prisões.[4] A "apresentação do ego na vida cotidiana", para usar a expressão de Goffman, é na verdade uma obra em andamento. Começa quando as adaptações de cada um aos outros ganham impregnação como hábito. Os atores sociais podem então sofrer de "dissonância do papel" se as circunstâncias mudarem e antigos papéis se revelarem inadequados. A dissonância do papel manifesta-se, por exemplo, entre pais e filhos após um divórcio; os pais separados estão agora sob forte pressão para encontrar novas e fáceis maneiras de brincar, educar e conversar com os filhos. Para se

A OFICINA

adaptar, precisam pensar explicitamente em investigar comportamentos; o objetivo, contudo, é alterar ou expandir papéis, para que possam novamente ser praticados com fluência e sem um sentimento autorreferencial. Quando conseguem isso, afirma Goffman, as pessoas tornam-se mais "exímias" na vida cotidiana; mais ainda, conseguiram organizar pedacinhos de comportamento de forma ritualizada.

Um estudo denso desses rituais pode ser encontrado nas notáveis pesquisas efetuadas por Michel de Certeau e seus colegas de Lyon, especialmente no bairro da Croix-Rousse. Em virtude da pobreza extrema da comunidade, os recursos são muito incertos; as residências e escolas são às vezes reformadas, às vezes entregues à decadência; as pessoas transformam-se em virtuoses da improvisação no trabalho, conseguindo o possível; a ameaça é constante. O objetivo é inscrever alguma ordem através de rituais aparentemente pequenos para que as pessoas possam se entender com a possível harmonia. Para isso, elas precisam tornar-se aptas à prática de rituais em todas as esferas, do contato visual com estranhos na rua às maneiras de se comportar adequadamente ao namorar um imigrante. Por causa da instabilidade da comunidade, de Certeau constatou que seus membros são constantemente obrigados a reformatar o comportamento compartilhado. Como no caso de um divórcio, nesses momentos decisivos os habitantes de Croix-Rousse examinam atentamente seus hábitos comuns, discutindo-os em conjunto, para que "a lógica do pensamento não voltado sobre si mesmo [possa] ser levada a sério".[5] Como a pura e simples ordem é em si mesma importante para eles, os rituais comuns mantêm essa comunidade paupérrima coesa; a necessidade os leva a se tornar "exímios" na rua.

Não deve causar surpresa o fato de as pessoas alterarem os rituais. Como vimos no capítulo 3, ritos religiosos como a Comunhão constituem obras em andamento ao longo de séculos, mas, como esses ritos parecem emanar de uma fonte divina, as pessoas não se concentram neles como criadores ou revisores. Nos rituais seculares, sobrevêm pausas autocentradas para reflexão; essas pausas de questionamento não comprometem a experiência; podem ser abraçadas quando as pessoas sentem que servem para adaptar, expandir e aperfeiçoar seu comportamento. Como acontece na oficina, também na família ou na rua isso é possibilitado pelo ritmo do desenvolvimento da aptidão.

GESTOS INFORMAIS

Para explicar a corporificação da informalidade nos gestos físicos, vou inicialmente escrever um parágrafo denso:

Como o ritual, o triângulo social é uma relação social feita pelas pessoas. Na oficina do artesão, essa relação trilateral muitas vezes é vivenciada de maneira física, não verbal; os gestos corporais tomam o lugar das palavras no estabelecimento da autoridade, da confiança e da cooperação. Aptidões como o controle muscular são necessárias para que os gestos corporais comuniquem, mas o gesto também tem importância social por outro motivo: o gesto físico faz com que as relações sociais fiquem parecendo informais. Também surgem sentimentos viscerais quando fazemos gestos, informalmente, com palavras.

Vamos agora desembrulhar este parágrafo:

Uma oficina de instrumentos de cordas em Londres (a clínica do meu temperamental violoncelo) mudou-se para novas instalações, concebidas com esmero por uma jovem arquiteta. Ela decidira exatamente onde deveriam transcorrer as diferentes atividades da oficina, onde seriam dispostas as diversas ferramentas, das máquinas de corte e dos grandes grampos até as pequenas caixas e suportes necessários para cada função. Preocupou-se também com o cheiro das colas e vernizes — a oficina usa receitas antigas que cheiram muito mal —, recorrendo a um inteligente sistema de ventiladores no teto. No dia da inauguração, tudo parece muito organizado e no lugar; encontrei os cinco luthiers, três homens e duas mulheres, postados como soldados junto a suas bancadas.

Oito meses depois, tudo está muito diferente. São poucas as ferramentas que se encontram nas caixas que lhes foram destinadas; as máquinas de corte foram arrastadas para posições diferentes; os ventiladores foram desligados (com toda evidência eles zuniam em si bemol, tonalidade gritante para pessoas

A OFICINA 249

profissionalmente sintonizadas com a tonalidade básica do lá natural). A oficina ainda é mantida limpa, mas já não esquematicamente organizada. Apesar disso, os cinco luthiers movimentam-se com agilidade em meio à confusão, desviando-se e se abaixando, às vezes executando rotações como dançarinos em torno da serra agora plantada bem no centro. Essas mudanças aconteceram aos poucos, de mês a mês, à medida que as pessoas adaptavam a clara concepção arquitetônica a seus gestos corporais mais complicados no andamento do trabalho.

O processo de estratificação visto aqui ocorre em muitos locais de trabalho, e será fácil sempre que o ambiente físico se mostrar flexível. Mesmo em locais de trabalho rigidamente definidos, as pessoas procedem a essa estratificação através de pequenos gestos, como por exemplo um franzir da testa significando "Este espaço é meu" ou um sorriso convidando: "Entre." Com sons também fazemos gestos, e não só com o rosto; nessa oficina, por exemplo, uma luthier que trabalhava na mesa de corte percebeu pelo som de uma aproximação e pelo canto do olho que alguém estava a seu lado ou atrás dela; e mudou de posição ao mesmo tempo que continuava a cortar.

Gestos de movimento, expressão facial e som dotam o triângulo social de uma vida perceptível aos sentidos; na oficina de instrumentos de cordas, a autoridade merecida, a confiança da fé cega e a cooperação sob pressão traduziam-se em experiências físicas. Os cinco luthiers orgulham-se de sua competência no mais exigente dos ofícios, o corte e modelagem das pranchas que formarão as partes posterior e traseira dos instrumentos de cordas: todos eles mereceram e conquistaram sua autoridade na máquina de corte. Aquele que se encontra na máquina de corte comanda a oficina, passando adiante peças de madeira que não interessam mais sem se virar, esperando que os outros estejam por perto atentos e levem as partes descartadas sem maiores comentários. Nessa oficina, raramente alguém se exalta, pois os outros têm domínio semelhante do ofício. A confiança do tipo fé cega manifesta-se quando alguém carregando cola quente, potencialmente perigosa, presume que os outros sairão do caminho sem que seja preciso pedir; as costas arquea-das e as mãos agarrando o pote de cola fazem o gesto que esta pessoa espera seja suficientemente entendido. A cooperação sob pressão manifesta-se, por exemplo, quando alguém descobre pequenos módulos até então insuspeitados em peças de madeira; pude notar que, quando um luthier bate com a peça em sua bancada para testar a densidade, o som da batida atrai os outros, que deixam suas bancadas para fazer comentários ou simplesmente se solidarizar.

Embora essa versão física e em miniatura do triângulo social possa parecer trivial, o fato é que contém certas características plenas de significado. A primeira diz respeito ao gesto. Embora os luthiers façam no novo espaço gestos baseados nos que já faziam antes, esses gestos derivaram dos que prevaleciam na velha e sobrecarregada oficina, e surgiram gestos inteiramente novos. Antes, por exemplo, a operação de corte era feita na mesma bancada em que se procedia à aplicação da cola e do verniz; os outros artesãos imediatamente viam o que o cortador estava fazendo; não havia necessidade de manobras por trás dele. Perguntei ao homem que cuida do meu violoncelo sobre mudanças como esta; algo surpreso, ele lançou os olhos pela confusa oficina, onde os colegas iam e vinham. "Acho que simplesmente aconteceu." Ele dedica toda a sua vida profissional à fabricação de violoncelos, mas lhe parecia estranho imaginar que também estava criando um espaço de trabalho ao usar esses gestos como ferramentas.

O gesto pode parecer apenas um reflexo involuntário já absorvido. E certamente o parecia a Charles Darwin. Em uma obra tardia, *A expressão das emoções no homem e nos animais* (1872), Darwin sustentava que os gestos humanos decorrem desse tipo de reflexo involuntário existente em todas as criaturas vivas; nenhuma criatura ou grupo de animais é capaz, por ato da vontade, de alterá-los drasticamente.[6] A tese de Darwin era em certa medida uma resposta ao pintor Charles le Brun; em sua *Conférence sur l'expression des passions* (1698), Le Brun afirmava que os gestos são antes feitos que achados.[7] Poderíamos dizer que, para Darwin, os velhos reflexos se transferiram com os fabricantes de instrumentos quando eles se deslocaram para novas instalações, ao passo que, para Le Brun, passar a madeira cortada para trás era uma criação vinculada a novas circunstâncias; para levar um passo além sua argumentação, Le Brun poderia ter dito que a vida na oficina ficou mais rica com esse novo gesto.

A OFICINA

A moderna antropologia se alinha com Le Brun, mostrando que a cultura faz uma grande diferença na modelagem dos gestos que eram considerados reflexos involuntários por Darwin. Os habitantes das ilhas Andaman regulam estritamente quando começar a chorar ou parar de fazê-lo; as carpideiras profissionais da Coreia costumavam usar na cabeça certas ervas ao chorar nos enterros, levando apenas os alimentos certos dispostos em uma pequena mesa.[8] Da mesma forma, a cultura faz diferença no sorriso; Jean-Jacques Courtine e Claudine Haroche, historiadores-antropólogos do sorriso, observam que no século XVIII os maoris sorriam à notícia de uma morte, ao passo que nós, ocidentais, mesmo sendo informados de que a morte de nossa tia distante nos deixou ricos, aprendemos a franzir o rosto; Courtine e Haroche acreditam, na verdade, que os lábios são os traços culturalmente mais flexíveis do corpo.[9]

Se o gesto está sob nosso controle, como podemos desenvolvê-lo com habilidade? No trabalho artesanal, a demonstração visual muitas vezes é mais importante que a instrução verbal. Embora o pensamento visual frequentemente possa se traduzir em palavras, não deixa de ser pensamento — como acontece quando giramos objetos mentalmente, avaliando o tamanho de objetos próximos ou distantes ou um volume. Esse tipo de trabalho mental-visual nos permite aprender com o que as outras pessoas nos mostram com seus gestos. Em uma oficina de carpintaria, a maneira correta de segurar uma serra pode ser demonstrada tomando a madeira das mãos do aprendiz e mostrando-lhe como repousar a serra nas mãos e no braço de tal maneira que ela corte simplesmente com o próprio peso. As instruções sobre como montar um objeto, por exemplo, sempre causam irritação quando não mostram o gesto necessário a cada passo; precisamos ver o gesto corporal para entender o ato. No aprendizado, a opção por "mostrar em vez de dizer" raramente implica em se manter totalmente calado, pois a pessoa à qual se mostra determinado gesto provavelmente fará perguntas, mas o mostrar vem antes do explicar.

Além disso, os gestos podem modificar o ritmo do fazer, suspendendo e refazendo hábitos com o passar do tempo — o dar de ombros, por exemplo. "Dar de ombros", pondera o psicólogo Jürgen Steeck, "é uma representação composta" que suspende "o envolvimento ativo com as coisas."[10] O momentâneo dar de ombros pode funcionar como uma pista muda para que a outra pessoa recue, duvide ou pelo menos pense a respeito do que está fazendo. Seja antes, quando uma ação foi inscrita como hábito, ou depois, quando é ampliada ou enriquecida, o ritmo é confirmado por gestos que expressam para nós e sinalizam para os outros que temos confiança naquilo que estamos fazendo.

Os gestos, finalmente, são o meio pelo qual vivenciamos a sensação da informalidade. Em certa medida, a própria defasagem entre mostrar e dizer pode fazer com que um gesto fique parecendo informal: o ato físico que vemos não pode ser exposto com clareza em palavras, não é enunciado com a mesma nitidez. A informalidade tem um caráter visceral fácil, em contraste com os músculos estomacais tensionados ou a respiração curta da ansiedade. Até a fala pode ser imbuída desse sentimento visceral, como nas conversas abertas, mais relaxadas, mais prazerosas, mais ligadas às percepções sensoriais, em seu fluir, do que as discussões competitivas. Mas a sensação da informalidade também é enganadora, se imaginarmos que "informal" é o mesmo que "amorfo". Os trabalhadores da casa comunitária sabiam que isso não é verdade quando deram uma forma a aulas informais de idioma e a performances dramáticas; também sabemos em nossos corpos que a informalidade tem forma, quando gesticulamos adequadamente em função de nossas circunstâncias e gesticulamos bem.

Aqui temos, então, meu complicado parágrafo inicial desembrulhado. O triângulo social informal é uma relação social que fazemos; o gesto é uma das maneiras de pôr em prática o relacionamento; os gestos que vinculam são formas adquiridas de comportamento, e não reflexos involuntários; quanto melhor nos sairmos dos gestos, mais visceral e expressiva se torna a informalidade.

TRABALHANDO COM A RESISTÊNCIA

A terceira corporificação relaciona os encontros do artesão com a resistência física aos encontros sociais difíceis. O artesão tem conhecimento de algo muito importante a respeito do trato com a resistência: não resistir, como alguém que

A OFICINA

entra em guerra com os nódulos na madeira ou com a resistência da pedra; a maneira mais eficaz consiste em empregar força mínima.

Voltemos aqui ao nosso barbeiro-cirurgião para entender essa maneira de trabalhar com a resistência. A cirurgia medieval era muito parecida com um campo de batalha, na maneira como o cirurgião lidava com o corpo do paciente. Com facas cegas e serras pouco dentadas, o barbeiro-cirurgião invadia o corpo, lutando por abrir caminho entre músculos e ossos. O advento de instrumentos mais aperfeiçoados fez com que ele tivesse de lutar menos; se o cirurgião desenvolvesse aptidões mais variadas e delicadas, podia trabalhar de maneira ainda menos agressiva. Uma das consequências disso é que ele podia agora estudar vários órgãos profundos, pois permaneciam intactos ao contato da faca. Podemos ver esse resultado nos grandes tratados de anatomia escritos por Vesalius no século XVI; graças a instrumentos mais precisos e refinados, o cirurgião era capaz de avaliar ínfimas diferenças na resistência encontrada pelo bisturi entre as membranas envolvendo determinado órgão e a massa mais densa do órgão propriamente dito.[11]

Os instrumentos óticos que aparecem na mesa de Holbein ao mesmo tempo se assemelhavam ao novo bisturi do barbeiro-cirurgião e diferiam dele. Como o bisturi, eram instrumentos refinados que permitiam a alguém ver com mais clareza e mais adiante do que a olho nu. Ao contrário do que acontecia com o bisturi, quanto mais claramente viam, mais intrigadas ficavam as pessoas com o que estavam vendo — luas até então desconhecidas no sistema solar, a suspeita de estrelas e galáxias mais longínquas: coisas que desafiavam a compreensão. Johanes Kepler (1571-1630) enfrentou essa questão em 1604, quando uma supernova (uma gigantesca bola gasosa) de repente apareceu no céu; recorrendo a fórmulas mágicas, os astrólogos explicaram o motivo de sua existência, mas não sua intrigante movimentação, observada por Kepler pelo telescópio.

A resistência manifesta-se, assim, na matéria física e também no empenho de entender a matéria, e muitas vezes o segundo tipo de dificuldade é desencadeado por ferramentas mais aperfeiçoadas. Na luta com a resistência encontrada, ficamos mais atentos ao desejo de nos livrar do problema do que ao empenho de entendê-lo; em contraste, ao trabalhar com a resistência queremos suspender a frustração pelo fato de encontrar um obstáculo, e enfrentamos o problema em seus próprios termos. Este preceito geral ganhava vida na oficina dos luthiers londrinos nos momentos em que uma artesá começava a bater um bloco de madeira contra a bancada para descobrir se apresentava algum nódulo. Ela segurava o bloco de diferentes maneiras, tentando localizar pelos sons extraídos das pancadas onde se encontraria o nódulo; depois de começar a cortar, não tentava arrancar o nódulo, mas moldar as pranchas dos instrumentos recortando em volta dele, sentindo a presença da beira do nódulo em pequenas resistências a sua mão ao empurrar o bloco, um tipo delicado de recorte em que era orientada pelo nódulo ainda não visto. Estava, assim, trabalhando com a resistência.

A aplicação de força mínima é a maneira mais eficaz de trabalhar com a resistência. Assim como no trabalho com um nódulo de madeira, o mesmo se dá em um procedimento cirúrgico: quanto menos agressivo o empenho, maior a sensibilidade. Vesalius exortava o cirurgião, ao sentir o fígado mais resistente ao bisturi que os tecidos circundantes, a "conter a mão", para investigar com mais cuidado e delicadeza antes de cortar mais. Na prática musical, ao se deparar com uma nota errada ou um torneio de mão que deu errado, o músico não vai a lugar nenhum forçando. O erro deve ser tratado como um fato interessante; com isso, o problema acabará sendo resolvido. Este preceito se aplica ao tempo, assim como à atitude; os ensaios que se prolongam por horas a fio deixam exausto o jovem músico, que toca de maneira cada vez mais agressiva e atenção sempre diminuída. Um preceito zen afirma que o arqueiro destro deve deixar de lutar por atingir o alvo e passar a estudá-lo; a precisão na mira acabará por se manifestar.

O uso de força mínima está ligado ao estabelecimento de uma boa relação com as próprias ferramentas. Ao martelar, o primeiro impulso do novato é projetar o peso de todo o corpo nesse esforço. Os mestres carpinteiros deixam que o peso do próprio martelo aja, em vez de recorrer à própria força do ombro para baixo. O mestre terá desenvolvido uma compreensão profunda da ferramenta e sabe empunhá-la de maneira a fazer uso mínimo da força

A OFICINA

— o martelo segurado com leveza na extremidade da haste, com o polegar estendido ao longo dela; desse modo, o martelo faz o trabalho por ele.

De certa maneira, a aplicação de força mínima segue uma regra básica da engenharia. As máquinas conservam energia fazendo uso do menor número possível de partes móveis e do mínimo possível de movimentos; assim também a energia de um cirurgião, músico ou atleta depende da economia do gesto. Esse princípio da engenharia tem o objetivo de descartar a fricção, reduzir a resistência. Mas a invariável observância da regra do engenheiro seria contraproducente para o artesão; os intrigantes movimentos da supernova de 1604 estimularam Kepler a investigar o significado das linhas de paralaxe, ao passo que o astrólogo tratou de se livrar magicamente dessa fricção mental. Na oficina de instrumentos musicais, um cortador particularmente eficiente comentou comigo: "A gente sempre aprende sobre as madeiras mais macias explorando os nódulos."

Essa abordagem da resistência é particularmente importante no comportamento social dialógico. Somente mediante um comportamento com um mínimo grau de autoafirmação podemos nos abrir para os outros — um conceito tanto pessoal quanto político. Os movimentos totalitários não trabalham com a resistência. Este preceito também se aplica à guerra. As táticas de precisão de Napoleão davam ênfase à aplicação da força no campo de batalha em pontos localizados, ao passo que a blitzkrieg nazista na frente oriental fracassou por falta de foco, com a aplicação indiscriminada de poderio maciço.

Menos radical, o jogo de soma zero requer que os competidores pensem sobre a resistência de maneira nuançada. Por sua própria natureza, a competição gera resistência, já que o perdedor não quer perder. A competição precisa incluir a parte do perdedor na troca. Como sustentava Adam Smith, os mercados que obedecem ao espírito tudo-ao-vencedor — o equivalente econômico da maneira como os predadores máximos lidam com outras criaturas — podem destruir completamente o incentivo para competir; em um jogo de soma zero, os vencedores precisam prestar atenção ao que restará ao perdedor para que ele volte a jogar, assim mantendo o fluxo da troca. Essa qualidade de atenção representa, na competição econômica, uma versão do trabalho com a resistência.

JUNTOS

O uso de força mínima toma a frente em termos dialógicos na troca diferenciada. E de maneira óbvia na conversa dialógica, na qual uma pessoa se exime de insistir ou argumentar para levar em conta o ponto de vista de outra. A força verbal agressiva também é minimizada pelo emprego do tempo subjuntivo, seja nas conversas comuns ou em trocas diplomáticas. A ironia autoimposta do tipo adotado por La Rochefocauld "contém a mão" psicologicamente; diminuindo o tom de arrogância, ela convida os outros a participar. O valor atribuído por Castiglione à *sprezzatura*, à leveza do gesto e da fala, no *Livro do cortesão*, também é uma expressão social da força mínima. Finalmente, os procedimentos indiretos usados por organizadores comunitários se enquadram na esfera da força mínima. Têm uma certa leveza, preferindo o estímulo à ordem; na organização comunitária praticada no Near West Side de Chicago, o toque de leveza era inseparável do objetivo de sintonizar os moradores com as complexidades da comunidade.

Essas experiências sociais dialógicas constituem formas do conhecimento social corporificado. "Corporificação", aqui, é mais que uma metáfora: tal como fazer um gesto social, comportar-se com força mínima é uma experiência dos sentidos, na qual podemos nos sentir bem com os outros tanto física quanto mentalmente, pois não nos estamos impondo a eles. Esta sensação talvez explique o fato de, em busca de uma palavra que designasse civilidade, Castiglione ter recorrido a *sprezzatura*, antiga palavra italiana significando originalmente apenas "flexibilidade". Esse tipo de prazer nos é dado socialmente quando relaxamos.

Sob todos os seus diferentes nomes, a experiência da força mínima nas relações sociais contrasta com a redução da ansiedade explorada no capítulo 6. A redução da ansiedade visa diminuir o estímulo externo; e o faz através da retirada individual. Ao passo que, fazendo uso de força mínima, tanto física quanto socialmente, podemos nos tornar mais sensíveis ao ambiente, mais ligados a ele, mais envolvidos. As coisas ou pessoas que resistem a nossa vontade, as experiências que opõem resistência a nossa compreensão imediata passam a importar em si mesmas.

A OFICINA 257

Temos então aqui três modos de fazer coisas carregados de implicações sociais. O ritmo do desenvolvimento de uma aptidão física pode corporificar o ritual; os gestos entre pessoas podem corporificar o triângulo social informal; o uso da mínima força pode corporificar a reação àqueles que resistem ou divergem. De que maneira fazer com que as três coisas sejam empregadas para melhorar as relações sociais? Como poderiam essas habilidades corporificadas fortalecer a cooperação, em particular?

São questões que dizem respeito ao conserto social. Examinaremos a questão do conserto social nos capítulos finais deste estudo. Para isso, precisamos entender primeiro como funciona em si mesmo o conserto.

CONSERTO

Existem três maneiras de proceder a um conserto: fazer com que um objeto danificado fique parecendo como novo, melhorar seu funcionamento ou alterá-lo completamente; no jargão técnico, essas três estratégias são conhecidas como restauração, retificação e reconfiguração. A primeira é determinada pelo estado original do objeto; a segunda procede à substituição por partes ou materiais melhores, ao mesmo tempo preservando uma forma antiga; a terceira reimagina a forma e o uso do objeto no processo de consertá-lo. Todas as estratégias de conserto dependem de uma avaliação inicial de que o que está quebrado pode de fato ser consertado. Um objeto que não seja passível de reparos, como uma taça de vinho quebrada, é tecnicamente considerado um "objeto hermético", não comportando intervenções. A cooperação não é como um objeto hermético, que uma vez danificado perde toda possibilidade de recuperação; como vimos, suas origens — sejam genéticas ou no inicial desenvolvimento da humanidade — são na verdade duradouras; são passíveis de conserto.

As implicações sociais e políticas de cada uma se tornam claras se examinarmos as obras de restauração em um prédio danificado.

Os consertos do tipo "parecendo novo" são exemplificados no caso dos restauradores de porcelana, cujo desafio consiste em deixar no objeto tão poucos traços do trabalho artesanal que jamais saberíamos que ele chegou a ser quebrado. Esse tipo de restauração é um trabalho que se apaga, mas o restaurador não é propriamente um descuidado; está, isto sim, criando uma ilusão, e essa arte é exigente, requerendo estrita atenção aos detalhes. O restaurador habilidoso de porcelana recolhe não só as lascas visíveis de uma peça quebrada como a poeira sobre a mesa onde ela repousava; esses micropedaços ocultos na poeira são usados para recompor os materiais.

A ilusão criada pelo restaurador que se apaga também exige uma decisão sobre o tempo que ele quer recriar. O estado "autêntico" de um velho objeto seria o do momento em que foi fabricado? Na restauração de pinturas, é uma questão decisiva. Os trabalhos recentes na Capela Sistina, restabelecendo as cores originais dos afrescos, representaram um autêntico pesadelo para muitos observadores, não só porque as cores originais parecem berrantes, mas também porque, como observou Ernest Gombrich a respeito desse tipo de restauração, a "parte do observador" foi eliminada da pintura; ao longo dos séculos, nossa experiência da Capela Sistina foi determinada pela maneira como o objeto envelhecia.[12] A ilusão do "original" pode, portanto, ser contestada; outros restauradores teriam devolvido a capela a um ponto diferente do passado, ainda assim gerando no observador a sensação de estar vendo mais do original.

Por tudo isso, o ato de reconstrução exige certa modéstia da parte do artífice: a intrusão de sua presença não é o que interessa no trabalho; o restaurador se considera um instrumento do passado. A "autenticidade" certamente pode ser objeto de debate, mas em princípio os debatedores não estão voltados para si mesmos.

A retificação é uma técnica de conserto que enfatiza mais a presença daquele que conserta. Ela preserva uma forma existente ao mesmo tempo que substitui partes antigas por outras, novas e aperfeiçoadas. Os restauradores de violino hoje em dia, por exemplo, às vezes usam em cravelhas e cavaletes madeiras diferentes das usadas na época de Stradivarius. Em muitos casos, trata-se de autênticas melhorias; Stradivarius é um gênio, mas não está em

A OFICINA 259

um santuário. Entretanto, embora sejam mudanças discerníveis, o objeto tem o mesmo propósito e pode ser usado da mesma maneira que antes.

A retificação exige criatividade, comportando o conhecimento das alternativas de substituição e a capacidade de integrar essas possíveis aplicações ao objeto existente. Esse tipo de conserto também requer uma avaliação criteriosa da resistência do próprio objeto no tempo. Ante a necessidade de substituir um telhado de palha, suscetível de se incendiar, o responsável pelo conserto pode decidir por um material sintético à prova de fogo; o novo material também pode ser apenas a camada superior de um sanduíche de materiais isolantes que permitam ao telhado fazer uso mais eficiente da energia. Neste caso, a necessidade de critério na retificação vincula a substância à função.

Significa isso que a retificação desafia aquele que conserta a contemplar diferentes meios para alcançar o mesmo fim; a concepção ou o fabricante original escolheu apenas um. O equivalente social daquele que conserta nesse processo não é nenhum visionário; pelo contrário, é um ajeitador, e a criatividade é a ferramenta do ajeitador; ele conhece as alternativas.

Tecnicamente, a reconfiguração é o tipo de conserto mais radical. O objeto quebrado serve de oportunidade para criar um objeto diferente, na função como na forma. É o tipo de conserto que praticava a equipe de Chipperfield. Um exemplo industrial surgiu recentemente no braço mecânico usado em padarias modernas para manipular o pão no forno. Inicialmente apenas uma ferramenta semelhante a uma pá, destinada a empurrar os pães para dentro do forno, esse braço, funcionando de maneira tosca, fazia com que alguns pães queimassem e outros ficassem mal-assados. Na década de 1980, a tecnologia desses braços foi consideravelmente aperfeiçoada; os padeiros podiam agora manipular a massa de pão enquanto era assada — revirá-la, estirá-la, cortá-la —, resultando disso, de maneira imprevista, que as máquinas passaram a assar muitos tipos diferentes de pão ao mesmo tempo.

A improvisação é um elemento-chave de consertos radicais dessa natureza; ocorre o mais das vezes mediante mudanças pequenas e surpreendentes que acabam apresentando consequências mais amplas. A improvisação ocorre na exploração das ligações entre pequenos consertos e suas consequências maiores.

Na mesa de Holbein, era esta a história dos instrumentos de navegação, na qual pequenas mudanças nos metais de fabricação permitiram a criação de instrumentos de medição mais precisos, que os cientistas então constataram poder ser usados de novas maneiras. Especificações incompletas tornam possível a reconfiguração; se nem todos os detalhes do conserto forem especificados antecipadamente, haverá mais espaço para experimentações radicais.

A improvisação e a especificação incompleta vinculam esse tipo de conserto técnico a experiências sociais de caráter mais radical. As casas comunitárias e a organização comunitária que se lhes seguiu em Chicago tinham especificações deliberadamente incompletas. O objetivo do espaço aberto à improvisação era gerar novas formas de cooperação, ao mesmo tempo preservando entre os participantes o sentimento de que eram capazes e competentes. A cooperação em torno de pequenos detalhes põe em movimento esse processo de metamorfose. As comunidades deviam fazer seus próprios consertos, em vez de recorrer a um especialista, um ajeitador.

Os que se opõem a esse tipo de conserto/reforma argumentam que, embora possam dar uma boa impressão, mudanças desestabilizadoras desse tipo geram resultados incoerentes. Para reconhecer aos opositores o que lhes é devido, na esfera técnica trata-se realmente de uma questão concreta. A reconfiguração incoerente fica imediatamente aparente nos programas de computação para processamento de texto, que aos poucos se afastaram desse objetivo inicial da escrita, pelo acréscimo de inúmeros penduricalhos que os tornaram lentos e ineficientes. Na reconfiguração, a incoerência se manifesta quando o artesão esquece o problema que devia ser resolvido, para começo de conversa.

O que é, de maneira geral, um desafio em qualquer conserto. Aquele que conserta deve encarar o colapso no funcionamento como uma advertência, além de uma oportunidade. Quando algo dá errado em um objeto, precisamos pensar, para começar, no que estava errado e também no que estava certo com ele. E o que se aplica aos objetos danificados pelo tempo também se aplica às pessoas; elas são sobreviventes danificadas pelas próprias biografias, mas o início de sua história de vida não foi necessariamente um erro. Um conserto

A OFICINA

incoerente pode dar a sensação de mudança mas também sacrificar o valor do ato inicial de criação.

Em 1943, os bombardeios britânicos em Berlim destruíram o telhado e a escada central do museu arqueológico da cidade; quinze meses depois, um segundo bombardeio arrasou com a ala noroeste do prédio. Seus tesouros haviam sido transferidos, e o prédio ficou em ruínas durante quarenta anos; em 1980, suas grandes colunas ainda estavam esfaceladas em um pátio, chuva entrava por buracos no teto e por janelas grosseiramente tapadas com pranchas de madeira; as paredes estavam cheias de crateras cavadas pelas balas de metralhadoras, testemunho dos combates de rua durante a violenta captura de Berlim pelos russos no fim da Segunda Guerra Mundial.

Em meados da década de 1980, o governo da Alemanha Oriental começou a proteger o prédio, recuperando os alicerces e instalando um telhado de emergência. Após a reunificação de Berlim em 1989, o empenho de reconstrução passou de uma hora para outra a contar com mais financiamento, mas o dinheiro levantava uma questão importante: até que ponto teria cabimento consertar aquele símbolo danificado? Seria o caso de restabelecer sua glória original, quando o museu — um enorme e complicado labirinto arquitetônico — foi inaugurado em 1859? Ou seria melhor arrasá-lo definitivamente para construir um novo museu? Não seria o caso de fazer com que a restauração de alguma forma registrasse, preservasse, narrasse o trauma por que passara o prédio? Muitos monumentos danificados, como a Catedral de Coventry, na Grã-Bretanha, destruída pelos aviões alemães em 14 de novembro de 1940, deram lugar a dilemas dessa natureza, mas na própria Alemanha, arrasada pelo nazismo, e depois pela tirania comunista no pós-guerra, essas questões eram profundamente perturbadoras. Até que ponto os berlinenses queriam lembrar, até que ponto queriam esquecer? Os três tipos de habilidade técnica do conserto estavam envolvidos no debate sobre o grau de lembrança a ser evocado.

Uma forte facção de berlinenses queria que o museu fosse uma cópia perfeita do prédio ao ser inaugurado no século XIX, "parecendo novinho". Perto do Neues Museum, a ilusão do tempo intocado foi planejada no Stadtschloss, obra barroca danificada na Segunda Guerra Mundial e demolida em 1950. Nada há de particularmente alemão nesse empenho de fazer com que prédios modernos pareçam velhos: na Grã-Bretanha, o Prince's Trust construiu nos últimos vinte anos aldeias "históricas" inteiras; nos Estados Unidos, a restauração de lugares como a Williamsburg colonial procura dar a ilusão de lugares esquecidos pelo tempo. Em Berlim, contudo, a amnésia deliberada tinha um forte propósito político, o esquecimento de um trauma.

A amnésia assume muitas formas. Pode advir pela rejeição completa do conserto, desobstruindo um local para a construção de um prédio completamente novo, ou, na verdade, bairros inteiros — exatamente o que os chineses fizeram com suas cidades e sua história em Xangai e Beijing, onde a velha arquitetura cheia de personalidade dos pátios foi destruída e substituída pelas torres neutras que podem ser vistas em qualquer parte do planeta hoje em dia. As ruelas de Beijing, as *hutongs*, eram apinhadas, sujas e anti-higiênicas; seria razoável propor seu esquecimento, em um espírito cívico. A tese do apagamento tinha grande peso em Berlim na década de 1990, por diferentes motivos; em época anterior, Berlim Ocidental criara alguns prédios notáveis, como a Philharmonie de Hans Scharoun, construída entre 1956 e 1963; muitos viam no Neues Museum uma oportunidade de criar um museu completamente novo, no mesmo nível de inovação.

Mas não se tratava de um local de edificação como outro qualquer. Ao ser inaugurado em 1859, o museu representava a ambição da Alemanha de trazer a cultura do mundo antigo para a Alemanha atual. O prédio é um monumento ao imperialismo cultural, com toda certeza; mas os objetos em si mesmos são incríveis e foram lindamente preservados ou restaurados. Tal como no Museu Britânico em Londres, as autoridades sustentavam que esses objetos agora pertenciam à cultura mundial. Um novo prédio continuaria servindo à integridade dos objetos, podendo também afirmar sua neutralidade, politicamente.

Do ponto de vista do conserto, um novo prédio continuaria sendo uma retificação, uma nova forma para atender a uma velha intenção. O programa

A OFICINA

continuaria sendo exatamente o que era em 1859: exibir. Um novo prédio, aperfeiçoado e tornado neutro, ainda seria, em seu propósito, o estojo de um tesouro.

Assim foi que o arquiteto escolhido para reconstruir o Neues Museum, David Chipperfield, sofreu considerável pressão da opinião pública em duas direções opostas: fazer um prédio exatamente como o antigo ou dotá-lo de uma forma completamente nova. A política da nostalgia é muito forte em uma cidade e em um país que passaram por semelhante trauma, mas seria inconcebível que um arquiteto tão inventivo viesse a planejar um prédio falso; seus impulsos de criatividade certamente teriam subvertido semelhante estratégia, e muito provavelmente ele fracassaria ou abandonaria o projeto. Os colegas de Chipperfield, pelo contrário, o estimularam a soltar a imaginação em algo completamente novo, assim como os jovens berlinenses, que detestavam tudo que o passado do museu representava.

Essas pressões conflitantes levaram os líderes da cidade e Chipperfield a encontrar um meio-termo, mas o trabalho afinal apresentado por sua equipe não se limitava a uma solução de compromisso, tornando-se algo completamente diferente; a própria ideia do museu foi repensada durante a reconstrução, de tal maneira que o prédio conta sua própria história, à parte dos objetos que abriga. Essa história incorpora a debacle histórica da Alemanha; em vez de se limitar a exibir o trauma, em vitrines ou séries de fotografias, por exemplo, o arquiteto faz com que os visitantes do museu o sintam no próprio corpo. Era uma reconfiguração drástica da ideia de museu, modulando-se o seu propósito no conserto de suas partes.

Pode parecer que a reconfiguração requer uma reconsideração analítica, teórica, o que certamente é verdade de modo geral, mas no trabalho artesanal as metamorfoses dessa espécie geralmente são propiciadas por questões de detalhe. Nos dez anos que dedicou a esse projeto, a partir de 1998, Chipperfield teve de resolver questões como a melhor maneira de combinar antigos e novos fragmentos de pedra no soalho do terraço ou pintar as paredes com a mesma cor da pintura antiga, mas em tonalidades diferentes. Em certos ambientes ele literalmente restaurou os danos da guerra, de tal maneira que é possível ver os efeitos dos bombardeios; em outros, mostra os objetos de maneira diferente da habitual em exposições museológicas, como acontece na sala onde tesouros da escultura são dispostos em frente a paredes de vidro, de maneira que, do lado de fora, o observador pode vê-las pelas costas, uma ênfase na perspectiva circular que reflete mudanças no conhecimento moderno do antigo Egito, contrariando a visão frontal dessas esculturas que prevaleceu de meados do século XIX até a Segunda Guerra Mundial. Em outras salas ainda, completamente novas, ele criou espaço para atividades que os arquitetos originais jamais imaginariam destinadas a um museu; o coreógrafo Sasha Waltz, por exemplo, usou essas salas como palco para apresentações de dança moderna.

O prédio exibe seu próprio processo de transformação: novos elementos foram acrescentados, novas atividades tornaram-se possíveis, mas o conturbado passado do prédio continua evidente; podemos caminhar por esse registro, vê-lo nas paredes; o perplexo percurso por muitos dos espaços do prédio reforça a experiência visceral de uma construção que deixou de ser um todo coerente.

Em seus escritos e entrevistas sobre o Neues Museum, Chipperfield enfatiza o estreito vínculo entre o fazer e o consertar. Na solução de alguns dos problemas, como o conserto do soalho, ele encontrara novas maneiras de trabalhar a textura de algumas das paredes, tanto no que diz respeito aos materiais quanto à pintura. O projeto exigiu que sua equipe trabalhasse com resistências, em vez de lutar contra elas, e em muitas partes do prédio isso gerou uma abordagem minimalista, uma "arquitetura" tão pouco dramática quanto possível, mesmo no grande saguão de entrada, onde o arquiteto remodelou uma escada monumental: em si mesma, ela representa o Chipperfield modernista, enquanto as paredes do saguão não parecem afetadas pelo gesto dramático.

Teríamos aqui uma espécie de manifesto social? Eu tenderia a achar que sim, embora o arquiteto, sendo um arquiteto, prefira falar de técnicas de argamassa. A reconstrução corporificava um pensamento dialógico. O resultado transmite uma mensagem ética sobre dano e reparo. Percorrendo as salas do museu, o visitante não esquece sua dolorosa história, mas essa lembrança não é fechada, contida em si mesma; a narrativa espacial vai em frente, sugerindo

A OFICINA 265

uma abertura a diferentes possibilidades que não sejam apenas o inteiramente novo ou como se fosse novo. Sua política é a da mudança, abrangendo rupturas históricas sem se fixar no puro e simples fato do dano.

É isto exatamente o que queremos que seja vivenciado no conserto da cooperação. A cooperação não é como um objeto hermético, impossível de recuperar uma vez danificado; como vimos, suas origens — sejam genéticas ou no primordial desenvolvimento humano — são na verdade duradouras; admitem conserto. A reconfiguração desse prédio representava uma metáfora esclarecedora em nossa maneira de pensar como consertar a cooperação.

Nós caminhamos — ou será que nos desviamos? — das lascas de porcelana, dos telhados de palha e das hastes móveis de padaria em direção à filosofia, mas não sem razão.

Resumindo, os processos do fazer e do consertar em uma oficina vinculam-se à vida social fora dela. A palavra "corporificado", tão impregnada de conotações, ajuda a estabelecer essas ligações. No jargão das ciências sociais, a expressão "conhecimento social corporificado" costuma ser empregada como uma vaga metáfora; embora as metáforas e analogias contribuam, naturalmente, para o entendimento, a palavra "corporificado" parece-me ter um efeito mais contundente, por ser mais direta e concreta. Posso insistir nisso porque, filosoficamente, duvido da separação entre mente e corpo; da mesma forma, não posso acreditar que a experiência social esteja desvinculada das sensações físicas. Eu quis explorar de que maneira o ritmo da técnica física no interior da oficina pode ser sentido no ritmo dos rituais fora dela. Os gestos informais dentro da oficina estabelecem relações e vínculos emocionais entre as pessoas; a força dos pequenos gestos também é sentida nos laços comunitários. A prática do uso da força física mínima na oficina tem uma sensível ressonância fora dela na condução de trocas verbais diferenciadas. Ainda que essas ligações sejam mantidas como analogias, espero que possam reavivar a noção de que as relações sociais são experiências viscerais.

O conserto indica ainda outras maneiras de relacionar o físico e o social. A restauração, seja de um vaso ou de um ritual, é uma recuperação em que se recobra a autenticidade, e os danos do uso e da história são desfeitos; o restaurador torna-se um servidor do passado. A retificação está mais voltada para o presente e tem caráter mais estratégico. O conserto pode melhorar um objeto original ao substituir partes antigas; da mesma maneira, a retificação social pode tornar um objetivo antigo melhor, quando servido por novos programas e políticas. A reconfiguração tem um aspecto mais experimental e procedimentos mais informais; consertar uma máquina velha pode levar, quando as pessoas brincam com ela, à transformação do objetivo da máquina, assim como do seu funcionamento; da mesma maneira, consertar relações sociais quebradas pode tornar-se uma atividade em aberto, especialmente quando efetuada de maneira informal. Das três, a reconfiguração é a mais mobilizadora socialmente. Como veremos agora, é a que se mostra mais eficaz na renovação da cooperação.

8
Diplomacia cotidiana
Conversas de reforma postas em prática

A diplomacia cotidiana é uma maneira de lidar com pessoas que não entendemos, com as quais não conseguimos nos relacionar ou estamos em conflito. Para enfrentar esses desafios, em comunidades, no trabalho ou nas ruas, as pessoas procedem de maneiras análogas ao fazer e consertar objetos em uma oficina. Empregam a força mínima; criam espaço social através de gestos codificados; fazem consertos sofisticados com traumas reconhecidos. Costuma-se dizer que as vias indiretas são a essência da diplomacia, e é verdade que todos esses empenhos dependem antes da sugestão que do comando. Mais importante, contudo, é o fato de a diplomacia cotidiana pôr em prática a conversa dialógica. Um dos resultados disso é a habilidade na gestão do conflito.

Poderíamos imaginar, com razão, que em todas as culturas as pessoas aprendem a se relacionar pelo uso do tato e de alusões, ao mesmo tempo evitando afirmações muito contundentes. Como vimos, contudo, na Europa os códigos culturais das vias indiretas tomaram um novo rumo no fim do Renascimento e no início da Reforma; diplomatas profissionais e cortesãos formularam novos rituais de comportamento, baseados em novas concepções da civilidade.

Este capítulo investiga essa herança na vida comum. Embora nas ruas das cidades modernas a civilidade não tenha muita semelhança com a cortesia demonstrada de maneira tão elaborada nas antigas embaixadas e salões, os princípios organizadores do ritual secular permaneceram.

A COOPERAÇÃO INDIRETA

No capítulo 6, despedimo-nos dos trabalhadores de escritório de Wall Street quando estavam mergulhados em urgente necessidade de consertar sua sorte, em busca de trabalho no centro de recrutamento. A diplomacia cotidiana manifesta-se na maneira como os agentes de emprego atendem a essa necessidade cooperando indiretamente com os clientes.

A função do agente de emprego é intimidante. O desemprego prolongado entre trabalhadores de meia-idade está relacionado a crescente alcoolismo, violência conjugal e divórcio; essas correlações têm início no quarto e no quinto meses de desemprego, agravando-se constantemente daí para a frente.[1] Os danos sociais do desemprego de longo prazo tornam-se visíveis, nos centros de recrutamento, naquelas pessoas que se sentem caladas e recolhidas, presas na raiva ou na vergonha. Lembro-me, por exemplo, de uma empregada de escritório sem vínculos familiares e muito apegada ao emprego, que corre o risco de se tornar uma trabalhadora sem esperança por muito tempo. Cheia de raiva por ter sido demitida depois de trabalhar com dedicação durante treze anos, ao longo de quatro meses, sem patrão para recriminar — ele também havia desaparecido da corretagem —, ela se voltou contra os agentes de emprego e contra si mesma; pessoa bastante animada quando a conheci, tornou-se, passado meio ano, apática.

Como pode o agente de emprego reagir a empregados assim desalentados e reanimá-los? Jane Schwartz (como passarei a chamá-la) é uma adepta particularmente dedicada da cooperação indireta. Grisalha, com um sotaque áspero típico do Bronx, ela passou a dominar a arte de se manter por sua vez em silêncio diante de um cliente calado; afundada em sua cadeira, mascando chicletes, o olhar vago, ela não parece se alterar com o que quer que os clientes lhe apresentem. Não se mostra maternal; quando diz alguma coisa, sua orien-

DIPLOMACIA COTIDIANA 269

tação consiste em gradualmente induzir os clientes de atitude reprimida a rir das loucuras dos patrões ou do fato de uma centena de outros clientes estar se candidatando ao mesmo emprego. Certa vez perguntei à sra. Schwartz por que achava que isto podia ajudá-los, e ela disse: "Eu tenho uma coleção de livros de piadas", como se assim estivesse respondendo a minha pergunta — e de fato, retrospectivamente, me dei conta de que estava.

"Eles precisam relaxar, mesmo estando debaixo de grande pressão", observou outro agente de emprego. "Os patrões são uns cretinos. Se perceberem qualquer sinal de que você está realmente tenso, mandam embora." Recomendar que alguém "se recomponha" dificilmente ajudará. Contar piadas é uma maneira consagrada de relaxar em qualquer situação tensa, mas no centro de recrutamento ela tem uma justificação estratégica: os clientes que estão desempregados há muito tempo em geral se encontram em situação economicamente desesperadora, o que pode deixá-los emocionalmente arrasados; na entrevista para o emprego, contudo, precisam ostentar uma atitude de tranquilidade; devem, no dizer deste segundo agente, aprender a "se conformar com uma mão fraca".

Certos rituais aparentemente insignificantes visam inculcar nos clientes o uso da força mínima quando comparecem a essas entrevistas. Eles são exortados a introduzir casualmente suas realizações e experiências passadas na conversa, em vez de propagandeá-las abertamente; a ideia é gerar um ritmo de perguntas e respostas que confira um tom participativo à entrevista. Para ser bem-sucedida, uma entrevista de candidatura a emprego deve estar focada antes na coisa em si do que no eu: o candidato bem-sucedido mostra interesse e conhecimento a respeito da função oferecida. Os clientes são orientados a jamais mostrar ao possível empregador o quanto estão precisando de um emprego. Os dois podem saber que o candidato está em situação desesperada, mas é preciso manter a ficção de que o que está ocorrendo é uma discussão objetiva sobre o trabalho propriamente dito; esta ficção abranda a tensão social. Passar uma impressão do tipo "posso aceitar ou não" é uma simulação necessária para os que estão com a mão fraca. Esse tom de leveza é a aplicação da *sprezzatura* à entrevista de emprego, análoga, na oficina, à leveza da força física e ao foco colocado no objeto, e não em si mesmo.

A ética do trabalho tão profundamente enraizada na sociedade moderna dificulta o uso dessa máscara; a ética protestante descrita por Weber transforma o trabalho em um símbolo de valor pessoal; é difícil relaxar diante de testes dessa natureza. Os candidatos a emprego que ficaram muito tempo desempregados sabem que os entrevistadores representam testes difíceis ante os quais falharam várias vezes antes; a entrevista torna-se cada vez mais um acontecimento psicológico sobrecarregado para trabalhadores desanimados.

O agente de recrutamento precisa ter a expectativa de que, indo de encontro à força propulsora da ética do trabalho, será capaz de contê-la recorrendo a algum aspecto da experiência de trabalho rotineira do cliente. Trata-se aqui de dar um passo atrás em uma tarefa para ter sobre ela uma nova perspectiva, uma experiência tão comum que muitos trabalhadores nem pensam a respeito. Dar um passo atrás é algo que pontua a fase intermediária do ritmo da capacitação. Nas relações sociais, dar um passo atrás nada tem de rotineiro, permitindo à pessoa enxergar de maneira diferente, mas também representa uma suspensão da verdade; ao dar um passo atrás, podemos nos imaginar mais autoconfiantes e à vontade, ainda que na realidade as contas a pagar estejam se acumulando.

A esperança, nos centros de recrutamento, é que os agentes sejam capazes de dar pistas sobre como se comportar mais à vontade com possíveis empregadores. Existem de fato agentes de recrutamento que enunciam rigorosamente regras de comportamento nos menores detalhes, tais como "Olhe-me bem nos olhos ao apertar minha mão", ou "Quando eu fizer uma pergunta, responda de maneira sucinta antes de explicar sua resposta". Em excesso, contudo, tais ordens imperativas haverão de se revelar contraproducentes, fazendo com que o candidato apenas fique mais nervoso na tentativa de se lembrar da etiqueta. O objetivo de um ritual de entrevista de emprego, como qualquer ritual, é pôr em prática formas de comportamento que a pessoa absorveu e automatizou, comportamentos que já estão além de um estado de espírito autorreferencial.

DIPLOMACIA COTIDIANA

Isto me foi lembrado quando comecei a estudar os centros de recrutamento na década de 1980, quando o agenciamento de empregos era sobrecarregado pela psicoterapia. Um agente em um desses centros de primeira linha me mostrou um espesso volume, destinado aos candidatos a emprego, explicando tudo que devia ser observado e evitado, do ponto de vista emocional, nas entrevistas de emprego, e enfatizando a introspecção. Se levasse o livro a sério, o candidato concluiria que precisava fazer psicanálise, mais que de um emprego.[2] Hoje em dia, os manuais desse tipo são menos pesados. São dadas sugestões, mas não em número excessivo; os agentes orientadores esperam que o cliente possa deduzir da tranquilidade desses encontros as maneiras de se comportar em outras situações.

Como acontece em relação ao comportamento, assim também em relação à tomada de decisões. Uma cena a que pude assistir várias vezes em um centro de recrutamento privado exemplifica bem como funciona esse toque de leveza. Na pequena sala de reuniões, uma mesa de conferências está cheia de documentos sobre como abrir e financiar um negócio próprio. Muitos dos clientes desse centro privado pensam em abrir um negócio próprio, como consultores trabalhando fora de casa ou em pequenas empresas *start-ups* no denso mundo da economia do conhecimento em Nova York. Nos casos mais extremos, um punhado de muito poucos românticos urbanos sonha com a transformação total: montar uma fazenda orgânica. Mas nos bons períodos as chances de um negócio *start-up* americano durar dois anos são de aproximadamente uma em oito, e estatisticamente montar uma pequena fazenda orgânica é com quase toda certeza uma receita de fracasso.

Sobre a mesa, o agente proporciona os documentos que falam dessas perspectivas, mas deixa a interpretação para o cliente, que mergulha na papelada, franzindo o sobrolho como um comprador ante a oferta de um duvidoso carro de segunda mão. Ante uma pergunta sobre questão específica, o agente diz aquilo que sabe factualmente, mas não mais. O procedimento tem o objetivo de transmitir sua confiança de que os clientes podem descobrir o que é melhor para eles. Como a piada, esse procedimento evita a advertência: "Seja realista!" Sua astúcia está em apresentar os fatos a respeito da criação de pequenas empresas como se o cliente realmente pudesse querer ir em frente, confiando que, com o tempo, ele decidirá não fazê-lo. Nessa etapa, o agente de emprego mobiliza um grau mínimo de influência pessoal, dizendo o mínimo possível a respeito do que os clientes deveriam decidir e procurando, em vez disso, voltá-los para fora, para que se orientem por uma realidade objetiva além dos desejos pessoais.

A contenção do agente dos centros de recrutamento convida os clientes a contemplar a relação entre solução de problemas e identificação de problemas. Ela contrasta com o tipo de solução de problemas isolado e autorreferencial que ocorre no interior do silo corporativo. Além disso, a prática de uma cooperação indireta, leve e voltada para fora também atende aos organizadores comunitários. Como vimos no capítulo 1, o toque de leveza diferencia o organizador comunitário do organizador na área do trabalho. De fato, o empenho de voltar as pessoas para fora e não para dentro é necessário em qualquer forma mais difícil de sociabilidade. Especialmente, como constataram de Certeau e seus colegas, no caso de pessoas que enfrentam circunstâncias materiais desafiadoras.

Embora muitos agentes de emprego da minha geração tenham sido treinados em psicoterapia, não são propriamente psicoterapeutas. Conselheiros como Jane Schwartz evitam se comportar como um padre ouvindo a confissão; a questão não é entrar na psique do cliente, mas voltá-lo para fora. Quando o cliente sucumbe à violência doméstica, por exemplo, eles não podem lidar com o problema em si mesmo; não é da sua responsabilidade. A pressão do tempo também determina esse comportamento mais distante. Em sua maioria, os agentes lidam com centenas de clientes; os mais experientes tratam de corrigir os novatos que demonstram excesso de identificação e se envolvem demais, dedicando muito tempo a determinados casos. Em vista da pressão do tempo, eles podem focalizar apenas os primeiros passos de estímulo ao trabalhador desanimado ou encenar rapidamente um drama para despertar os mais sonhadores.

Um fato interessante no agenciamento de empregos — pelo menos a julgar pelas avaliações reunidas no centro de recrutamento de Wall Street — é que os clientes bem-sucedidos dão valor à orientação, mas não se envolvem emocionalmente com os orientadores; em jargão psicanalítico, não resta muita transferência quando esses clientes voltam a se empregar. "Eu quase nunca tenho notícias deles depois", observou a sra. Schwartz, sem parecer muito infeliz por isso: "Eu mal tenho tempo para meus amigos; muito, muito ocupada atualmente..." O agente exercitou empatia, e não simpatia; ao evitar reações do tipo "Pobrezinho, sinto muito por você", ele quer justamente evitar uma reação como "Coitado de mim".

Não há nada de extraordinário na cooperação indireta; ela pode ocorrer nas ruas de Croix-Rousse ou se manifestar entre trabalhadores, como os que eu acompanhei em Boston, que se mostraram capazes de construir uma estrutura social informal com base no trabalho mecânico. Mas caberia perguntar se essa prática faz muita diferença quando se trata de encontrar um emprego, ou seja, se o conserto funciona.

Tanto na Europa quanto na América do Norte, o mercado de trabalho vem se transformando estruturalmente. Já é um lugar-comum dizer que a partir do início da década de 1980 se tornou cada vez menor o número de operários europeus e norte-americanos trabalhando na produção manufatureira de massa; esse encolhimento se estende atualmente — como acontece na programação e na engenharia de informática — aos trabalhos qualificados que podem ser executados a preço mais baixo em outras partes do mundo.[3] Na minha opinião, é fantasioso imaginar que as novas economias criativas ou verdes possam contribuir muito para impedir a maciça transferência de empregos do Ocidente. A tendência no mundo do trabalho de colarinho branco é para o trabalho de prestação de serviço de mais baixo nível, como nas vendas de varejo e no atendimento de idosos, prestações de serviços sujeitas ao decurso de curto prazo explorado no capítulo 5. Naturalmente, certos serviços profissionais de contato pessoal não recuarão — não haveremos de recorrer a um advogado na Índia para resolver nosso divórcio por e-mail —, mas as economias ocidentais enfrentam o paradoxo de uma alta produtividade sem pleno emprego. Estamos diante da perspectiva de que venha a parecer

JUNTOS

"normal" que algo entre 15 e 18% da força de trabalho fique sem emprego de tempo integral por mais de dois anos; entre os jovens na casa dos 20, esse percentual subirá para 20-25%.[4]

Pode-se esperar, assim, que o centro de recrutamento de emprego venha a marcar presença cada vez maior, como instituição, na vida de um número sempre maior de pessoas. E não será a única instituição dessa natureza. Verifica-se atualmente na Grã-Bretanha a ascensão dos "clubes de emprego", grupos de apoio mútuo de fundo comunitário que se revelam particularmente importantes para aqueles que estão sem emprego há muito tempo, procurando manter o moral e manter acesa a orientação boca a boca. Mas o problema estrutural, tanto para os profissionais quanto para os grupos comunitários, é a tarefa cada vez mais difícil de encaminhar os candidatos aos escassos empregos disponíveis. Nas classes médias, isso significa baixar as expectativas; os agentes de emprego profissionais e os organizadores dos clubes de emprego precisam igualmente se capacitar no trato com a decepção. Esses agentes e organizadores são os realistas da sociedade; os políticos que prometem o retorno ao pleno emprego do tipo vivenciado pela geração de nossos pais são os fantasistas da sociedade.

Dito isso, o centro de recrutamento não pode ser apenas uma escola da aflição e da falta. A cooperação indireta pode de fato preparar os que buscam emprego para a melhor maneira de se comportar quando conseguirem entrar no gabinete de um empregador. Mais que isto, as pessoas precisam acreditar que poderão conseguir alguma coisa na vida; poucos agentes de recrutamento ficariam no próprio emprego se agissem como professores de decepção. O valor do esforço daquele que busca emprego e do agente de recrutamento está no fato de terem reconfigurado aquilo que o conserto envolve, antes social e pessoalmente do que economicamente; a missão consiste em manter o envolvimento com os outros ainda que o sentimento interno seja de miséria. O racionalista durão que descarta essa tarefa como mero "fator de conforto pessoal" ignora o que está em jogo. O trabalhador desalentado precisa aprender a ser um sobrevivente: é o objetivo que mantém na função os bons agentes de recrutamento. Como é possível transcender o sentimento de ser prisioneiro das estatísticas de emprego?

A capacidade de resistir à adversidade é uma questão de grande alcance pessoal e coletivo à qual o pessoal do centro de recrutamento oferece uma resposta talvez especial, mas que tem repercussão. Em certa medida, o conserto ocorre pela resistência à retirada economicamente induzida. Não se trata da retirada do tipo tocqueviliano, voluntária e redutora da ansiedade. É antes a retirada descrita por Max Weber, constituindo o lado negativo da ética do trabalho, um isolamento que aumenta a ansiedade à medida que a pessoa se concentra cada vez mais no seu eu insuficiente. O movimento de conserto consiste em se manter socialmente ligado a outros — tarefa que, paradoxalmente, requer que a temperatura emocional seja abaixada. O agenciamento de empregos é uma representação pequena mas, ainda assim, evocativa da maneira como esses consertos podem ser tentados através da cooperação indireta.

GESTÃO DE CONFLITO

O bom agente de aconselhamento está sempre do lado do cliente. Grande parte das trocas sociais tem caráter mais antagônico, seja no jogo de soma zero ou em uma luta do tipo tudo-ao-vencedor. Poderíamos imaginar que a reconciliação é o papel que a diplomacia cotidiana desempenha nessas situações, servindo as vias indiretas para aplacar os contendores. Mas a diplomacia cotidiana pode fazer mais que isso. Para entender como isso ocorre, precisamos entender de que maneira a expressão do conflito pode às vezes aproximar as pessoas para que cooperem melhor.

Um exemplo dessa expressão será encontrado na maneira como a ex-primeira-ministra britânica Margaret Thatcher lidava com os ministros do gabinete. Simon Jenkins assim descreve a maneira como ela conduzia as reuniões: "Ela discutia e gritava. Convidava [ministros e altos funcionários] a enfrentá-la e em seguida os atacava com uma mistura de conhecimento trivial e a autoridade do seu cargo." Um de seus assessores "calculou que ela falava durante 90%

do tempo nas reuniões. Declarava logo de entrada sua conclusão e desafiava qualquer um dos presentes a discordar".[5] Mas aqueles que de fato a enfrentavam muitas vezes saíam das reuniões com o sentimento de que tinham sido produtivas. Um exemplo menos elevado já foi examinado nestas páginas: os capatazes das padarias de Boston se davam bem com os subordinados apesar de muitas vezes xingá-los e maltratá-los.

Temos aqui a versão nuvem-de-tempestade da troca, a tempestade que limpa a atmosfera. O sociólogo Lewis Coser considerava esse tipo de expressão o modelo genérico do conflito produtivo. As pessoas aprendem quais são os limites além dos quais os outros não cederão, os pontos a respeito dos quais não aceitam compromisso; a tempestade então passa, e todos saem com a honra intacta e mais unidos que antes.[6] Nessa visão, as reuniões de gabinete de Thatcher não eram tão diferentes assim de tantas discussões em família. A cooperação não é fortalecida apenas aliviando-se as pressões; as quedas de braço fixam limites que não deverão ser ignorados no futuro.

A nuvem de tempestade também pode gerar um tempo perigoso, confrontos tão exasperadores que os participantes não querem mais saber uns dos outros. Por isso, o mediador profissional não pode se limitar a simplesmente acalmar os ânimos. Como os diplomatas, os mediadores trabalhistas precisam aprender, por exemplo, quando aproximar as partes em conflito e quando mantê-las distantes. Indo e vindo entre as salas em uma negociação em que as feras em conflito são mantidas em jaulas separadas, o mediador hábil saberá avaliar com sutileza quando chegou o momento de aproximá-las; um desses mediadores afirma que esse momento ocorre quando considera que as partes em conflito já estão fartas dos próprios argumentos.[7]

Em uma sala de conferências, estando as feras em conflito na presença umas das outras, ainda pode ser necessário acalmar os ânimos, mas tampouco será suficiente. Uma técnica mais diligente foi desenvolvida pelo duque de Joinville para os diplomatas no século XIX e tem sido usada com grande resultado por negociadores trabalhistas americanos como o falecido Theodore Kheel.[8] A técnica baseia-se na fórmula "em outras palavras, você está dizendo que...", mas na verdade não se limita a devolver uma repetição; o negociador integra

DIPLOMACIA COTIDIANA

certos interesses ou preocupações da parte adversária na reformulação, com isto estabelecendo um terreno comum para negociação. Joinville referia-se a esse procedimento como um ato de "re-parar",* o que vem a ser um trocadilho adequado no caso; o conserto de um conflito, como um conserto na oficina, reformata uma questão para que se torne suscetível de mudança.

Tratamos anteriormente das habilidades auditivas na cooperação em termos de compreensão e enfática reação ao que outra pessoa está dizendo. Geralmente, a expressão "em outras palavras..." é usada para esclarecer o que a pessoa está dizendo; para Joinville, como para Kheel, o objetivo é de certa maneira distorcer a mensagem. O negociador praticando a técnica de Joinville finge deliberadamente ter ouvido mal para introduzir novos elementos de aproximação. Joinville deve ter sido um leitor inteligente, além de hábil ouvinte, pois alega que esta técnica remonta a Platão. Nos diálogos de Platão, Sócrates constantemente reformula os argumentos de outras pessoas de maneira diferente do que elas pensavam e diziam; Sócrates ouve mal para arejar as ideias.

Mas e se não houver um mediador? Caberá esperar então que a tempestade leve à devastação? As feras tornam-se insaciáveis em sua sede de sangue? Em determinadas circunstâncias, a gestão de conflito pode dispensar mediadores; aqui, os danos podem ser consertados pela reconfiguração do equilíbrio entre silêncio e fala.

Wall Street foi em certa época toda Nova York. No início, os imigrantes estabeleciam negócios especializados logo acima do que é hoje o centro financeiro, em Tribeca ou ao longo de Canal Street; eram pequenas empresas de prestação de serviços ou manufatura, mantidas a partir do fim do século XIX por judeus, eslovacos, italianos, poloneses e asiáticos e operadas por famílias inteiras, perto de suas residências no Lower East Side. Esse cinturão de negócios especializados geridos por imigrantes existe até hoje, embora

---

*No original inglês, *re-pairing* joga com o verbo *to repair*, consertar, e ao mesmo tempo com a ideia de restabelecimento de um par – no caso, para o entendimento entre as partes. [*N. do T.*]

sua geografia esteja encolhendo, mantida coesa por longos relacionamentos com fornecedores e clientes. Como em qualquer comunidade voltada para pequenos negócios, os concorrentes tendem a se aproximar; atualmente, por exemplo, uma única rua de Chinatown abriga oito atacadistas de utensílios de cozinha para restaurantes.

Movidos pela guerra civil e as conturbações econômicas em seu país, os coreanos começaram a migrar em grande quantidade para os Estados Unidos em meados da década de 1970, demandando as grandes cidades, especialmente Nova York e Los Angeles. Em Nova York, eram ao mesmo tempo semelhantes e diferentes dos imigrantes que haviam chegado antes. Como os demais, eram terrivelmente pobres. Mas diferiam porque em muitos casos tinham um nível elevado de educação, embora não achassem mercado para sua capacitação como médicos ou engenheiros nos Estados Unidos; sua situação pode ser comparada, na Europa, à dos vietnamitas de alto nível educacional que chegaram a Paris na década de 1960, à medida que o Vietnã mergulhava em convulsão.

Em Nova York, os coreanos também diferiam por terem extravasado dos limites do tradicional cinturão de imigrantes no centro da cidade. Montaram negócio em lugares onde eram uma presença estranha, criando um nicho próprio com a abertura de lojas abertas vinte e quatro horas por dia, sete dias por semana, para a venda de comida pronta, flores e alimentos embalados para não coreanos; seus clientes eram habitantes ricos de Manhattan ou negros pobres de comunidades espalhadas por regiões da cidade onde não havia mercados de grande porte. Hoje uma presença integrada à paisagem e plenamente aceita pelos nova-iorquinos, as lojas coreanas representavam uma inovação há quarenta anos. De certa maneira, os coreanos se assemelhavam aos chineses que haviam chegado antes, na criação de organizações de crédito rotativo para financiar suas lojas; os negócios mais prósperos recolhiam parte dos lucros aos fundos de crédito para ajudar outros iniciantes. Na geração que chegou primeiro, os vínculos sociais também eram fortes; nas lojas coreanas, esperava-se que os adultos que não estivessem trabalhando cuidassem dos filhos para os outros, muitas vezes o fazendo nos fundos das lojas.[9]

DIPLOMACIA COTIDIANA

Cooperativos entre eles, os merceeiros coreanos enfrentaram de uma forma peculiar o dilema que vimos examinando neste estudo, o de se entender com quem é diferente. Esse dilema se transformou em um confronto para a geração pioneira no trato com clientes afro-americanos pobres. Naturalmente, os coreanos enfrentaram a barreira da língua, mas, pior ainda, alguns de seus clientes se tornaram seus adversários, sentindo-se explorados pelos preços cobrados; alguns também sentiam inveja dos recursos financeiros por trás de cada loja. Por sua vez, os coreanos encaravam com desprezo esses clientes pobres de vidas aparentemente desajustadas e desorganizadas — e, pior ainda, eventualmente deixavam transparecer esse desprezo.

Isso teve consequências violentas: em 1992, desordeiros destruíram em Los Angeles cerca de 2.300 negócios de coreanos; em Nova York, as mercearias coreanas há muito eram objeto de incidentes com pedradas e, desde 1984, boicotes organizados. A reação dos coreanos consistiu ao mesmo tempo em organizar a própria defesa e tratar com representantes da comunidade afro-americana. A Associação Coreana de Nova York e a Associação de Comerciantes Coreanos entrou em contato com organizadores comunitários profissionais da comunidade afro-americana, que já vinham treinando sua capacidade de negociação desde anteriores revoltas, voltadas na década de 1960 contra o establishment branco. O governo de Nova York também montara uma equipe de mediadores.

Como acontece em qualquer tentativa profissional de resolução de conflitos, esses encontros começavam com acusações mútuas, declarações e exigências. Levava muito tempo para que as trocas conduzissem a alguma coisa: só depois de cinco anos os confrontos acusatórios evoluíram para procedimentos de gestão da violência potencial. Os progressos foram alcançados através do que Theodore Kheel chama de "cobertura simbólica"; a cooperação em torno de questões menores avança por simbolizar que algo pode ser feito; questões mais amplas e irreconciliáveis são adiadas, talvez em caráter permanente.[10] As negociações formais centravam-se, por exemplo, na questão de saber que agência governamental pagaria pelos danos infligidos às lojas, enterrando a ideia de processar eventualmente os clientes violentos.

Não havia nenhuma prática de reconciliação, no sentido de promover um melhor entendimento entre os lojistas e os clientes; nenhuma forma de aproximação. Em 1992, o ano em que finalmente a mediação formal conseguiu algum avanço, um estudo realizado entre comerciantes coreanos constatou que 61% deles acreditavam que os negros são menos inteligentes do que os brancos, que um percentual semelhante estava convencido de que os negros são menos honestos e que 70% consideravam que os negros são mais inclinados a cometer crimes que os brancos.[11] Essa visão é uma mistura de puro racismo, experiência concreta de roubos e, igualmente, sentimentos que refletem a história de vulnerabilidade dos próprios coreanos. As tentativas de mediação formal não haviam afastado essas nuvens tempestuosas, como tampouco o havia feito o conflito em si mesmo. Mas os coreanos e seus clientes acabaram encontrando uma solução, ou algo parecido. Aplacaram o conflito através do silêncio, através de um acordo tácito no sentido de jogar a raiva e o preconceito para o fundo do quintal. Tal como os candidatos a emprego, aprenderam a praticar o distanciamento emocional.

Mas esta é apenas metade da história. A outra metade diz respeito ao trato dos coreanos com seus próprios empregados. À medida que as lojas se expandiam além da capacidade dos coreanos de trabalhar apenas com compatriotas, os empregados foram se tornando quase exclusivamente de origem latino-americana, outro grupo étnico estranho para os imigrantes, mas com o qual tinham relações bastante diferentes do que as que mantinham com os clientes afro-americanos. Os empregados latinos também nutriam ressentimentos, em decorrência dos salários baixos e do abusivo número de horas de trabalho; tais ressentimentos levaram a greves, embora em Nova York houvesse poucos casos de violência física contra os lojistas. Os coreanos e os latinos tinham disponibilidade de profissionais para resolver esses conflitos, mas os dois grupos étnicos seguiram por um caminho bifurcado: em um deles, usando profissionais para mediar fora das lojas, e no outro, dentro delas, onde as negociações ocorriam sem mediadores, facultadas pela diplomacia cotidiana.

Fora das lojas, os organizadores sindicais da Local 169 lutaram por obrigar os merceeiros coreanos a respeitar leis trabalhistas, níveis salariais e jornadas

DIPLOMACIA COTIDIANA

de trabalho, mas essa luta em si mesma adquiriu contornos sociais; os organizadores e o estado de Nova York começaram a oferecer seminários sobre direitos trabalhistas, fornecendo certificados aos merceeiros coreanos que os frequentavam; em Flushing, bairro nos limites da cidade, cerca de 250 merceeiros coreanos se "formaram" nessa universidade de um só dia. O objetivo era mudar as atitudes, além de lhes dar notícia da legislação.

Como os operários fabris de Boston uma geração antes, os latinos — em sua maioria mexicanos — eram empregados de longo tempo. Como muitos desses mexicanos eram imigrantes ilegais, os lojistas poderiam simplesmente ter ameaçado denunciá-los para mantê-los na linha, mas com o tempo o relacionamento entre coreanos e latinos se havia tornado mais próximo em termos pessoais. O etnógrafo Pyong Gap Min constatou que os coreanos percebiam e admiravam, entre os latinos, uma ética do trabalho duro muito semelhante à sua própria. Mas o preconceito não estava ausente: se encaravam os clientes afro-americanos como criminosos, os coreanos tinham um certo sentimento paternal em relação a esses empregados latinos, achando que se mostrariam obedientes se conduzidos com firmeza. Uma merceeira disse a Pyong Gap Min: "Todos eles trabalham duro e não criam problemas em absoluto. Sinto como se fossem meus próprios filhos. Fico condoída de sua situação miserável."[12]

Os latinos, na verdade, queriam que os coreanos os tratassem como adultos. Como os dois grupos étnicos trabalhavam em íntimo convívio, entra dia, sai dia, ao longo de anos, essa mudança ocorreu com lentidão, mas efetivamente. Como os ministros do gabinete de Thatcher, os latinos argumentavam, nos fundos das lojas, durante as pausas para fumar, e às vezes até no atendimento dos clientes.

Mas não se trata de uma história de cura e final feliz; ainda hoje as tensões permanecem, duas décadas depois de terem começado. Mas foram de alguma forma geridas — sem mediadores — porque os dois grupos dependem um do outro; os coreanos precisam de gente disposta a trabalhar tão duro e por tanto tempo quanto eles próprios, e os latinos precisam de empregadores dispostos a protegê-los da lei. Com o tempo, os dois grupos vieram a reconhecer essa dependência mútua, mas também estabeleceram, como acontece nas famílias, limites que não podem ser ultrapassados. Os mexicanos não podem fazer greve esperando que os patrões se abstenham de recorrer às autoridades; os coreanos não podem tratar esses empregados que trabalham duro por tanto tempo como crianças a serem descartadas com pequenos agrados monetários.

Os mediadores profissionais procuram promover condições suscetíveis de dissipar a tempestade e gerar resultados produtivos; a negociação sem mediadores pode levar ao mesmo resultado, mas não de maneira igualmente metódica e ampla; as causas de tensão subsistem no conserto. De qualquer maneira, o equilíbrio entre fala e silêncio, de ambos os lados, será reconfigurado.

Caberia considerar que esse reequilíbrio gera uma certa civilidade. Em seu pensamento mais tardio, Ludwig Wittgenstein tinha como regra guardar silêncio a respeito daquilo que está além da linguagem clara e precisa. Na prática da civilidade social, guardamos silêncio sobre aquilo que sabemos com clareza mas que não devemos dizer e não dizemos. Foi a regra que os coreanos, os latinos e os afro-americanos começaram a aplicar em suas relações.

PROCEDIMENTOS

Apesar das vantagens do silêncio e das vias indiretas, a essência da cooperação é a participação ativa, e não a presença passiva. Tocqueville levou em conta essa convicção ao idealizar em New England reuniões comunitárias ou organizações de voluntariado nas quais todo mundo tinha a palavra. Essa perspectiva rósea não raro se torna uma experiência torturante, quando vinte pessoas discutem até cair uma decisão que poderia ser tomada em um minuto por um indivíduo; pior ainda, os torturadores mais capazes sabem exatamente quando dar o tiro de misericórdia na argumentação ou sintetizar "as conclusões do encontro", um consenso com o qual os outros só concordam por exaustão. Em ocasiões assim, qualquer um pode exclamar, como Denis Diderot: "O homem sensível obedece ao impulso da natureza e oferece nada mais, nada menos que o clamor do coração; a partir do momento em que modera ou reforça esse clamor, deixa de ser ele mesmo [...]."[13]

O desafio da participação é fazer com que justifique o dispêndio de tempo. Em reuniões, isto depende da maneira como são estruturadas. Se fossem estruturadas como a oficina do luthier, gerariam consenso através da linguagem corporal. Se fossem estruturadas como o laboratório-oficina, funcionariam abertamente, mas gerando um resultado tangível, oscilando entre o Cila da agenda preestabelecida e o Caribde do vagar sem rumo. A tensa reunião, como em um conserto de reconfiguração, reconheceria as dores e problemas que levaram as pessoas à mesa de negociação, evitando a fantasia de "resolver as questões" de uma vez por todas. Nas reuniões desse tipo, os participantes desenvolveriam rituais para se entender melhor e mais plenamente nas trocas verbais, através do ritmo tácito-explícito-tácito da habilidade.

Parece bom? Parece um exercício fantasioso. Queremos saber se na prática poderia se tornar mais próximo da realidade, e de que maneira. Para isto, precisamos tratar de um tema aparentemente tedioso.

Reuniões formais e informais

Em um estudo sobre "o desenvolvimento do comportamento moderno em reuniões", Wilbert van Vree retraçou a história das atuais formas de estruturar reuniões: normas de procedimento, para tomadas de notas, de alternância na tribuna e para dar a palavra.[14] É a reunião formal, que regulamenta a participação e desestimula as trocas informais. Os procedimentos enumerados por van Vree são hoje tão familiares em sua monotonia que poderíamos imaginar que sempre foi assim — mas não, pelo menos no mundo dos negócios. Na Idade Média, as reuniões comerciais muitas vezes eram violentas, e na negociação de contratos as pessoas não raro passavam da troca de palavras para a troca de murros. O sistema das guildas em parte conseguia manter a ordem pela ênfase na hierarquia, pois os superiores sempre falavam primeiro e os mestres eram obrigados a falar entre eles por ordem de idade. O posto ocupado governa a reunião formal, estabelecendo quando é a vez de alguém falar. No século XVI, contudo, a cultura comercial europeia deu início a uma prática alternativa.

Em certa medida, a mudança se deu em decorrência do advento da impressão gráfica. Em uma época em que os textos impressos — contratos, livros de contabilidade dados a público e semelhantes — começavam a determinar os negócios, a discussão verbal tornou-se necessária para interpretar os documentos produzidos em série. Esse debate debilitava a graduação por idade; o mais velho talvez não fosse mais hábil na interpretação da página impessoal impressa do que o jovem e esperto assistente, que podia ser tão bom quanto qualquer um na leitura e cálculo de números, senão melhor. A interpretação de documentos impressos contribuiu para desestabilizar a autoridade implícita no posto ocupado. Mas os números constantes desses documentos não podiam tomar o lugar da autoridade pessoal na condução das reuniões de negócios.

Na mesa de Holbein, o livro *Dos cálculos mercantis*, de Peter Apian, convidava os leitores a pensar nas técnicas de contabilidade. Então como hoje, todos queriam a garantia de que algo podia ser considerado um fato incontestável, se pudesse ser representado em um número. Apian, um dos primeiros contadores metódicos, sabia no entanto que os números são representações que precisam ser discutidas. A historiadora Mary Poovey sustenta, com efeito, que o advento dos livros contábeis com dupla coluna de crédito e débito e o da crítica literária estavam interligados no início da era moderna, pois tanto os números quanto as palavras pareciam igualmente sujeitos a crítica.[15] Desse modo, as reuniões rigidamente formais de negócios começavam a se mostrar contraproducentes.

As reuniões mais abertas também se originaram de novas formas de poder. Devido ao alcance de seu braço colonizador durante os séculos XVI e XVII, as empresas europeias se tornaram cada vez mais complexas, e complexidade gera a necessidade de realizar reuniões. Em sua origem, por exemplo, a Companhia das Índias Orientais britânica tinha uma estrutura rudimentar, com a convocação de raras reuniões formais; à medida que a empresa foi crescendo globalmente, seus departamentos passaram a se reunir com maior frequência para resolver disputas de território e distribuir os frutos da pilhagem colonial;

DIPLOMACIA COTIDIANA   285

quanto mais poderosa se tornava a Companhia, mais sua ação se cruzava com a do governo, requerendo mais reuniões. A burocracia tentava fazer recuar esse imperativo da comunicação aberta; em face da reunião aberta, buscava defender-se no relatório escrito, o relatório que alcança a santidade burocrática de um documento oficial, derrubando toda discussão aberta. O documento oficial é a versão formal, na burocracia, do silo discutido no capítulo 5; o conflito entre o documento oficial e a necessidade de uma discussão livre manifestou-se, no início do período moderno, tanto na diplomacia quanto nos negócios, opondo-se as vias transversas e a fala vernácula do diplomata às formalidades da negociação em documentos oficiais. No século XVIII, ao reformar o serviço público prussiano, Frederico, o Grande viu-se no meio dessas duas forças conflitantes: queria que o aparato de Estado fosse fixado em documentos, mas sabia que os departamentos burocráticos trabalham mal quando dependem apenas de relatórios no papel para sua coordenação.

Um terceiro aspecto da história das reuniões abertas era de maior alcance e menos árido, uma das consequências do enfraquecimento da posição herdada. Nos exércitos medievais, o filho de um comandante de regimento podia alimentar a expectativa de herdar o regimento do pai (situação que perdurou na Grã-Bretanha até o século XIX); o mesmo quanto aos filhos de funcionários governamentais. O berço era autoridade suficiente, a ideia de uma autoridade merecida e conquistada era fraca. Os cargos herdados começaram a ser desafiados no início do período moderno; a ideia chocante, pelo contrário, era que os detentores de um cargo deviam merecer o emprego, de fato se mostrando bons no seu desempenho. A capacidade é que devia prevalecer, em vez do berço ou da antiguidade.

Uma das maneiras de descobrir o talento é observando comportamentos nas reuniões. Os diários de Samuel Pepys (1633-1703), um "homem novo" abrindo caminho no Almirantado com sua capacidade pessoal, mostram que era um mestre das reuniões, contestando os ditames formais dos superiores sem confrontá-los, conseguindo que departamentos em disputa se sentassem para conversar, contestando e discutindo os dados financeiros transmitidos ao Almirantado pelos responsáveis financeiros da Coroa. Esses talentos discursivos representavam para a civilidade um fórum diferente do salão; o prazer recíproco não era o que importava. E Pepys tampouco poderia ser considerado um pacificador preocupado apenas com a acomodação; nas reuniões, ele defendia sua posição, mas sem fazer com que os outros participantes se sentissem acuados. Essa habilidade em reuniões representa hoje um sinal importante, tal como representava para seus contemporâneos.

Muitas vezes imaginamos os conciliadores como pessoas hábeis em reuniões, considerando que o ato de selar um compromisso é possibilitado pela formalidade. Mas não é o caso. O conciliador parte do pressuposto de que as crenças e interesses não passam de fichas de barganha, o que significa que as pessoas que sustentam esses pontos de vista não estão assim tão firmemente comprometidas com eles. Por estranho que pareça, muitas pessoas acreditam de fato no que dizem aos outros; as reuniões que desvalorizam essas crenças em nome de um compromisso muitas vezes deixam os participantes com a amarga sensação de que foram traídos, ou, pior ainda, de que traíram a si mesmos. Mais que isto, o conciliador comprometido, por assim dizer, procura diluir o conflito, presumindo que ele poderia entrar em uma espiral crescente e fugir ao controle. Em vez de se comportarem como os merceeiros coreanos, que administram o conflito violento através do silêncio, os conciliadores comprometidos querem uma resolução explícita. Em nome disso, muitas vezes abrem mão de sua posição antes mesmo de se declarar um conflito, na expectativa de mostrar aos outros como são "razoáveis".

A real vantagem da reunião formal é poder evitar esse vício da acomodação. Em caso de se manter registro gravado do que foi dito, as pessoas podem manifestar com toda ênfase seus pontos de vista, sabendo que serão preservados. A gravação oficializa a transparência, e, mais que isto, se a reunião de fato terminar em uma solução de compromisso, os participantes ainda podem sentir que não se comprometeram pessoalmente; está registrado que eles expuseram com toda clareza o que realmente pensavam.* A formalidade permite

---

*Durante o regime Blair na Grã-Bretanha, o primeiro-ministro praticava a "política do sofá", fazendo com os ministros, em seu sofá de chefe do governo, acertos informais que não deixavam traços. Depois que deixou o cargo, muitos desses ministros alegariam que não acreditavam realmente no que ele estava fazendo – mas quem vai saber? Não há nenhum registro.

DIPLOMACIA COTIDIANA

a inclusão, se os participantes observarem o mesmo código determinando que todos tenham a palavra ou falem alternadamente.

Mas a formalidade não é em si mesma uma solução para o problema da transparência. Isto se deve em parte ao comportamento do presidente. Em uma análise da maneira como as pessoas presidem reuniões formais, o sociólogo holandês P. H. Ritter sustentava há algum tempo que "toda reunião tende a ajustar seu comportamento em função do presidente. O presidente é o exemplo para a reunião".[16] Os participantes acabam ficando fixados na aprovação do presidente, com judiciosas inclinações da cabeça, por exemplo, tentando capturar sua atenção e obter o reconhecimento, por parte dele, de sua contribuição valiosa, pertinente etc.

Mais ainda, uma agenda formalmente estabelecida inibe a evolução de um problema de dentro para fora, em seus próprios termos. Em uma oficina, o trabalho compartilhado segue o rumo determinado pelas ferramentas e materiais; existe um objetivo geral, mas para chegar a ele podem ser seguidos diferentes caminhos, observando-se alternativas diferentes para ver qual é a melhor; esse tipo de trabalho na oficina é uma narrativa. Uma agenda formalmente estabelecida não é uma narrativa. Até mesmo a contribuição de claros comentários e posições pode congelar uma reunião formal. Uma ideia extemporânea pode ocorrer a alguém, um pensamento estranho mas ao qual valha a pena dar seguimento, mas esse tipo de *coup de foudre* terá menos peso que uma contribuição cuidadosamente preparada. A formalidade favorece a autoridade, buscando evitar surpresas.

Em contraste, a reunião aberta, em princípio, busca mais igualdade e mais surpresa. A questão é saber de que maneira a reunião aberta pode gerar uma alternativa ao compromisso aviltante. Essa questão gira em torno de saber de que maneira as pessoas negociam a fronteira entre formalidade e informalidade; é uma zona-limite, na qual certas habilidades da cooperação indireta são submetidas a severo teste.

A zona limítrofe

Os diplomatas profissionais têm uma bíblia quando se trata de negociar essa condição fronteiriça. Trata-se de *Satow's Diplomatic Practice* [A prática diplomática de Satow], de Sir Ernest Satow, publicada originalmente em 1917 e atualmente na sexta edição; traduções e variações desta obra são usadas em todo o mundo.[17] Satow considerava-se um escriba, anotando práticas que se haviam cristalizado desde a época da missão permanente de Wotton em Veneza. O gênio dessa obra está no fato de mostrar de que maneira a informalidade, as vias indiretas e a reciprocidade podem ser injetadas até mesmo na reunião mais rígida. Quatro dos conselhos de Satow são particularmente úteis.

O primeiro explica que fazer quando os dois lados de um conflito querem testar uma possível solução sem de fato assumir a responsabilidade por ela oficialmente: neste caso, Satow recomenda que um *bout de papier* seja passado sem comentários sobre a mesa de negociação. O pedaço de papel sem assinatura contém versões da fórmula "Se você se sentisse inclinado a propor... eu estaria disposto a consultar meu governo"; desse modo, o diplomata se comporta como se estivesse reagindo a uma posição do adversário, em vez de afirmar a sua própria.[18] Digamos que o diplomata esteja negociando um tratado de rendição em nome de um país vitorioso: o *bout de papier* pode ajudar o derrotado a manter as aparências, assim fazendo as negociações avançarem com mais rapidez; o grande diplomata Talleyrand serviu a Napoleão exatamente desta maneira. O ritual do *bout de papier* cria um espaço de deferência de uma posição de poder; é um exercício de aplicação da força mínima.

De certa maneira, a *démarche* prolonga o *bout de papier*; é um documento propondo uma série de ideias e questões a serem abordadas, sem que os autores de fato declarem pensar ou acreditar no que consta do documento; a prática diplomática americana refere-se hoje em dia a este procedimento como "canal de fachada".[19] A *démarche* pode convidar a um tipo sutil de participação: em vez de declarar "Isto é o que eu quero ou o que o meu país quer", os pontos para discussão, o documento — a "coisa", no jargão da oficina — lança uma ideia livremente, para que todas as partes possam

DIPLOMACIA COTIDIANA   289

igualmente participar do debate. Vou dar aqui um exemplo pessoal. Quando trabalhei na Unesco, o braço cultural das Nações Unidas, quase todos os debates propondo a adoção de determinados monumentos como Patrimônio da Humanidade eram lançados como *démarches*; os diplomatas não se apropriavam pessoalmente de nenhuma recomendação específica, para que cada uma delas pudesse ser considerada de maneira livre e impessoal. O ritual da *démarche* difere do *bout de papier* no fato de evitar qualquer interferência, em vez de pôr em prática a deferência, e costuma ser útil tanto para os fracos quanto para os fortes.

Essas práticas diplomáticas constituem alternativas à acomodação para dividir as sobras, já que permitem botar na mesa posições defendidas com convicção, mas não como declarações em nome do interesse próprio. Ao dar um passo atrás, as partes podem então trabalhar no sentido de aceitar ou rejeitar um outro ponto de vista sem precisar necessariamente abrir mão do seu próprio. A troca é liminar na medida em que gera ambiguidade, mas seria um equívoco descartar como ineficaz esse tipo de diplomacia; o *bout de papier* e a *démarche* procuram transformar o encontro entre o forte e o fraco em uma troca do tipo ganhar-ganhar. Na vida cotidiana, as duas práticas traduzem-se naquilo que temos identificado como utilização do modo subjuntivo.

O protocolo diplomático não é tão sutil quanto o *bout de papier* ou a *démarche*, mas também pode ser estruturado para tornar a diplomacia mais liminar. No século XVII, o diplomata inglês William Temple declarou: "As cerimônias foram feitas para facilitar os negócios, e não para atrapalhá-los."[20] Ele se referia aos protocolos cerimoniais de posicionamento; em um jantar formal, o convidado de honra está sempre ao lado do anfitrião ou de sua esposa; este protocolo de fato é formal e rígido. As reuniões aparentemente informais são pautadas por um protocolo mais ambíguo.

Os coquetéis e recepções diplomáticas são uma oportunidade de infindáveis trocas de observações incontroversas sobre esportes ou animais de estimação; nesse fluxo de futilidades, o diplomata pode soltar "casualmente" na conversa algo substancial sobre os planos de um governo ou seu pessoal, sabendo que a conversa será minuciosamente dissecada, se é que já não foi sigilosamente gravada; o comentário casual será posteriormente pescado para o devido uso. No caso daquele que fala, o ofício diplomático exige certificar-se de que a mensagem seja passada sem que a pista seja fornecida de maneira demasiado óbvia; a habilidade daquele que ouve consiste em aparentemente não notar nada. Esse ritual da casualidade, segundo os diplomatas profissionais, é muito difícil de ser bem praticado, uma forma exigente de leveza do toque; costuma ser usado sobretudo em questões por demais explosivas para serem postas no papel. Com razão, Satow encara essas ocasiões girando em torno de coquetéis e canapés como reuniões disfarçadas.

A quarta habilidade de diplomacia indireta aplicável a reuniões diz respeito à cordialidade. Satow faz eco à advertência do conde de Malmesbury em 1813, para que se tomasse cuidado com estrangeiros "ansiosos por fazer contato e comunicar suas ideias". Esse tipo aparentemente aberto de cordialidade geralmente é uma armadilha.[21] Não se pode esperar que ninguém seja completamente destituído de malícia, de modo que os rituais da casualidade, como o ritual da deferência no *bout de papier*, estabelecem uma zona social específica na diplomacia. A casualidade pode mandar uma mensagem de confiança — de que a pessoa com quem o diplomata está falando vai captar as pistas emitidas.

Não é o tipo de cordialidade que podemos encontrar no Facebook, onde o objetivo do adolescente é exibir com a possível explicitude todos os detalhes da vida cotidiana, pouco sendo deixado à imaginação. A alusão casual é disfarçada e precisa ser interpretada com habilidade para ser bem entendida. A insinuação diplomática oblíqua é útil sobretudo como uma advertência inamistosa encaixada nos rituais do prazer sociável. Em vez de acomodar, a expressão indireta de advertência, surpreendendo o ouvinte, tem a intenção de ser mais eloquente. Conhecemos essa prática na vida cotidiana, mas em geral não analisamos as alusões tão metodicamente quanto os diplomatas profissionais.

A perspectiva de um conflito violento expõe a extremo teste as quatro habilidades diplomáticas, e não raro elas não se mostram à altura. No confronto com o regime iraquiano de Saddam Hussein iniciado em 1991, a carta americana declarando guerra foi entregue ao ministro do Exterior, Tariq Aziz,

DIPLOMACIA COTIDIANA

que a manteve fechada sobre a mesa enquanto seu conteúdo era discutido; o tradicional ritual da carta mantida fechada destina-se a permitir que as partes continuem negociando em busca de soluções até o último momento. Da mesma forma, em 1939, os primeiros parágrafos de uma carta britânica levantando a possibilidade de guerra com a Alemanha estavam cheios de expressões de consideração pelas relações entre os dois países; ante tais expressões estereotipadas, se o regime de Hitler realmente quisesse a paz, sua reação diplomática poderia ter levado em consideração essas nuances.

Esses fracassos reforçam a visão habitual de que o ritual diplomático não atende às realidades do poder. Hoje em dia, o diplomata astuto certamente não merece muito respeito na opinião pública. Mas é possível que estejamos olhando na direção errada para avaliar a utilidade dessas práticas. Assim como os merceeiros coreanos aprenderam a reconfigurar a relação entre fala e silêncio, assim também os diplomatas profissionais que se valem dessas ferramentas reconfiguram a relação liminar entre clareza e ambiguidade. Com isso, facultam a prática daquilo que o analista político Joseph Nye chama de *"soft power"*.[22] O abrandamento da linha divisória entre trocas formais e informais proporciona encontros produtivos; pode manter as pessoas conectadas mesmo quando hostis umas às outras; e também proporcionar alternativas comportamentais à conduta da divisão de sobras.

Mas também devemos encará-los mais como padrões críticos para o comportamento cotidiano. Precisamos de habilidades diplomáticas em reuniões da vida cotidiana sempre que uma questão complexa não pode ser resolvida pela simples tomada de decisões. Em vez de desistir, as pessoas precisam se manter conectadas; as questões espinhosas dificilmente se dissolvem. Os quatro procedimentos diplomáticos estabelecem, para a conduta em reuniões da vida cotidiana, rituais que alcançam exatamente isto. Como vimos no capítulo 5, algo parecido com esses rituais diplomáticos pode ser encontrado na formação do triângulo social informal, mas hoje em dia as mudanças verificadas no mundo do trabalho tornam mais difícil o desenvolvimento e a prática dessas habilidades. Enquanto os socialistas querem proceder a uma crítica ampla do capitalismo, o diplomata profissional — com certeza inconscientemente — serve como um crítico das práticas sociais que, no trabalho, impedem que pessoas em divergência trabalhem bem juntas.

Existe algo comum aos temas, tratados neste capítulo, da cooperação indireta, da gestão de conflito, da técnica diplomática e do comportamento em reuniões. Todos eles remetem de certa maneira a performances — diferentes do tipo de drama autopromocional montado por Mazarin para Luís XIV. O rei dançante dramatizava sua distância em relação aos súditos e sua dominação sobre eles. A sra. Schwartz, os merceeiros coreanos e os diplomatas de Satow dramatizam seu envolvimento com os outros usando uma máscara sociável.

A MÁSCARA SOCIÁVEL

Como vimos no capítulo 1, Simmel considerava que a atitude fria e distante do cidadão urbano ocultava uma reação interior excitada aos estímulos da rua. La Rochefoucauld encarava a máscara como uma metáfora do parecer o que não se é: "Cada pessoa se vale de uma aparência exterior fingida para parecer o que quer que os outros pensem a seu respeito."[23] A máscara do tipo protetor, para disfarçar, é encontrada em todos os momentos da vida social; o candidato a um emprego precisa dela durante uma entrevista, e o mesmo acontecia com Theodore Kheel nas negociações de trabalho ou com os diplomatas alemães que, em Versalhes, negociavam os termos da derrota após a Primeira Guerra Mundial; os coreanos de Nova York usavam a máscara do silêncio. A máscara de disfarce não precisa necessariamente ser usada para autoproteção; a cortesia e o tato são formas de comportamento que mascaram sentimentos capazes de ferir.

Como a máscara de disfarce é algo tão generalizado, talvez seja difícil imaginar outro tipo, a máscara sociável que torna as pessoas mais atentas e estimuladas, sua experiência, mais intensa. Mas, se encararmos a máscara como um objeto físico, esta possibilidade faz mais sentido. A máscara é um dos mais antigos objetos de cena da cultura, ligando o palco à rua.

O dominó é uma máscara simples para os olhos, mais conhecida em antigas imagens de bailes de máscara. Entrou na moda na Europa no século XV, derivando das performances da *commedia dell'arte* apresentadas nas ruas a partir do século XIII. Na sociedade, o dominó tem sido usado como objeto de excitação sexual. Nos bailes, as mulheres usavam máscaras coloridas de cetim, recortadas para cobrir apenas a região entre as maçãs do rosto e as sobrancelhas, com cortes para os olhos; a máscara para os olhos mandava a mensagem de que um homem ou uma mulher estava em busca de prazer; nas comemorações de rua antecedendo a Quaresma, o dominó servia particularmente para dar às mulheres liberdade de se locomover, flertando com estranhos. Aquele frágil pedaço de pano contava uma ficção: "Você não me conhece", muito embora a identidade da mulher que a usava não estivesse realmente disfarçada; "Sou livre", a máscara suspendendo o decoro corporal, o artifício tornando anônimo o prazer.

Uma experiência física mais contida manifestava-se nas máscaras usadas por médicos judeus em Veneza entre os séculos XIV e XVII. Esses estranhos objetos pintados e recobertos de cola seca começavam acima dos lábios, cobrindo toda a parte superior do rosto. A máscara tinha uma aparência meio humana, meio de um pássaro, com um enorme bico cobrindo o nariz, mas enormes fendas expondo olhos e sobrancelhas perfeitamente humanos. Os cristãos em sua maioria evitavam contato físico com judeus, e em Veneza a maioria dos médicos era judia; essa máscara servia para superar esse medo. Quando um médico envergava sua máscara de pássaro, os pacientes relaxavam ante o fato de serem tocados, apertados ou espetados por um judeu; em vez disso, o contato físico parecia ser feito por uma estranha criatura.

Certas máscaras oferecem um tipo de estímulo unilateral e mesmo perverso. Como visto na prisão de Abu Ghraib na recente guerra no Iraque, mascarar o corpo de outra pessoa pode excitar o torturador; em fotos tiradas em Abu Ghraib, podem ser vistas pessoas com capuzes mas nuas, desorientadas ou com dor, cercadas de jovens e bem apessoados americanos sorrindo e rindo. A figura encapuzada tem uma procedência mais antiga e menos perversa nos trajes do mágico: imagens de mágicos encapuzados aparecem já no século XI na França. Em suas origens medievais, o capuz do mágico devia supostamente, em obediência a uma ideia algo extravagante, ocultá-lo à visão de Deus, mas expô-lo à influência de forças cósmicas mais sombrias. Como mostrou o historiador Carlo Ginzburg, durante a missa negra os celebrantes encapuzados estavam indicando que haviam deixado o reino dos sentimentos humanos.

O dominó, a máscara de pássaro e do capuz indicam a força estimulante da máscara, mas existe um outro tipo de máscara com um alcance social mais genérico, que pode ser, curiosamente, uma máscara de traços neutros. Ela pode ser excitante, se usada com habilidade.

Quando a França foi liberada em 1944, o jovem ator Jacques Lecoq teve um encontro decisivo. Apresentando-se em Grenoble, ele conheceu Jean Dasté, grande ator e animador que queria livrar os atores de quaisquer traços de ênfase e pretensão, com atuações mais simples e portanto mais fortes. Para isso, Dasté pintava máscaras de papel machê com traços neutros, que podiam ser usadas no palco por homens ou mulheres, jovens ou velhos. Lecoq ficou impressionado com o resultado. "Quando o ator usa a máscara neutra, as pessoas olham para todo o seu corpo", observou; "o 'rosto' passa a ser o corpo inteiro."[24] Destituído de expressão facial, o ator precisa se comunicar através da expressão corporal e da voz.[25]

Inspirado, Lecoq pediu ao escultor Amleto Sartori que confeccionasse para ele máscaras de couro (material usado nas máscaras originais da *commedia dell'arte*). Lecoq ampliou em seguida as fendas para os olhos e estendeu horizontalmente os lábios, sem sorriso nem careta; representou o queixo como uma linha abstrata e pintou a máscara de branco. Lecoq acabou fundando uma escola para ensinar a atores mascarados como se comunicar sem expressão facial. O "método" Lecoq requer na verdade rigorosa disciplina, pois um membro emocional, por assim dizer, foi cortado. A versão extrema dessa prática é a mímica, na qual não são emitidos sons pela boca; a língua também foi cortada. As mãos do ator devem então se esforçar muito para transmitir surpresa, prazer ou dor, e essa arte não é conquistada facilmente; o simples fato de envergar máscaras não vai liberar o corpo do artista. Os dominós que as mulheres usavam nos bailes comunicavam apenas uma coisa: "Estou disponível." O ator mascarado precisa expressar sentimentos muito mais diversos.

DIPLOMACIA COTIDIANA

A "neutralidade", naturalmente, é uma experiência multifacetada. Nas cidades modernas, os espaços físicos neutros — aquelas enormes caixas de aço e vidro cercadas por um pouquinho de verde, que podem ser vistas em qualquer lugar — são espaços mortos, e muitas relações sociais se assemelham à caixa inerte. Mas Lecoq queria que sua máscara neutra levasse o ator a se comportar de maneira expressiva e direta: "A máscara terá extraído algo [do ator], despojando-o de artifícios." Lecoq descobriu que "quando o ator tira a máscara, se a usou bem, seu rosto está relaxado".[26]

Queremos aqui nos deter brevemente nisto. Alexis de Tocqueville criou a partir de suas viagens pela América a figura de um indivíduo, o indivíduo que se regozija em uma sociedade neutra e homogeneizada, que procura evitar a angústia da diferença e, assim, pratica a retirada. O ator mascarado de Lecoq inverte esses termos: a máscara neutra relaxa o corpo do artista, mas seu objetivo é torná-lo mais expressivo. É possível que o agente de emprego e o candidato a emprego, o merceeiro coreano e o diplomata ajam de maneira expressiva, exatamente como os atores de Lecoq: neutralizando certos aspectos do seu comportamento, outros aspectos tomam a frente. A máscara neutra pode intensificar a presença de palco no comportamento social comum.

Trata-se pelo menos de uma possibilidade que deveria ser mais investigada. Os atores profissionais, seja no padrão Lecoq ou não, certamente precisam reprimir suas angústias para se expressar com eloquência no palco. Para deixar de lado o excesso de tensão ou a energia descontrolada no corpo, o artista haverá de se concentrar em gestos específicos, bem focados e sobretudo pequenos. A atenção no detalhe libera a tensão — o mesmo objetivo do uso de uma máscara. O ator Laurence Olivier era um mestre do pequeno gesto concentrado, e raramente fazia movimentos amplos com os braços ou as mãos; o mesmo trabalho com o detalhe faz parte do segredo da presença cênica de grandes dançarinas como Sylvie Guillem ou Suzanne Farrell, que transmitem à plateia uma presença muito forte, capaz de encher o palco, através de pequenos detalhes, como em um súbito giro do pé ou torneio da mão.

Esta observação nos leva um pouco mais adiante na comparação entre o palco e a rua. A cooperação também se torna uma experiência mais expres-

JUNTOS

siva quando focada em pequenos gestos; muitos desses gestos vinculadores são físicos e não verbais, como vimos na oficina dos luthiers. Mais uma vez, uma das dimensões do ritual está na coreografia de gestos tanto físicos quanto verbais, de tal maneira que possam ser repetidos, desempenhados muitas e muitas vezes. A movimentação cênica bem focada parece explicar por que podemos nos comportar de maneira expressiva nessas práticas sociais; estamos sentindo menos tensão física, de modo que o relaxamento pode se revelar antes estimulante que entorpecedor.

As máscaras cênicas neutras concebidas por Dasté e Lecoq deviam ser impessoais no sentido de poder cada uma delas ser usada por um homem ou uma mulher, um ator baixo e gordo ou esguio e gracioso. O ator, assim, não corre o risco de ser tipificado; na verdade, quando assisti ao desempenho de acólitos de Lecoq, chamou-me a atenção o quanto o público se envolve mais com o que o ator faz do que com sua aparência; o público compartilha com o artista despersonalizado o caráter da apresentação. Trata-se de um movimento para fora — exatamente o que é requerido em formas complexas de cooperação com pessoas que talvez não apreciemos nem conheçamos. Lecoq encara o seu teatro como um espaço de cooperação, descrição que faz sentido socialmente.

Em suma, as máscaras sociais podem permitir a expressão, além de proporcionarem uma cobertura protetora. Existe um risco ao se encarar a diplomacia cotidiana, que em suas diferentes formas faz uso da máscara neutra, como uma simples manipulação dos outros. Pelo contrário, se não nos concentrarmos no esforço de nos revelar ou nos caracterizar, podemos preencher um espaço social compartilhado com conteúdo expressivo. O teatro de Lecoq pretende acabar com a estrela dos palcos, e na verdade alega ter criado a democracia no teatro. Seu método certamente está no pólo oposto da autodramatização de Luís XIV no palco, e essa pretensão social não é extravagante, embora não se trate exatamente do que Tocqueville tinha em mente quando falava de "democracia". A máscara neutra e impessoal é uma das maneiras de voltar o ator para fora, criando um espaço comum com o público; a cooperação complexa precisa desse movimento para fora para criar um espaço comum; a diplomacia cotidiana é uma elaboração da distância social expressiva. Esse preceito abstrato tem consequências políticas concretas.

9

A comunidade

A prática do compromisso

No primeiro capítulo deste estudo, mencionei de passagem a casa comunitária de Chicago onde a cooperação informal ajudou a ancorar socialmente crianças pobres como eu. No fim do estudo, quero voltar a visitar esse cenário. As dificuldades, os prazeres e as consequências da cooperação manifestavam-se entre as pessoas que passavam por esse prédio decadente e agitado do Near West Side da cidade. Ou pelo menos foi o que me pareceu quando retornei, décadas depois, para passar um fim de semana, patrocinado pela casa comunitária, com cerca de trinta adultos afro-americanos que haviam crescido nesse pequeno recanto do gueto de Chicago.[1]

A memória pregou aos meus vizinhos de infância a mesma peça que costuma pregar a todo mundo; a experiência de anos de mudança pode ser condensada na lembrança de um rosto ou de um aposento. As crianças negras com as quais cresci tinham fortes motivos para recordar dessa maneira. Eram sobreviventes. Depois da infância desorganizada pela pobreza, duvidando na adolescência que tivessem algo de valor a oferecer ao mundo, eles ficavam se perguntando, na vida adulta, por que teriam sobrevivido, enquanto muitos companheiros de infância haviam sucumbido ao vício, ao crime ou à vida na marginalidade. Pinçavam, assim, uma pessoa, um lugar ou um acontecimento como experiência transformadora, como uma espécie de talismã. A casa comunitária tornou-se um talismã, assim como a rigorosa escola católica do bairro e o clube desportivo gerido por uma organização chamada Liga Atlética da Polícia.

Meus companheiros de infância não eram heroicos; não passaram da miséria à riqueza, tornando-se exemplares raciais do sonho americano. Apenas uns poucos chegaram à universidade; a maioria se estabilizou o suficiente para chegar ao ensino secundário e depois conseguir emprego como secretárias, bombeiros, lojistas ou funcionários do governo municipal. Seus ganhos, que poderiam parecer modestos para um observador externo, eram para eles enormes. Durante os quatro dias da reunião, visitei alguns deles em suas casas, identificando sinais domésticos da jornada que todos nós tínhamos feito: quintais bem mantidos, com plantas cuidadas, no lugar das áreas de recreação cheias de garrafas quebradas e cercadas de grades que frequentávamos na infância; interiores domésticos cheios de bibelôs e móveis reluzentes, em contraste com os ambientes simples e gastos que antes eram para nós a nossa "casa".

Na reunião da casa comunitária, as pessoas se mostravam espantadas com o que acontecera à vizinhança desde que haviam partido. Ela afundara ainda mais do que qualquer um de nós seria capaz de imaginar, e não passava a essa altura de um vasto arquipélago de casas abandonadas, torres habitacionais isoladas, com elevadores fedendo a urina e fezes, um lugar onde nenhum policial atendia aos telefonemas com pedidos de ajuda e a maioria dos adolescentes carregava facas ou revólveres. Os talismãs mágicos de um lugar ou de um rosto pareciam ainda mais necessários para explicar a sorte de ter escapado.

Os administradores da casa comunitária, como o idoso policial representando a Liga Atlética da Polícia, ficaram satisfeitos, naturalmente, ao ouvir os depoimentos sobre a importância salvadora de sua presença, mas se mostraram também por demais realistas para acreditar completamente em sua própria força transformadora: muitos garotos que brincavam com instrumentos na casa comunitária ou jogavam basquete em uma quadra próxima acabariam na prisão. E o passado continuava em aberto para os sobreviventes; questões enfrentadas na infância continuavam a ser enfrentadas na idade adulta. Essas questões pendentes são de três tipos.

O primeiro diz respeito ao moral, a questão de manter o ânimo em circunstâncias difíceis. De enunciado tão simples, o moral era mais difícil de

A COMUNIDADE

299

explicar na prática, pois meus vizinhos tinham todos os motivos racionais para sucumbir ao desânimo na infância, e ainda agora podiam acordar no meio da noite, preocupados com uma conta a pagar ou um problema no trabalho, imaginando que todo o edifício de sua vida adulta poderia desmoronar de repente como um castelo de cartas.

A segunda questão tem a ver com convicção. Em nossa reunião, as pessoas declaravam que tinham sobrevivido graças a convicções fortes pelas quais se pautavam — todos eram assíduos frequentadores da igreja, todos tinham profunda confiança na família. Embora os adultos afro-americanos tivessem passado pela agitada reivindicação dos direitos civis na década de 1960 e se beneficiado com ela, essas conquistas políticas não tinham papel tão proeminente na maneira como encaravam sua sobrevivência pessoal; quando uma porta se abre, não a atravessamos automaticamente. Mas quando passamos a debater as ansiedades de adolescentes de nossos próprios filhos, eram poucos os que se preocupavam em aplicar a letra das Escrituras a essa questão perene e particularmente difícil. Da mesma forma em relação ao trabalho; em vez de moralizar, as pessoas pensam de maneira flexível e capaz de adaptação a respeito das formas concretas de comportamento. No trabalho, pela primeira vez, muitos desses jovens afro-americanos trabalhavam lado a lado com brancos, e tinham de encontrar seu caminho pessoal. Vinte anos depois, ainda precisavam fazê-lo, como aconteceu quando o meu vizinho de porta na infância se tornou supervisor de um grupo de subordinados em sua maioria brancos no departamento de trânsito de Chicago.

E havia também a questão da cooperação. Na infância, a versão "que se foda" da cooperação dominava nossa vida, pois todos os bandos da comunidade a adotavam, e os bandos eram poderosos. Logo depois da Segunda Guerra Mundial, os bandos praticavam pequenos furtos, em vez do tráfico de drogas, como aconteceria uma geração depois; as crianças menores eram encarregadas dos furtos em lojas, pois se fossem apanhadas não poderiam ser mandadas para a prisão. Para evitar serem tragados pela vida das gangues, os garotos tinham de encontrar outras maneiras de se vincular uns aos outros, maneiras que por assim dizer ficassem abaixo do alcance do radar das gangues. O que significava se encontrar nos abrigos dos pontos de ônibus ou outros lugares que não fossem território das gangues, ou então permanecer na escola depois do horário ou ir direto para a casa comunitária. Um lugar de refúgio era um lugar no qual se podia falar dos pais, fazer juntos o dever de casa ou jogar damas, diferentes formas de pausa da agressão do tipo "foda-se". Retrospectivamente, essas pausas pareciam de enorme importância, pois as experiências haviam plantado as sementes do tipo de comportamento antes aberto que defensivo que ajudariam essas pessoas a abrir caminho fora da comunidade.

Agora, alguns daqueles que haviam sobrevivido ao partir queriam "devolver alguma coisa", nas palavras de um vizinho da minha infância, um capataz no departamento de saneamento da prefeitura, mas os jovens do projeto uma geração depois se mostravam hostis a pessoas que se ofereciam para ajudar, como "modelos". Como sempre, a mensagem "Se eu posso, você também pode" é suscetível de ser invertida: "Se eu consegui, por que você não consegue? O que há de errado com você?" Desse modo, a oferta de devolver algo à comunidade da parte daqueles que podiam servir de modelo, a oferta da mão estendida, foi rejeitada pelos jovens da comunidade que mais precisavam de ajuda.

Todas essas três questões — a fragilidade do moral, a convicção, a cooperação — me eram familiares, mas para mim, garoto branco, apresentavam-se de outra forma. Minha mãe e eu mudamos para a casa comunitária quando meu pai partiu, na minha primeira infância, deixando-nos sem um tostão, mas nós vivemos ali por apenas cerca de sete anos; assim que a sorte de nossa família melhorou, nós nos mudamos. A comunidade apresentava riscos para mim, mas não eram riscos mortais. Talvez em virtude dessa distância, a reunião provocou em mim o desejo de entender de que maneira os três tipos de questões pendentes entre os meus amigos de infância poderiam ser encarados em um contexto mais amplo.

A COMUNIDADE

A BUSCA DA COMUNIDADE

No momento em que conjuntos habitacionais como o Cabrini Green começavam a afundar na miséria na década de 1950, o sociólogo conservador Robert Nisbet (1913-96) concebeu um livro clássico, *The Quest for Community* [A busca de uma comunidade], publicado originalmente em 1953, e que se tornou uma espécie de bíblia para o grupo conhecido como "os novos conservadores".[2] Eram herdeiros americanos e ingleses de Tocqueville que davam ênfase às virtudes da vida local, das organizações de voluntariado, com elas contrastando os vícios do Estado inflado, especialmente o Estado previdenciário. A "busca" de uma comunidade é mais que uma metáfora, na concepção de Nisbet: ele descreve a luta necessária para que se formem relações interpessoais diretas, quando as burocracias de estado se interpõem no caminho. Nisbet e seu colega Russell Kirk eram "novos" conservadores na década de 1950 porque de fato se importavam com a vida social dos pobres, ao passo que os defensores do pouco governo na Grande Depressão dos anos 1930 estavam preocupados apenas com impostos, livre empresa e direitos de propriedade. Esses novos conservadores também eram "velhos" porque a crença de que os pobres podem se realizar na vida local remonta ao filósofo setecentista Edmund Burke.

Eles também eram proféticos. O que hoje é conhecido na Grã-Bretanha como "conservadorismo moderno" trata das virtudes da vida local, sendo os pobres apoiados em suas comunidades por voluntários, e não por burocratas do Estado previdenciário; este tipo de localismo é chamado pelo primeiro-ministro David Cameron de "Grande Sociedade", querendo dizer grande no coração, mas carente de financiamento oficial. Nos Estados Unidos, certos elementos do movimento do Tea Party são conservadores comunitários que compartilham dessa visão; não sendo meros individualistas egoístas, esses conservadores querem que os vizinhos ajudem uns aos outros a superar.

O proverbial visitante de Marte poderia achar que muito pouco distingue os conservadores desse tipo dos herdeiros da esquerda social, as legiões que seguem os passos de Saul Alinsky no engajamento no serviço comunitário e contra a burocracia inflada. O visitante acha que está ouvindo exatamente a mesma linguagem da direita e da esquerda, a linguagem da resistência ao Estado e da transferência do poder ao povo. Mas existe uma enorme diferença. O ponto de vista de Nisbet era que as pequenas comunidades podem gozar de autonomia, ao passo que a esquerda social duvida que tais comunidades sejam capazes de se suster economicamente. A direita social considera que o capitalismo susterá a vida local, e a esquerda social acha que não.

Direita e esquerda estão falando de dois tipos diferentes de comunidades pequenas. O modelo da direita social é a aldeia, com lojas e bancos de propriedade local; embora a vida da cidade pequena nunca fosse autossuficiente, a direita social quer agora fazer com que o seja. O envolvimento da esquerda social com pequenas comunidades ocorreu na cidade grande, cidades cheias de redes de lojas, corporações gigantescas e banqueiros de orientação global, localmente insulados. Naturalmente, é preciso resistir ao monstro capitalista, mas o esquerdista realista sabe que ele não será eliminado na loja da esquina.

Embora tivesse nascido em uma cidade pequena, Nisbet interessava-se pelas grandes. Frisava que, antes de ter início no século XIX o grande surto de crescimento das cidades europeias e americanas, existia uma correlação direta entre o lugar onde as pessoas trabalhavam e aquele onde viviam; embora talvez não trabalhasse na mesma rua onde morava, o indivíduo ainda assim podia vivenciar um vínculo geográfico entre o trabalho, a família e a comunidade. O advento das grandes fábricas mudou essa proximidade; a instalação de fábricas requeria terrenos vagos e baratos; na maioria das cidades, as terras baratas ficavam longe do centro populoso.[3] O desenvolvimento das redes ferroviárias levou à disseminação de um outro tipo, subúrbios de classe operária e de classe média baixa muito distantes da sujeira das fábricas ou das colmeias de escritórios no bairro central de negócios. Na verdade, esse espraiamento não era uma regra invariável: em Nova York, por exemplo, os trabalhadores da indústria de vestuário morando no Lower East Side em 1900 viviam a uma distância de quinze minutos de metrô do bairro das fábricas, mais ao norte; no East End londrino, fábricas de grandes proporções eram misturadas à paisagem habitacional.

A COMUNIDADE

Nisbet esperava que as virtudes locais fossem fortalecidas pelo aumento da densidade populacional da cidade, e também pelo restabelecimento, em sua geografia, de uma situação de vinculação mais compacta. Nessa expectativa, ele minimizou a importância das forças que haviam dividido a cidade. Hoje em dia, esses fatos de grande influência parecem óbvios, fatos que tornam as comunidades locais cada vez menos autossuficientes.[4] O comércio varejista na maioria das ruas de grande movimentação das cidades britânicas é mantido atualmente por grandes empresas não locais, e os lucros do comércio de marcas dos grandes centros de vendas não ficam na comunidade. Um eloquente exemplo americano desse mesmo tipo de perda é que, em 2000, apenas cerca de cinco centavos de cada dólar gasto no comércio varejista do Harlem ficavam no Harlem. As pequenas empresas locais têm dificuldade para obter financiamento, especialmente dos grandes bancos, e são obrigadas a cobrar mais caro que cadeias como Walmart, diminuindo sua penetração na clientela. O resultado desses problemas bem conhecidos, como explica a urbanista Saskia Sassen, é que as economias locais de varejo funcionam agora como acontecia com as economias coloniais voltadas para recursos naturais, gerando riqueza extrativista para ser exportada.[5]

A expectativa do conservador social de substituir o Estado previdenciário pela ação local de voluntariado esbarra em um fator econômico equivalente. Quando o dinheiro é retirado à comunidade local, torna-se cada vez mais difícil conseguir que as pessoas trabalhem como voluntárias.[6] E o motivo é muito simples: as organizações locais sem dinheiro são constantemente forçadas a promover cortes, e o mantra sempre é: fazer mais com menos; a prestação de serviços torna-se mais tensa para os prestadores; prestadores voluntários são descartados, não só pela pressão mas também pelo fato de que as organizações caritativas ou de base não têm condições de executar os serviços necessários. Remunerados ou não, os líderes desses grupos passam boa parte do tempo solicitando doações, em vez de se concentrar na essência do trabalho. Quando conservadores como Nisbet remetem à celebração do voluntariado por parte de Tocqueville, estão ignorando o que foi que deixou Tocqueville impressionado na prosperidade americana durante sua viagem:

havia em cada comunidade dinheiro suficiente para fazer com que o trabalho voluntário funcionasse e parecesse valer a pena. Por isso, considero apropriado equiparar a ideia da "Grande Sociedade" proposta por David Cameron ao colonialismo econômico descrito por Sassen: a comunidade local, como a colônia, é destituída de sua riqueza e convidada a compensar essa falta por esforço próprio.

O desafio enfrentado por organizadores comunitários da esquerda social consiste em fortalecer as comunidades com um coração econômico pulsando fraco. Esse órgão preguiçoso não pode ser ressuscitado em nível local, como constataram, nos Estados Unidos, grupos como ACORN ou DART, voltados para a justiça econômica; eles tiveram de se transformar em organizações nacionais, abandonando o caminho do "associacionismo" local, pelo qual se pautava a esquerda social em Paris um século atrás. Com certeza há organizadores que apesar de terem aceitado os fatos da vida econômica insistem no valor da comunidade. É o caso dos seguidores americanos, britânicos e holandeses do educador brasileiro Paulo Freire (1921-97); os grupos por eles formados promovem a reforma de escolas como ponto de partida para a mobilização local.[7] Eles sabem que os pobres sofrem de uma ferida econômica; querem que as pessoas se recuperem dessa ferida buscando um novo começo em outro aspecto da vida. Essa busca significa retirar os pobres ao convívio exclusivo de sua fraqueza; a busca é complicada simplesmente porque é provável, no moderno capitalismo, que eles continuem pobres e marginais. Como levantar o moral em condições tão difíceis?

MORAL

Os vitorianos eram muito rígidos quando se tratava de manter o moral. "Recomponha-se!, pare de se lamuriar e siga em frente!" Nesse espírito, comentou comigo certa vez o rabino da minha sinagoga: "Sempre que sou assaltado por um momento de dúvida metafísica, vou limpar a garagem." O moral é diferente do compromisso por ser um sentimento de imediato bem-estar; o compromisso

A COMUNIDADE 305

representa uma perspectiva mais prolongada no tempo: criar bem os filhos, abrir um negócio ou talvez escrever um romance. Será possível que alguém esteja com moral baixo apesar de um forte comprometimento com algo? Aparentemente, sim. Criar os filhos muitas vezes é desmoralizante, mas não enfraquece o compromisso da maioria dos pais: a gente simplesmente vai em frente. Escrever um romance, algo que requer um enorme comprometimento, só parece um prazer para quem nunca escreveu um romance. Mas a sociedade moderna parece reagir ao imperativo vitoriano de outra maneira, considerando o moral um fator decisivo. O moral está contido no nosso "bem-estar".

Um recente estudo da Organização Mundial da Saúde sustenta que o moral baixo, apresentado como depressão, alcançou proporções epidêmicas, atingindo quase um quarto da população do mundo desenvolvido, sendo que 15% dessa população toma remédios por este motivo.[8] (Como vimos no capítulo 4, as crianças também passaram a ser consumidoras dessas pílulas.) O psicanalista Darian Leader se mostra cético em relação às estatísticas da OMS, considerando que a epidemia de depressão na verdade reformata como doença a tristeza e a injustiça da vida real.[9] Seja como for, a experiência da depressão é uma realidade neuroquímica; em sua manifestação corporal, a depressão diminui a energia, e em graus extremos faz parecer impossível qualquer atividade mais exigente. A autêntica depressão clínica não é um sentimento temporário, e destrói a capacidade de comprometimento.

A atividade cooperativa pode às vezes ser recomendada como terapia para a depressão clínica. A complexidade da experiência cooperativa é comprometida em si mesma quando usada dessa maneira, como terapia. Visitando em um hospital uma amiga cuja depressão adquirira dimensão suicida, constatei que a equipe clínica tentava envolvê-la em atividades de canto e arrumação da cozinha com outros internos. Ela era capaz de envolvimento em tarefas simples assim, mas em nada mais complicado; havia um abismo entre a própria simplicidade desses atos e as profundezas no interior dela. Surpreendentemente, com o tempo ela acabou melhorando por conta própria. Devemos a Freud uma explicação para o fato de isso ter acontecido; as recuperações clínicas desse tipo o levaram a contextualizar de maneira mais ampla o significado do moral.

No início de suas pesquisas, Freud preocupou-se em contestar a concepção popular da depressão simplesmente como baixa autoestima. Pelo contrário, sustentava ele, o depressivo está cheio de raiva do mundo por ter falhado com ele; essa raiva então volta-se sobre ele próprio; é mais seguro e suscetível de controle autorrecriminar-se do que enfrentar os outros. Em *Totem e tabu*, obra que tomou forma em 1912, Freud escreveu que, "em quase todos os casos de intenso apego emocional a uma pessoa específica, constatamos que por trás do amor terno oculta-se uma hostilidade inconsciente".[10] A depressão, dizia ele, mascara a raiva dos pais, dos cônjuges, amantes ou amigos: a raiva que não ousa dizer o próprio nome.

Essas constatações iniciais são as do Freud de que muitos de nós não gostamos; a máquina psíquica avança incessantemente, quaisquer que sejam as circunstâncias. Talvez o próprio Freud sentisse que seu relato era por demais mecânico, ou talvez os horrores da Primeira Guerra Mundial, com os milhões de vítimas que fez, lhe dissessem alguma coisa; quaisquer que sejam os motivos, no fim da guerra ele havia ampliado seu entendimento da depressão. Um ensaio publicado em 1917, "Luto e melancolia", estabelece uma distinção entre duas formas de moral baixo, em termos temporais. A depressão, a "melancolia", é um estado estacionário, uma batida de tambor monótona que se repete infindavelmente, ao passo que o luto contém uma narrativa, na qual a dor da perda de um genitor ou amante gradualmente é reconhecida como algo irremediável, sendo aceita a partida do ente querido e ressurgindo o desejo de ir em frente; na linguagem clínica de Freud, "o teste da realidade revelou que o ente querido não mais existe [...] [com o tempo] o respeito pela realidade se impõe [...], o ego fica novamente livre e desinibido uma vez concluído o trabalho do luto".[11]

No fim da Primeira Guerra Mundial, assim, Freud encontrou na experiência do luto uma maneira de descrever os ritmos naturais da vida, da morte e da sobrevivência. O luto tem a ver com o caso da minha amiga, cuja amante se fora, levando os filhos adotivos de ambas; com o tempo, minha amiga aceitou pura e simplesmente o fato de que se haviam ido. Em um registro diferente, o luto também está integrado ao Neues Museum de Chipperfield:

A COMUNIDADE

a dolorosa história da cidade foi inscrita no próprio prédio, deixando de ser uma nuvem negra para se tornar um objeto sólido. Também aqui, a distinção estabelecida por Freud explica por que motivo alguns dos desempregados que entrevistei em Wall Street de fato mergulharam na depressão, e outros, não. Se Freud tem razão — ao contrário das legiões de psicólogos pop que falam de "cura" —, o sentimento da perda nunca é curado, mas aceito, representando uma experiência completa em si mesmo.

Acima de tudo, sua visão do luto foi determinante na crença de Freud no trabalho. O trabalho manda um chamado de convocação de volta ao mundo, fora da história emocional daquele que trabalha. Quando se atende a esse chamado, o moral é recuperado, na forma de energia pessoal; levanta-se um peso fisiológico e psíquico ao mesmo tempo. Em vez de prometer "bem-estar", o trabalho promete um novo engajamento. Mas não se trata de um novo engajamento social: os atos cooperativos em si mesmos não têm grande importância no pensamento de Freud.

Poderíamos encarar o luto como uma espécie de conserto. Os tipos de conserto explorados no capítulo 7 podem esclarecer melhor essa ideia. Freud não encarava os traumas de uma vida da mesma maneira que um restaurador de porcelana encararia um vaso quebrado. O depressivo que quer reatar com a vida cotidiana sabe que não poderá simplesmente fazer recuar o relógio. Esta noção se aplica a qualquer refugiado que tenha sobrevivido bem no exílio — em luto pelo passado, com certeza, mas fugindo ao controle férreo da nostalgia, para usar a expressão de Hannah Arendt, e assim construindo uma nova vida em outro lugar.[12] Teologicamente, Adão e Eva sabiam que não poderiam voltar ao Jardim do Éden. O luto, assim, é uma reconfiguração que vem de dentro.

Essas observações ajudam a entender os sobreviventes do Cabrini Green. As ruas sujas e os conjuntos habitacionais cheios de janelas quebradas nos quais eles haviam crescido representavam um distúrbio que não era negado nem apagado; na verdade, eles alimentavam sentimentos de certa maneira positivos a respeito dessa experiência; tinham crescido naquele lugar, brincado no meio do lixo, brigado entre eles sem motivo, e haviam sobrevivido.

308 JUNTOS

Estavam em luto pelo gueto de sua infância, no sentido de luto usado por Freud. O passado estava neles, ainda perturbador, mas já tendo deixado de ser uma história determinante; o trauma fortalecia suas convicções sobre a melhor maneira de conduzir a vida agora.

Queremos aqui estabelecer um forte contraste com a imagem apresentada por Freud. Trata-se da clássica versão sociológica do moral baixo exposta por Émile Durkheim (1858-1917), explicação dando ênfase ao papel das instituições sociais e da cooperação sociável no restabelecimento do moral. Durkheim era de uma geração anterior à de Freud, e essa diferença conta. A guerra desempenhou um papel pequeno no seu pensamento; as instituições que Durkheim levava ao divã eram as fábricas, as burocracias governamentais e os partidos políticos aparentemente permanentes da Europa nas últimas décadas do século XIX.

De certa maneira, a visão do moral em Durkheim é simples: um apego forte às instituições enriece o moral, ao passo que a falta de apego o corrói. Exatamente desta maneira ele teria entendido perfeitamente os empregados de escritório de Wall Street; apesar de fortemente motivados a trabalhar bem, seu moral estava baixo porque não havia muita chance para a lealdade no local de trabalho. Para Durkheim, a "instituição" significava mais que uma estrutura burocrática formal; instituições como o exército ou o ministério governamental corporificam tradições e formas de entendimento comum, rituais e formas de civilidade que não podem ser reduzidos a um mapa organizacional; a Durkheim devemos o conceito de cultura institucional. Essa cultura pode transformar o distanciamento em uma experiência desmoralizante.

Uma das passagens mais impressionantes no famoso estudo de Durkheim sobre o suicídio focaliza o destino do "homem compulsivo" que faz o bem. Durkheim constatou que os índices de suicídio desses indivíduos em constante ascensão são quase tão elevados quanto os de pessoas cuja sorte desmorona em queda livre.[13] Ele avaliou esse dado estatístico e chegou a uma explicação mais genérica. Os indivíduos em ascensão muitas vezes ficam sem rumo, sem prumo com o novo poder ou riqueza, pois a cultura institucional não lhes permite sentir-se fazendo parte. Os judeus em ascensão na França foram

A COMUNIDADE

uma pedra de toque para Durkheim, também ele judeu. O Exército francês acolheu o capitão Alfred Dreyfus, mas antes mesmo de expeli-lo no infame Caso Dreyfus nunca lhe permitiu sentir-se como "um dos nossos". O mesmo se dava nas camadas mais altas do governo francês; embora os judeus desfrutassem de igualdade de direitos há um século, desde a época de Napoleão, em 1900 os altos funcionários judeus ainda eram tratados como forasteiros. E os empresários em ascensão tampouco podiam abrir caminho apenas pelo dinheiro; o Jockey Club — o mais elitista dos clubes sociais parisienses, que abriu uma exceção para Charles Haas (que inspirou a Proust o personagem Charles Swann) — orgulhava-se de deixar candidatos judeus à espera por anos ou mesmo décadas.

Durkheim aplicou então sua explicação a um contexto mais genérico. As pessoas mantidas longe das instituições, fossem judeus em ascensão social ou, bem abaixo na escala econômica, trabalhadores cujas vozes sequer eram ouvidas pelos capatazes — gente deixada do lado de fora, sem reconhecimento —, sofrem de anomia, termo com que Durkheim designava a perda do moral. A anomia é um sentimento de desenraizamento, de estar à deriva. Explicando a anomia nesses termos, Durkheim procurava investigar mais fundo as consequências da exclusão; é possível que as pessoas internalizem a exclusão de tal maneira que passam a sentir que de fato não merecem muito crédito, que ela de certa forma é justificada. A repercussão íntima torna-se evidente nos indivíduos em ascensão que se sentem uma farsa nas novas circunstâncias; na literatura americana, o Jay Gatsby do romance de Fitzgerald sofre desse tipo de anomia. Mas Durkheim considerava que esse tipo de desenraizamento internalizado era muito mais disseminado. Você foi julgado pela cultura das instituições, e realmente não se adapta. O suicídio, estado de tão extremo desespero, abriu diante de Durkheim uma janela para as consequências mais comuns do distanciamento intimamente absorvido pelo indivíduo na forma da insegurança.

Entre os pobres, como no Cabrini Green, a vida nas gangues pode ser uma solução para o problema da anomia — e das mais eficazes. Sudhir Venkatesh, sociólogo que estudou profundamente a vida das gangues na comunidade da minha infância, mostra de que maneira ela proporcionou a crianças e adolescentes a possibilidade de se sentir adaptadas e pertencendo. As gangues que hoje em dia traficam drogas, tão incrivelmente lucrativas para a garotada a curto prazo, também resolvem o enigma da mobilidade ascendente da anomia explorado por Durkheim muito acima na escala social em outro país; as gangues fazem com que os jovens se sintam pertencendo, através de elaborados rituais de iniciação e promoção; um jovem que ascende na escala da gangue sente-se cada vez mais vinculado aos parceiros.[14] Em contraste, os organizadores comunitários que tentam fazer com que os jovens se afastem das gangues correm o risco de criar anomia — pelo menos em vizinhanças como a do Cabrini Green —, já que a cultura institucional alternativa que buscam criar é relativamente fraca.

Em termos genéricos, a anomia e o luto são dois lados do moral: de um lado o distanciamento; de outro, a reconexão. Essa moeda de dois lados é diferente e mais complexa do que o pensamento em termos de solidariedade. Dos dois, o luto é mais complexo emocionalmente que anômico. O luto tem a ver com a passagem do tempo; no processo de luto, a pessoa se reconecta a uma nova condição. Ele eleva de novo o ânimo de uma maneira diferente da simples oferta de uma perspectiva de adequação. Mas o moral, elevado pela passagem do tempo ou pela simples adesão a um grupo familiar, tem seus limites. Chega o momento em que a pessoa precisa avaliar: a vinculação à instituição se justifica? Um dos efeitos do luto, de fato, é tornar mais aguda a questão; as pessoas reconsideram como é que querem viver. Graças ao trabalho de Elijah Anderson e Mitchell Duneir, assim como ao de Sudhir Venkatesh, sabemos que muitos jovens membros de gangues de fato começam por fazer a pergunta "Será que é isto que quero fazer da minha vida?" quando chegam aos vinte e poucos anos de idade.[15] Trata-se com efeito de uma pergunta para a qual todos temos de encontrar resposta, uma resposta que pode surgir através de diferentes testes dos níveis de comprometimento.

A COMUNIDADE

TESTES DE COMPROMETIMENTO

O comprometimento pode ser testado de maneira direta: até que ponto você se dispõe a se sacrificar por ele? Na escala da troca social apresentada no capítulo 2, o altruísmo representa o tipo mais forte de comprometimento; Joana D'Arc subindo à fogueira por suas convicções, o soldado comum morrendo em batalha para proteger os companheiros. No outro extremo da escala, entre os predadores máximos, sejam jacarés ou banqueiros, o autossacrifício não aparece, e assim não surge oportunidade para o teste. Nas zonas humanas intermediárias, os sacrifícios acarretados pelo comprometimento são mais baralhados. A troca ganhar-ganhar em um acerto de negócios requer que todas as partes abram mão de determinados interesses a bem de um acordo benéfico para todos; uma coalizão política exige calibragem semelhante. A troca diferenciada, o encontro esclarecedor, não envolve autossacrifício, mas tampouco implica levar a melhor sobre outra pessoa, exigindo que abra mão de algo.

Um brutal teste de comprometimento, exatamente nesses termos, manifestou-se em comunidades como a de Cabrini Green na década de 1960. Foi a década em que a classe média negra começou a se expandir; e surgiu a questão: aqueles que começavam a ascender socialmente deviam permanecer nos lugares onde haviam crescido? Quase um século antes, Booker T. Washington imaginara que os artesãos em ascensão nos Institutos voltariam a seu meio para melhorar a situação dos demais. Mas agora era um jogo de soma zero, estando envolvido um real sacrifício caso os que estavam em ascensão permanecessem, pois na década de 1960 as comunidades negras pobres tornaram-se mais desorganizadas socialmente, à medida que o tráfico de drogas entrava no gueto, aumentava o número de mães solteiras adolescentes e os esforços governamentais para melhorar o padrão de vida material deixavam a desejar. Os indivíduos em ascensão teriam o dever de se sacrificar nesse altar? Só os privilegiados podem responder facilmente a esta pergunta.

Outra maneira de medir o comprometimento é em termos de tempo, o comprometimento de curto prazo e o de longo prazo. No capítulo 5, comparamos o trabalho em equipe a curto prazo em algumas empresas de Wall Street com o *guanxi* chinês, uma conexão de longo prazo: o curto prazo debilita as manifestações de comprometimento entre as diferentes categorias no interior de uma organização, ao passo que o *guanxi* as fortalece fora das instituições. Os compromissos de curto prazo podem ser particularmente destrutivos dos sentimentos de obrigação e lealdade. Mas nem sempre o curto prazo causa essas terríveis consequências. A comunicação séria online, como a que foi tentada pelo GoogleWave, pode ser ao mesmo tempo breve e fortemente geradora de vínculos; os participantes do meu grupo GoogleWave se vincularam tão fortemente que pegávamos aviões para nos encontrar quando o programa falhava.

Um dos vínculos existentes entre pessoas pobres que não são visíveis aos que estão de fora são os compromissos de longo prazo estabelecidos pelos laços da família ampliada. Esses laços marcam tanto os afro-americanos quanto os coreanos americanos, e também prevalecem em outras partes do mundo, como acontece entre os turcos e os marroquinos que vivem na Europa ocidental. As definições legais de família tendem a levar em consideração o parentesco sanguíneo entre pessoas vivendo na mesma casa; à parte isto, as políticas sociais tendem a centrar-se na família nuclear dos pais com os filhos imediatos.[16] Para os pobres, sejam imigrantes ou não, os vínculos nucleares centrados no lar não refletem bem a rede de comprometimentos e apoio com que as pessoas contam. Cada lar pode ser um alicerce insuficiente do ponto de vista econômico; socialmente, a transferência de jovens de um lar para outro é uma maneira de fortalecer os laços em um círculo amplo e entre as gerações — uma versão doméstica, se quiserem, do *guanxi*.[17] Ao ascender e deixar o gueto, alguns dos meus amigos de infância constataram que os compromissos dessa natureza se retraíam; a mobilidade social fazia com que no longo prazo o comprometimento recuasse para a família nuclear.

A confiabilidade é uma terceira maneira de testar o comprometimento. Podemos considerar que esse teste pertence à esfera dos acontecimentos que podem ser previstos, parecendo predeterminadas as formas de comportamento mais previsíveis. As abelhas não decidem dançar; o impulso neste sentido está em

A COMUNIDADE 313

seus genes. O comprometimento torna-se menos confiável na medida em que dependa mais de uma decisão; mudanças nas circunstâncias e nos desejos nos levam a voltar atrás em compromissos. Todos os primatas, seja em grupo ou individualmente, são capazes de voltar atrás nos compromissos. Os seres humanos moralizam essa retirada como uma forma de traição ou a enquadram emocionalmente, como uma decepção, mas na idade adulta sabemos perfeitamente que às vezes deixaremos os outros na mão e eles também nos deixarão; os compromissos assumidos na experiência adulta não podem ter um grau de certeza equivalente ao das abelhas.

A reunião comunitária em 1980 provocou em mim, como fizera com o capataz de serviços sanitários, o desejo de retribuir algo. A vida se encaminhara bem para mim; eu me tornara um sólido burguês. Eventualmente, em Chicago, eu voltava a Cabrini Green, mas também comecei a passar um sábado ou outro em um projeto comunitário no Harlem espanhol em Nova York; o que eu podia retribuir ali era o que melhor sabia, ajudar crianças a aprenderem a tocar música. Mas a "retribuição" provocava nelas grande ansiedade: e se eu não aparecesse mais por estar muito ocupado ou querer fazer algo diferente? Afinal de contas, a escolha era minha. E como a minha escolha era retribuir, eu não era aos olhos deles, com razão, digno de confiança, embora fizesse o possível para aparecer com regularidade. Aos poucos fui sentindo o peso dessa ansiedade, da questão da minha confiabilidade; e então o desejo de retribuir diminuiu em mim.

VOCAÇÃO

Envolvendo autossacrifício, de longo prazo, voluntário e portanto frágil: essas medidas do comprometimento o tornam uma experiência inseparável da maneira como nos entendemos. Poderíamos tentar recontextualizar as experiências que acabo de descrever dizendo que o compromisso forte implica um dever para consigo mesmo. Para em seguida afastar de novo o peso opressivo da palavra "dever", pensando no comprometimento como um mapa do caminho, o mapa do que deveríamos fazer com nossa vida.

Max Weber tentou explicar esse tipo de comprometimento prolongado com uma única palavra alemã, *Beruf*, que poderia ser aproximativamente traduzida como "vocação" ou "chamado". São palavras saturadas de conotações religiosas desde a época da Grande Inquietação.

O católico medieval imaginava uma vocação religiosa como a decisão do monge de se retirar do mundo; para outros, mantendo-se engajados na sociedade, a escolha não entrava em cena da mesma forma; a fé era um comportamento naturalizado, dado como certo, como o das abelhas, apesar de programado culturalmente, e não geneticamente. A teologia luterana mudou isso. Valendo-se das experiências dos primórdios do cristianismo, particularmente a luta de Santo Agostinho com a fé, Lutero encarava a fé como uma decisão íntima e ativa, um "compromisso com Cristo" que precisa ser constantemente renovado ao longo da vida do crente. O trauma protestante está em saber que fazer de si mesmo, no mundo. O judaísmo, o islamismo e o catolicismo fornecem concepções de vida exteriores ao eu; o protestantismo luterano fornece menos uma concepção e enfatiza mais o eu.

Uma vocação pode ser simplificada, encarada apenas como uma forma pessoal de planejamento estratégico; quando gurus dos negócios como John Kotter fazem palestras de motivação, falam da invenção de "estratégias de condução da vida" — toda a dor protestante de não ser capaz de conhecer o próprio objetivo na vida vem a ser higienicamente removida nessa recomendação.[18] A busca mais profunda de um objetivo na vida nos serve de autocrítica; um *trader* de *commodities* em Wall Street que se tornou professor comentou comigo: "Imagino que eu estava destinado a fazer algo diferente." Esta observação pode se aplicar aos que ascenderam socialmente depois de Cabrini Green; eles estavam destinados na vida a fazer algo diferente de se manter fixados na pobreza. Mas será que algum de nós tem um cerne da individualidade esperando se realizar através de nossos atos? Esse eu interior seria exclusivamente constituído de convicções? Que terá mantido meus amigos de infância vinculados a suas convicções religiosas, que parecem realizar neles

A COMUNIDADE 315

aquele cerne, mesmo quando essas convicções não se traduzem literalmente como guias do comportamento cotidiano?

Weber examinava vocações que pareciam mais imperiosas — imperiosas no sentido político. Seu ensaio "A política como vocação" trata da "ética da convicção". Essa "ética" pode resolver os enigmas do eu propostos pela ética protestante, quando a autoridade sobre outros torna-se um objetivo de vida pessoal. De certa maneira, não é uma ideia original; tanto Arthur Schopenhauer quanto Friedrich Nietzsche consideravam que o exercício do poder cura a doença do eu. Mas Weber focalizava mais de perto políticos que genuinamente acreditam, políticos no polo oposto dos maquinadores maquiavélicos, políticos que acreditam naquilo que pregam. Weber temia os políticos comprometidos porque tenderiam a forçar outros a prestar obediência às convicções que salvaram aquele que acredita politicamente nas suas próprias confusões internas. Vimos no capítulo 1 um exemplo concreto do que preocupava Weber: as declarações de solidariedade expostas nas paredes do *musée social* na Exposição de Paris. Para Weber, "solidariedade" era uma capa do processo de purificação da vontade, de fortalecimento de suas certezas, assim descartando a dúvida íntima. Na visão de Weber, a "ética da convicção" deve sempre excluir ou punir a diferença; uma vez admitida a discordância, a própria convicção entrará em colapso.

Que dizer, então, da alternativa à ética da convicção? Na Paris de 1900, uma alternativa mostrava-se em documentos sobre as casas comunitárias, associações comunais e oficinas; os organizadores desses grupos certamente tinham convicção e comprometimento, mas era diferente seu sentido de vocação. A própria comunidade se havia tornado a vocação, uma vocação na qual a cooperação mais e mais se tornava um fim em si mesma, satisfazendo o ego daqueles que viviam ou trabalhavam na comunidade. Meus vizinhos de infância em Cabrini Green, muito cedo vivenciando profundamente um engajamento com a comunidade local, não desenvolveram esse sentimento da comunidade como vocação adulta — e tampouco seguiram a trajetória da autoridade sobre outros descrita por Weber, para confortar o ego. Nem serviu a nostalgia do passado para guiá-los quanto à vocação de "retribuir com alguma coisa".

316 JUNTOS

Em que implica, então, a vocação da comunidade? Deixemos de lado as conotações românticas de cumprimento do próprio destino em uma vocação; a questão então é saber como desenvolver um sentimento íntimo de finalidade e propósito através da cooperação comunitária. Nosso estudo termina com três versões da comunidade como vocação, protagonizadas pelos herdeiros dos organizadores comunitários de Paris, cada uma delas convincente, cada uma delas ambígua e todas, ainda hoje, em suspenso.

A COMUNIDADE COMO VOCAÇÃO

A comunidade baseada na fé

O movimento dos Trabalhadores Católicos tem corporificado um tipo de vocação comunitária. Esse movimento da década de 1930 era de pequena expressão, como a maioria dos grupos de esquerda nos Estados Unidos, embora viesse posteriormente a inspirar padres radicais na América Latina e no Sudeste asiático, em concomitância com mudanças ocorridas na Igreja durante o Concílio Vaticano II. Na época de sua fundação, o movimento americano teve ressonância entre membros do Partido dos Trabalhadores Católicos da Holanda e pequenos grupos católicos antinazistas na Alemanha. Ao longo de sua história, o ministério dos trabalhadores católicos tem-se voltado eminentemente para a vida dos pobres; nos Estados Unidos, foi o que o movimento fez nas suas "casas de hospitalidade" — um desdobramento da casa comunitária aberto a todos, nativos ou estrangeiros, que fossem pobres — e através de sua publicação mensal, *Catholic Worker*, editada por Peter Maurin e Dorothy Day.[19]

As casas de hospitalidade em Nova York, Chicago e outras cidades proporcionavam abrigo e também ajudavam as pessoas a encontrar trabalho; o movimento tem feito o mesmo nas fazendas que administra. O jornal mais se parece um blog do que um veículo tradicional de noticiário, cheio como sempre foi, e ainda é, de propostas e comentários dos leitores. As casas, fazendas

A COMUNIDADE   317

e o jornal são abertos, no sentido de que estão à disposição de qualquer um que precise. No que diz respeito às atividades práticas, existe uma diferença em relação aos dois Institutos de Booker T. Washington, na medida em que são propostas atividades e funções sem dar ênfase à adequação ou habilidades das pessoas; as casas de hospitalidade sempre foram e continuam sendo um empreendimento informal.

O grupo dos Trabalhadores Católicos americanos definia a questão do comprometimento em termos de levar a vida da maneira mais simples possível. Caritas é a fundação desse comprometimento radical baseado na fé. Na teologia cristã, a palavra latina *caritas* significa a doação voluntária de cuidado com os outros; é o oposto da sociabilidade estratégica, da astuciosa e calculada arte do bom entendimento com os outros para ganhar alguma coisa. A *caritas* também difere do "altruísmo", pelo menos da maneira como esta palavra é usada pelos observadores do comportamento animal, pois não imagina o autossacrifício em nome da vantagem do grupo, como as formigas trabalhadeiras ou os seres humanos que se dispõem a morrer combatendo. Por este motivo, Dorothy Day mostrou-se preocupada com certas interpretações de uma militância pela luta de classes organizada; ela pensava a luta nos termos de Gandhi, a prática da transformação não violenta do opressor e do oprimido ao mesmo tempo.

A fundação Caritas gerou um problema específico de paternalismo para os trabalhadores católicos, já que sua religião baseia-se na complexa e paternal hierarquia da Igreja; a cooperação em um espírito de doação e igualdade não pode ser facilmente separada da submissão à hierarquia da Igreja. A partir da década de 1830, os "católicos sociais" franceses passaram a encarar sua religião como uma espécie de anteparo e antídoto ao nascente capitalismo, mas o remédio da transcendência do sistema econômico precisava ser tomado sob estrita orientação da autoridade religiosa. Pelo fim do século XIX, a encíclica *Rerum Novarum*, do papa Leão XIII, propunha que a Igreja tratasse diretamente de questões ligadas ao trabalho e ao capital quando os governos não se mostrassem capazes de apoiar os trabalhadores. Madre Cabrini, uma de suas mais fervorosas emissárias, foi enviada a Chicago para trabalhar com imigrantes italianos e poloneses; os centros comunitários por ela fundados, embora fossem apresentados na imprensa local como cooperativas, na verdade não o eram. A colaboração pessoal direta era para madre Cabrini um meio, uma ferramenta, com o objetivo de fortalecer a fé na Igreja e o próprio lugar dentro dela.[20]

Pode-se considerar, com todo respeito, que o movimento dos Trabalhadores Católicos contornou o problema igualdade versus submissão. "Os Objetivos e Meios dos Trabalhadores Católicos" afirmam o credo de que "nossa inspiração [vem] da vida dos Santos", sem qualquer menção à obediência à hierarquia da Igreja; a declaração, em vez disso, celebra o "personalismo", a "liberdade e dignidade de cada pessoa como foco fundamental e objetivo de toda metafísica e moral".[21] Durante uma missão de paz em Roma em 1963, Day notou que a elevação do papa, carregado em cadeira alta em meio à multidão na Praça São Pedro, tem uma finalidade prática ("Como poderia alguém chegar a vê-lo se ele não fosse conduzido dessa maneira?"), e não como um símbolo de sua superioridade.[22]

A crença de Day em uma comunidade local e aberta gira em torno do papel desempenhado pela religião no sentido de fazer com que as pessoas se comprometam umas com as outras, para sentir se sua vocação é cooperar. A fé, afirma ela, é o "estímulo" mais confiável do engajamento social. Acerca da capacidade da fé de agir nesse sentido, ela compartilha algo do espírito do filósofo americano William James. Em *As variedades da experiência religiosa*, James observou que as conversões religiosas muitas vezes são precedidas de profundos períodos de depressão e distanciamento dos outros. O crente pode sair desse trauma sentindo-se nascido de novo, uma nova pessoa saída das cinzas da velha. Esta interpretação da conversão difere radicalmente da concepção do luto em Freud, um luto apegado ao que outrora foi. James tinha um perfil mais americano; acreditava que o momento transformador eleva o moral, o comprometimento e a convicção ao mesmo tempo; como escreve em *As variedades*, precisamos sentir que somos alguém diferente para nos comprometer.[23] Day compartilhava sua fé no puro e simples poder da conversão.

A COMUNIDADE

Isso gerou um problema na comunidade dos Trabalhadores Católicos, uma divisão entre os militantes crentes e os não crentes, que teve início na época de Day e ainda hoje vigora. O movimento dos Trabalhadores Católicos atraiu muitos não católicos, e mesmo alguns militantes não cristãos e agnósticos. E isto aconteceu precisamente porque o movimento é aberto, não tendo um programa oculto; ele se concentra no momento da conexão, no comprometimento recíproco. Embora o comprometimento social seja semelhante entre crentes como Dorothy Day e os não crentes atraídos por seu movimento, também existe um mal-estar recíproco. A comunidade dos Trabalhadores Católicos tem perseverado na ação radical, no mesmo espírito em que se dedica à oração. Minha mãe veio a conhecer Dorothy Day através de um amigo comum, Mike Gold, autor de *Jews without Money* [Judeus sem dinheiro]; quando ela deixou o Partido Comunista, no fim da década de 1930, o movimento dos Trabalhadores Católicos foi o seu primeiro porto. Certa vez ela me falou da "assustadora experiência" de ver os outros entregues à fé. Os crentes são movidos pela fé em um bem superior, e não pela crença na vida social como fim em si mesma, e por este motivo os não católicos que trabalham nas casas de hospitalidade muitas vezes se sentem meros espectadores.

Uma antiga divisão da época da Reforma voltou a se manifestar nesse grupo de militância, a questão do espetáculo, analisada no capítulo 3. Essa divisão traduzia-se na vida cotidiana da comunidade na questão do ritual, especialmente as orações ritualizadas. Embora ninguém fosse obrigado a rezar, os crentes precisavam fazê-lo. O ritual não é necessário para a ação social militante baseada na fé; como também vimos no capítulo 3, os militantes quakers dispensam o ritual, preservando a fé. E, tal como acontece nos clubes Elks dos Estados Unidos ou nas guildas britânicas que se tornaram as organizações caritativas de hoje, é comum a combinação do ritual e da secularidade em uma organização fraterna. Mas os espectadores do movimento dos Trabalhadores Católicos têm ficado em uma situação difícil: a oração dos não católicos a Deus em nome da cooperação representaria uma terrível fraude.

O movimento dos Trabalhadores Católicos manifesta um problema mais genérico da ação radical baseada na fé, um problema que pode ser exposto em termos puramente sociais. Trata-se do problema da igualdade de convicção. Os militantes pautados pela fé talvez não façam comparações invejosas — certamente não é o caso dos que integram o movimento dos Trabalhadores Católicos —, mas outros não podem evitá-lo. É como se os membros não religiosos observassem através de uma janela aquilo que lhes falta; em termos grosseiros, correm o risco de se tornar consumidores do comprometimento do crente. Dito de outra maneira: para o crente, a ajuda ao próximo deve ser resultado da crença em um Outro que transcende o humano, ao passo que para o não crente a questão são as outras pessoas. Decorre daí um paradoxo: na esfera do radicalismo baseado na fé, o crente pode ter impulsos inteiramente inclusivos, mas o não crente de boa-fé só pode concluir que não está integrado.

A comunidade simples

Um dos livros mais manuseados da estante da casa de minha família era uma coleção dos escritos de A. D. Gordon, um visionário russo que viveu de 1856 a 1922.[24] Ele tinha uma visão algo terapêutica da comunidade: o comprometimento em relação aos outros pode e deve resolver os problemas psicológicos. Mas não era psicólogo nem seguidor de Marx Weber; Gordon forneceu a visão filosófica do kibutz, uma comunidade baseada na identidade partilhada, na qual a cooperação se torna um fim em si mesma.

De certa maneira, o kibutz é um descendente judaico dos institutos de antigos escravos do século XIX; Gordon acreditava que os seus membros podiam restabelecer o respeito próprio, e assim aproximar-se uns dos outros. Seu inimigo eram as tortuosas complicações sociais da diplomacia do cotidiano. Os judeus tinham sido obrigados a praticar essa diplomacia para sobreviver na Europa; no kibutz, esperava Gordon, tirariam a máscara que lá usavam para se adaptar a uma sociedade hostil.

O kibutz enraizou-se na Palestina no fim do século XIX; sua concepção original começou a desaparecer em Israel na década de 1960. No início, o kibutz era uma cooperativa rural de trabalho, enfatizando o trabalho manual árduo e muitas vezes não qualificado; sob este aspecto, diferia dos Institutos.

A COMUNIDADE

E era explicitamente socialista, criando as crianças em um ambiente comunitário, minimizando a riqueza privada, ao passo que a comunidade compartilhava como um todo os resultados do trabalho.

Gordon estava bem preparado para os rigores dessa vida comunitária generalizada quando migrou da Rússia para a Palestina em 1904. Aparentado à poderosa família Günzberg na Rússia, seu pai administrava uma floresta para ela; Aaron David (seu nome completo, que não usava como escritor) por sua vez também trabalhava para os Günzberg em outra propriedade. Ele conhecia o trabalho agrícola; as reflexões desse fazendeiro filósofo giravam em parte em torno do fato de que na época a maioria dos judeus não o conhecia.

Na maior parte da Europa oriental, os judeus não podiam ser legalmente proprietários de terras; natureza era um território estrangeiro. Gordon considerava que os judeus europeus, fossem comerciantes de classes baixas ou prósperos médicos e advogados, também haviam perdido contato com o próprio trabalho físico, pois não trabalhavam com as mãos. Mas os dados de que dispunha eram incompletos; em 1914, havia grande quantidade de operários industriais judeus na Europa oriental. De qualquer maneira, seu desapreço pelo trabalho não físico e longe da terra era tão acentuado quanto o de Henry David Thoreau, depois da transferência do sábio americano para Walden Pond: quem não fosse capaz de confiar em si mesmo no contato com a natureza não podia ser verdadeiramente autoconfiante; eram pessoas alienadas de si mesmas.[25] A avaliação de Gordon é dura, indo de encontro a milhares de anos de perseguição e sobrevivência dos judeus, mas talvez tenha sido abrandada pela sombra sobre ele projetada, como sobre tantos outros, por Leon Tolstoi.

Um século depois, é difícil dar ideia da influência do comunitarismo de Tolstoi na imaginação dos russos de espírito liberal na "Era Prateada" — os vinte anos, aproximadamente, antes da Revolução Russa. Seus seguidores acreditavam que a Rússia tinha adoecido de uma forma que ia além do domínio opressivo do czar Nicolau II; os tecidos comunitários que mantinham os russos unidos como povo se haviam esgarçado. Em consequência, o caráter pessoal fora danificado. Tolstoi tinha em mente um remédio vocacional específico;

sustentava que os privilegiados precisavam recuperar as próprias raízes trabalhando o solo, executando tarefas comuns na companhia de pessoas comuns; este argumento está por trás do personagem de Levin em seu romance *Ana Karenina* (1873-7), um aristocrata que se torna um homem saudável voltando à terra. (Uma das mais vívidas lembranças de minha infância é a de uma elegante senhora idosa e absolutamente pobre, uma sobrevivente da revolução, lendo para mim trechos de *Ana Karenina* sobre as virtudes do velho campesinato.) Gordon sabia de cor muitos trechos do romance, mas eles significavam algo especial em seu caso por ser ele judeu. Os judeus precisavam renovar-se fora da Europa, voltando-se para o trabalho físico e reconquistando a força corporal: o doutor expulso da Europa precisava recobrar o orgulho próprio construindo uma casa no kibutz com as próprias mãos, cuidando dos próprios vinhedos, preparando a refeição comunitária. Tolstoi no kibutz significava que as pessoas entravam em contato com os próprios corpos em ação.

A cooperação como vocação para a simplicidade tem um velho pedigree; certos franciscanos — embora não o próprio São Francisco — abraçavam a ideia, acreditando que os monges deviam alegrar-se apenas com as tarefas mais rudes do mosteiro, pois varrendo os corredores ou cortando a grama podiam recuperar o *agapé*, o companheirismo dos primeiros cristãos. Muitos crimes foram cometidos modernamente em nome do trabalho árduo como mecanismo de reforma da personalidade, do nazismo à Revolução Cultural de Mao, mas em sua celebração do retorno à vida simples poderíamos considerar que Gordon estaria antes viajando na companhia de Jean-Jacques Rousseau.

Um perspicaz comentarista do pensamento de Gordon, Herbert Rose, estabelece aqui uma distinção importante: "Gordon nunca afirmou que o homem é naturalmente bom [...]. A natureza não representa para Gordon a inocência, mas a fonte da vitalidade."[26] O hebraico procura dar ideia desse contraste entre a letargia e a vitalidade em duas palavras. *Tsimtsum* denota ao mesmo tempo egoísmo e divisão interna; quando as duas coisas se combinam, a vitalidade sofre. O remédio é *histpashtut*, o desejo natural de dar aos outros e assim fazer-se inteiro. O que pode parecer próximo do ideal da *caritas* sustentado por Dorothy Day, mas também aqui existe uma importante diferença.

A COMUNIDADE   323

A experiência do *histpashtut* tem a ver com o que fazemos aqui, como nos comportamos precisamente agora; não existe transcendência na filosofia de Gordon. Como tampouco desconfiança, cinismo ou resignação, traços que segundo Gordon haviam descaracterizado a cultura judaica na Diáspora. Todo ato de cooperação tem imediato efeito curador do eu, ao passo que na teologia cristã do tipo da adotada por Day esse ato só pode ser um passo em direção à cura, que ocorre, se é que ocorre, em outra vida. Desse modo, a simplicidade da vida no kibutz significava para ele algo diferente da vida de pobreza e serviço voluntários buscada por Day.

A leitura de Gordon hoje é difícil por causa do caminho seguido pelo sionismo após sua morte. Como o teólogo Martin Buber, Gordon considerava que judeus e palestinos podiam e deviam compartilhar as mesmas terras como iguais; ele estava convencido de que os judeus jamais deveriam esquecer a lição aprendida durante os 3 mil anos da Diáspora, de que aqueles que diferem devem ser tratados com justiça.

Gordon é incômodo em parte por sua convicção de que a simples cooperação pode reconfortar o coração. Mas ele é importante para nós por ter dado ênfase à necessidade de fortalecer a identidade através da cooperação comunitária. Muitos ativistas em comunidades oprimidas abraçam esta lógica; trata-se do descendente local das versões mais nacionais ou internacionais da solidariedade que mobilizavam a esquerda política em 1900. Tornando-se local, contudo, a natureza da identidade compartilhada muda, passando a depender de referências diretas à experiência de outras pessoas que conhecemos bem. No lugar de apelos ao judaísmo ou à experiência afro-americana, uma identidade comum é construída através da história que eu e você compartilhamos.

A ideia de que a comunidade deve basear-se na simplicidade não é exclusiva de Gordon como pai filosófico do kibutz; muitos militantes comunitários aceitam este preceito sem mesmo pensar muito a respeito. Mas ele leva ao mesmo problema que no movimento dos Trabalhadores Católicos: o fato de a comunicação com aqueles que diferem tornar-se difícil. Em ambos os casos a virtude está na ênfase na cooperação local e aberta, construída

JUNTOS

livremente de baixo para cima. Gordon criticava os bolcheviques por misturarem socialismo e nacionalismo; para ele, jamais poderia existir um Plano Quinquenal para a cooperação.[27] Mas o fato é que a questão social de saber de que maneira viver localmente em uma sociedade complexa ficou sem resposta.

Os prazeres da comunidade

O americano que mais se empenhou em encontrar uma solução para este problema foi Norman Thomas (1884-1968), o líder do Partido Socialista da América por boa parte do século XX. Ele tentou promover o casamento da democracia social europeia com a preferência americana pela ação local. A ferramenta que escolheu para isto foi a informalidade, tanto em seu próprio comportamento quanto em sua visão da comunidade. O objetivo era tornar a experiência comunitária da cooperação um prazer sustentável.

Seu nível de comprometimento era testado pelo fato de que tinha poucas chances de vencer eleições. Ao se candidatar à presidência dos Estados Unidos nas décadas de 1930 e 1940, ele viu o New Deal de Roosevelt afastar contingentes cada vez maiores de seu partido, enquanto os comunistas de Stalin o mordiam pela extrema esquerda.[28] Assim foi que a vocação política tomou para ele um outro rumo; ele buscou reinstaurar o social no socialismo.

Como tantos radicais americanos, Norman Thomas evoluiu da religião para a política. Começou sua vida pública como pastor cristão deixando o ministério para representar os trabalhadores e escrever a seu respeito. A década de 1930 foi a sua época de formação; a Liga para a Democracia Industrial por ele liderada tornou-se o Partido Socialista da América, tendo-o à sua frente. Thomas via o Partido Socialista da América antes como um órgão centralizador de informações para sindicalistas de esquerda e organizadores de bases do que como um centro de controle: um partido voltado para a sociedade civil. O radicalismo de Thomas decorria de sua visão dos Estados Unidos como uma sociedade civil de povos deslocados. Considerava que o "cadinho de raças", no qual as pessoas perdem suas histórias passadas, era uma ilusão: as lembranças reais ou simbólicas dos migrantes são importantes demais

A COMUNIDADE

para serem apagadas. O mesmo se aplicava à raça: a amnésia não é receita de harmonia racial. Em uma linha mais sutil de pensamento, além disso, ele sustentava que as desigualdades de classe são vivenciadas como uma espécie de deslocamento, sendo a classe trabalhadora americana branca tratada como invisível, simples elemento do cenário, sem aparecer no ethos de ascensão social dos anos do pós-guerra.

O desafio, tal como o encarava Thomas, está em fazer com que aqueles que não têm lugar no Sonho Americano queiram voltar-se para fora, além dos próprios limites, assim cooperando uns com os outros. A sociabilidade informal é um meio radical neste sentido ou pelo menos era o que Thomas pensava, pois, quanto mais as pessoas adquirirem experiência no convívio não pautado por regras ou governantes, mais serão capazes de dar valor umas às outras.

Havia quem considerasse Thomas um orador carismático, mas não era o que pensavam muitos dos que puderam ouvi-lo. Sua voz era estridente, seus gestos, desajeitados, os pontos de vista que apresentava em público, pouco mais que clichês bem-intencionados; ele falava de igualdade econômica, bom atendimento previdenciário do Estado, justiça racial e, depois da Segunda Guerra Mundial, apoio às Nações Unidas. Os que o ouviam habitualmente seriam capazes de recitar de cor todos esses temas.* Seu gênio estava antes no comportamento; ele era informal, de uma maneira autêntica. Roosevelt também se sentia à vontade em público, mas de *haut en bas*, um aristocrata americano tranquilizando e guiando as massas. Thomas falava como um entre muitos; ficava perfeitamente satisfeito de dizer coisas tediosas e conseguia obter a confiança dos outros justamente por sua normalidade.

Poderia parecer que a falta de uma presença dramática, a ausência de carisma no palanque, o incapacitava como político. Eu preferiria dizer que ele era hábil na informalidade. Por exemplo, sempre colocava seu assento no meio de um grupo, se possível em um círculo, em vez de promover reuniões

---

*Minha família o conheceu muito bem; por amizade, comparecia com frequência a seus comícios, apesar do horror ante a perspectiva de ouvir mais uma vez as mesmas coisas.

em que o presidente senta-se elevado na extremidade de uma sala. No fim de um discurso, nunca esperava mãos erguidas, preferindo dirigir-se, por uma intuição que nunca foi capaz de explicar, às pessoas por demais tímidas para se manifestar. Após os comícios, costumava conversar com as pessoas segurando-as pelo antebraço, e não as largava quando falavam.

Em reuniões menores, ele ignorava a lógica da agenda, mesmo quando houvesse sido comunicada a todos; determinada questão de que Thomas quisesse tratar seria ligada ao nome de algum dos presentes, não raro deixando-o surpreso, pois não se tinha preparado na análise do tema. Raramente ele ia além dos dois primeiros itens de uma agenda; deixava que as questões evoluíssem e se metamorfoseassem por si mesmas. A *démarche* de Thomas consistia muitas vezes em lançar mão de um recorte de jornal ou um trecho de relatório — de algum inimigo — para provocar indignação ou debate em igual medida.

Todos esses procedimentos, destinados a estimular a detecção e a solução informal de problemas, deixavam loucos colegas como o líder trabalhista Walter Reuther, que queriam resolver as coisas de maneira rápida e eficiente. As reuniões podiam entrar noite adentro; o que certamente era contraproducente se o objetivo fosse alcançar uma decisão, mas altamente produtivo se o principal fosse acostumar pessoas diferentes a conviver. Neste sentido, Thomas mostrava-se astuto. Como tentava acomodar pessoas defendendo interesses muito diferentes e não raro conflitantes, ele virava de ponta-cabeça a tirada, atribuída a Oscar Wilde, de que "o problema com o socialismo é que requer muitas noites". Assentar, acomodar, suspender a pressão, passar tempo em companhia dos outros pelo simples prazer de fazê-lo, tudo isso contribuía para reforçar por meios informais o comprometimento com o projeto coletivo.

Thomas recorria a uma autoironia bem rochefoucauldiana para convidar à participação. Na festa de comemoração de seu octogésimo aniversário, ele recebeu de admiradores um cheque de 17.500 dólares; seu comentário: "Não vai durar muito [...] todas as organizações a que estou ligado estão falindo." Nas reuniões, ele também se recusava a se apresentar como alguém mais capaz que qualquer outro dos presentes, evitando a pose do presidente.

A COMUNIDADE

327

Mas tudo isto fez com que ele, presidente do Partido Socialista da América, ficasse sem poder. Se o comprometimento é avaliado pela conquista do poder, o compromisso de Thomas com o socialismo, como o de Dorothy Day ou A. D. Gordon, não tem sentido. Mas Thomas pôs em prática a ideia de conhecer os limites da realidade mas recusar-se a se definir por esses limites. Com isto, estabeleceu um exemplo social para a esquerda. Sua maneira de lidar com os outros serviu como uma espécie de consciência para os sindicatos trabalhistas de sua época, engajados em lutas de poder de acordo com outras regras. Thomas desafiou os líderes sindicais a refletir sobre os motivos pelos quais, à medida que os sindicatos tornavam-se mais estruturados e burocratizados após a década de 1930, a vida também se afastava deles. Os líderes sindicais sabiam como agir formalmente em nome dos membros, mas não como se envolver com eles de maneira informal, decorrendo daí que a filiação voluntária aos sindicatos gradualmente declinou. Sejam mais radicais, exortava ele — o que não significava exigir mais, mas comportar-se de outra maneira. Esta mesma crítica provocadora foi dirigida por ele a outros liberais americanos.

Das três formas de compromisso comunitário, a de Thomas era a mais orientada para o prazer informal. E ainda que sua política estivesse fadada ao fracasso nos Estados Unidos como um todo, o exemplo deixado por Thomas está na maneira como praticou o comprometimento com os outros, e não no teor do que pregava.

São estas, portanto, três versões do comprometimento com a comunidade entre os filhos da Grande Depressão: com base na fé, na simplicidade e na sociabilidade. As três tratam de questões de cooperação que transcendem a própria época, e não são exclusividade da esquerda: a cooperação comunitária nos lembra que as questões de qualidade de vida contam na experiência cotidiana.

Nossa tese ao longo desse estudo tem sido que a cooperação contribui para a qualidade da vida social. A comunidade local parece um cenário indicado para a busca de uma boa qualidade de vida, mas é um cenário complicado. Tratei neste capítulo de comunidades pobres, em parte por motivos autobiográficos, mas também porque são casos difíceis. São lugares aos quais pessoas como meus amigos de infância tiveram de sobreviver, e no caso de efetivamente sobreviverem, eles se mostrarão dispostos a ir embora. São igualmente lugares que os "novos conservadores" estão entregando a um destino privado de recursos. Questões complicadas manifestam-se na vida daqueles que são sobreviventes, questões de moral, de vínculo, perda e luto; e também questões ligadas à vocação em que as pessoas se apoiam na luta pela sobrevivência. Não existe uma resposta simples de promessa de felicidade para essas realidades vivenciadas.

Poderia a comunidade em si mesma tornar-se uma vocação? A fé, a identidade e a sociabilidade informal indicam caminhos através dos quais a comunidade entre os pobres ou marginalizados pode servir de sustentação, mas não completamente. Ao ser perguntado sobre sua receita de uma vida de boa qualidade, Freud deu a resposta que ficou famosa: "Leben und Arbeiten" (amor e trabalho). Nesta recomendação, está faltando a comunidade, o membro social foi amputado. Hannah Arendt abraçou a vida comunitária como uma vocação, mas não o tipo de comunidade de que a maioria das pessoas pobres tem experiência direta; no caso dela, tratava-se de uma comunidade política idealizada na qual todos os participantes desfrutam de posição igual. Gostaríamos de imaginar a comunidade, pelo contrário, como um processo de chegada ao mundo, um processo no qual as pessoas resolvam não só a questão do valor das relações pessoais diretas, mas também a dos limites dessas relações. Para os pobres ou marginalizados, os limites são políticos e econômicos; o valor é social. Embora a comunidade não possa preencher uma vida inteira, o fato é que promete prazeres bem concretos. Era o princípio pelo qual se orientava Norman Thomas, representando em minha opinião uma boa maneira de entender o valor da comunidade, quando não se vive em um gueto.

Coda
O gato de Montaigne

No fim da vida, o filósofo Michel de Montaigne (1533-92) acrescentou uma pergunta a um ensaio escrito muitos anos antes: "Quando estou brincando com meu gato, como posso saber que ele não está brincando comigo?"[1] A pergunta resumia a velha convicção de Montaigne de que não podemos realmente conhecer a vida íntima dos outros, sejam gatos ou outros seres humanos. O gato de Montaigne pode ser visto como um símbolo do tipo exigente de cooperação explorado neste livro. Minha premissa a respeito da cooperação tem sido que frequentemente não entendemos o que se passa nos corações e mentes de pessoas com as quais temos de trabalhar. Entretanto, assim como Montaigne continuava brincando com seu enigmático gato, assim também a falta de entendimento recíproco não nos deve impedir de nos relacionar com os outros; queremos que algo seja feito em conjunto. É esta a conclusão simples que espero possa o leitor extrair de um estudo complexo.

Montaigne vem a ser uma coda adequada para este livro porque era um mestre do pensamento dialógico. Ele nasceu no ano em que Holbein pintou *Os embaixadores*. Como os jovens emissários de Holbein à Grã-Bretanha, o jovem Montaigne teve uma formação política como membro do *parlement* de Bordeaux — um conselho de notáveis regional; como os dois emissários, vivenciou de perto o conflito religioso entre católicos e protestantes. As guerras de religião do meado do século XVI convulsionaram a região de Bordeaux, ameaçando a aldeia em que se encontravam as propriedades de sua família; o tribalismo religioso levou ao incêndio de campos do inimigo, ao assédio

JUNTOS

de cidades para submetê-las à fome, ao terrorismo de assassinatos aleatórios. Embora tomasse partido do líder protestante Henrique de Navarra, Montaigne não aderia de coração ao dogma religioso nem à política profissional. Em 1570, dois anos após a morte do pai, ele se retirou em sua propriedade, recolhendo-se a uma torre na ala sudeste do castelo e ali instalando um aposento para meditar e escrever. Nesse lugar, começou a experimentar um tipo de escrita dialógica e a pensar maneiras de aplicá-la à cooperação cotidiana.

Embora se tivesse recolhido a uma esfera íntima, passando boa parte do tempo dedicado à produção de vinho que sustentava sua propriedade, ele não se havia retirado mental e emocionalmente da ligação com o mundo em geral. O grande amigo de sua juventude, Étienne de La Boétie, havia publicado um *Discurso sobre a servidão voluntária* (provavelmente em 1553, aos 22 anos de idade), um estudo sobre o desejo de obediência cega, e Montaigne desenvolveu em seus escritos muitos de seus preceitos. As guerras religiosas haviam inspirado aos dois jovens verdadeiro horror da ânsia de fé, da obediência a um princípio abstrato ou a um líder carismático. Se tivessem vivido um século depois, o teatralismo de Luís XIV teria corporificado para eles o empenho do Estado no sentido de induzir uma massa de espectadores a uma submissão voluntária e passiva a um líder. Se tivessem vivido em nossa época, os déspotas carismáticos do século XX também teriam representado para Montaigne e La Boétie a ameaça da obediência passiva. Após a morte precoce de La Boétie, Montaigne continuou defendendo a tese alternativa proposta pelo amigo, de construção do engajamento político de baixo para cima, com base na cooperação comum em uma comunidade.

Montaigne foi um *seigneur* e se beneficiou plenamente de seus privilégios históricos, e certamente não pode ser equiparado a um organizador comunitário radical no sentido moderno, mas o fato é que estudou de que maneira a vida comunitária ao seu redor se organizava, na expectativa de entender com base em conversas informais, nos rituais da produção de vinho e no cuidado com os dependentes de sua propriedade de que maneira o projeto de participação erguido do zero de La Boétie poderia ser concretizado.

CODA

331

O enigmático e emblemático gato de Montaigne estava bem no cerne desse projeto. Que se passa na cabeça daqueles com quem cooperamos? Ao redor dessa questão, Montaigne associou outros aspectos da prática da cooperação: práticas dialógicas que são especializadas, informais e empáticas. Os grandes escritores geralmente nos dão a sensação de serem nossos contemporâneos, falando diretamente a nós, e naturalmente existe aí um risco. Mas o fato é que Montaigne tinha um senso profético do que acarretam esses elementos da cooperação.

Blaise Pascal referiu-se a Montaigne como "o incomparável autor da 'arte da conversação'".[2] Para Montaigne, na verdade, a "arte" da conversa significava a capacidade de ser um bom ouvinte, tal como o examinamos neste livro, uma questão de estar atento tanto ao que as pessoas declaram quanto àquilo que presumem; em um de seus ensaios, Montaigne compara o ouvinte atento a um detetive. Ele detestava o "fetiche da afirmação" daquele que fala, descrito por Bernard Williams. A afirmação muito enfática anula aquele que ouve, afirma Montaigne; o polemista quer apenas assentimento. Em seu ensaio, Montaigne observa que, na sociedade como um todo, a afirmação do superior conhecimento e autoridade de um orador desperta no ouvinte dúvida quanto a seu próprio julgamento; do sentimento de intimidação deriva o mal da submissão passiva.[3]

Montaigne contesta que a capacidade de detectar o que os outros querem dizer mas não chegam a afirmar seja exclusividade de mentes excepcionais; esse trabalho de detecção e contemplação, insiste, é uma potencialidade em todos os seres humanos, anulada pelas afirmações de autoridade. A ideia da diplomacia cotidiana teria feito sentido para ele por esta simples razão; livres das ordens baixadas de cima para baixo, as pessoas precisam capacitar-se a guardar silêncio, a demonstrar tato, àquele tipo de abrandamento das divergências que Castiglione chamava de *sprezzatura* — ou pelo menos foi o que aconteceu entre católicos e protestantes no vilarejo próximo da propriedade de Montaigne quando a autoridade política entrou em colapso em consequência das guerras religiosas ocorrendo no país; a prática vigilante da diplomacia cotidiana permitiu que os moradores da aldeia continuassem levando a vida normalmente nas ruas.

No convívio com a comunidade local, Montaigne entregava-se antes ao que temos chamado de conversa dialógica do que a argumentos dialéticos, pois as discussões em geral continham para ele a ameaça de resvalar para a violência. Ele praticou a dialógica em seus escritos; seus ensaios passam de um tema a outro, parecendo às vezes perder-se, mas o leitor sempre chega ao fim de cada um deles com a sensação de que o autor abriu perspectivas inesperadas em determinados temas, em vez de limitar-se a marcar pontos.

"Dialógica", na verdade, é o nome moderno de uma prática narrativa muito antiga; ela é utilizada pelo historiador antigo Heródoto, criando um mosaico de fragmentos que, como acontece nos ensaios de Montaigne, acabam gerando uma forma mais ampla perfeitamente coerente. Mas, em minha opinião, Montaigne foi o primeiro a se valer dessa prática literária com certa habilidade: a narrativa fragmentária neutraliza a agressividade do leitor. Abaixando a temperatura emocional do leitor, como faz em seu ensaio sobre a crueldade, ele espera, ironicamente, mostrar de modo ainda mais vívido o caráter absurdo dos vícios da crueldade; sua expectativa, para usar sua própria expressão, é fazer com que o leitor "desaprenda o mal".[4] Para Montaigne, era este o objetivo da dialógica: examinar as coisas sob todos os aspectos para enxergar os muitos lados de qualquer questão ou prática, permitindo essa mudança de foco que as pessoas se tornem mais calmas e objetivas em suas reações.

Como homem do seu tempo, Montaigne ficava entusiasmado com a habilidade técnica. Em vez de dispositivos astronômicos complexos como os que se encontravam na mesa de Holbein, Montaigne interessava-se por artefatos mais cotidianos, como tornos mecânicos usados por carpinteiros, novos utensílios de culinária, como espetos de assar, e sobretudo era fascinado por encanamentos; as bombas de água para fontes ornamentais e bebedouros para o gado aparentemente o interessavam sobremaneira. Esses interesses algo prosaicos foram incorporados a um par de ensaios, "Hábito" e "Objetivos iguais, resultados diferentes". Os hábitos, dizia, consolidam uma habilidade, mas o domínio do hábito inalterável é uma tirania; os bons hábitos são os "objetivos" que permanecem livres para produzir diferentes "resultados". Este preceito, segundo ele, aplica-se igualmente a máquinas e homens.[5] É algo que

CODA 333

lhe parece óbvio, e que portanto deixa na esfera de um comentário casual. Buscamos nestas páginas ir mais fundo, para mostrar que, modulando seus hábitos, as pessoas tornam-se mais interativas, tanto na exploração de objetos quanto no envolvimento recíproco. O ideal do artesanato orientou nossa investigação sobre o fazer e consertar objetos físicos e relações sociais.

Montaigne foi, como observa Sarah Bakewell, o filósofo da modéstia por excelência, especialmente da autocontenção que nos ajuda no envolvimento com os outros.[6] A modéstia resume o conceito de civilidade em Montaigne, mas sua versão pouco se assemelha ao relato da civilidade que encontramos em Norbert Elias. Como homem, Montaigne sentia-se à vontade em seu corpo, e com frequência escrevia a respeito, descendo a detalhes como o cheiro de sua urina ou os momentos em que gostava de defecar. Modéstia destituída de vergonha: em certa medida, é esta a concepção de civilidade em Montaigne; se podemos estar à vontade com nós mesmos, estaremos à vontade com os outros. Em um ensaio tardio, ele escreve sobre a informalidade: "Em qualquer posição que estejam, os homens se amontoam e se acomodam, misturando-se e se movimentando, exatamente como objetos atirados em um saco se ajeitam, não raro melhor do que se tivessem sido arrumados deliberadamente."[7] Tais palavras poderiam ter sido escritas por Saul Alinsky ou Norman Thomas; deveriam ter orientado os programadores do GoogleWave.

"O nosso eu", escreve Montaigne em um ensaio sobre a vaidade, "é um objeto cheio de insatisfação, só enxergamos nele miséria e vaidade". Mas não se trata de uma recomendação para enveredar pela angustiada luta de Lutero com o eu: "Para não nos desalentar, a Natureza muito convenientemente voltou para fora o nosso olhar."[8] A curiosidade pode nos "animar" a olhar além de nós mesmos. Como vimos ao longo deste livro, voltar o olhar para fora gera um vínculo social melhor do que imaginar que os outros estão refletidos em nós mesmos ou fazer como se a própria sociedade fosse construída como um salão de espelhos. Mas olhar para fora é uma habilidade que devemos aprender.

Montaigne considera que a empatia, mais que a simpatia, é a virtude social cardeal. Nos registros que mantinha da vida em sua pequena propriedade rural, ele constantemente comparava seus hábitos e preferências com os de vizinhos e empregados; naturalmente, estava interessado nas semelhanças, mas se detém particularmente em suas peculiaridades: para o bom entendimento, todos precisam estar atentos às diferenças e dissonâncias.

O interesse pelos outros, nos próprios termos deles, será talvez o aspecto mais radical dos escritos de Montaigne. Ele viveu em uma época de hierarquias, nas quais as desigualdades de posição pareciam separar *seigneurs* e criados em espécies diferentes, e Montaigne não está livre dessa atitude; mas se mostra curioso. Costuma-se dizer que Montaigne foi um dos primeiros escritores a tratar do próprio eu, o que é verdadeiro mas incompleto. Seu método de autoconhecimento consiste em comparar e contrastar; nas páginas dos seus ensaios, ele promove encontros e trocas diferenciados reiteradas vezes. Muitas vezes mostra-se satisfeito com a própria individualidade, mas com frequência quase igual, como no caso do gato, fica perplexo com o que faz a diferença dos outros.

Como a mesa de Holbein, o gato de Montaigne foi um símbolo criado no alvorecer da era moderna para traduzir uma série de possibilidades; a mesa representava em certa medida novas maneiras de fazer as coisas, e o gato, novas maneiras de viver junto. O contexto do gato é dado por Montaigne, e o de La Boétie, pela política: a vida cooperativa, livre do comando de cima para baixo. Que terá acontecido a essas promessas da modernidade? Em uma formulação carregada de conotações, o filósofo social moderno Bruno Latour afirma: "Nunca fomos modernos."[9] Ele quer dizer, especificamente, que a sociedade não soube lidar com as tecnologias que criou; quase quatro séculos depois de Holbein, as ferramentas sobre a mesa continuam sendo objetos místicos. No que diz respeito à cooperação, eu corrigiria a declaração de Latour: ainda devemos nos tornar modernos; o gato de Montaigne representa capacidades humanas que a sociedade ainda precisa nutrir.

O século XX perverteu a cooperação em nome da solidariedade. Os regimes que falavam em nome da unidade não eram apenas tiranias; a própria vontade de solidariedade induz ao comando e à manipulação de cima para baixo. Foi a amarga lição aprendida por Karl Kautsky em sua passagem da

CODA   335

esquerda política para a social, exatamente como aconteceria a tantos outros desde então. O poder perverso da solidariedade, em sua forma nós-contra-eles, continua vivo nas sociedades civis das democracias liberais, como se pode ver nas atitudes de europeus em relação aos imigrantes étnicos que parecem ameaçar a solidariedade social ou na exigência dos americanos de um retorno aos "valores da família"; o poder perverso da solidariedade se faz sentir bem cedo entre as crianças, imiscuindo-se na maneira como fazem amigos e encaram os que vêm de fora.

A solidariedade tem sido a resposta tradicional da esquerda aos males do capitalismo. Em si mesma, a cooperação não tem aparecido muito nas estratégias de resistência. Embora a ênfase seja sob certo aspecto realista, o fato é que tem comprometido a força da esquerda. As novas formas de capitalismo enfatizam o trabalho de curto prazo e a fragmentação institucional; o efeito desse sistema econômico tem sido a impossibilidade, para os trabalhadores, de sustentar relações sociais de apoio entre eles. No Ocidente, a distância entre a elite e a massa vem aumentando, à medida que a desigualdade se torna mais pronunciada em regimes neoliberais como os da Grã-Bretanha e dos Estados Unidos; os membros dessas sociedades têm cada vez menos um destino comum a compartilhar. O novo capitalismo permite que o poder se desvincule da autoridade, vivendo a elite em um distanciamento global em relação às responsabilidades para com os outros no espaço imediato, especialmente em épocas de crise econômica. Em tais condições, vendo-se isoladas no próprio espaço e voltadas sobre si mesmas, não surpreende que as pessoas anseiem por algum tipo de solidariedade — e para isso a solidariedade destrutiva do nós-contra-eles é feita sob medida.

Não surpreende tampouco que um tipo de caráter muito específico se tenha originado desse cruzamento do poder político com o econômico, um tipo de caráter que busca remediar as experiências de ansiedade. O individualismo do tipo descrito por Tocqueville poderia parecer a La Boétie, se hoje fosse vivo, um novo tipo de servidão voluntária, ficando o indivíduo sob o domínio das próprias angústias, buscando um certo sentimento de segurança no que é familiar e conhecido. Mas tenho para mim que a palavra "individualismo" designa uma ausência social, além de um impulso pessoal: o ritual está ausente. O papel do ritual em todas as culturas humanas é aliviar e resolver a ansiedade, voltando as pessoas para fora em atos simbólicos compartilhados; a sociedade moderna debilitou esses vínculos ritualizados. Os rituais seculares, especialmente os que se voltam para a própria cooperação, revelaram-se por demais débeis para proporcionar esse tipo de apoio.

O historiador oitocentista Jakob Burckhardt referiu-se à época moderna como "uma era de simplificadores brutais".[10] Hoje, o efeito cruzado dos desejos de garantir a solidariedade em um ambiente de insegurança econômica é a brutal simplificação da vida social: nós-contra-eles associado a você-está-entregue-a-si-mesmo. Mas eu insistiria em que devemos enfatizar a condição do "ainda não". Os brutais simplificadores da modernidade podem reprimir ou distorcer nossa capacidade de viver juntos, mas não eliminam nem podem eliminar essa capacidade. Como animais sociais, somos capazes de cooperar mais profundamente do que imagina a atual ordem social, pois trazemos em nós o simbólico e enigmático gato de Montaigne.

Notas

INTRODUÇÃO

1. "Fuck You", de Lily Allen, lançado em 2008, tinha como alvo a direita; na primeira apresentação no Festival de Glastonbury em 2009, ela declarou que visava especificamente o Partido Nacional britânico. O vídeo musical de "Fuck You" pode ser acessado em http://www.lilyallenmusic.com/lily/video.
2. Aristóteles, *Política*, ed. Richard McKeon, trad. Benjamin Jowett (Nova York: Random House, 1968), p. 310.
3. Samuel Stouffer et al., *The American Soldier* (Princeton: Princeton University Press, 1949).
4. Robert Putnam, "*E Pluribus Unum*: Diversity and Community in the Twenty-First Century", *Scandinavian Political Studies*, 30/2 (2007), pp. 137-74.
5. Bernard Mandeville, *The Fable of the Bees*, ed. Phillip Harth (Londres: Penguin, 1989), "The Grumbling Hive", seção H, p. 68.
6. Cf. Michael Ignatieff, *The Needs of Strangers* (Londres: Penguin, 1986).
7. Richard Sennett, *The Culture of the New Capitalism* (New Haven: Yale University Press, 2006), p. 95. [*A cultura do novo capitalismo*. Rio de Janeiro: Record, 2011].
8. Naomi Klein, *No Logo*, ed. rev. (Londres: Flamingo, 2001).
9. Alison Gopnik, *The Philosophical Baby* (Londres: Bodley Head, 2009).
10. James Rilling, David Gutman, Thorsten Zeh et al., "A Neural Basis for Social Cooperation", *Neuron*, 35/2 (18 de julho de 2002), pp. 395-405.
11. Jerome Bruner, *On Knowing: Essays for the Left Hand*, segunda ed. (Cambridge, Mass.: Harvard University Press, 1979 (1962)).
12. Benjamin Spock e Robert Needlman, *Dr Spock's Baby and Child Care*, 8ª ed. (Nova York: Simon & Schuster, 2004), pp. 131, 150.

338 JUNTOS

13. D. W. Winnicott, "Transitional Objects and Transitional Phenomena", *International Journal of Psychoanalysis*, 34 (1953), pp. 89-97; John Bowlby, *Attachment and Loss*, vol. 2 (Londres: Penguin, 1992).

14. Sarah Hrdy, *Mothers and Others* (Cambridge, Mass.: Harvard University Press, 2009).

15. Erik Erikson, *Childhood and Society* (Nova York: Norton, 1964). As "oito idades do homem" referidas por Erikson vinculam as etapas do desenvolvimento físico e psicossocial a partir do momento da incorporação — através da boca do bebê no peito da mãe — pouco depois do nascimento à integridade do ego ou ao desespero quando contemplamos a morte perto do fim da vida (capítulos 2 e 7). A segunda etapa descrita por Erikson, a "eliminação", é aquela em que a criança aprende fisicamente a "erguer-se nos próprios pés", acompanhada por desdobramentos emocionais em torno de "autonomia versus vergonha e insegurança" (pp. 251-4). Nessa etapa, a criança aprende a se ver como um ser independente com vontades, desejos, comportamentos próprios, e a desenvolver um senso de autocontrole e autonomia.

16. Johann Huizinga, *Homo Ludens* (Boston: Beacon, 1950); Gerd Gigerenzer e Klaus Hug, "Domain-Specific Reasoning: Social Contracts, Cheating, and Perspective Change", *Cognition*, 43/2 (1992), pp. 127-71.

17. Erikson, *Childhood and Society*, pp. 244-6. Esta tese tem sido contestada no último meio século. As pesquisas mais recentes indicam o aparecimento da individuação nos primeiros momentos do desenvolvimento humano.

18. Balfour Browne, KC, citado in Geoffrey Madan, *Notebooks* (Oxford: Oxford University Press, 1985), p. 127.

19. Robert Winter, "Performing the Beethoven Quartets in their First Century", in Robert Winter e Robert Martin (eds.), *The Beethoven Quartet Companion* (Berkeley e Los Angeles: University of California Press, 1995).

20. Richard Sennett, *The* Craftsman (Londres: Allen Lane, 2008), pp. 157-76. [*O artífice*. Rio de Janeiro: Editora Record, 2012].

21. Bernard Williams, *Truth and Truthfulness* (Princeton: Princeton University Press, 2002), pp. 100-110.

22. Aristóteles, *Política*, livro 1, cap. 2, p. 28.

23. Theodore Zeldin, *Conversation* (Londres: Harvill, 1998), p. 87.

24. Mikhail Bakhtin, *The Dialogic Imagination*, trad. Caryl Emerson e Michael Holquist (Austin: University of Texas Press, 2004), pp. 315 ss., 361 ss. Bakhtin considera que a superposição de vozes de diferentes personagens no romance — e também a do autor — está na origem de sua profundidade e riqueza: "A linguagem usada pelos personagens no romance, a maneira como se expressam, é verbal e semanticamente autônoma; a fala de cada personagem tem seu próprio sistema de crenças, pois cada uma é a fala de outrem na linguagem de outrem; desse modo, pode igualmente refletir intenções autorais e consequentemente constituir em certa medida uma segunda linguagem para o autor (...) a fala do personagem quase sempre

NOTAS

339

influencia a fala autoral (às vezes de maneira poderosa), salpicando-a com as palavras de outrem (...) e assim introduzindo nela estratificação e diversidade de fala. (...) Desse modo, mesmo quando não existe um elemento cômico, nem paródia, ironia e assim por diante, na ausência de narrador, autor assumido ou personagem narrador, a diversidade de fala e a estratificação de linguagens continuam servindo de base para o estilo no romance. (...) a tridimensionalidade da prosa, sua profunda diversidade de fala, que entra no projeto do estilo e é seu fator determinante (p. 315).

25. Adam Smith, *The Theory of Moral Sentiments* (Indianapolis: Liberty Fund Press, 1982), p. 21.
26. Sarah Bakewell, *How to Live: A Life of Montaigne* (Londres: Chatto and Windus, 2010), p. 1.
27. Shani Orgad, *Story-Telling Online: Talking Breast Cancer on the Internet* (Londres: Lang, 2005).
28. Cass Sunstein, *Republic.com 2.0* (Princeton: Princeton University Press, 2001).
29. Citado online in "BBC News Technology", 5 de agosto de 2010 (http://www. bbc.co.uk/new/technology-10877768).
30. Jaron Lanier, *You Are Not a Gadget* (Londres: Allen Lane, 2010), p. 33.
31. Martha Nussbaum e Amartya Sen, *The Quality of Life* (Oxford: Clarendon Press, 1993).

1. "A QUESTÃO SOCIAL"

1. O *musée social* é bem explicado por Daniel Rogers in *Atlantic Crossings* (Cambridge, Mass.: Harvard University Press, 1998), pp. 11-17.
2. Ibid., p. 13.
3. Ver W. E. B. Dubois, "The American Negro at Paris", *Atlantic Monthly Review of Reviews*, 22 (1900), pp. 575-7.
4. Georg Simmel, "Soziologie der Geselligkeit", *Verhandlungen des ersten Deutschen Soziologentages vom 19-22 Oktober, 1910 in Frankfurt A.M.* (Tübingen: Mohr, 1911), pp. 1-16.
5. Georg Simmel, "The Stranger", in Simmel, *On Individuality and Social Forms*, ed. Donald Levine (Chicago: University of Chicago Press, 1972), pp. 143-9.
6. Georg Simmel, "The Metropolis and Mental Life", ibid., pp. 324-9; sobre as relações entre Tönnies e Simmel, ver Kurt Wolff, *The Sociology of Georg Simmel* (Nova York: Free Press, 1950).
7. Hannah Arendt, *The Origins of Totalitarianism* (Nova York: Harcourt Brace Jovanovich, 1968), parte 2, "Imperialism", pp. 136-7.
8. Theda Skocpol, *Protecting Soldiers and Mothers* (Cambridge, Mass.: Harvard University Press, 1993).
9. Ver Frank Henderson Stewart, *Honor* (Chicago: University of Chicago Press, 1994).
10. Esta triste história gira em torno da figura do truculento e derrotado primeiro-ministro Gordon Brown. Outras personalidades trabalhistas, notadamente o secretário de negócios, Lorde Mandelson, tinham mais senso da negociação, mas não foram capazes de dissipar o clima de ameaça e raiva. Ver David Laws, *22 Days in May* (Londres: Biteback, 2010).

340   JUNTOS

11. Ver Alan Rusbridger, "2010 Andrew Olle Media Lecture" (http://www.abc.net.au/local/stories/2010/11/19/307135). Para outras boas análises desta questão, ver Robert McChesney, "Journalism: Looking Backward, Going Forward", Hedgehog Review (verão de 2008), esp. pp. 73-4; Michael Schudson, *The Sociology of News* (Nova York: Norton, 2003), esp. pp. 38-40.

12. Ver Richard Sennett e Jonathan Cobb, *The Hidden Injuries of Class* (Nova York: Knopf, 1972).

13. Para uma boa resenha da literatura, ver S. Sayyid e Abdoolkarim Vakil (eds.), *Thinking Through Islamophobia* (Londres: Hurst, 2011).

14. Os dois livros de Alinsky são *Reveille for Radicals*, 2ª. ed. (Nova York: Vintage, 1969) e *Rules for Radicals* (Nova York: Random House, 1971). Uma boa biografia é a de Nicholas von Hoffman, *Radical* (Nova York: Nation Books, 2010). Sobre o trabalho de Obama como organizador comunitário em Chicago, ver David Remnick, *The Bridge* (Nova York: Knopf, 2010), pp. 134-42.

15. Alinsky, *Rules for Radicals*, p. 66.

16. Jane Addams, *Twenty Years at Hull House* (Charleston, SC: Bibliobazaar, 2008).

17. Uma descrição mais completa da vizinhança e da Hull House encontra-se in Richard Sennett, *Families Against the City* (Cambridge, Mass.: Harvard University Press, 1970).

18. Escrevi mais extensivamente sobre Cabrini Green in Richard Sennett, *Respect in an Age of Inequality* (Nova York: Norton, 2003), pp. 5-20. [*Respeito: a formação do caráter em um mundo desigual*. Rio de Janeiro: Record, 2004].

19. Manuel Castells, *The City and the Grassroots* (Berkeley: University of California Press, 1985).

20. Booker T. Washington, *Up from Slavery* (1901; Nova York: Dover, 1995), p. 50.

21. Para um relato mais completo, ver Richard Sennett, *The Craftsman* (Londres: Allen Lane, 2008). [*O artífice*. Rio de Janeiro: Editora Record, 2012].

22. Platão, *The Republic*, trad. Melissa Lane et al. (Londres: Penguin, 2007), V.1-16; VI.19-VII.5; e Confúcio, *Analects*, trad. D. C. Lau (Londres: Penguin, 2003), livro 7, 4-19.

23. O percurso histórico do artesão está relatado mais detalhadamente em Sennett, *O artífice*.

24. Randy Hodson, *Dignity at Work* (Cambridge: Cambridge University Press, 2001).

25. Muitos leitores tomaram conhecimento de Fourier nas páginas a ele dedicadas no maravilhoso ensaio *Sade, Fourier, Loyola*, de Roland Barthes (Berkeley: University of California Press, 1989). Uma avaliação mais equilibrada desse trabalho é encontrada in Anthony Vidler, *The Writing on the Walls* (Princeton: Princeton Architectural Press, 1987). *Fourier*, de Gareth Stedman Jones (Cambridge: Cambridge University Press, 1966) fornece informações adicionais.

26. As fotografias de Frances Johnston foram conservadas pelo escritor, empresário de dança e historiador da fotografia Lincoln Kirstein, que voltou a montar a exposição de 1900 no Museu de Arte Moderna de Nova York, em 1966. Frances Johnston, *The Hampton Album* (Nova York: Museum of Modern Art, distribuído por Doubleday & Co., 1966).

NOTAS   341

27. Essas imagens de fábrica não constavam da exposição de Kirstein no Museu de Arte Moderna. Tenho visto reproduções individuais de tempos em tempos em galerias, mas não tenho como documentá-lo; minha descrição é de memória.

28. Karl Kautsky, *The Labour Revolution*, trad. Henry Stenning (Londres: Allen and Unwin, 1925).

2. EQUILÍBRIO FRÁGIL

1. Santo Agostinho, *City of God*, trad. Henry Bettenson (Londres: Penguin, 2003), livro XIV, cap. 27. Para Santo Agostinho, só a renovação da fé humana poderá restabelecer a harmonia da natureza.

2. Uma boa edição moderna e comentada de *Paradise Lost*, de Milton, é a de Earl Miner, William Moeck e Steven Jablonski (Nova York: Bucknell, 2004). A citação provém de H. van Nuis, "Animated Eve...", *Milton Quarterly*, 34/2 (2000), p. 50.

3. *Paradise Lost*, livro I, linhas 254-5.

4. Thomas Hobbes, *Leviathan* (Londres: Penguin, 1982), parte I, capítulo 13, parágrafo 9.

5. Steven Pinker, "The Mind Reader", *Guardian*, perfil (6 de novembro de 1999), pp. 6-7.

6. Robert Axelrod, *The Evolution of Cooperation*, ed. revista (Nova York: Basic Books, 2006). Este magnífico estudo gira em torno do Dilema do Prisioneiro, um clássico problema social no qual um indivíduo precisa calcular as vantagens e riscos de trabalhar com outros ou contra eles.

7. T. D. Seeley, *Honeybee Ecology* (Princeton: Princeton University Press, 1985), e, em termos mais técnicos, T. D. Seeley e R. A. Morse, "Nest Site Selection by the Honey Bee *Apis mellifera*", *Insectes sociaux*, 25/4 (1978), pp. 323-37.

8. Bert Hölldobler e E. O. Wilson, *The Superorganism* (Nova York: Norton, 2009), p. 7.

9. Ibid., p. 5.

10. Ver James Lovelock, *Gaia: A New Look at Life on Earth* (Oxford: Oxford University Press, 1979).

11. Trata-se da teoria do "equilíbrio pontuado" desenvolvida por Gould — que não tenho em absoluto competência para avaliar. Ela é apresentada em prosa acessível in Stephen Jay Gould, *The Structure of Evolutionary Theory* (Cambridge, Mass.: Harvard University Press, 2002), pp. 765-811.

12. Michael Tomasello, *Why We Cooperate* (Cambridge, Mass.: MIT Press, 2009), pp. 33-5.

13. Frans de Waal e Sarah Brosnan, "Simple and Complex Reciprocity in Primates", in Peter Kappeler e Carel van Schaik (eds.), *Cooperation in Primates and Humans* (Nova York e Heidelberg: Springer, 2006), pp. 85-105.

14. J. B. Silk, S. F. Brosnan et al., "Chimpanzees are Indifferent to the Welfare of Unrelated Group Members", *Nature*, 437 (2005), pp. 1.357-9. Curiosamente, os dados colhidos pelos

342

JUNTOS

autores também demonstram que esses primatas podem evidenciar sinais de indiferença aos seus quando vinculados a membros de mesmo sexo ou idade no grupo.

15. Ver Jane Goodall, *The Chimpanzees of Gombe* (Cambridge, Mass.: Harvard University Press, 1986).

16. Ver Joan Silk, "Practicing Hamilton's Rule", in Kappeler e van Schaik, *Cooperation in Primates and Humans*, pp. 25-46.

17. Natalie e Joseph Henrich, *Why Humans Cooperate* (Oxford: Oxford University Press, 2007), p. 37.

18. Richard Dawkins, *The Selfish Gene*, ed. do 30º aniversário (Oxford: Oxford University Press, 2006), p. 213. Todo o capítulo 12, pp. 202-33, explora esta tese.

19. Natalie Zemon Davis, *The Gift in Sixteenth-Century France* (Oxford: Oxford University Press, 2000).

20. Marcel Mauss, *The Gift*, trad. W. D. Halls (Londres: Routledge, 1990); Richard Titmuss, *The Gift Relationship* (Nova York: The New Press, 1997); Alain Caillé, *Anthropologie du don* (Paris: Desclée de Brouwer, 2000).

21. *The Talmud*, trad. e ed. Michael Levi Rodkinson, Isaac Mayer Wise, Godfrey Taubenhaus (Charleston, SC: Bibliobazaar, 2010), Bath Bathra 9b.

22. I, Coríntios 12: 4.

23. Richard Sennett, *The Corrosion of Character* (Nova York: Norton, 1998), pp. 184-5 [*A corrosão do caráter*. Rio de Janeiro: Record, 2011]; Richard Sennett, *Respect in an Age of Inequality* (Nova York: Norton, 2003), pp. 210-16. [*Respeito: a formação do caráter em um mundo desigual*. Rio de Janeiro: Record, 2004].

24. Ver Richard Sennett, *Flesh and Stone* (Nova York: Norton, 1993), p. 183. [*Carne e pedra*. Rio de Janeiro: Record, 2008].

25. Era, por exemplo, o que acreditava Edward Wilson num de seus primeiros livros, *Sociobiology* (Cambridge, Mass.: Harvard University Press, 1975); em escritos mais recentes, como *Consilience* (Nova York: Little, Brown, 1998), ele mudou sua visão. Um apanhado equilibrado das possibilidades e limites do comportamento animal como modelo para culturas humanas pode ser encontrado em W. G. Runciman, *The Social Animal* (Ann Arbor: University of Michigan Press, 2000).

26. Partha Dasgupta, Peter Hammond e Eric Maskin, "The Implementation of Social Choice Rules", *Review of Economic Studies*, 46/2 (1979), pp. 185-216; Drew Fudenberg e Eric Maskin, "Evolution and Cooperation in Noisy Repeated Games", *American Economic Review*, 80/2 (1990), pp. 274-9.

27. Adam Smith, *The Wealth of Nations* (1776; Londres: Methuen, 1961), livro I, pp. 109-12.

28. Goodall, *The Chimpanzees of Gombe*.

29. Ver Richard Sennett, *The Fall of Public Man* (Nova York: Knopf, 1977), pp. 80-84.

30. Citado ibid., p. 82.

31. Ver ibid., pp. 73-88.

NOTAS

32. Walter Benjamin, *Illuminations*, ed. Hannah Arendt, trad. Harry Zohn (Nova York: Harcourt Brace Jovanovich, 1968), "On Some Motifs in Baudelaire", pp. 155-201.

33. A misteriosa referência remete a Antoine-Henri Jomini, *A Treatise on Grand Military Strategy*, trad. S. B. Holabird (Nova York: Van Nostrand, 1865).

34. Uma completa exposição de suas ideias pode ser encontrada em Herbert Blumer, *Symbolic Interactionism* (Nova York: Prentice Hall, 1969); ver também Herbert Blumer, *Movies and Conduct* (Nova York: Macmillan, 1933).

35. William McNeill, *Keeping Together in Time* (Cambridge, Mass.: Harvard University Press, 1995).

36. Ibid., p. 37.

37. O fato é descrito in Bryan Spinks, *Reformation and Modern Rituals and Theologies of Baptism* (Aldershot: Ashgate, 2006), pp. 204-5; para a citação, ver http://news.bbc.co.uk/l/hi/uk/4120477.sm.

38. Clifford Geertz, *Negara* (Princeton: Princeton University Press, 1980), esp. capítulo 4.

39. Eric Hobsbawm e Terence Ranger (eds.), *The Invention of Tradition* (Cambridge: Cambridge University Press, 1983); Benedict Anderson, *Imagined Communities*, ed. revista (Nova York: Verso, 2006).

40. Bronislaw Malinowski, *Argonauts of the Western Pacific* (publicado originalmente em 1922; Londres: Read Books, 2007).

41. Victor Turner, *From Ritual to Theater* (Nova York, PAJ [Performing Arts Journal] Publications, 1982).

42. Ver Caitlin Zaloom, *Out of the Pits* (Chicago: University of Chicago Press, 2010).

43. Este ponto de vista é mais categoricamente exposto in Roland Barthes, *Elements of Semiology*, trad. Richard Howard, Annette Lavers e Colin Smith (Nova York: Hill and Wang, 1967).

44. Denis Diderot, *The Paradox of Acting*, trad. W. H. Pollack (Nova York: Hill and Wang, 1957), p. 14.

45. Ver Erving Goffman, *The Presentation of Self in Everyday Life* (Nova York: Anchor Books, 1959); Keith Thomas, Introduction, in Jan Bremmer e Herman Roodenburg (eds.), *A Cultural History of Gesture* (Ithaca, NY: Cornell University Press, 1992), p. 1.

46. Niccolò Machiavelli, *Literary Works*, ed. e trad. J. R. Hale (Westport, Conn.: Greenwood Press, 1979), p. 139.

47. Ver Hannah Arendt, *Eichmann in Jerusalem*, ed. revista (Londres: Penguin, 1977).

3. A "GRANDE INQUIETAÇÃO"

1. O estudo mais recente e exaustivo sobre *The Ambassadors* é John David North, *The Ambassadors' Secret* (Londres: Phoenix, 2004).

2. Uma descrição mais completa da invenção de instrumentos óticos consta in Richard Sennett, *The Craftsman* (Londres: Allen Lane, 2008), pp. 195-7. [*O artífice*. Rio de Janeiro: Record, 2012].

3. A discussão mais clara da diplomacia do Renascimento ainda é o clássico estudo de Garrett Mattingly, *Renaissance Diplomacy* (Londres: Cape, 1955).

4. Ernest Satow, *Satow's Diplomatic Practice*, sexta ed., ed. Ivor Roberts (Oxford: Oxford University Press, 2009), pp. 45-6.

5. Duas fontes úteis no mapeamento dessas mudanças são Miri Rubin, *Corpus Christi: The Eucharist in Late Medieval Culture* (Cambridge: Cambridge University Press, 1991), e Caroline Walker Bynum, *Holy Feast and Holy Fast: The Religious Significance of Food to Medieval Women* (Berkeley: University of California Press, 1987).

6. O. B. Hardison, *Christian Rite and Christian Drama in the Middle Ages* (Baltimore: Johns Hopkins Press, 1965), pp. 35 ss.

7. Os "objetos de cena" são a linguagem usada por Andrew Sofer. Devo a seu excelente estudo *The Stage Life of Props* (Ann Arbor: University of Michigan Press, 2003), pp. 31-60, o esclarecimento dos empregos medievais da hóstia.

8. Citado in Henry Kamen, *Early Modern European Society* (Londres: Routledge, 2000), p. 222.

9. Benjamin Kaplan, *Divided by Faith* (Cambridge, Mass.: Harvard University Press, 2007), p. 41. Tomei a liberdade de inverter a ordem da frase do sr. Kaplan.

10. Bryan Spinks, *Reformation and Modern Rituals and Theologies of Baptism* (Aldershot: Ashgate, 2006), p. 100.

11. Romanos 6: 3.

12. Martinho Lutero, *Luthers Werke*, ed. J. F. K. Knaake et al. (Weimar: Bühlau, 2003), vol. 49, pp. 128-9.

13. Ver Diarmaid MacCulloch, *The Reformation* (Londres: Penguin, 2004), p. 136.

14. Martinho Lutero, *Colloquia Mensalia; or, The Familiar Discourses*, ed. Henry Bell (Charleston, SC: Nabu Press, 2010), capítulo 2.

15. Devo a minha ex-aluna e atual colega Jennifer Homans por este material. Jennifer Homans, *Apollo's Angels* (Nova York: Random House, 2010); ver também Jennifer Nevile (ed.), *Dance, Spectacle, and the Body Politick, 1250-1750* (Bloomington: Indiana University Press, 2008); Georgia Cowart, *The Triumph of Pleasure* (Chicago: University of Chicago Press, 2008).

16. Cowart, *The Triumph of Pleasure*, p. xvii.

17. Julia Prest, "The Politics of Ballet at the Court of Louis XIV", in Nevile, *Dance, Spectacle, and the Body Politick*, p. 238.

18. Philippe Beaussant, *Louis XIV: Artiste* (Paris: Payot, 1999), pp. 23-41.

19. Homans, *Apollo's Angels*, pp. 15-19.

20. Ver Ernst Kantorowicz, *The King's Two Bodies* (Princeton: Princeton University Press, 1957).

21. Ver Richard Sennett, *The Fall of Public Man* (Nova York: Knopf, 1977), pp. 232-6.

22. Citações encontradas in Joachim Fest, *Hitler* (Nova York: Harcourt, 1974), pp. 517 e 51.

23. Theodore Abel, *Why Hitler Came into Power* (Nova York: Prentice-Hall, 1938), p. 212.

NOTAS

24. Para referências gerais sobre oficinas, ver Robert Lopez, *The Commercial Revolution of the Middle Ages, 950-1350* (Englewood Cliffs, NJ: Prentice-Hall, 1971); Ibn Khaldun, *The Muqaddimah*, versão abreviada, trad. Franz Rosenthal (Princeton: Princeton University Press, 2004); Gervase Rosser, "Crafts, Guilds, and the Negotiation of Work in the Medieval Town", *Past and Present*, 154 (1997); S. R. Epstein, "Guilds, Apprenticeship, and Technological Change", *Journal of Economic History*, 58 (1998).

25. A condição das guildas medievais é descrita mais aprofundadamente in Sennett, *O artífice*.

26. Ver Bruno Latour e Steve Woolgar, *Laboratory Life* (Princeton: Princeton University Press, 1986); Bruno Latour, *Science in Action: How to Follow Scientists and Engineers through Society* (Cambridge, Mass.: Harvard University Press, 1987).

27. O refinamento do polimento geralmente é atribuído a Eucharias Janssen (1580-1638), embora na época muitos outros criassem lentes igualmente refinadas. Henry King, *The History of the Telescope* (Nova York: Dover, 2003).

28. Steven Shapin e Simon Schaffer, *Leviathan and the Air-Pump* (Princeton: Princeton University Press, 1989); Steven Shapin, *The Scientific Revolution* (Chicago: University of Chicago Press, 1998).

29. Ver Elizabeth Eisenstein, *The Printing Press as an Agent of Change*, 2 vols. in I (Cambridge: Cambridge University Press, 1980), p. 55.

30. Richard Sennett, *The Craftsman*, pp. 195-6. [*O artífice*. Rio de Janeiro: Record, 2012].

31. Mikhail Bakhtin, *Speech Genres and Other Late Essays*, trad. Michael Holquist (Austin: University of Texas Press, 1986), p. 7.

32. Peter Burke, *The Fortunes of the Courtier* (Filadélfia: University of Pennsylvania Press, 1996), p. 13.

33. Castiglione, *The Book of the Courtier*, trad. George Bull (Londres: Penguin, 1976), pp. 342-3.

34. Ibid., p. 67.

35. Ibid., p. 59; Giovanni della Casa, *Galateo*, trad. R. S. Pine-Coffin (Londres: Penguin, 1958), pp. 44-7.

36. Ver Jorge Arditi, *A Genealogy of Manners* (Chicago: University of Chicago Press, 1998).

37. Norbert Elias, *The Civilizing Process*. Esta obra tem várias versões, especialmente nas traduções inglesas. Publicado originalmente em 1936, como versão revista do seu *Habilitationsschrift*, o livro seria editado em inglês só muitas décadas depois, sendo inicialmente mal traduzido para esta língua. A melhor versão atual é a tradução de Edmund Jephcott (Oxford: Blackwell, 2000).

38. Castiglione, *The Book of the Courtier*, pp. 346-7.

39. Ver Mattingly, *Renaissance Diplomacy*.

40. Citado in Douglas Blow, *Doctors, Ambassadors, Secretaries* (Chicago: University of Chicago Press, 2002), p. 143.

41. Ottaviano Maggi, *De legato*, Livro 2, 64^v, trad. e citado in Blow, *Doctors, Ambassadors, Secretaries*, p. 102.

346 JUNTOS

42. Niccolò Machiavelli, *The Prince*, trad. George Bull (Londres: Penguin, 2003), pp. 27-8.
43. Blow, *Doctors, Ambassadors, Secretaries*, p. 171.
44. Satow, *Satow's Diplomatic Practice*, sexta ed., ed. Ivor Roberts, p. 9.
45. Castiglione, *The Book of the Courtier*, pp. 284-5.
46. Ver Benedetta Craveri, *The Age of Conversation*, trad. Teresa Waugh (Nova York: Nova York Review of Books, 2005), pp. 27-43.
47. Vincent Voiture, *Poésies*, vol. I (Paris: Didier, 1971), pp. 21-2.
48. La Rochefoucauld, *Collected Maxims*, trad. E. H. e A. M. Blackmore e Francine Giguère (Oxford: Oxford University Press, 2007), máximas 204, p. 57, e 102, p. 31.
49. Ibid., pp. 276-83.
50. Jerrold Seigel, *The Idea of the Self* (Cambridge: Cambridge University Press, 2005), esp. o "epílogo" deste extraordinário livro.
51. Ver Sennett, *The Fall of Public Man*, pp. 80-82.

4. DESIGUALDADE

1. Arloc Sherman e Chad Stone, "Income Gaps between Very Rich and Everyone Else ...", Center on Budget and Policy Priorities, 25 de junho de 2010, http://www.cbpp.org/cms/index.cfm?fa=view&id=3220.
2. O leitor pode estar familiarizado com essa pesquisa através do livro mais conhecido de Putnam, *Bowling Alone*, ed. revista (Nova York: Simon & Schuster, 2001). As bases dessa pesquisa foram lançadas em anterior estudo sobre as tradições cívicas na Itália moderna: Robert Putnam, Robert Leonardi e Raphaella Nanetti, *Making Democracy Work*, ed. revista (Princeton: Princeton University Press, 1994).
3. Putnam, *Bowling Alone*; Jeffrey Goldfarb, *The Cynical Society* (Chicago: University of Chicago Press, 1991).
4. Um bom resumo desses debates consta em John Field, *Social Capital*, segunda ed. (Londres: Routledge, 2008).
5. O mais recente desses ataques pode ser encontrado in Ben Fine, *Theories of Social Capital: Researchers Behaving Badly* (Londres: Pluto Press, 2010).
6. Yuan Luo, "Guanxi: Principles, Philosophies and Implications", *Human Systems Management*, 16/1 (1997), p. 43.
7. Ver Douglas Guthrie et al., *Social Connections in China* (Cambridge: Cambridge University Press, 2002), pp. 3-20.
8. Staff of Unicef Innocenti Research Centre, *Child Well-being in Rich Countries* (também identificado como Innocenti Report Card 7) (Florença: Unicef, 2007); pode ser baixado de www.unicef.org/irc.
9. Ibid., p. 3.
10. Richard Wilkinson e Kate Pickett, *The Spirit Level* (Londres: Allen Lane, 2009); ver por exemplo parágrafo 8.6, p. 116.

NOTAS

11. Sonia Sodha e Julia Margo, *Ex Curricula* (Londres: Demos Institute, 2010), p. 77.
12. Unicef, *Child Well-being*, pp. 42-5.
13. Harold W. Stevenson, "Learning for Asian Schools", *Scientific American* (dezembro de 1992), pp. 71-7, e Christopher Bagley, "Field Independence in Children in Group-Oriented Cultures: Comparisons from China, Japan, and North America", *Journal of Social Psychology*, 135/4 (agosto de 1995), pp. 523-5.
14. Jay MacLeod, *Ain't No Makin' It*, terceira ed. (Boulder, Colo.: Westview Press, 2009), e Pedro A. Noguera, *The Trouble with Black Boys* (San Francisco: John Wiley and Sons, 2009).
15. Os dados referentes ao século XX são extraídos de James McNeil, *The Kids Market* (Ithaca, NY: Paramount, 1999); para uma plena contextualização econômica, ver Alison Watson, *The Child in International Political Economy* (Londres: Routledge, 2008).
16. Juliet Schor, *Born to Buy* (Nova York: Simon & Schuster, 2004), pp. 189-202.
17. Darian Leader, *The New Black: Mourning, Melancholia and Depression* (Londres: Penguin, 2009), p. 13.
18. Leonard Sax, "Ritalin: Better Living through Chemistry?", *The World and I*, 286 (2000), pp. 1-11.
19. Mary Eberstadt, "Why Ritalin Rules", *Policy Review*, 94 (abril-maio de 2000), pp. 24-46.
20. Ver Larry Tye, *The Father of Spin* (Nova York: Holt, 1998).
21. Na imensa literatura piagetiana, a aplicação mais direta ao consumo infantil será talvez Deborah Roedder John, "Consumer Socialization of Children", in Flemming Hansen et al. (eds.), *Children — Consumption, Advertising and Media* (Copenhague: Copenhagen Business School Press, 2002). Ver especialmente pp. 30-31.
22. Schor, *Born to Buy*, p. 149.
23. Ibid., p. 174.
24. Ver Agnes Nairn, Jo Ormrod e Paul Bottomley, *Watching, Wanting, and Wellbeing* (Londres: National Consumer Council, 2007), p. 34.
25. Tim Kasser, Richard Ryan et al., "The Relations of Material and Social Environments to Late Adolescents' Materialistic and Prosocial Values", *Developmental Psychology*, 31 (1995), pp. 901-14; Tim Kasser e Richard Ryan, "A Dark Side of the American Dream", *Journal of Personality and Social Psychology*, 65/2 (1993), pp. 410-22.
26. David Kirkpatrick, *The Facebook Effect* (Nova York: Random House, 2010).
27. Ed Mayo e Agnes Nairn, *Consumer Kids* (Londres: Constable, 2009), p. 171.
28. Sherry Turkle, *Alone Together: Why We Expect More from Technology and Less from Each Other* (Nova York: Basic Books, 2011).
29. Judy Wajcman, Michael Bittman e Jude Brown, "Intimate Connections: The Impact of the Mobile Phone on Work/Life Boundaries", in G. Goggin e L. Hjorth (eds.), *Mobile Technologies: From Telecommunications to Media* (Londres: Routledge, 2009), pp. 9-22; Judy Wajcman, Michael Bittman e Jude Brown, "Families without Borders: Mobile Phones, Connectedness and Work-Home Divisions", *Sociology*, 42/4 (2008), pp. 635-52.

348 JUNTOS

30. Cf. Jo Henley, "We're Not Socially Abnormal", *Guardian*, G2 (16 de julho de 2010), pp. 12-15.
31. Paul DiMaggio, Eszter Hargittai et al., "Social Implications of the Internet", *Annual Review of Sociology*, 27 (2001), pp. 307-36.
32. Ibid., p. 316.
33. Mayo e Nairn, *Consumer Kids*, p. 224.
34. Ibid., p. 225.
35. Kirkpatrick, *The Facebook Effect*, p. 92.
36. Shamus Khan, *Privilege* (Princeton: Princeton University Press, 2010). Ver também Erik Olin Wright e Donmoon Cho, "The Relative Permeability of Class Boundaries to Cross-Class Friendships: A Comparative Study of the United States, Canada, Sweden, and Norway", *American Sociological Review*, 57/1 (fevereiro de 1992), pp. 85-102.

5. O TRIÂNGULO SOCIAL

1. Ver Richard Sennett e Jonathan Cobb, *The Hidden Injuries of Class* (Nova York: Knopf, 1972).
2. Rob Gregory, "Interview with Peter Zumthor", *Architectural Review*, 225 (maio de 2009), p. 20.
3. Georg Simmel, *The Philosophy of Money*, trad. Tom Bottomore e David Frisby, segunda ed. (Londres: Routledge, 1990), p. 179.
4. William James, "The Will to Believe", in *Essays in Pragmatism* (Nova York: Hafner Press, 1948), p. 89.
5. William James, "The Sentiment of Rationality", in *Essays in Pragmatism*, p. 22.
6. Tom Juravich, *Chaos on the Shop Floor* (Filadélfia: Temple University Press, 1985).
7. Adam Smith, *The Wealth of Nations* (1776; Londres: Methuen, 1961), pp. 302-3.
8. David Kynaston, *A History of the City of London*, vol. 4 (Londres: Pimlico, 2002).
9. Saskia Sassen, *The Mobility of Labor and Capital* (Cambridge: Cambridge University Press, 1988), pp. 4-5, 105-6.
10. Daniel Bell, "Work and its Discontents", in Daniel Bell, *The End of Ideology* (Cambridge, Mass.: Harvard University Press, 1988), p. 233.
11. Richard Sennett, *The Corrosion of Character* (Nova York: Norton, 1998), pp. 41-2. [*A corrosão do caráter*. Rio de Janeiro: Record, 2011].
12. William H. Whyte, *The Organization Man* (Philadelphia: University of Pennsylvania Press, 2002 [1956]); C. Wright Mills, *White Collar* (Oxford: Oxford University Press, 1968); Michel Crozier, *The Bureaucratic Phenomenon* (Chicago: University of Chicago Press, 1964; reimpressão New Brunswick, NJ: Transaction Publishers, 2010).
13. Bennett Harrison, *Lean and Mean* (Londres: Routledge, 1998).

NOTAS 349

14. Ver Saskia Sassen, *The Global City*, segunda ed. (Princeton: Princeton University Press, 2001).

15. Suas ideias mais recentes sobre essa diferença encontram-se in George Soros, *The New Paradigm for Financial Markets* (Nova York: PublicAffairs, 2008).

16. Manuel Castells, *The Rise of the Network Society*, segunda ed. revista, vol. I (Oxford: Blackwell, 2009).

17. Citado in *The New York Times* (13 de fevereiro de 1996), pp. DI, D6.

18. Ver Sennett, *The Corrosion of Character*. [*A corrosão do caráter*. Rio de Janeiro: Record, 2011].

19. *The Economist* (28 de fevereiro de 2009), p. 27.

20. Richard Sennett, *The Culture of the New Capitalism* (New Haven: Yale University Press, 2006). [*A cultura do novo capitalismo*. Rio de Janeiro: Record, 2011].

21. Meus agradecimentos a Matthew Gill, que me sugeriu este projeto e acaba de publicar um estudo sobre os contadores em Londres, *Accountants' Truth* (Oxford: Oxford University Press, 2009), uma boa introdução ao mundo dos bastidores financeiros; obrigado também a meu aluno Jesse Potter em Londres, que está realizando um estudo sobre mudança de emprego entre trabalhadores dos primeiros anos da meia-idade. Em Nova York, quero agradecer a Sarah Kauffman, que me ajudou a dar início a este trabalho.

22. Os centros de emprego em Nova York assumem três formas: os que são geridos pelo estado de Nova York, os apoiados pela cidade de Nova York e os totalmente privados. Meus contatos foram feitos no Manhattan Workforce I Career Center do estado, empreendimento misto sediado na Varick Street, que encaminha muita gente para o Workforce I Career Center na 125th Street. Na região do Uptown, as pessoas são ajudadas a encontrar um emprego, obter treinamento específico ou aconselhamento para o desenvolvimento profissional a longo prazo. Existem inúmeras empresas privadas no centro, como a Wall Street Services, fornecendo ajuda voltada especificamente para trabalhadores em serviços financeiros.

23. Katherine Newman, *Falling from Grace* (Berkeley: University of California Press, 1999). "Reestruturação do mercado de trabalho significa que os 'trabalhadores deslocados', aqueles cujo ofício ou trabalho industrial desapareceu ou foi transferido para o exterior, se encontram numa situação mais precária ainda quando encontram um novo emprego. Muitas vezes são os mais velhos, porém menos qualificados, inexperientes e entrando num novo campo ou em novos empregos com menos segurança a longo prazo" (pp. 24-7). Desse modo, mesmo entre os que conseguem 'encontrar as posições respeitáveis de que desfrutavam', muitos 'terão perdido anos nesse processo e encontrarão dificuldades para recuperar as conquistas de carreira que estariam a seu alcance se não tivessem sido deslocados. Nos dois casos (os que voltam a ser empregados e os que ficam permanentemente deslocados), o dano — avaliado em termos financeiros ou emocionais — é duradouro e doloroso" (p. 40).

24. American Management Association, "2002 Survey on Internal Collaboration", p. 1, http://www.amanet.org/training/articles/2002. Para ter acesso a esse material, o leitor precisa filiar-se online à American Management Association, mas a inscrição é gratuita.

350 JUNTOS

25. American Management Association, "Organizational Communication Survey 2005" (conduzido conjuntamente pela Society for Human Resource Management e o Career.Journal. Com), postado em 14 de novembro de 2005, http://www.amanet.org/training/articles/2005.

26. Ver debate mais completo in Sennett, *The Corrosion of Character*, pp. 106-17. [*A corrosão do caráter*. Rio de Janeiro: Record, 2011].

27. Gideon Kunda, *Engineering Culture* (Philadelphia: Temple University Press, 1992).

28. Gill, *Accountants' Truth*.

29. Chartered Management Institute, "Better Managed Britain, OnePoll Study", divulgado em novembro de 2009, http://www.managers.org.uk/listing_media_1.aspex?ide=. Trata-se de um levantamento de 3 mil adultos realizado em 2009.

30. Ludwig von Mises, *Epistemological Problems of Economics*, trad. George Reisman (Nova York: Nova York University Press, 1978), "Mal-investment of Capital", pp. 239-42.

31. Dados compilados de Jeffrey Pfeffer, "Size, Composition, and Function of Hospital Boards of Directors", *Administrative Science Quarterly* (1988), pp. 349-64 (http://www.jstor.org/stable/2391668). Melissa Stone e Francie Ostrower, "Acting in the Public Interest? Another Look at Research on Nonprofit Governance", *Nonprofit and Voluntary Sector Quarterly* (2007) (http://nvs.sagepub.com/content/36/3/416). Rikki Abzug e J. S. Simonoff, *Nonprofit Trusteeship in Different Contexts* (Aldershot: Ashgate, 2004).

32. David Rothkopf, *Superclass* (Nova York: Farrar, Straus & Giroux, 2009), p. 31.

6. O EU QUE NÃO COOPERA

1. C. Wright Mills e Hans Gerth, *Character and Social Structure* (Nova York: Harvest, 1999); ver seção intitulada "Social Relativity of the Generalized Other", pp. 98-107, 125-9.

2. Søren Kierkegaard, *The Concept of Anxiety*, trad. Reidar Thomte (Princeton: Princeton University Press, 1981).

3. Leon Festinger et al., *When Prophecy Fails* (Minneapolis: University of Minnesota Press, 1956).

4. Citado e traduzido in Richard Sennett, *Authority* (Nova York: Knopf, 1980), p. 76. [*A autoridade*. Rio de Janeiro: Record, 2002].

5. Citado e traduzido ibid., p. 96.

6. Reinhard Bendix, *Work and Authority in Industry* (Berkeley: University of California Press; New Brunswick, NJ: Transaction Publishers, 2001).

7. Ver Eric Klinenberg, *Solo* (Londres: Penguin, a sair, 2012).

8. Jean-Paul Sartre, *Being and Nothingness*, trad. Hazel E. Barnes (Nova York: Philosophical Library, 1976), p. 456.

9. Sigmund Freud, *Totem and Taboo*, trad. James Strachey (Londres: Routledge Classics, 2001); "On Narcissism: An Introduction", in Peter Gay (ed.), *The Freud Reader* (Londres: Norton, 1995).

NOTAS

10. Heinz Kohut, *The Analysis of the Self* (Nova York: International Universities Press, 1971), pp. 33-4.

11. Ver Otto Kernberg, "Structural Derivatives of Object Relationships", *International Journal of Psychoanalysis*, 47 (1966), pp. 236-53.

12. Morris Janowitz, *The Professional Soldier* (Chicago: University of Chicago Press, 1964), p. 112.

13. Robert J. Lifton, *Home from the War* (Nova York: Simon & Schuster, 1974).

14. O estudo clássico sobre esse tipo de vínculo é Bernard Fall, *The Siege of Dien Bien Phu* (Nova York: Random House, 1967); ver também, a respeito da Guerra do Vietnã, A. F. Krepinevich, Jr., *The Army and Vietnam* (Baltimore: Johns Hopkins University Press, 1986). Uma impressionante descrição dos vínculos entre soldados na Primeira Guerra Mundial pode ser encontrada in "Charles Edmunds" (pseudônimo de Charles Carrington), *A Subaltern's War* (Londres: Peter Davies, 1929).

15. Anthony Giddens, *Modernity and Self-Identity* (Cambridge: Polity, 1991).

16. Martin Heidegger, *Being and Time*, trad. Joan Stambaugh (Albany: State University of Nova York Press, 1996), part IV, "Temporality and Everydayness", seção 69, "The Temporality of Being-in-the-World and the Problem of the Transcendence of the World" (pp. 321-33).

17. Raymond Aron, *Main Currents in Sociological Thought*, vol. I (Londres: Penguin, 1969).

18. Ver Mihaly Csikszentmihalyi, *Beyond Boredom and Anxiety* (San Francisco: Jossey-Bass, 1975).

19. R. Farmer e N. D. Sundberg, "Boredom Proneness: The Development and Correlates of a New Scale", *Journal of Personality Assessment*, 50/1 (1986), pp. 4-17.

20. Max Weber, *The Protestant Ethic and the Spirit of Capitalism*. A tradução de referência é a de Talcott Parsons (Nova York: Scribner, 1950); a tradução é ainda mais dura que o alemão de Weber. Este trecho, em tradução de Martin Green, consta de Martin Green, *The Von Richthofen Sisters* (Nova York: Basic Books, 1974), p. 152.

21. Ver Simon Schama, *The Embarrassment of Riches* (Nova York: Knopf, 1987); Albert Hirschman, *The Passions and the Interests*, ed. revista (Princeton: Princeton University Press, 1992); R. H. Tawney, *Religion and the Rise of Capitalism*, ed. revista (Londres: Read, 2006).

22. Lionel Trilling, *Sincerity and Authenticity* (Cambridge, Mass.: Harvard University Press, 1972).

7. A OFICINA

1. Ver Kenneth Holyoke, "Symbolic Connectionism", in K. Anders Ericsson e Jacqui Smith (eds.), *Toward a General Theory of Expertise* (Cambridge: Cambridge University Press, 1991), pp. 303-35.

2. A mais antiga ocorrência conhecida da citação de Einstein consta de um ensaio de Roger Sessions no *New York Times* (8 de janeiro de 1950) (http://select.nytimes.com/gst/abstract.

352 JUNTOS

html?res=F30615FE355913 7A93CAA9178AD85F4485.85F9), no qual Sessions parece parafrasear Einstein: "Também me recordo de um comentário de Albert Einstein que certamente se aplica à música. Ele disse, com efeito, que tudo deve ser o mais simples possível, mas não mais que isto." Uma versão mais elaborada é Einstein, "On the Method of Theoretical Physics", Herbert Spencer Lecture pronunciada em Oxford (10 de junho de 1933); também publicado in *Philosophy of Science*, 1/2 (abril de 1934), pp. 163-9, na p. 165.

3. O leitor interessado na sofisticada simplicidade de Stravinsky não pode deixar de ler Richard Taruskin, *Stravinsky and the Russian Traditions*, vol. 2 (Oxford: Oxford University Press, 1996), pp. 1441-1500.

4. Erving Goffman, *The Presentation of Self in Everyday Life* (Nova York: Anchor Books, 1959); Goffman, "Role Distance", em seu *Encounters: Two Studies in the Sociology of Interaction* (Indianapolis: Bobbs-Merrill, 1961).

5. Michel de Certeau, *The Practice of Everyday Life*, vol. I, trad. Steven Rendall (Berkeley: University of California Press, 1988), p. xv. Os leitores dessa tradução inglesa terão interesse em saber que o segundo volume focaliza mais a Croix-Rousse. Trata-se de Michel de Certeau, Luce Giard e Pierre Mayol, *The Practice of Everyday Life*, vol. 2, trad. Timothy Tomasik (Minneapolis: University of Minnesota Press, 1998).

6. Charles Darwin, *The Expression of the Emotions in Man and Animals*, ed. do centenário (Nova York: Harper Perennial, 2009).

7. Sobre o conflito de Darwin com Le Brun, ver Jean-Jacques Courtine e Claudine Haroche, *Histoire du visage* (Paris: Rivages, 1988), pp. 89-93.

8. Ver William Elliot Griffis, *Corea, the Hermit Nation* (Nova York: Scribner, 1882). Griffis foi um dos primeiros antropólogos a fazer do luto um objeto especial de estudo.

9. Courtine e Haroche, *Histoire du visage*.

10. Jürgen Streeck, *Gesturecraft* (Amsterdã: John Benjamins, 2009), p. 189.

11. Ver discussão in Richard Sennett, *The Craftsman* (Londres: Allen Lane, 2008), pp. 197-9. [O *artífice*. Rio de Janeiro: Record, 2012].

12. Ernst Gombrich, *Art and Illusion* (Londres: Phaidon, 1950). Cabe notar que esse estudo pioneiro enfatizava que a participação daquele que contempla — olhando gestos, imagens ou objetos — é tão importante para a experiência estética quanto o que é exibido.

8. DIPLOMACIA COTIDIANA

1. Ver Godfried Engbersen, Kees Schuyt et al., *Cultures of Unemployment* (Amsterdã: University of Amsterdam Press, 2006).

2. A questão foi amplamente explorada por Phillip Rieff in *The Triumph of the Therapeutic* (Chicago: University of Chicago Press, 1987).

3. Resumo aqui um vasto conjunto de dados. O leitor interessado em penetrar nessa floresta pode consultar Andrew Hacker, "Where Will We Find the Jobs?", *New York Review of Books*,

NOTAS

353

58/3 (24 de fevereiro de 2011). Ver também Phillip Brown, Hugh Lauder e David Ashton, *The Global Auction: The Broken Promises of Education, Jobs and Incomes* (Oxford: Oxford University Press, 2011).

4. Rowena Barrett e Pooran Wynarczyk, "Building the Science and Innovation Base: Work, Skills, and Employment", *New Technology, Work, and Employment*, 24/3 (2009), pp. 210-14 (toda esta edição é dedicada a mudanças nas capacitações).

5. Simon Jenkins, *Thatcher and Sons* (Londres: Allen Lane, 2006), p. 56.

6. Ver Lewis Coser, *The Functions of Social Conflict* (Nova York: Free Press, 1956).

7. Refiro-me a meu tio Norman Brown, que foi um grande mediador e árbitro trabalhista em Chicago. Para referências acadêmicas sobre esse julgamento, ver, historicamente, Duff Cooper, *Talleyrand* (Nova York: Grove Press, 2001); ou, nas práticas diplomáticas contemporâneas, Henry Kissinger, *Diplomacy* (Nova York: Simon & Schuster, 1994). Tanto Talleyrand quanto Kissinger eram mestres na avaliação do bom momento para separar ou aproximar partes em guerra.

8. Theodore Kheel (1914-2010) foi um advogado de Nova York que se tornou negociador trabalhista em 1938, criando a Automation House, um centro de negociadores do trabalho, no início da década de 1960. Seu livro *The Keys to Conflict Resolution* (Nova York: Four Walls, Eight Windows, 1999) não faz muita justiça a seu talento para a diplomacia cotidiana; ela é mais bem traduzida num perfil jornalístico: *New York Magazine*, 8 de janeiro de 1979, pp. 35-43.

9. Para um bom apanhado dos empreendedores imigrados, ver Robert Kloosterman e Jan Rath (eds.), *Immigrant Entrepreneurs* (Oxford: Berg, 2003), especialmente Pyong Gap Min e Mehdi Bozorgmehr, "United States: The Entrepreneurial Cutting Edge", ibid., pp. 17-38.

10. Kheel, *The Keys to Conflict Resolution*.

11. Pyong Gap Min, *Ethnic Solidarity for Economic Survival* (Nova York: Russell Sage Foundation, 2008), p. 85.

12. Ibid., pp. 114-18; merceeira citada na p. 117.

13. Denis Diderot, *The Paradox of Acting*, trad. W. H. Pollock (Nova York: Hill and Wang, 1957).

14. Wilbert van Vree, *Meetings, Manners, and Civilization*, trad. Kathleen Bell (Leicester: Leicester University Press, 1999), pp. 256-311.

15. Mary Poovey, *A History of the Modern Fact* (Chicago: University of Chicago Press, 1998).

16. Citado in van Vree, *Meetings, Manners, and Civilization*, p. 56.

17. As referências remetem à versão mais recente de Satow: Ernest Satow, *Satow's Diplomatic Practice*, sexta ed., ed. Ivor Roberts (Oxford: Oxford University Press, 2009).

18. Ibid., 4.16 (como diplomata, ele documenta tudo formalmente neste manual), p. 53.

19. Ibid., 4.19, p. 54.

20. Citado ibid., 40.25, pp. 626-7.

21. Citado ibid., 40.3, pp. 618-19.

354   JUNTOS

22. Joseph Nye, *Soft Power* (Nova York: Perseus Books, 2004).
23. La Rochefoucauld, *Collected Maxims*, trad. E. H. e A. M. Blackmore e Francine Giguère (Oxford: Oxford University Press, 2007), máxima 256, p. 73.
24. Jacques Lecoq, *The Moving Body* (tradução nem tão exata do título original francês, *Le Corps poétique*), trad. David Bradby (Londres: Methuen, 2002), pp. 4-5.
25. Ibid., p. 39.
26. Ibid.

9. A COMUNIDADE

1. Descrevi mais detalhadamente o projeto Cabrini Green, sua vizinhança e encontros como este in Richard Sennett, *Respect in an Age of Inequality* (Nova York: Norton, 2003), parte 1. [*Respeito: a formação do caráter em um mundo desigual*. Rio de Janeiro: Record, 2004].
2. Robert Nisbet, *The Quest for Community*, ed. revista (Londres: ISI Books, 2010).
3. No caso de Chicago, o guia clássico para essa configuração econômico-espacial é Homer Hoyt, *One Hundred Years of Land Values in Chicago* (Chicago: Beard Books, 2000).
4. Um bom resumo dos dados disponíveis sobre economias locais na economia global de hoje é Bruno Dallago e Chiara Guglielmetti (eds.), *Local Economies and Global Competitiveness* (Basingstoke: Palgrave, 2010).
5. Saskia Sassen, *The Global City*, segunda ed. (Princeton: Princeton University Press, 2001) pp. 265 ss.
6. M. R. Knapp et al., "The Economics of Volunteering", *Non-Profit Studies*, 1/1 (2006) (http://kar.kent.ac.uk/26911); Roy Kakoli e Susanne Ziemek, "On the Economics of Volunteering", citado por Knapp et al.; artigo na íntegra em http://hdl.handle.net/10068/127795.
7. Paulo Freire, *Pedagogy of the Oppressed*, ed. revista, trad. Myra Ramos (Londres: Penguin, 1996).
8. David Healy, *The Anti-Depressant Era* (Cambridge, Mass.: Harvard University Press, 1997).
9. Darian Leader, *The New Black: Mourning, Melancholia and Depression* (Londres: Penguin, 2009), pp. 183 ss.
10. Sigmund Freud, *Totem and Taboo*, trad. James Strachey (Nova York: Norton, 1950), p. 65.
11. Sigmund Freud, "Mourning and Melancholia", in documentos de Freud publicados sob o título *On Murder, Mourning and Melancholia*, trad. Shaun Whiteside (Londres: Penguin, 2005), pp. 204-5.
12. Hannah Arendt, *Essays in Understanding: Formation, Exile, and Totalitarianism*, ed. Jerome Kohn (Nova York: Schocken, 2005).
13. Emile Durkheim, *On Suicide*, trad. Robin Buss, introd. Richard Sennett (Londres: Penguin, 2006).
14. Sudhir Venkatesh, *American Project: The Rise and Fall of a Modern Ghetto* (Cambridge, Mass.: Harvard University Press, 2002), e *Gang Leader for a Day* (Nova York: Penguin, 2008).

NOTAS   355

15. Elijah Anderson, *Code of the Street* (Nova York: Norton, 1999); Mitchell Duneier, *Sidewalk* (Nova York: Farrar, Straus and Giroux, 1999).

16. Esta questão é explorada in Richard Sennett, *Families Against the City* (Cambridge, Mass.: Harvard University Press, 1970).

17. Um excelente estudo desses vínculos entre afro-americanos na década de 1960 é Carol Stack, *All Our Kin* (Nova York: Basic Books, 1983).

18. Estou citando de uma dessas exortações de Kotter na Harvard Business School em 2008, mas essa ideia da vocação planejada pode ser encontrada em praticamente qualquer livro de autoajuda.

19. Ver a autobiografia desta última: Dorothy Day, *The Long Loneliness* (Nova York: Harper, 1952).

20. Ver Sennett, *Respect*, pp. 131-4 [*Respeito*. Rio de Janeiro: Record, 2004]. Em contraste com o trabalho social frio e secular de Jane Addams, a "submissão de fundo católico preconizada pela madre Cabrini gerava uma solidariedade explícita — 'somos todos filhos de Deus' —, e assim o cuidado podia ser livremente expresso" (p. 134). Em caráter pessoal, eu poderia acrescentar que, meio século após sua fundação, esses centros católicos conseguiram me manter na superfície nas favelas de Chicago.

21. "The Aims and Means of the Catholic Worker", *Catholic Worker* (maio de 2009), pp. 4-5.

22. Dorothy Day, *Selected Writings*, ed. Robert Ellsberg (Maryknoll, NY: Orbis Books, 2009), p. 165.

23. William James, *The Varieties of Religious Experience* (Londres: Penguin, 1985), Lecture IX: "Conversion".

24. A. D. Gordon, *Selected Essays*, trad. Frances Burnce (Boston: The Independent Press, 1938).

25. A. D. Gordon, "Man and Nature", ibid., pp. 172-3.

26. Herbert Rose, *The Life and Thought of A. D. Gordon* (Nova York: Bloch Publishing, 1964), p. 128.

27. A. D. Gordon, *The Nation and Labor* (Jerusalém: Jerusalem Zionist Library, 1952), pp. 235 ss.

28. Ver Raymond Gregory, *Norman Thomas: The Great Dissenter* (Nova York: Algora, 2008), excelente relato de sua carreira na vida pública. Entre os muitos escritos de Thomas, em sua maioria coletâneas de discursos, há uma "Autobiografia" inédita na coleção da Biblioteca Pública de Nova York, manuscrito bastante carente de informações de caráter pessoal. Sobre o comportamento de Thomas em público, baseei-me nas recordações de minha mãe.

CODA

1. Michel de Montaigne, "An Apology for Raymond Sebond", in Montaigne, *Essays*, trad. M. A. Screech (Londres: Penguin, 200 3), p. 505. Minha citação, como a tradução de Saul Frampton, substitui a expressão literal "passar o tempo", adotada por Screech, pelo verbo

JUNTOS

"brincar"; no original francês pode-se ler: "qui sçait si elle passe son temps de moy plus que je ne fay d'elle". Cf. Saul Frampton, *When I am Playing with my Cat, How do I Know She is Not Playing with Me?* (Londres: Faber, 2011), p. 115.

2. Cf. Montaigne, "The Art of Conversation", in *Essays*, p. 1.044, nota.

3. Ibid., pp. 1054-5.

4. Montaigne, "On Cruelty", ibid., p. 478.

5. Montaigne, "On Habit", e "Same Design: Different Outcomes", ibid., pp. 122-39 e 140-49; estou associando a tese sustentada na p. 130 às pp. 143-4. Cabe observar que Montaigne, falando como *grand seigneur*, também faz o elogio dos hábitos tradicionais como sendo bons em si mesmos, como na p. 134.

6. Sarah Bakewell, *How to Live: A Life of Montaigne* (Londres: Chatto and Windus, 2010).

7. Montaigne, "On Experience". Aqui, prefiro a tradução de Frampton à de Screech: Frampton, *When I am Playing*, p. 270.

8. Montaigne, "On Vanity", in *Essays*, p. 1132.

9. Bruno Latour, *We Have Never Been Modern*, trad. Catherine Porter (Cambridge, Mass.: Harvard University Press, 1993).

10. A expressão inicialmente usada por Burckhardt, absurdamente, para descrever as bases do islã, em *Gesamtausgabe* (Fragmentos históricos), vol. 7, ed. Albert Oeri e Emil Dürr (Basileia, 1929), pp. 266 ss. Karl Weintraub, estudioso de Burckhardt, sustenta em suas conferências que a expressão acabou evoluindo no espírito de Burckhardt, tornando-se uma maneira de designar a modernidade ocidental; este ponto de vista informa o livro de Weintraub, *Visions of Culture* (Chicago: University of Chicago Press, 1966). Devo assinalar que não é exatamente a visão do mais recente biógrafo de Burckhardt, Kurt Meyer, *Jacob Burckhardt* (Munique: Fink, 2009).

Índice

abdicação da autoridade/liderança, 211-16, 335

abelhas, 21, 88, 89-90, 312-313

   fossas comportamentais, 97

ACORN, 304

Adão, 86, 143, 307

adaptação, 91-92

   e ritual, 110-11, 112-14

Addams, Jane, 59, 68-71

Addison, Joseph, 102

afirmação/assertividade, 27-28, 31, 37, 40, 55, 139, 331

   mínima, 255-256 ver também força mínima

agapé, 322

agências de emprego, 201-202, 268-75, 349n22

agentes de emprego, 201-202, 268-275, 295

Agostinho de Hipona, 86, 341n1

agressão verbal, 13-14, 35, 256

Alemanha

   Estado previdenciário, 61-62

   governo de coalizão, 63

   Realschule, 62

Alinsky, Saul, 67-69, 71-72, 82, 301

Allen, Lily, 13, 337n1

altruísmo, 94-97, 118-119, 311

amamentação, 22

ambiguidade, 25, 30, 98-100

   e a zona limítrofe, 291

amizade online, 176-180

anarquia natural, 87

Anderson, Benedict, 112

Anderson, Elijah, 308

animais

   comunicação, 16, 21 88-89

   cooperação, 21, 88, 89, 92, 93-94, 97, 101, 106-107

   dança das abelhas, 21, 88-90, 312-313

   primatas *ver* primatas

   rituais, 109-110

ânimo subjuntivo, 35-36, 152, 256, 289

anomia, 309-310

ansiedade de função, 220-221

ansiedade, 219-222

   ansiedade de papel, 220

   ansiedade de status, 230

   papel do ritual no trato da, 336

   quanto à diferença, 19

   redução, 256, 336

358 JUNTOS

aperto de mãos, 112
Apian, Peter, 284
Arditi, Jorge, 146
Arendt, Hannah, 56, 119, 307
Aristóteles, 14, 17, 29
Aron, Raymond, 229
artesãos, 74-75, 241
   conserto, 257-266
   oficinas comunitárias, 59, 61, 72, 81, 82,
      135-138, 241-266
   trabalhar com a resistência, 252-257
   ver também oficinas, artesanal
ascetismo, 235-236
Associação Americana de Gerenciamento
   (AMA), 204
Associação Coreana de Nova York, 279
associacionismo, 57-58
atores, 294-296
Auden, W. H., 220
Áustria, 169
autocompetição, 235-238
autoconfiança, 216 ver também individualismo
autocontenção, 144-145, 146-147, 148-149,
   151, 227, 272 ver também sprezzatura
autocrítica, 24, 30, 314
autoestima, 175, 306
autoridade merecida, 182, 184-186, 190, 285
   e autoridade que abre mão do poder, 211-216
autoridade
   e função herdada, 285
   e poder, 185; autoridade que abdica do po-
      der, 211-216, 335
   merecida, 182, 184-186, 190, 211-216, 285
autorrecriminação, 306
autorreferência, 24, 93, 111, 208, 245, 247
   inferioridade de status, 174

autossacrifício, 93, 94, 227, 311, 313 ver também
   altruísmo
Axelrod, Robert, 88

Bakewell, Sarah, 39, 333
Bakhtin, Mikhail, 32, 143, 338n24
Ballet comique de la Reine, 132
Ballet de la Nuit, 131-132
banqueiros 192, 211 ver também indústria
   financeira
Barings Bank, 192, 210
Barthes, Roland, 115
batismo, 128-129
Baudelaire, Charles, 103-104
Beaujoyeulx, Balthasar de, 132
Beaumont, Gustave de, 228
Beaussant, Philippe, 133
bebês ver também crianças
   amamentação, 21
   brincadeiras, 22-23
   cooperação infantil, 20-25
   desenvolvimento cognitivo, 20-25
   estímulos dos pais, 22
   vinculação: o vínculo social em mudança,
      21-25
Beccaria, Cesare, 65
Beckham, família, 110-113
Bell, Daniel, 193
Bendix, Reinhard, 222
Berlim, Neues Museum, 261-264
Bernays, Edward, 174-175
Bíblia, 96, 118, 127, 246
Bildung, 156
Bismarck, Otto von, 61-66
blogs, 65, 177
Blumer, Herbert, 108
bolcheviques, 324
Bolena, Ana, 121-122
Booth, Charles, 170

ÍNDICE

Boston, trabalhadores, 181, 184-192, 276
bout de papier, 288-290
Bowlby, John, 22-23
brincadeiras, 22-23 *ver também* jogos
  e regras, 16, 23, 28, 107
brinquedos, 174, 175
Brosnan, Sarah, 92
Brow, Douglas, 153
Bruner, Jerome, 21
Buber, Martin, 323
bullying, ver violência entre pares
Burckhardt, Jakob, 336, 356n10
Burke, Edmund, 301
Burke, Peter, 145
burocracia, 62, 63, 81, 122, 126, 150, 152, 183,
  193, 284, 301

Cabrini, Francesca Xavier, Madre Cabrini,
  317-318
Cabrini Green, 71, 301, 307, 310-311, 313,
  314-315
cafés, 102-103, 156
Calvino, João, 128, 130, 135
Cameron, David, 301, 304
capacidade, 17
  de negociação, 24-25
  de ouvir ver capacidade de escuta
  de ouvir, 26, 31-32, 33, 37, 277, 290, 331
  desabilitação17-20
  dialógica ver dialógica
  diplomática, 152
  e experimentação, 25
  escuta empática, 34-35, 37
  para comunicação ver comunicação; dialé-
    tica; dialógica
  para vendas, 100
  ritmo do seu desenvolvimento, 242-247
Capela Sistina, 258
capital social, 164-165

capitalismo, 159, 163, 164, 191, 199, 335
  capitalistas de risco, 200
  e a indústria financeira ver indústria finan-
    ceira
  solidariedade como reação aos males do, 335
  ver também solidariedade
capitalistas de risco, 200
caracterização, 117
carisma, 134
Caritas, 317
caritas, 317, 322
casas comunitárias, 58, 61, 68, 69-71, 81-82,
  252, 260, 297-300
casas de hospitalidade, 316-317
casas de trabalhadores, 59
Castells, Manuel, 72
castelos, 144
Castiglione, Baldassare, *Livro do cortesão*, 145-
  146, 148, 153, 256
casualidade, 290 *ver também* leveza (*sprezzatura*)
Catholic Worker, 316
cavaleiros, 145
cérebro, 88-89
Certeau, Michel de, 247
Cervantes, Miguel de, 32
Chapuys, Eustace, 149, 151
Chartered Management Institute, 209
Chicago, 59, 67-71, 256, 260, 297-299, 316,
  317
chimpanzés, 15, 92, 101, 110, 341n14
China
  arrasar para reconstruir, 261
  crianças, 170
  desigualdade, 17-18
  guanxi, 165-167, 172, 177 ver também
    guanxi

investimento, 194

previsões antigas sobre capacitação do trabalho assentado, 136

Revolução Cultural de Mao, 322

Chipperfield, David, 259, 263-264

chorar 21, 22

choro, 21

cidades, 14, 51, 102

choque causado por forasteiros, 52

medievais, 136-137

ciência

e determinismo, 88

e dialógica, 140, 142-143

e troca, 93-94

etologia, 85, 88

experiências e a oficina, 139-140

laboratórios, 77, 97

o ritual como ponto de convergência de religião e, 85

separação da religião, 44, 143

cinismo, 165

cirurgia medieval, 242-245, 253

civilidade, 16, 123, 144-149

cortesia, 35-36, 145, 146-149, 153-155, 293

da diplomacia cotidiana ver diplomacia cotidiana

diplomática ver diplomacia

e a Reforma, 144-157

e o eu, 146, 154-157

modéstia, 146, 333

mudança da galanteria para a, 123, 144-145, 227

o tempo de curto prazo milita contra a, 18, 192-199, 206, 218, 234, 312

polidez, 146, 217

profissional, 149-154 ver também diplomacia

sprezzatura, 145-146, 149, 151, 153, 256, 270, 290, 331

Clausewitz, Karl von, 225

Clemente V, 126

Clinton, Bill, 33

Clinton, Hilary, 67

coalizões italianas, 63

coalizões, 61-67, 146, 312

Cobb, Jonathan, 181

cobertura simbólica" (Kheel), 279

coesão social, 158, 164-167, 183 ver também vinculação

colaboração ver cooperação

coldre de aptidões, 244

comercialização

da amizade, 176-180

de crianças, 172-180, 305

Companhia das Índias Orientais, 284-285

comparação odiosa, 105, 173, 174-175, 180, 203, 207-211, 233

competição ver também comparação odiosa

autocompetição, 235-238

e cooperação, 15, 85-120, 158, 235; e capitalismo, 159; e a Queda do Homem, 86-87; e

complacência, 227-231

complexidade, 14, 20, 21, 22

ausência de, 40, 43

comportamento dos pais, 21, 22

comportamento padrão, 90, 97, 100, 102

dança da abelha, 21, 88, 90, 312

e mudança ambiental, 91, 92

compromisso, 19, 76, 297-328

de curto e longo prazo, 312

e a vocação, 313-328

e confiabilidade, 312

e o moral, 304-310

testes de, 311-313

ver também tempo de curto prazo

ÍNDICE

Comunhão (Eucaristia), 16, 125, 126-128, 246, 247
comunicação não verbal, 30-31, 34
   choro, 21, 22
   dança da abelha, 21, 88-89, 90, 312
   gestos, 296; informais, 248-252
comunicação online, 38-43 *ver também* internet
   blogs, 65, 177
   e-mail, 204-205
   redes sociais, 39, 175-180
comunicação
   afirmação ver afirmação/assertividade
   entre animais, 15-16, 21, 88; dança da abelha, 21, 88-89, 90, 312
   capacitação para, 25, 26, 90; dialética ver dialética; dialógica ver dialógica;
   agressão verbal, 13, 35, 255
   audição ver capacidade auditiva
   conluio, 16, 194
   conversa com estranhos, 102-104
   dialógica ver dialógica
   diplomática, 36, 123, 151-152, 256, 289 ver também diplomacia
   informal, 186; gestos, 248-252
   em modo subjuntivo, 15-16, 152, 255, 289
   não verbal ver comunicação não verbal
   online ver comunicação online
   choro, 21, 22
   infantil, 21, 22
   sinalização, 29
comunidade, 67-72, 297-328
   busca, 301-304
   casas comunitárias ver casas comunitárias de fé, 299, 316-320
   e moral, 298, 304-310
   prazeres, 324-328
   retribuir à comunidade, 299, 313, 315

   testes de compromisso, 310-313
   vocação, 313-328
comunistas, 324
conciliadores, 286
confiabilidade, 313
   falta de, 92, 234
confiança
   cega, 187-188
   desgastada pela comparação odiosa, 203, 207-211
   informalidade e, 290
conformismo, 193, 229
confréries, 58
Confúcio 75
conhecimento social corporificado, 256, 265
conserto 241, 257-266
   através do luto 307, 310
   reconfiguração 257, 259-264, 266, 307
   remediação 257-259, 266
   restauração 257-258, 266
   social 266-283, 307
conservadorismo 301-303
conservadorismo social 301-303
construção de sociedades 58
consumismo infantil 173-175, 305
consumo médico 173
contato visual 34
conversão religiosa 319
Cooper, James Fenimore 108
cooperação destrutiva
   cumplicidade 16, 194
   da solidariedade ver solidariedade
   e a desintegração do triângulo social ver triângulo social: desintegração
cooperação
   atividade cooperativa como terapia 305
   "cobertura simbólica" 279
   de laboratório 139
   definição 15

362   JUNTOS

desabilitação em sua prática 17-20

desafio da participação 283

destrutiva ver cooperação destrutiva

e a cura do eu 323

e capitalismo 159

e competição 15, 85-108, 158; e a Queda do Homem 86; e a força do ritual 110-120 ver também rituais; no espectro de trocas ver trocas

e dialógica ver dialógica

e genes 89

e imigrantes 52, 69, 277-282

e inovação 140

e liberdade 25

e perturbação 188-192

e repetição 23

em crises 182, 188-191

em trabalho de equipe ver trabalho de equipe

enfraquecida 204-207, 234; pela abdicação da autoridade 211-216, 335; pela ação do tempo de curto prazo 18, 192-199, 205-206, 218, 234, 311; pela comparação odiosa 207 ver também comparação odiosa; pela desigualdade 163-180; pela obsessão 235-238; pela retirada 15, 18-19, 219-238; pela tecnologia da informação 204-205; pelas novas formas de trabalho 192-218; pelo efeito silo 18, 19, 204-206, 211, 216; pelo eu não cooperativo 219-238

entre animais 21, 88, 89, 92, 93, 94, 96-98, 101, 107

envolvimento mesmo na ausência de compreensão mútua 329-336

especializada 17 ver também dialógica

estado de espírito cooperativo 13-45; empatia 33,35; por vias indiretas ver vias indiretas; simpatia 33-35

formal 100

fortalecida: pelo compromisso ver compromisso; pela diplomacia do cotidiano 267-296; pelo fazer e consertar 241-266 ver também oficinas, artesanal

imposta 54, 87, 206

informal 15, 68-72, 82, 100, 119, 140, 188-191, 206 ver também informalidade; nas casas comunitárias ver casas comunitárias; do triângulo social ver triângulo social

leve/fraca 204-207, 234

na oficina 74, 77, 137-143, 249 ver também oficinas, artesanal; fazer e consertar 241-266

na primeira infância 20-25

natural instável 89-93

online 38-43

origens no desenvolvimento 20-25

política da ver política da cooperação

por vias indiretas 267-275 ver também vias indiretas

rituais da ver rituais

sob pressão 249

transformação pela Reforma 121-159

voluntária 232

cooperativas de consumidores 58

coordenação 23, 106, 110, 137, 194, 286

coreanos

    carpideiras 251

    e latinos 279-282

    em Nova York 277-282, 293

corporificação 241

    conhecimento social corporificado 256, 265

    gesto 248-252

    no ritual 242-248

Corpus Christi, procissão de 126

cortesia 35, 145-149, 154, 293

Coser, Lewis 276

Coulson, Edward 56, 61

ÍNDICE

Courtine, Jean-Jacques 251
Cowart, Georgia 131
crianças
  bebês ver bebês
  brincadeiras ver brincadeiras
  comercialização 173-180, 305
  cooperação destrutiva 13, 299
  desenvolvimento 20-25, 174, 338n15
  desigualdade 167-180, 233; imposta 167-172; internalizada 173-175
  gangues 289, 309, 310
  pobreza 169, 170
  violência entre elas (bullying) 171
crises, cooperação durante 181, 188-191
cristianismo
  ascetismo 235
  cooperação curativa 322, 323
  guerras religiosas 329-332
  Igreja de Roma ver Igreja Católica
  justificação pela fé 131
  mosteiros ver mosteiros
  poder do clero/da Igreja 127, 137
  puritanismo e a ética protestante do trabalho 235
  Reforma Protestante ver Reforma
  ritual 124-131, 245; batismo 128-131; Comunhão 15, 114-115, 124-128, 134, 246, 247; oração 319
  solidão monástica 223
Croix-Rousse 247, 273
Crozier, Michel 193
Csikszentmihalyi, Mihaly 231

dança 110, 133
  balé 132
  da abelha 21, 88-89, 312
dar de ombros 251
DART 304

Darwin, Charles 250-251
Dasté, Jean 294, 296
Davis, Natalie Zemon 95
Dawkins, Richard, *The Selfish Gene* 94
Day, Dorothy 316, 317-319
deferência 27, 139, 232, 288, 290
della Casa, Giovanni, Galateo 145, 146
démarche 288-289, 326
Demos Institute 171
depressão 172, 306, 319
  ver também luto
desabilitação 17-20
desemprego 182, 192, 201-203, 213, 268-273
desenvolvimento cognitivo 20-25
desenvolvimento humano 20-25, 174, 338n15
desigualdade 18, 20, 163-180
  coeficiente de Gini 18, 170
  comparação odiosa ver comparação odiosa
  e "amizades online" 176-180
  imposta 168, 172
  internalizada 172-180
  na infância 168-180, 233
desinteresse
  cívico 213-216, 231
  e dissociação 231
desnutrição 170
desvinculação 308-310, 319, 335 *ver também* retirada
dialética 35, 37, 40, 43, 61
  e conversas dialógicas 30-33
  e simpatia 35
dialógica 17, 26-27, 330, 332
  como conhecimento social corporificado 256
  conversas dialéticas e dialógicas 30-33
  e a oficina 140-142
  e a troca diferenciada 101-105

JUNTOS

e experimentação 140, 143
e informalidade 68, 101, 140, 166
e o modo subjuntivo 36, 152, 256, 289
empatia 33-37
ensaios 26-30
pensamento dialógico de Montaigne 329-336
simpatia 33-35, 37
vias indiretas 35-37
Diderot, Denis 75, 103, 282
Paradoxo da representação 116
DiMaggio, Paul 178
Dimon, Jamie 211
diplomacia
capacidade diplomática de ouvir 152
como civilidade profissional 149-154
cotidiana 267-296-46; cooperação indireta 267-275; disseminação da fala diplomática na vida cotidiana 123; encontros 283-287; gestão de conflito 16, 275-282; e a máscara sociável 292-296; e a zona animal 288-292
disseminação da civilidade diplomática na sociedade civil 153-157
e a démarche 288-289
e a zona fronteiriça 288-292
e complacência 229
e o bout de papier 288, 289
e o modo subjuntivo 36, 152, 256, 289
indireta 35-37, 152, 155, 267-275, 288-292
linguagem da 123, 152
preparação para 247
direita social 301-304
dissonância de função 247
diversidade 15
ansiedade causada pela diferença 19
doadores de sangue 96
Dr. Fantástico 225
Dubois, W. E. B. 78

Duneir, Mitchell 310
Durkheim, Émile 76, 308-310

e-mail 204
economia
da cultura global de consumo 19
desigualdade econômica 18, 20, 168-180, 223
e a comercialização das crianças 173-175
e voluntariado 303
mercado econômico: ambiguidade 99; trocas 16, 93, 98, 107
poder econômico da Igreja 137
retirada economicamente induzida 275
Éden 85-8, 118, 143, 308
edição 142
efeito silo 18, 19, 203-206, 211, 216
ego
apresentação 247
como composto 15, 156
cooperação e cura do ego 322-323
e civilidade 145, 154-157
grandioso 225
Montaigne sobre o ego humano 334
multidimensional 156
não cooperativo 219-238
narcisismo autorreferencial 223-227
perda do 225
Einstein, Albert 244, 351n2
Eisenstein, Elizabeth 141-142
Elias, Norbert 146-148, 153-154, 156, 167, 186
Eliot, T. S., *The Waste Land* 114, 115
embaraço 35, 147, 156
empatia 33-37, 334
escuta empática 34, 38
ver também capacidade de ouvir
emprego
agências de emprego 201, 268-275, 349n22
agentes de emprego 202, 268-275, 295
desabilitação 19

ÍNDICE

direitos 137
e a ética protestante do trabalho 234-238, 270
e o azedamento das relações sociais 181-217
enfraquecimento da cooperação através de novas formas de trabalho 192-218
entrevistas 268-271, 292
mercado de trabalho 196, 273
mudanças no trabalho moderno 18, 196
na oficina ver oficinas artesanais
relações sociais nas organizações 18
trabalho tecnicamente capacitado 208
vinculação institucional 19
encenações 117, 233
gesticulação 248-252, 296
encontros 283, 288
ensaiar 23, 43, 114
a cooperação infantil como ensaio 23
como habilidade dialógica 26-30
ensaios musicais 26-30, 34-35; sessões exaustivas 254
ensaios musicais 26-30, 34-35
sessões exaustivas 254
entrevistas de emprego 268-271, 293
Erasmo, *Desiderius* 148
Erikson, Erik 24-25, 338n15
espontaneidade 96, 124
e civilidade 147-148, 151
esquerda política e social 55-61, 71, 323 *ver também* socialismo
a comunidade e a esquerda social 302-305
divisão entre esquerda política e social 55-61, 71
esquerda americana 58, 72, 323-327
solidariedade ver solidariedade
Estados Unidos da América
Afro-americanos ver afro-americanos
casas de trabalhadores 58

coalizões 62
comunidade 67-72; oficinas comunitárias ver oficinas artesanais
consumismo infantil 173
desengajamento cívico em Nova York 215
desigualdade 18, 170
e Thomas 323-327
esquerda americana 58, 71, 323-327
Nova York ver Nova York
Partido Socialista da América 58, 323, 324
qualidade de vida das crianças 171
ressentimento 66
Tea Party, movimento político 301
Tocqueville e a sociedade americana 229
tribalismo 13
Wall Street ver Wall Street
estereótipos 14
estranhos
choque com 53
conversa com 103
estresse 204
ética
contexto ético da autoridade merecida 212
ver também guanxi
da abertura e do desprendimento 144
da sociabilidade 123
ética protestante do trabalho 235-238, 270
etologia 85
eu não cooperativo 219-238
Eucaristia 16, 114-115, 125-128, 134, 246, 247
Eva 86, 143, 307
evolução 88, 91-92 *ver também* adaptação
experimentação 25, 35, 41, 43, 77, 140, 227
de especificação incompleta 260
oficinas como lugares de ver oficinas artesanais
entre primatas 20, 93, 110

JUNTOS

e reconfiguração 260, 266
e troca dialógica 143 ver também dialógica
infantil 20, 23

fabricação de roupas 140 *ver também* tingimento de roupas
Facebook 176-177, 179, 290
família
ampliada 312
nuclear 312
sacrifício da vida de família 182, 203, 235
valores 74, 335
vínculos 312
fantasia 107
Farrell, Suzanne 295
fé 246, 315, 320
como estímulo ao engajamento social 319
comunidade de fé 246, 315, 320
fé cega 188
ver também vocação
ferramentas artesanais 109, 110, 114, 210
Festinger, Leon 180-81
Fitzgerald, F. Scott 84, 143, 257
flâneurs 80-81, 113
força do ritual, 110-120; e o espectro de trocas
ver trocas
e resistência, 255
força mínima 252-257, 270, 288
Fourier, Charles 77
França 54, 57, 131, 154, 193, 229, 230, 309
Paris ver Paris
franciscanos 322
Franzen, Jonathan 108
Frederico o Grande 285
Freire, Paulo 304
Freud, Sigmund 224, 306, 328
Friendster 179
fronteiras 102
encontros em fronteiras 101-105
zona liminar 288-292

frustração infantil 22, 23
Fuld, Richard 212
fundos de pensão 194-195

galanteria 123, 144-145, 227
gangues 299-300, 309-310
Geertz, Clifford 112, 113
genética 88-93
etologia 85, 87
gene PLXNA2 221
genocídio 109
Gerth, Hans 220
Geselligkeit 52-53
gestão de conflito 16, 275-282
e o bout de papier 288
gestos
informais 248-252
pequenos e focados 296
Giddens, Anthony 228
Gill, Matthew 208
Gini, coeficiente de 18, 170
Ginzburg, Carlo 294
Goffman, Erving 117, 246-447
Goldfarb, Jeffrey 165
Gombrich, Ernst 258, 352n12
Gompers, Samuel 56, 61
Goodall, Jane 101, 110
Google Wave 38-43, 77, 104, 116, 136, 312
Gopnik, Alison 20, 25
Gordon, A. D. 320-324
Gould, Stephen 92, 341n11
Grande Sociedade" 301, 304
guanxi 165-168, 172, 177, 180, 207, 211, 217
guerra 15-16, 97, 108, 225, 228, 255, 290 *ver também* soldados
religiosa 329-332
guerreiros caubóis 225-226, 234
Guicciardini, Francesco 149, 151

ÍNDICE

guildas 75, 105, 135, 140, 283, 319 *ver também* oficinas artesanais
Gutenberg, Johannes 127
Guthrie, Douglas 166

hábitos 40, 94, 115, 243, 247, 252, 333, 334, 356n5
  contenção nos 146
  fixação 114-115, 217, 243, 244, 246
  musicais 27, 29
Harlem 303, 313
Haroche, Claudine 251
Harrison, Bennett 194
Harvard 179
Heidegger, Martin 228
Heller, Joseph, *Ardil 22* 189, 225
Henrich, Joseph 94
Henrich, Natalie 94
Henrique VIII 121-122
Heródoto 332
heroísmo 226
Hicks, Edward, *O reino pacífico* 86, 89
hierarquia 56-57, 132, 134, 139, 210, 282, 317, 334
Hirschman, Albert 236
histpashtut 322-323
Hitler, Adolf 134, 291
Hobbes, Thomas 86-88, 108-109, 158
Hobsbawm, Eric 112
Holanda 14, 173
Holbach, Paul-Henri Dietrich, Barão d' 90
Holbein, Hans, *Os embaixadores* 121-123, 127, 135, 139, 140, 143, 149, 242, 246, 254, 284
Hölldobler, Bert 89
Homans, Jennifer 133
homogeneização 19, 27

homogeneização cultural 19
honra 145, 165
  códigos 63, 75, 226
  guanxi 165-168, 171, 177, 180, 212
Huizinga, Johann 24
Hull House 59, 68-71, 82
Humilhação 186

Ibn Khaldun 17
Ignatieff, Michael 16
Igreja Católica Romana 55, 143
  Concílio de Trento 130
  missa 124-127
  Trabalhadores Católicos, movimento 50, 316-320
igualdade 56, 59, 67, 287 *ver também* desigualdade
  de convicção 320
  e individualismo 230
  gênero 74
  "igualdade de condição" 229-230, 233
  versus submissão 318
  Iluminismo 87, 91, 102
  imitação 23
imigrantes 39, 52, 65, 69
  imigrantes coreanos em Nova York 277-282, 293
impressão 141, 284
  imprensa 127, 141
improvisação 57, 260
individuação 23-24, 139, 338n17
individualismo 140, 217, 229-232, 335
indústria financeira 182, 192-199
  City Londrina 19-194, 201
  como ofício 208, 211
  desregulamentação dos serviços financeiros 158
  empregados de escritório 1183, 199, 200-216, 234, 308

368 JUNTOS

quebradeira de 2008 182, 200-203, 208, 210-213, 215-216, 226
Wall Street ver Wall Street
industrialização 19, 51, 163
das classes de colarinho branco 193
informalidade
coesão/vinculação informal 166, 181, 183
comunicação informal 183, 186, 247-252-8; por gestos 247-252
cooperação informal 16, 68-72, 82, 100, 119, 141, 206; nas casas comunitárias ver casas comunitárias; no triângulo social ver triângulo social
e dialógica 68, 100, 140, 166
encontros abertos 284, 287
na visão de Montaigne 333
relações informais de longo prazo 206
sociabilidade informal 151
inovação/invenção 76, 137, 140, 142, 193, 263 *ver também* inovação
e individualismo empreendedor 140
invenção da tradição 112, 113
insegurança ontológica 237
Instituto Normal e Agrícola Hampton 50, 59, 73, 79, 115, 200, 241
Instituto Tuskegee 50, 59, 73, 104, 241
instrumentos óticos 253
tecidos para polimento 139, 345n27
insulto 145, 230
internet
blogs 66, 230
comunicação online 38-43, 204
e novas formas de participação 165
e-mail 204
imagens de objetos 163
redes sociais 40, 175-180
ironia 42, 155, 245, 255, 327
ironia rochefoucauldiana 256, 326
isolamento 18, 20, 51, 57, 203-204, 222 *ver também* retirada

e falta de estímulos dos pais 22
efeito silo 18, 19, 203-206, 211, 216

jactância 146
James, Henry, *Os embaixadores* 150
James, William 187, 318
Janowitz, Morris 225
Japão 194
crianças 171
Jefferson, Thomas 75
Jenkins, Simon 275
Joana d'Arc 93, 311
jogos
de soma zero 106, 255
e a comercialização das crianças 174
para ficar juntos 110
regras 16, 24, 28, 107
John Lewis Partnership 76
Johnston, Frances 79-80, 340n26
Joinville, duque de 276-277
Jomini, Antoine-Henri 106
jornalismo 64-65
JP Morgan 192, 211
judeus 51, 53, 69, 77,119, 129, 214, 293, 309, 321
e os kibutz 320-323
e os palestinos 323
Holocausto 119
rituais judaicos 127
Juravich, Tom 189
justificação pela fé 130

Kamen, Henry 126
Kaplan, Benjamin 128
Kasser, Tim 175
Kautsky, Karl 64, 82-83, 334
Kepler, Johanes 253, 255
Kernberg, Otto 225

ÍNDICE

Kessler, Gustav 56
Khan, Shamus 179
Kheel, Theodore 276-277, 279, 292, 353n8
kibutz 320-323
Kierkegaard, Soren 220
Kirkpatrick, David 179
Kirstein, Lincoln 340n26
Kissinger, Henry 353n7
Klinenberg, Eric 223
Kohut, Heinz 224-225, 231
Kropotkin, Peter 58
Kubrick, Stanley, *Dr. Fantástico* 225
Kunda, Gideon 206, 222
Kynaston, David 192

La Boétie, Étienne de 330
La Mettrie, Julien Offay de 90
La Rochefoucauld, François de 155, 292
  ironia rochefoucauldiana 256, 326
laboratórios 76, 97
  cooperação nos 139
  oficinas-laboratório 76, 122, 136, 140, 245, 283
  rituais 140
Lamarck, Jean-Baptiste 91, 107
Lanier, Jaron 42-43
Lassalle, Ferdinand 56, 61
latinos 280, 282
Latour, Bruno 334
Le Brun, Charles 250-251
Leader, Darian 205
Leão XIII, *Rerum Novarum* 317
Lecoq, Jacques 294-296
Leeson, Nick 210
legitimidade do poder 184
Lehman Brothers 192, 201, 205, 208, 212-213
Lênin, Vladimir Ilyich 55, 82
leveza (*sprezzatura*) 145-146, 149, 151, 153, 256, 270, 331

Lifton, Robert J. 226, 231
Liga para a Democracia Industrial 324
língua latina 123, 151
Linnaeus, Carolus 90, 98
lobos 106, 109, 119
localismo 301
Locke, John 87
Londres 13, 39, 49, 75, 103
  finanças e a City 192-194, 202
Lügar, Karl 53
Luís XIII 132
Luís XIV 131-134, 150, 292
Luo, Yuan 165
Lutero, Martinho 122, 124, 127-130, 134, 136, 146, 157, 228
luto 306-308, 310, 318, 328

Maggi, Ottaviano 152
Malinowski, Bronislaw 113
Mandelson, Peter 339n10
Mandeville, Bernard 16, 66, 194
Manhattan 195
manipulação 100
Mann, Thomas, *Os Buddenbrook* 213
manter as aparências 64, 146
manufatura 18, 163, 273 *ver também* indus-trialização
Manutius, Aldus 141
Maquiavel, Niccolò 118, 134, 152
Marx, Karl 55, 60, 64
marxismo 55
máscaras 52, 133, 152, 222, 269, 291-296, 321
máscaras dominó 292, 295
máscaras sociais 52, 133, 152, 222, 269, 291-296, 321
Maslow, Abraham 238
materialismo 175
Mattingly, Garrett 150
Maurin, Peter 316

370 JUNTOS

Mauss, Marcel 95
Mazarin, Jules, cardeal 131-133, 292
McNeill, William 110
mediação 276-277, 279, 282 *ver também* gestão
de conflito; negociação
mediadores 276-277
Mendel, Gregor 91
mercado de trabalho 196-197, 273
mídia 65
migrantes *ver* imigrantes
militância 55
Mills, C. Wright 193, 220, 222
Milton, John
Areopagitica 87
Paraíso perdido 86-87
Min, Pyong Gap 281
Mises, Ludwig von 212
missa católica 124-127
mistura bolchevista de socialismo e 323
mobilidade social 312
pessoas de mobilidade ascensional 309, 311
modelo de negócios "portfólio" 195
modéstia 146, 333
Montaigne, Michel de 329-336
gato de Montaigne 329-330, 334-336
Monte Athos, mosteiro 96
Monteux, Pierre 27, 28
moral 298, 304-310
Morris, William 75
mosteiros 137, 322
jardinagem 97
oficinas 136,-137
solidão monástica 223
mudança ambiental 91-92, 102
multiculturalismo 69, 71

nacionalismo 13
Nairn, Agnes 175, 178
Napoleão I 255, 288

narcisismo 224-227, 232
natureza
anarquia natural 87
cooperação instável natural 88-93
Éden e 85-88
equilíbrio na 90, 92
fonte de vitalidade 322
nazismo 134-135, 147-148, 255, 261, 322
e o comportamento dos alemães 220
negociação *ver também* gestão de conflito
de ambiguidades 25
desenvolvimento da capacidade de 24, 25
diplomática ver diplomacia
e a zona limítrofe 288-292
e comportamentos-padrão 100
negociações coletivas 56
"re-pairing" 277
Neues Museum, Berlim 260-265
neutralidade 19, 60, 231, 263, 295
máscaras neutras 294-296
New Harmony, Indiana 60, 105
Newman, Katherine 202, 349n23
Newton, Isaac 90
nichos ecológicos 90
Nisbet, Robert 301-303
nós-contra-vocês/eles 13, 16, 35, 39, 300, 335
ver também solidariedade; nos animais 98;
com desigualdades 18
relações sociais azedando no trabalho 181-217
Nova York 214-216, 302, 316, 349n22
Harlem 303, 313
imigrantes coreanos 277-282, 293
Wall Street ver Wall Street
Nussbaum, Martha 43, 172, 180, 234
Nye, Joseph 291

Obama, Barack 67
obediência 24, 87
passiva 330 ver também passividade
obsessão 235-238

ÍNDICE

oficinas artesanais 59, 60, 73-81, 82, 105, 135-9, 241-266 *ver também* guildas; Instituto Normal e Agrícola Hampton; Instituto Tuskegee
  e a Reforma 135, 143
  e dialógica 140, 142
  e o triângulo social 248-252
  fazer e consertar 241-266
  ferramentas 136, 137, 142, 255
  gestos informais nas 248-252
  oficinas-laboratório 77, 122, 135, 139-140, 245, 283
  ritmo 242-248
  ritual 75, 138, 245-248
  trabalhar com a resistência 252-257
Ogilvie, David 174-175
Olivier, Sir Laurence 295
oração 319
Orgad, Shani 40
organizações
  militares 55
  oficinas ver oficinas artesanais
  relações sociais 18
Orwell, George, *1984* 220
ourivesaria 137
Owen, Robert 59-61, 75-77, 79, 82-83, 105, 167

Packard, Vance 214
Palestina 320, 321 *ver também* kibbutzim
pão da eucaristia 125-128, 134
papéis sociais 247
Paris 75, 102, 103
  Comuna (1871) 57
  Exposição Universal (1900) 49-50, 56, 83, 163, 242
  Jockey Club 309
  procissões religiosas 126
Partido Liberal Democrata 62
Partido Socialista da América 72, 324, 327

Pascal, Blaise 331
Páscoa 127
passividade 69, 70, 82, 177, 330, 331 *ver também* submissão
  participação passiva 165
Penn, William 128
Pepys, Samuel 285
perfeccionismo 237
pessoas em ascensão social 309, 311
Piaget, Jean 174-175
Pickett, Kate 170
Pinker, Steven 88
Platão 32, 75, 277
pobreza infantil 170
poder
  destruidor da razão 87
  do clero/Igreja 127, 137
  do ritual 110-120
  e autoridade 185; autoridade que abdica do seu poder 211-216, 335
  e legitimidade 184-185
polidez 146, 217
política da cooperação 49-83, 303
  a "Grande Sociedade" 301
  coalizões 61-67, 146, 311
  de baixo para cima 54, 57-60, 83, 158, 323, 330
  de cima para baixo 54, 55, 56, 58, 60, 63, 66, 78, 158, 204, 335 ver também solidariedade
  e a busca da comunidade 301-304 ver também comunidade
  e a cooperação política 62-66, 81
  e a direita social 303
  e empatia 34-35
  e os dois tipos de solidariedade 54-58, 158
  e os meios de comunicação 64
  esquerda ver esquerda política e social
  manter as aparências na 63-64
  "política do sofá" 286n

372 JUNTOS

política da opressão 221
Poovey, Mary 284
presentear 95
    "retribuir algo" à comunidade 300, 313, 315
Prest, Julia 132
primatas 20, 92, 93, 95, 101, 110, 342n14
Princípios de Rochdale 60, 74, 82
privilégio 178, 311
    e resgate das raízes 322
privilégio social 146, 178, 179, 311, 322
produção em rede 76
programas de informática 199
Proust, Marcel 309
psicologia da retirada 219-238
puritanismo 235
Putnam, Robert 15, 22, 164-165, 167, 197, 223

quakers 128, 245, 319
Queda do Homem 86

Rabelais, François 32
Rambouillet, Cathérine de 154-155
Rasmussen, Lars 42
razão
    debilidade da razão humana 87
    seu poder destruidor 87
Realschule 62
reciprocidade 92 *ver também* troca
reconfiguração 257, 259-264, 266, 307
redes sociais 39, 175-180
reflexividade 24, 30, 102, 247 *ver também* sentimento autorreferencial; autocrítica
Reforma
    batismo 128, 131
    Comunhão 125-128
    e a ética protestante do trabalho 234-238
    e a oficina 135-136, 139-143
    e a separação entre ciência e religião 143

    e a transformação da cooperação 121-159
    e civilidade 144-157
    e diplomacia 149-154
    e ritual religioso 124-141, 177, 245
    e teatralidade 131-135
    justificação pela fé 130
Regra de Toll 71, 82
regras do jogo 16, 24, 28-29
relações sociais
    azedam no trabalho 181-217
    coesão social 158, 164-166, 172, 183
    conserto social 266-283, 307
    de honra/guanxi 165, 172, 177, 180, 211
    dever 165, 167
    e capital social 164-165
    e desigualdade 163-180
    e migrantes no fim do século XIX 51
    e o trabalho moderno 18
    engajamento mesmo na ausência de entendimento mútuo 329-336
    ética da sociabilidade 124
    gestão de conflito 16, 275-282, 292
    prazer das 52
    solidariedade ver solidariedade
religião
    comunidade baseada na fé 299, 316-320
    conversão 319
    cultos religiosos 221
    e complacência 229
    e natureza 87
    e ritual 85, 110-111, 125-131, 177, 245, 319
    e trocas de soma zero 106-107
    guerras religiosas 329-331
    ritual como ponto de convergência entre ciência e 85
    separação entre ciência e 44, 143
remediação 256-260, 266
repetição, 23

ÍNDICE

compulsão 237
e rituais 114-115 ver também rituais
hábitos ver hábito
"representação profunda" (Kunda) 206, 222
República Tcheca 169
resistência, trabalhar com a 252-157
ressentimento 65, 174, 183, 230
restauração 257, 258, 265
retirada 223, 232
distanciamento 308, 309, 310, 319, 335
e complacência 227-230
e individualismo 230
e narcisismo 224-227
e obsessão 235
e redução da ansiedade 257
e tédio 231
economicamente induzida 274
psicologia da 219-238
retraimento 36
Reuther, Walter 326
revolta egípcia 38
revolta tunisiana 38
riqueza 164, 169 *ver também* desigualdade
coeficiente de Gini 18, 170
pobreza infantil 170
ritmo 242, 248
e gesto 252
em entrevistas 270
Ritter, P. H. 287
rituais
blocos modulares dos 113
código de honra 64, 75
como facultadores da cooperação expressiva 30
como ponto de convergência entre ciência e religião 85
corporificação no 242-248
da carta fechada 291
da civilidade 16, 153 ver também civilidade

da deferência 139, 288, 290
da galanteria 145-146
da informalidade 290
de amadores 140
de discussões informais 186
do chef d'oeuvre 138
e expressão dramática 116-118
e repetição 114-115
e ritmo 242-248
e sentimento autorreferencial 245, 247
e símbolos 109, 115
e tradição 111-112
e trocas diferenciadas 101-105
enfraquecimento dos vínculos ritualísticos na sociedade moderna 336 ver também cooperação enfraquecida
entrevista de emprego 270
equilíbrio dos 118-120
força dos 110-120
judaicos 127
laboratório 139
local de trabalho 184, 186, 189, 190
oficina 74, 137-138, 245-247
para manter as aparências 63-64, 146
portáteis 30
religiosos 97, 114-118, 177, 245, 319
separação do mito 114
seu papel no trato da ansiedade 336
visão estática ou adaptável 111-113
Romance da rosa 144
Roosevelt, Franklin D. 325
New Deal 324
Rousseau, Jean-Jacques 223, 322
ruptura 188-191
Rusbridger, Alan 28
Ruskin, John 70, 75
russos 220, 321-322 *ver também* União Soviética
Ryan, Richard 175

JUNTOS

Sablé, Madeleine de 155-156

sacrifício 87, 236, 311

   autossacrifício 93, 94-95, 227, 311, 313 ver

      também altruísmo; para vencer 108

   da vida em família 182, 203, 236

Saint Gall, mosteiro 96

Saint-Just, Louis Antoine de 55

salvação 131

Sartori, Amleto 294

Sartre, Jean-Paul 223

Sassen, Saskia 303-304

Satow, Sir Ernest 153, 288, 290

savoir faire 53

Savonarola, Girolamo 134

Schaeffer, Roy 237

Schama, Simon 236

Schmidt, Eric 42

Schor, Juliet 173-175, 233

Seeley, Thomas 89

segurança 228

   insegurança ontológica 237

Seigel, Jerrold 156

Sen, Amartya 43-44, 172, 234

sentimentos de inferioridade 174, 175

separatividade

   consciência da 22

   individuação 24-25, 139, 338n17

   individualismo 140, 217, 229, 230, 231, 335

Shapin, Steven 140, 228

símbolos

   e rituais 110, 116

   troca simbólica 109

Simmel, Georg 51-52, 82, 103-104, 187, 221, 292

simpatia 33-35, 37, 227

simplicidade/simplificação 244

   retorno à vida simples 322

sinalização 21

sindicatos trabalhistas 49, 55-59, 63, 67, 164, 327

sionismo 323

Skocpol, Theda 58

Smith, Adam 33, 94, 98-100, 104. 107, 189, 255

Social-Democracia alemã 55, 62

socialidade 53, 81

socialismo 51, 55, 59, 62, 79, 82, 324, 326 *ver*

   também esquerda política e social

   mistura bolchevista de nacionalismo e 323

   Partido Socialista da América 72, 324, 327

   social-democracia 59, 82, 324

   Social-Democracia alemã 55, 62

   Thomas e 323-327

sociedade civil 59, 164, 185, 324

   disseminação da civilidade diplomática

      154-157

Sócrates 31-32, 277

soldados 14, 144, 183-184, 188, 226

solidão 223

solidariedade 51, 323, 335, 336

   dois tipos de 54-57, 158

   e sociabilidade 71

   fingida no trabalho de equipe de curto prazo

      206

   móvel 77

Soros, George 195

sorrir 251

Spock, Benjamin 21

sprezzatura (toque leve) 145-146, 149, 151, 153,

   256, 270, 331

Stálin, Joseph 83

Starr, Ellen Gates 69

status

   ansiedade 230

   inferioridade 174, 175

   publicidade 174

Steeck, Jürgen 251

Steele, Richard 102

Stewart, Frank Henderson 64

Stouffer, Samuel 14

Stravinsky, Igor 244

ÍNDICE

submissão 63, 87, 135, 232, 234, 318, 330, 331
  ver também passividade
suicídio 163, 308-309
Sustein, Cass 40

Talleyrand, Charles-Maurice de 288, 353n7
Tawney, R. H. 236
Taylor, Frederick 222
TDAH (Transtorno do Déficit de Atenção e
  Hiperatividade) 173
Tea Party, movimento político 217, 301
teatralidade 131-136, 296 *ver também* atuação
tecidos para polimento 140, 345n27
tecnologia da informação 204, 209
tédio 231
Temple, William 289
tempo de curto prazo 196-199, 206, 223, 311
  como corrosivo da civilidade 18, 192-199,
    206, 217, 234, 311
  trabalho em equipe de curto prazo 19, 206, 311
tempo
  de curto prazo ver tempo de curto prazo
  mudanças 192-199
teoria das aptidões 43
Thatcher, Margaret 275-276
Thomas, Keith 117
Thomas, Norman 324-328
Thoreau, Henry David 321
Titmuss, Richard 95
Tocqueville, Alexis de 228-234, 282, 295-
  296, 303
Toll, Charlotte 71
Tolstoi, Leon 321, 322
Tomasello, Michael 92
Tönnies, Ferdinand 52
Toynbee Hall 70
trabalhadores alcoólatras 188
Trabalhadores Católicos, movimento dos 50,
  316-320, 323

trabalho cênico 295-296
trabalho em equipe 19, 197, 206, 216-217,
  223, 234
  de curto prazo 19, 206, 311
  "representação profunda" (Kunda) 206, 222
trabalho
  aprovado por Deus 137
  direitos 137
  divisão flexível entre os insetos sociais 90
  e o triângulo social ver triângulo social
  emprego ver emprego
  ética protestante do trabalho 235-238, 270
  ferramentas artesanais 136, 137, 142, 254
  físico 242
  movimento dos Trabalhadores Católicos
    50, 316-320
  retorno à vida simples 322
  trabalhar com a resistência 252-257
  visto por Smith 188
  voluntário 232, 303
tradição de organização comunitária 70
  e ritual 111-113
  invenção da 112-113
Transtorno do Déficit de Atenção e Hiperatividade (TDAH), 173
Trento, Concílio de 130
triângulo social 181-218
  desintegração 199-216; por abdicação do
    poder por parte da autoridade 211-216,
    335; pela corrosão do tempo de curto
    prazo 192-199, 206, 217, 311; por des-
    gaste da confiança através das compa-
    rações odiosas 207-211; ver também
    tempo de curto prazo; e cooperação
    fraca 203-207
  e gesto 249, 252
  elementos de 81, 183-191
  na oficina 249

na velha economia 183-191; autoridade merecida 183-186; confiança cega 188; cooperação e perturbação 188-192

tribalismo 13-16, 18

Trilling, Lionel 237-238

troca 15, 93-109, 118-120
altruísta 93-97, 119, 310
de soma zero 106-108, 255
dialógica ver dialógica
diferenciada 101-105, 256
exaltada 275-282
ganhar-ganhar 93, 97-102, 106-109, 130, 140, 311
informal 100, 119 ver também informalidade
liminar 288-292
reciprocidade em primatas 92
ritualizada ver rituais
simbólica 109 ver também rituais
tudo-ao-vencedor 109, 255

trocas de soma zero 106-108, 255

trocas ganhar-ganhar 93, 07-102, 106-109, 130, 140, 311

trocas tudo-ao-vencedor 109, 255

tsimtsum 322

Turner, Victor 113, 124, 177

União Soviética *ver também* russos
e opressão 221
planejamento industrial 78

Unicef 169, 170-171, 172

unidade 15, 54, 56, 335
de cima para baixo 56 ver também solidariedade
entre mão e cabeça 71

United Airlines 76

Venkatesh, Sudhir 309-310

Verbindung 53

vergonha 148-149, 167

Vesalius, Andreas 253-254

vias indiretas 35-37, 151-152, 155, 267, 275, 288-292 *ver também* modo subjuntivo
cooperação indireta 267-275

vinculação
enfraquecimento dos laços ritualizados na sociedade moderna 336
entre crianças 23
filho-pais 22
informal 166, 181, 183
institucional 19
laços de família 312
pela confiança 188
pela honra/guanxi 165-168, 171, 177, 180, 212
ver também cooperação: coesão social enfraquecida 159, 164-167, 172, 183

vinho eucarístico 124-128, 133

violência entre pares (*bullying*) 64, 170-171

Virgílio, *Geórgicas* 97

vocação 313-328
e comunidade baseada na fé 316-320
e comunidade simples 320-324
e os prazeres da comunidade 324-327

Voiture, Vincent 155

Voltaire 90, 227

voluntarismo 232, 303

voyeurismo 37

Vree, Wilbert van 283

Waal, Frans de 92

Wall Street 182, 192, 194, 204, 207, 227, 245, 277
empregados de escritório 183, 198-217, 235, 308

Washington, Booker T. 73-79, 105, 115, 200, 311, 317

ÍNDICE

Weber, Max 185, 235-238, 270
Whyte, William 193
Wilkinson, Richard 170
Williams, Bernard 31, 36, 331
Willis, Paul 172
Willow Run, fábrica 193
Wilson, Edward 89, 342n25
Winnicott, D. W. 22
Winter, Robert 27

Wittgenstein, Ludwig 282
Wotton, Sir Henry 149, 151

Zaloom, Caitlin 114
Zeldin, Theodore 31
Zelenko, Alexander 59
zona limítrofe 288-292
Zumthor, Peter 185

Este livro foi composto na tipografia Adobe
Garamond Pro Regular, em corpo 11,5/16, e impresso
em papel off-white no Sistema Digital Instant Duplex
da Divisão Gráfica da Distribuidora Record.